I0642468

ARCHIVES HISTORIQUES

DU POITOU

IX

POITIERS

TYPOGRAPHIE DE OUDIN FRÈRES

4, RUE DE L'ÉPERON, 4.

1880

SOCIÉTÉ

DES

ARCHIVES HISTORIQUES

DU POITOU

LISTE GÉNÉRALE

DES MEMBRES

DE LA SOCIÉTÉ DES ARCHIVES HISTORIQUES DU POITOU.

ANNÉE 1880.

Membres titulaires :

MM.

ARNAULDET (TH.), bibliothécaire de la ville, à Niort.

BARBAUD, archiviste de la Vendée, à la Roche-sur-Yon.

BARTHÉLEMY (A. DE), membre du Comité des travaux historiques, à Paris.

BEAUCHET-FILLEAU, correspondant du Ministère de l'instruction publique, à Chef-Boutonne.

BEAUDET (A.), licencié en droit, à Saint-Maixent.

BRICAULD DE VERNEUIL, attaché aux Archives de la Vienne, à Poitiers.

BRIQUET (Apollin), homme de lettres, à Chasseneuil (Vienne).

CHAMARD (Dom), religieux bénédictin, à Ligugé.

CHASTEIGNER (C^le A. DE), membre de plusieurs Sociétés savantes, à Ingrandes (Vienne).

CLERVAUX (C^le DE), membre de plusieurs Sociétés savantes, à Saintes.

DELISLE (L.), membre de l'Institut, à Paris.

DESAIVRE, docteur en médecine, à Niort.

FAVRE (L.), à Niort.

FILLON (Benjamin), à Saint-Cyr-en-Talmondais (Vendée).

MM.

Frappier (P.), ancien secrétaire de la Société de Statistique des Deux-Sèvres, à Niort.

Gouget, archiviste de la Gironde, à Bordeaux.

Ledain, membre de l'Institut des provinces, à Poitiers.

Lelong, archiviste paléographe, à Angers.

Lièvre, pasteur, président du Consistoire, à Angoulême.

Marque (G. de la), à la Baron (Vienne).

Ménard, ancien proviseur, à Poitiers.

Ménardière (de la), professeur à la Faculté de Droit, à Poitiers.

Montaiglon (A. de), professeur à l'École des Chartes, à Paris.

Musset (G.), bibliothécaire de la ville, à la Rochelle.

Palustre (Léon), directeur de la Société française d'archéologie, à Tours.

Port (C.), archiviste de Maine-et-Loire, à Angers.

Rédet, ancien archiviste de la Vienne, à Poitiers.

Richard (A.), archiviste de la Vienne, à Poitiers.

Richemond (L. de), archiviste de la Charente-Inférieure, à la Rochelle.

Rochebrochard (L. de la), membre de la Société de Statistique des Deux-Sèvres, à Niort.

Tourette (L. de la), docteur en médecine, à Loudun.

Membres honoraires :

MM.

Babinet de Rencogne, à Angoulême.

Bardonnet (A.), membre de plusieurs Sociétés savantes, à Niort.

Bouralière (A. de la), secrétaire de la Société des Antiquaires de l'Ouest, à Poitiers.

Boutetière (Cte de la), membre de la Société des Antiquaires de l'Ouest, à Chantonnay (Vendée).

Brosse (de la), membre de la Société des Antiquaires de l'Ouest, à Poitiers.

Cars (Duc des), à la Roche-de-Bran (Vienne).

MM.

Clisson (l'abbé de), à Poitiers.

Corbière (Mᶦˢ de la), à Poitiers.

Desmier de Chenon (Mᶦˢ), à Domezac (Charente).

Dubeugnon, professeur à la Faculté de Droit, à Poitiers.

Ferrand, ancien ingénieur en chef du département de la Vienne, à Poitiers.

Guérin (P.), archiviste aux Archives Nationales, à Paris.

Guignard, docteur en médecine, à Poitiers.

Horric du Fraisnaud de la Motte, à Goursac (Charente).

Lecointre-Dupont père, membre de plusieurs Sociétés savantes, à Poitiers.

Orfeuille (Cᵗᵉ R. d'), membre de la Société des Antiquaires de l'Ouest, à Versailles.

Oudin, avocat, à Poitiers.

Rochejaquelein (Mᶦˢ de la), ancien député des Deux-Sèvres, à Clisson (Deux-Sèvres).

Rochethulon (Mᶦˢ de la), ancien député de la Vienne, à Beaudiment (Vienne).

Romans (Bᵒⁿ Fernand de), à la Planche d'Andillé (Vienne).

Tranchant (Charles), ancien conseiller d'État, ancien conseiller général de la Vienne, à Paris.

Tribert (G.), ancien conseiller général de la Vienne, à Marçay (Vienne).

Tribert (L.), sénateur, à Champdeniers.

Bureau :

MM.

Rédet, président.

Richard, secrétaire.

Ledain, trésorier.

Bardonnet, membre du Comité

Boutetière (de la), id.

Ménardière (de la), id.

Lecointre-Dupont, id.

LETTRES

DE

JEAN BESLY

(1612-1647)

PUBLIÉES

Par M. Apollin BRIQUET

INTRODUCTION

ET AUTRES PIÈCES PRÉLIMINAIRES

JEAN BESLY

HISTORIOGRAPHE DU POITOU

Tous les biographes ont écrit la vie de Jean Besly : G. Colletet, Moréri, le P. Niceron, Dreux du Radier, etc. Mais tous ont commis des erreurs. Les uns se sont trompés sur la date de la naissance ou de la mort de Besly ; les autres, sur le lieu de sa naissance, sur le nom de sa mère, sur la condition sociale de son père, sur le nom de sa seconde femme, etc.

Je n'excepterai point de cette critique l'article que j'ai fourni autrefois à la *Biographie générale* de Didot, dans lequel les éditeurs m'ont fait dire ce que je n'avais point écrit : *le P.* Dupuy, au lieu de *P.* Dupuy ; les *feuillets manuscrits* de l'histoire des comtes du Poitou, au lieu de les *preuves manuscrites ;* les *histoires* d'A. Duchesne, au lieu de les *historiens ; Teudebadi,* au lieu de *Tudebodi,* et deux vers latins de Nic. Rapin, maladroitement cités. J'en parlerai plus loin.

Cette notice, destinée à servir d'introduction à la correspondance de Besly, rétablira les faits dans toute leur exactitude, car je ne les emprunterai qu'à des actes ou à des documents authentiques, souvent fournis par Besly lui-même.

Jean Besly, historien, jurisconsulte et poëte, naquit à Coulonges-les-Réaux, bourg à trois lieues de Fontenay-le-Comte, au mois d'octobre 1572 [1]. Il était fils de sire François Besly, marchand à Coulonges, et de Jeanne Augereau [2].

Après avoir fait ses humanités et sa philosophie à Poitiers, il se livra, pendant six ou sept ans, à l'étude du droit, tant à Poitiers qu'à Bordeaux et à Toulouse. Il fréquenta ensuite, pendant deux ans, le barreau de la cour du Parlement; puis, en 1597, il se retira à Fontenay, où il exerça les fonctions d'avocat au siège de cette ville, et celles de juge ordinaire de deux châtellenies assez notables. Il devint adjudicataire des offices d'avocat du roi, de substitut du procureur du roi et d'adjoint aux enquêtes, en la sénéchaussée de Fontenay, offices que Jean Aleaume, sieur de la Chenulière, avait résignés en sa faveur, par actes des 23 janvier et 7 février 1609. Il fut reçu en cette qualité par le lieutenant général en la sénéchaussée le 2 octobre 1609 [3]; et, sur le rapport favorable de Me Gillot, conseiller en la grand'chambre, il prêta serment en la cour du Parlement le 26 juin 1610, en présence du président de Harlay [4].

Besly avait acquis beaucoup de considération comme avocat et comme jurisconsulte. Il fut souvent employé dans les affaires publiques, et des personnages notables, tels que l'évêque de Chartres, Vignoles-la-Hire, maréchal des camps, Duplessis Mornay, de Ville-Arnoul, etc., le consultèrent ou lui confièrent la défense de leurs intérêts. Il était même appelé à Paris, en 1612, pour solliciter dans un procès important de noblesse. Sa profonde connaissance du droit lui procura l'honneur d'être nommé député aux États généraux de 1614; et zélé partisan des libertés de l'Église gallicane, il se distingua dans cette assemblée par son éloquente opposition à la réception en France du concile de Trente.

---

1. « J'ay, moi-mesme, franchi l'âge septuagénaire, dès le mois d'octobre passé. » (L. à MM. de Ste-Marthe, du 3 déc. 1642.)

2. Acte du 3 janvier 1596, par lequel Jean Besly, docteur en droit, demeurant au bourg de Coulonges-les-Réaux, afferme pour cinq ans tous les immeubles qui lui sont advenus par le décès de sire François Besly et dame Jeanne Augereau, ses père et mère, situés dans les paroisses de Coulonges, Saint-Maixent de Beugné, Saint-Laurs, Ardin et ses environs. (Or. — Cab. de Benj. Fillon.)

3. Acte de réception : — Or., Cab. Benj. Fillon.

4. L. à P. Dupuy, 3 oct. 1616.

Cependant, pour se distraire de ces graves études, Besly lisait les poëtes de l'époque : Certon, Desportes et surtout Ronsard, que l'on qualifiait alors de *Prince des poëtes français*. Enfin, son ami et compatriote Nicolas Rapin lui inspira le désir d'exercer sa verve poétique. Il composa donc des vers français et des vers latins. Mais, comme il le dit lui-même (*L. à MM. de Sainte-Marthe, du 20 nov.* 1613) : « Je suis un pauvre villageois du fin fond du bas Poictou, le plus disgrâcié des Muses qui se puisse voir. » G. Colletet, qui a reproduit un assez grand nombre de ses élucubrations poétiques, avoue que, « quant à ses vers, il paroissoit bien que ce n'estoit pas là son exercice ordinaire, et qu'il estoit capable de toute autre chose que de la profession de poëte. Et en ce point, il semble qu'il ait d'autant plus travaillé pour sa gloire qu'il en a moins publié. »

Malgré cet anathème, je transcrirai deux pièces de vers de Besly, inédites et inconnues à G. Colletet. On verra que ces vers ne sont pas plus mauvais que ceux de ses contemporains.

A l'excellent Père Jacques de Sirmond, de la Compagnie du nom de Jésus.

SONET (*sic*).

De Sirmond, magazin de toute antiquité,
Qui disputes la palme au père d'éloquence,
Dont tes rares escris font preuve à suffisance,
Serrant ton docte front du laurier mérité.

Quel peuple de l'Europe â ton scauoir goûté,
Qui ne cherche ardamment l'honneur de ta présance,
Et triste, dans son cœur ne pleure ton absence,
Comme un riche thrésor en cachette emporté ?

Ennodie, Sidoine et cent du moyen aage
Que ta Muse â polis et remis en usage,
Te font vaincre le Sort, la Parque et la Rancœur,

Mais des sanes ¹ Francois cet œuvre inimitable
Par toy mesme de toy te fera le vainqueur.
Fut il trophée au monde onques plus honorable ?

J. Besly, cor et advocat du roy au siège de Fontenay-le-Comte.
(*Or. — Mon cab.*)

---

1. *Sanes*, vieux mot qui signifie Synodes. (*Voy.* Du Cange, art. *Synodus.*)

Ce sonnet n'a point été envoyé à son adresse; car Besly se plaignit amèrement de l'ingratitude du P. Sirmond, auquel il avait fourni des mémoires pour ses *Concilia antiqua Galliæ*, et qui ne l'a pas même nommé dans sa préface. (*L. à Dupuy*, 10 *juin* 1629.)

Pour le tombeau de Me Loisel, père de Me Loisel, conseiller en la grand'chambre. (M. 1617.)

> Adieu, mon cher Loisel, bel astre de ce monde,
> Tandis que tu estois au nombre des vivans.
> L'honneur des vertueux et l'honneur des scavants
> Que la France â nourri de sa tette féconde.
> Tu as eu la main nette, et l'âme franche et ronde,
> Vray patron de justice aux siècles ensuyvants :
> Témoins ces nations ès ondes s'abreuvans,
> Qui se roulent au sein de Garonne et Gironde.
> Un cœur du tout à Dieu, sans fard religieux ;
> Bref sous un mortel voyle, un ange précieux,
> Qui quatre fois dix ans paruz entre les homme ;
> Tu vas au sein d'Abram dormir entre les fleurs,
> Jusqu'à tant que le cor t'esveille de ton somme,
> Laissant à tes amys les regrets et les pleurs.
> O partage inégal ! Par toy qui nous consomme,
> Loisel est plein de joye, et nous pleins de douleurs.

J. BESLY, cer [1] et advocat du roy à Fontenay-le-Comte; M. DC. XIX.
(*Or. — Bibl. nat., N. D., n° 203* [2]*, pièce 176.*)

Nicolas Rapin, aveuglé sans doute par son affection pour Besly, en fait un second Apollon dans ses épigrammes latines, et joue sur les mots *Belius, Belus* et *Delius.* Cette comparaison, un peu risquée, m'avait engagé à citer dans mon article sur Besly (*Biogr. gén.*) le distique malencontreux qu'on m'a reproché [2]. Afin de me réhabi-

---

1. Besly prend le titre de conseiller du roi dès l'année 1619, quoiqu'il n'ait été régulièrement pourvu de cette charge qu'en 1628. En effet, le Sénéchal de Fontenay, François Brisson, s'était opposé, en 1622 et 1623, à l'enregistrement des lettres d'union à son office d'avocat du roi, d'une charge de Conseiller ; et cette opposition ne fut levée que le 15 juillet 1628, après la mort du Sénéchal.

2. On lit dans l'*Annuaire de la Société d'Emulation de la Vendée*, an. 1877 (*Jean Besly par G. Colletet*), la note suivante au bas de la page 84 : « M. Bri-

liter, j'offre au lecteur une épigramme inédite de Nic. Rapin, dont je possède l'original, autographe et signé :

AD JOANNEM BELIUM FONTENAIENSEM.

Diserte Beli, flos meorum civium,
Qui, Phœbus alter, gallicam lyram cies
Novosque in urbe concinis parvâ modos ;
Cur me pudentem laudibus oneras tuis,
Longè petito provocas dùm nomine,
Ac si Hercules fingatur ex pumilio ?
Plerumque rerum nominumque affinitas
Mirè efficaces fert latenter exitus,
Apollo Graiis dictus olim Delius,
Conversâ apud nos litterâ fit Belius.

Nic. Rap.

Les hymnes (sic) *de P. de Ronsard, gentilhomme vendomois, commentées par J. Besly. Paris, Nic. Buon, 1604, in-12* (tom. VII des œuvres de Ronsard).

---

quet (*Nouv. Biographie gén.*) a réuni le premier vers de ce distique au dernier vers du quatrain, formant ainsi en deux vers un résumé des six vers des deux épigrammes. » Le critique aurait pu ajouter que le second vers est faux, et qu'on a imprimé *Belius*, au lieu de *Delius*.

Ce n'était pas cependant à M. Briquet qu'il fallait faire ce reproche, mais à Dreux du Radier, qui, dans l'article consacré à Besly, dit : « *Rapin, livre II de ses poésies latines, p.* 30, lui adresse celle-ci. » Suivent les deux vers incriminés. Après une indication si formelle, pouvait-on suspecter l'exactitude de la citation ?

Et maintenant, je me permettrai une simple question. Est-ce Colletet qui a mal lu, ou l'annotateur qui s'est endormi en le copiant ?

Des deux premiers vers du quatrain, il a fait deux phrases au lieu d'une :

Sol apud Assyrios *celebratur* nomine Beli,
Belis in Arbelis lucida gemma fuit.

Tandis que Rapin a écrit :

Sol apud Assyrios *celebratus* nomine Beli,
Belus in Arbelis lucida gemma fuit.

Son dernier vers est faux.

Belius, aut potiùs *Belus* alter eris.

C'est ici que j'indiquerai cet ouvrage de Besly, puisqu'il se rattache à la poésie. Ces commentaires, où plutôt ces notes sont fort courtes et pleines d'érudition ; elles consistent en citations des vers grecs et latins, imités par Ronsard. Besly exerçait déjà cet esprit de critique, dont il a fait un usage si judicieux dans ses dissertations historiques. — « Cet hymne est tout de pièces rapportées. » — « Cet hymne est presque tout imité de Tibulle. » — « Tout cet hymne est tiré presque mot pour mot de la prose grecque de Michel Psellus. » Il a même ajouté quelques passages des violentes diatribes de Florent Chrestien contre Ronsard. Aussi G. Colletet dit à ce sujet : « Le lecteur peut en recueillir plus de fruict et plus d'utilité que l'auteur de louanges, puisque souvent il le traite comme rapsode ou comme plagiaire, et qu'il semble invectiver plustost contre luy que soustenir sa gloire. »

Il paraît que Besly avait composé des commentaires sur d'autres parties des œuvres de Ronsard, car il renvoie, dans les notes sur les hymnes, à ses annotations sur les Odes et sur la Franciade. Mais ses commentaires sur les hymnes sont les seuls qui aient été imprimés. Colletet croit que Nicolas Richelet, l'un des commentateurs de Ronsard, et le rival de Besly en érudition, « auroit faict supprimer ses commentaires pour y substituer les siens. » Voici une note de Besly, qui tend à justifier cette opinion : « Ce qu'il a encores imité en un sonnet des *Amours de Cassandre*, comme j'avois cotté en la *précédente édition* ; mais le correcteur l'oublia, comme plusieurs autres choses, plus nécessaires que celles qu'il y adjousta du sien, ne sont inutiles et dignes d'estre retranchées » (*L. I, hym.* 4). La précédente édition doit s'entendre peut-être d'une publication séparée des sonnets amoureux, attendu que l'édition précédente

---

Il faut lire :

Belius, aut potiùs *Delius* alter eris.

Le second vers de son distique est également faux.

Litteram ; *ad* veteres Belus Apollo fuit.

Lisez :

Litteram ; *apud* veteres Belus Apollo fuit.

C'est ainsi que l'on voit la paille dans l'œil de son voisin.....

des œuvres de Ronsard, imprimée en 1587, ne contient aucun commentaire de Besly, qui, à cette époque, avait à peine quinze ans. Nous ferons remarquer que le catalogue de sa bibliothèque, autographe et signé, rédigé au mois de juillet 1610, ne renferme qu'un exemplaire de l'édition de 1587. Besly ne possédait pas l'édition de 1604 ; il l'avait sans doute rejetée, à cause de la suppression de presque tous ses commentaires.

La jurisprudence et la poésie n'auraient pas suffi pour sauver son nom de l'oubli. Mais ses travaux historiques ont recommandé Besly au souvenir de la postérité ; et ses amis ont inscrit son nom dans leurs ouvrages, avec des témoignages de reconnaissance pour les services qu'il leur avait rendus, en mettant à leur disposition, sans aucune réserve, ses manuscrits les plus précieux.

Les relations qu'il contracta avec les deux frères jumeaux Scévole et Louis de Sainte-Marthe, les savants auteurs de l'*Histoire généalogique de la Maison de France*, relations qui commencèrent peut-être pendant le cours de ses études à Poitiers, et qui ne cessèrent qu'avec sa vie, lui inspirèrent le goût des recherches historiques. Besly fouillait les cartulaires du Poitou et leur communiquait ce qui pouvait les intéresser. Les frères de Sainte-Marthe, qui disposaient de la riche bibliothèque du président de Thou et du trésor des chartes du roi, et qui réunirent à une nombreuse collection de manuscrits tous les livres imprimés qu'ils purent rassembler sur notre histoire, envoyaient à Besly les copies des pièces utiles au projet qu'il méditait d'écrire l'histoire des comtes de Poitou.

Jean Besly avait trouvé sa voie, et pendant quarante ans, c'est-à-dire jusqu'à sa mort, il compulsa une immense quantité de chartes, de titres manuscrits, et d'extraits reçus de toutes parts, ainsi que les livres anciens et modernes publiés sur l'histoire de France, que lui fournissaient les libraires de Paris.

Les frères de Sainte-Marthe firent connaître Besly au président Savaron, à Jérôme Bignon et à quelques autres savants. Mais ce fut pendant la tenue des États généraux de 1614 que Besly se lia étroitement avec Pierre et Jacques Dupuy, avec André Duchesne ; et, bientôt après, il ouvrit une vaste correspondance avec Godefroy, de Peiresc, le P. Sirmond, Ph. Labbe, Justel, Loisel, Matthieu Molé, de Loménie, etc., etc., correspondance dont nous n'avons encore découvert que les débris.

Au mois de novembre 1613, Besly écrivait à Scévole de Sainte-Marthe : « Quant à ce méchant ramas que j'avois commencé à brouiller, j'en ay honte. La matière est difficile à trouver pour la mettre en œuvre; et l'artisan fort malpropre pour en venir digne-ment à chef. Toutefois je reçoy tous les jours nouveaux advis qui pourront servir, sinon pour un bâtiment à la dorique, ce pourra estre au moins à la rustique. » — (*Lettre à P. Dupuy, du 25 février 1616*). « Quant à mon histoire, jugez si parmi la foule de tant de misères et d'inquiétudes où nous sommes plongés de deçà, il y a lieu d'y penser, mesme en songe. Peu à peu je mets mes preuves au net et me propose d'en venir à bout dans peu d'heures. » Le 28 mai, il envoya à P. Dupuy un mémoire pour justifier que Hugues Capet descendait de Charlemagne. Le 28 nov., il écrivait : « M\u02b3 de Grelay (Louis de Sainte-Marthe) a pris la peine de jeter l'œil sur le ramas ou plutost cahos de mes Mémoires, quoy que je les ay digéré et mis au net le mieux qu'il m'a esté possible, et préparé pour l'im-pression. » — Le 12 décembre : « Quant à mon histoire, je la lèche et forme peu à peu, à mesure que les Mémoires et instructions me viennent. »

Enfin, Besly publia la *Généalogie des comtes de Poictou, ducs de Guyenne. Paris, 1617 (une feuille in-fol.).* On lit dans la *Préface* qui précédait ce tableau, et qui est imprimée dans la seconde partie de l'*Histoire des comtes de Poitou* : « Or l'histoire de cette troisième partie de la France (la Guyenne) n'a point esté esclaircie jusques à présent que nous l'avons dressée, par le moyen d'un million de chartres et titres, et livres sans nombre imprimez et escrits à la main, pour la donner dans peu de jours au public, avec ses preu-ves : de quoy ceste généalogie des comtes de Poictiers et ducs de Guyenne luy servira de gage. »

Besly ne put réaliser sa promesse. Cette feuille in-fol. et la pré-face, ou petit discours sur la Guyenne, sont les seuls fragments historiques qu'il fit imprimer. Il se plaint, dans une lettre du mois de mars 1626, que Dupleix *lui ait dérobé son observation que la Provence se trouve nommée* Aquitania *par quelques autheurs du moyen âge,* ab aquis sextiis, *qu'il a publiée dans son petit discours sur la Guyenne, dès l'an* 1617*, et que ledit Dupleix ha copié et volé dix huict ou vingt lignes du mesme discours.*

Les troubles qui agitèrent le Bas-Poitou, depuis 1616 jusqu'en

1628, et les maladies dont il fut accablé, ne lui permirent pas d'achever son histoire des comtes de Poitou. En 1616, Fontenay avait été menacé de deux sièges, et les alarmes ne se dissipèrent qu'après le traité de Loudun, du 6 mai. Besly était malade en 1618, à Paris, où il avait emporté ses Mémoires. Il fut élu maire et capitaine de Fontenay, pour l'année 1620 : poste honorable, mais dangereux. Lorsque les Rochelais se mettaient en campagne, la ville de Fontenay courait le risque d'être prise et saccagée. Besly écrivait à P. Dupuy, le 20 juillet : « Nous sommes pour souffrir de grands maux, si Dieu n'a pityé de nous. En mon particulier, j'appréhende sur toutes choses mon estude, qu'elle ne soit dissipée et perdue, qui me seroit une perte infinie ; car nous sommes icy dans un couppe-gorge. » — Et le 21 décembre suivant : « Si Dieu ne calme l'orage imminent, je prendrai le conseil qu'on donne en temps contagieux, *citè, longè, tardè.* » En effet, au mois de février 1621, il se réfugia à Poitiers, où sa bibliothèque et ses manuscrits avaient été transportés avant le mois d'août 1620. Après un court voyage à Paris, au mois d'avril, il retourna à Poitiers, et de là à Fontenay, en juin 1621. Mais ses livres ne revinrent qu'en juillet, et ses manuscrits étaient encore à Poitiers le 20 juin 1622.

Il venait de recevoir du procureur général (Matthieu Molé) et de P. Dupuy une invitation pressante de publier son histoire des comtes de Poitou, lorsqu'il écrivit à ce dernier, le 14 mars 1622 : « Pleust à Dieu qu'il feust en mon pouvoir d'y satisfaire ! Pensez, je vous supplie, que c'est d'un homme marié, chargé d'enfants, qui d'ailleurs est dans les entraves d'un office, en une ville où nuit et jour on n'oit que le son des tambours et des allarmes, et en laquelle tenant quelque rang, il est obligé par honneur et par devoir à porter une non petite part de la fatigue publique, et bien souvent au delà de ses propres forces. Adjouxtez que tous ses Mémoires et papiers sont à vingt lieues de son estude, où la crainte du péril les a fait réfugier, il y a plus d'un an. Direz-vous que ces excuses là ne sont point de mise ? » Il écrivait à André Duchesne, le 20 juin suivant : « La trop grande assiduité après les lettres m'a tellement moulu, qu'il ne me reste quasi plus que de la cendre, qui n'est pas pour conserver longtemps sa chaleur. » Il est certain qu'il était encore malade le 13 juillet 1622, ce qui ne l'empêcha pas d'entreprendre un grand voyage, peut-être à Paris, d'où il était revenu le

1er août, « sans que durant un si long chemin, j'aye receu autre incommodité qu'un léger étourdiment de teste causé de l'extrême ardeur du soleil ».

Le 24 septembre 1625, Besly fut atteint d'une fièvre quarte, qui le *tint cloué au lit* plus de huit mois, et ne lui laissa aucun repos pendant deux ans. « J'essaye à me ravoir le mieux que je puis. » *(L. du 22 août* 1627.) — Et, « le 20 novembre 1628, j'étois affligé d'une griefve maladie, qui a cuidé m'emporter. » *(L. de déc.* 1628.)

Il ne faut pas croire que tant de douleurs physiques, tant d'inquiétudes pour la sécurité de sa patrie, de sa famille et de ses biens, aient obligé Besly à abandonner entièrement ses travaux historiques. Sa mémoire était prodigieuse ; et il avait lu un si grand nombre de chartes, de titres et de chroniques sur l'histoire de France, il les avait soumis à une critique si approfondie, que, sans consulter ni livres ni manuscrits, il pouvait indiquer des dates exactes, ainsi que les corrections dont certains ouvrages étaient susceptibles, et se livrer même à des discussions très ardues.

Voici une preuve de l'activité de son esprit. Le 15 novembre 1625, il dicta une longue lettre adressée à P. Dupuy, qu'il signa avec difficulté, et dans laquelle il dit : « Tous les livres m'estans contraires et interdits, il seroit malaisé que je pusse voir ne Witichind ne Dithmar, y ayant 52 jours que je suis détenu au lit. Néantmoins, je suis fort certain qu'il (Godefroy) trouvera dans Witichind, *au troisiesme livre,* que Ludolphe, fils du premier lit d'Othon Ier, empereur, etc. » Suit une petite dissertation sur un passage de l'*Histoire généalogique des ducs de Lorraine,* par Godefroy. Puis il ajoute : « J'ay pensé et quasy résolu de communiquer au publiq, comme pour gage de mes autres ouvrages, un volume intitulé *Boccage royal d'observations historiques ;* » et il expose le plan détaillé de ce volume, qui devait être divisé en 8 ou 9 livres.

« Le premier livre est pour monstrer que Robert le Fort, duc et marquis d'entre Seine et Loire, qui mourut l'an 867, estoit prince du sang de la Maison de France... » — « Le second est de la vraye origine des Roys de la Bourgogne transjurane... » — « Le troisiesme est de la vraye origine de Hugues, roy d'Italie... » (Impr. à la suite de l'Hist. des ctes de Poitou.) — « Un autre, de la vraye origine de la comtesse Mathilde, cette fameuse princesse qui a manié comme à la baguette l'Église et l'Empire, et a engraissé l'Église du patrimoine de saint Pierre... » (Impr. à la suite de l'Hist. des ctes de Poitou.) — « Un autre est intitulé le *Supputateur,* ou de la manière de compter les ans des règnes de nos roys, depuis Charlemagne. » — « Un autre est l'excommunication du roy Philippe Ier, dont vous sçavez partie du subject ; mais il y est traicté en outre des mariages du roy Robert II, Henry Ier, d'iceluy Philippe, etc... » (Impr. dans l'Hist. des ctes de Poitou.) — « Un autre est une édition nouvelle de la généalogie de Saint-Arnoul, laquelle sera composée de l'édition de Mr Pithou, de l'édition du manuscript du P. Sirmond, et enfin de la mienne... » — « Un autre est intitulé le *Faussaire,* ou des suppositions et falsités que des Rosiers (François de Rosières) a commis en l'histoire. » — « J'ay quelque dessein y adjouter la généalogie de la Maison de Louvain, ou Braban, sur le manuscript. » — « Le tout vous est dédié et à M. vostre frère, pour tesmoignage de nostre amitié. »

Besly annonçait déjà à P. Dupuy, le 25 août 1624, qu'il avait composé deux livres de l'Histoire des comtes de Toulouse, « que je me suys résolu de publier aveq nombre d'autres en une décade...; et vous dédieray l'un de ceste dizaine, afin d'honorer de vostre nom, mon nom et mon ouvrage... Mr Cramoisy m'a escrit et fait escrire pour avoir ma copie. »

Malgré ces résolutions, Besly n'a publié ni le *Boccage royal,* ni l'*Histoire des comtes de Toulouse.* Cependant, sans les conseils de Dupuy, il aurait fait imprimer son grand tableau généalogique des ducs de Lorraine (le manuscrit aut. existe fonds Dupuy, vol. 511). « Quant à ce sujet, il est chatouilleux, et puis dire que vostre conseil, lorsque je vous fei revoir ma table généalogique (des ducs de Lorraine), m'a depuys retenu de la publier ; et un seigneur notable qui se sert de moy et qui est bien veu de ceste Maison, me dissuada de la présenter en ceste ville, au seigneur (le duc de Guise) qui y ha le principal intérest en ce royaume, tant les opinions préoccupées ont de puissance sur nos âmes. » *(L. à Dupuy, du 17 juin 1624.)* C'est-à-dire que les ducs de Guise prétendaient descendre de Charlemagne, tandis que la généalogie dressée par Besly prouvait le contraire.

Lorsqu'en 1632 il eut résigné l'office d'avocat du Roi en faveur de son fils, Besly se remit résolûment à l'ouvrage : « Je travaille tous les jours, plus ou moins, à mon ancienne tasche, mais plus je

considère ma besogne, moins elle me plaist. Je n'y voy quasi rien
que de la généalogie destituée de narration digne du public, et qui
puisse profiter. *(L. du 3 sept.* 1633.)

Mais Besly voulut traiter trop de sujets divers, et il avait usé la
moitié de sa vie à rédiger, pour ses amis, des Mémoires et des observations critiques, qui leur servirent si puissamment à perfec-
tionner leurs ouvrages. « Je les ay guidez dans leurs desseins, et
faict part du talent qu'il a pleu à Dieu me départir, et par ce moyen
faict passage à la publication de leurs histoires, à quoy (l'on me
permettra de le dire) ils ne fussent jamais parvenus. » *(Avant-propos
de l'Histoire des* c^tes *de Poitou.)* — « Je ne glose pas volontiers
sur le faict d'autruy, assez empesché pour moy mesme à respondre
de mes actions. Je le di pour la tardiveté que j'ay à produire en
lumière mes comtes de Poictou et mes ducs de Guyenne, trouvant
de jour à autre des difficultez qui m'arrestent sans pouvoir m'en
desgager. » *(L. du* 1er *déc.* 1642.)

Enfin, succombant aux douleurs de la gravelle et de la pierre,
Jean Besly mourut le 24 mai 1644, au milieu de travaux inachevés.
Il avait cependant composé, peu de temps avant sa mort, la
Préface, ou *Avant-Propos,* imprimé sur les premiers feuillets de
son Histoire des comtes de Poitou. Nous en transcrirons les dernières phrases : « Je ferai suivre cette histoire des comtes de Poitou
et ducs de Guyenne, d'une nouvelle histoire des comtes de Tolose
et des comtes de Béarn, et ensuite, les évesques de Poictiers, les
remarques sur les Roys de France de Du Tillet, les chanceliers de
France des deux premières races de nos Roys, un traicté sur la
clause *Regnante Christo,* l'histoire de l'interdit du roy Philippe Ier
et de celuy de Philippe-Auguste. L'amour que j'ay pour ma patrie
m'emporte à promettre la publication de ces ouvrages. Mais
quand je considère mon âge si advancé (72 ans) et mes continuelles infirmitez, je juge que je n'auray jamais ce contentement
entier, et croy que ce me sera beaucoup d'y pouvoir mettre
la dernière main ; espérant que mon fils, après ma mort, satisfera
à ce que je promets, en prenant l'advis de mes bons et anciens
amis. »

Le 30 août 1644, deux mois après la mort de Besly, l'évêque de
Poitiers écrivait à P. Dupuy : « J'ay appris le soing que vous
désiriez que je prisse pour conserver les travaux de feu M. Besly, à

quoy j'ay travaillé depuis plus de six ans. Les héritiers ont un thrésor qui ne se peust estimer. Je croy qu'on pourroit avoir cela à prix raisonnable, veu qu'aucun d'eux ne se plaist à cette sorte d'estude. Ses trois histoires (des comtes de Poitou, des évêques de Poitiers et des comtes de Toulouse) valent bien 4000 fr. à très bon marché.... Je voudrois bien que ce grand travail ne feust perdu et que les héritiers y peussent trouver leur compte. »

Au mois de septembre, Nic. Macquin, juge à Fontenay et ami de Besly, annonçait qu'il était assuré que les héritiers conserveraient avec soin tous ses papiers, quoiqu'ils fussent fort en désordre.

Le 3 octobre 1644, les enfants de Besly et sa veuve Claude du Boullay transigèrent pour le partage de la succession. Je citerai deux passages de cet acte et la quittance y annexée [1].

« A esté délaissé audit sieur Jean Besly, sieur de la Gerberie, la bibliothèque de feu son père, moyennant qu'il a promis et sera tenu de payer à Jeanne Besly, sa sœur, à l'acquit de Claude du Boullay, la somme de 2000 livres. » — « Claude du Boullay garantit les enfants de feu Jean Besly de ce qui peut estre deu par ledit feu au sieur Cramoisy, libraire à Paris. »

Quittance autographe de J. Besly fils : « Je recognois que damoiselle Claude du Boullay, veufue de noble Hⁿ Jehan Besly, conseiller d'honneur au siège royal de cette ville de Fontenay, m'a ce jourd'huy rendu la clef d'un cabinet, où elle m'a dit estre quelques manuscrits dudit feu sieur Besly, mon père, pour par moy en disposer comme j'adviseray, et toutesfois est accordé et arresté entre nous et Dᵉˡˡᵉ Jehanne Besly, ma sœur, si je reçois quelque récompense d'iceux, au cas que je veuille en disposer, que nous nous en rapportons à l'advis de MM. Bignon et Dupuy, conseillers du Roy en ses conseils d'État et privé, pour savoir d'eux si ladite Dᵉˡˡᵉ du Boullay et Jehanne Besly ont droit d'y prendre part, ou si lesdits manuscrits et récompenses ne doivent pas entièrement demeurer à moy dit Besly, comme fils seul dudit sieur Besly. »

La lettre de l'évêque de Poitiers, du 30 août 1644, et l'acte du 3 octobre prouvent que Besly fils, n'ayant aucun goût pour les

---

1. Or. — Cab. Benj. Fillon.

études historiques, ne chercha qu'à tirer le meilleur parti des livres et des manuscrits de son père ; il prétendait même avoir un droit exclusif sur le produit de la vente des manuscrits.

On ne sait quel fut le sort de cette précieuse bibliothèque, dont le P. Louis Jacob a fait l'éloge dans son *Traité des plus belles bibliothèques du monde ;* elle était d'autant plus curieuse que Besly annotait tous ses livres. Besly fils la vendit, certainement avec bénéfice, et il put facilement payer à sa sœur les 2000 livres stipulées dans l'acte du 3 octobre. Quant aux manuscrits historiques, il paraît qu'ils furent tous remis à P. Dupuy : on ignore à quelles conditions. Ceux qui n'étaient pas en état d'être imprimés sont disséminés dans les nombreux volumes qui composent le fonds Dupuy *(Bibl. Nat.).* Mais l'immense collection de lettres adressées par des savants à Jean Besly, rejetée au nombre des papiers inutiles, a été dispersée ou détruite. Nous savons seulement que G. Colletet possédait des poésies autographes de Besly, et deux lettres du libraire Nicolas Buon, qui lui demandait la suite de ses commentaires sur Ronsard ; ces pièces lui avaient été données par Besly fils.

L'œuvre capitale de J. Besly, l'Histoire des comtes de Poitou, fut imprimée en 1647, trois ans après sa mort, par les soins de P. Dupuy. Le manuscrit original « estoit remply de ratures et de marques, qui tesmoignoient que la dernière main de l'autheur n'y estoit pas encores.... Je suis obligé de dire, après les soins que vous avez apportés à revoir ceste histoire et les traictez qui sont ensuitte, et les mettre en estat tel que le public en jouit à présent, que vous estes le second autheur de cet ouvrage, et que sans vostre bonté et vostre diligence, le public eust esté frustré des travaux de feu mon père, qui fussent demeurez inutiles parmy le reste de ses papiers. »*(Dédicace de J. Besly fils à P. Dupuy, le 1er févr. 1647.)* — « Le public vous doibt l'impression de l'Histoire des ducs de Guyenne. » *(L. de l'év. de Poitiers à P. Dupuy, le 23 juin 1647.)*

Histoire des comtes de Poictou et ducs de Guyenne, depuis l'an 811 jusqu'au Roy Louis le Jeune, vérifiée par tiltres et par anciens historiens ; par feu Me Jean Besly, conseiller et advocat du Roy, honoraire, au siège royal de Fontenay-le-Comte. Paris, Gervais Alliot, ou Robert Bertault [1], 1647 ; in-fol.

---

1. Besly fils avait cédé son privilège à Gervais Alliot et à Robert Bertault,

Ce volume contient :

1. Pièces liminaires (8 feuillets). — *Dédicace à M. P. Dupuy, conseiller d'Estat, par J. Besly fils, conseiller et advocat du Roy, à Fontenay-le-Comte. Paris, 1er févr. 1647.* — *Éloge* (en lat.) *de J. Besly,* par Nic. Macquin, juge *(juridicus)* à Fontenay, — Trois épigrammes : la 1re de G. Colletet, en l'honneur de J. Besly ; la 2e de Fr. Colletet, sur J. Besly fils ; et la 3e de J. Besly fils, sur l'histoire de son père. — *Avant-Propos,* par J. Besly. — *Catalogue des cartulaires, chroniques et histoires manuscrites, dont l'auteur s'est servi.* — *Table chronologique des comtes de Poictou, depuis Abbon jusqu'à Louis le Jeune.* — *Portrait* à mi-corps de J. Besly, gravé par Jaspar Isac, en 1642. — *Tableau généalogique des comtes de Poictou (1 f. ployé).*

2. *Histoire des comtes de Poictou (pag. 1-146.)* — *Preuves de l'histoire (pp. 147-502).* — *Errata (1 f.).* — *Table des matières* et *Privilège (6 ff.).* — *Lettre de J. Besly fils à MM. de la Coste de Lezay, frères,* en leur envoyant un tableau généalogique des seigneurs de Lusignan. *Paris, 12 févr. 1647 (1 f.).* — *Tableau généal. des seigneurs de Lusignan (1 f. ployé).*

3. Appendice, ou 2de partie (186 pp.). — *Préface sur la table de la généalogie des comtes de Poictou et ducs de Guyenne, publiée en 1617 (pp. 1-7).* — *Ducs de Guyenne, sous la première lignée des roys de France, avec les Preuves (pp. 9-15).* — *Roys de Guyenne, depuis l'an 778 (pp. 17-43).* — *Du duc Hugues, dit l'Abbé, fils de Charlemagne (pp. 47-61).* — *La vraye origine de Hugues, roy d'Italie,* contre Gaspard Scioppius *(pp. 65-68).* — *Notœ in stemma Gonzagicum Gasp. Scioppii : Gradus priores 18. (pp. 68-74).* — *Stemmata Mathildis comitissœ,* 1. *ex Domnizone ;* 2. *ex Sigonio ;* 3. *ex Hier. Faleto (pp. 74-79.* — *Stemma vetus novum Mathildis comitissœ (Gr. tab. généal. ployé).* « Joannes Besly in præturâ Fontiniaci comitalis consiliarius et regius patronus, ejusdem urbis Major et Capitaneus, stemma Mathildis comitissæ, rem perplexam, digessi composuique et v. CL. Ant. Possevino misi mense

---

qui se partagèrent les exemplaires de *l'Histoire des Comtes de Poitou.* C'est pourquoi, les uns sont à l'adresse de G. Alliot, et les autres à l'adresse de R. Bertault. Il en est ainsi pour les *Evesques de Poitiers.*

septembris 1620. » — *Traicté par lequel il est prouvé de quelle Lorraine Charles, fils du roy Louis d'Outremer, estoit duc* (contre Godefroy) *(pp. 83-90). — De Philippe, roy de France, de son mariage avec Bertrade de Montfort ; comme il fut excommunié pour adultère et absous avec condition (pp. 93-112). — Empeschemens du mariage du roy Philippe* Ier *et de Bertrade de Montfort (pp. 115-121). — Deux traictés de la clause* Regnante Christo, *qui se trouve en la date de plusieurs tiltres, avec les Preuves :* 1er *traité (pp. 125-163) ;* 2d *traité (pp. 165-168). — Remarques sur les Mémoires et recherches de la France et de la Gaule aquitanique, qu'on attribue faussement au sieur de la Haye (pp. 171-179). — De l'origine du mot de Roture et de Roturier (L. de Besly à Dupuy, du 22 avril 1620) (pp. 181-184). — Extrait d'une lettre à Mr du Puy du Fou, du 25 juillet 1632, sur le mot de* Podium Fagi *(pp. 185-186).*

On trouvera dans l'Histoire littéraire du Poitou, par Dreux du Radier, une analyse succincte des traités qui suivent l'Histoire des comtes de Poitou.

L'*Errata* des Preuves contient l'indication de 158 fautes. Mais ce n'est qu'un léger spécimen de l'inexactitude du copiste. Les Preuves manuscrites et autographes de Besly, conservées à la Bibliothèque Nationale (2 *vol. in-4o, n*os 9610-9611), sont infiniment plus correctes que l'imprimé, et contiennent une foule de pièces que l'éditeur a négligé de livrer au public. (*Voy. la note au bas de la p.* 368.)

J'ai collationné les dix premières pages des Preuves imprimées, avec le manuscrit autographe de Besly, et j'ai relevé 51 fautes, dont 7 seulement sont signalées dans l'*Errata.* La charte imprimée p. 349 contient 19 fautes. Par ces deux exemples, on peut juger du reste. Je ne parle point des traités sur la clause *Regnante Christo ;* l'imprimé offre un si grand nombre de différences importantes avec les manuscrits de Besly, qu'il serait peut-être utile de les rééditer.

Les Évesques de Poitiers, avec les Preuves, par feu Me *Jean Besly, conseiller et advocat du Roy, honoraire, au siège royal de Fontenay-le-Comte. Paris, Rob. Bertault, ou Gerv. Alliot,* 1647 ; *in-4o de* 8 *ff. et* 274 *pag.*

Ce livre fut publié en même temps que l'Histoire des comtes de Poictou, au nom de Besly fils, pour satisfaire aux sollicitations pressantes de l'évêque de Poitiers, qui contribua sans doute aux frais d'impression.

Les feuillets préliminaires contiennent : la *Dédicace* de J. Besly fils à H.-L. Chasteigner de la Roche-Posay, évêque de Poitiers, datée du 13 mars 1647. (La dédicace de l'Histoire des comtes de Poitou est du 1er février.) — Une *liste des évêques de Poitiers* (103), jusques et y compris H.-L. de la Roche-Posay. — Le *Catalogue des livres imprimés ou manuscrits, cités dans l'ouvrage ;* — et le *Privilège* accordé à Jean Besly fils. — Suivent les *Preuves* (pp. 1-216); un *Pouillé des 24 archiprétrés du diocèse de Poitiers* (pp. 217-274) ; et un *Errata* indiquant 49 fautes d'impression.

On lit dans la dédicace : « Je vous advoue que j'ay eu de la peine à vous obéyr en ceste occasion, ne vous donnant rien de parfaict, et tel que l'autheur l'eust pu donner de son vivant ». En effet, c'est une collection de matériaux, presque sans ordre, sur chaque évêque; elle a servi cependant, mais avec des corrections, aux premiers éditeurs du *Gallia Christiana*.

Telles sont les œuvres historiques de J. Besly, qui ont été publiées séparément. « Mr Besly (le fils) m'a dit qu'il feroit imprimer à la première occasion, les fondations de plus de 500 bénéfices du Poictou et provinces voisines, que son père avoit extraites de divers cartulaires. » (*L. de l'év. de Poit., du 23 juin* 1647.) Mais il attendit vainement une occasion favorable, et il n'exécuta point ce projet.

Quelques opuscules de Besly sont répandus dans les ouvrages des historiens de son temps. Nous citerons une *Lettre à M. de la Roche-Posay, sur une inscription de l'église de Saint-Pierre de Poitiers,* insérée dans les *Annales d'Aquitaine,* par J. Bouchet, *édit. de* 1644 ; une *Préface* pour le *voyage de Jérusalem* (1095-1099), par P. Tudebode, *prêtre de Civray.* Le manuscrit de ce voyage, annoté par Besly, est imprimé avec la Préface, dans le t. IV des anciens historiens de France, d'André Duchesne. Il communiqua encore à Duchesne, *Gesta Ludovici VIII, heroico carmine,* à Nic. de Brayd, impr. dans le t. V du même recueil. Enfin, on a imprimé en tête des *Œuvres d'Alain Chartier,* publiées par Duchesne, un fort beau fragment d'une lettre de Besly, qui sert de préface à ce volume.

Besly a fourni une foule de notices et de corrections pour l'*Histoire de la Maison de Chasteigner,* ainsi que pour les autres travaux généalogiques de Duchesne. Le P. Sirmond *(Concilia antiqua Galliæ),* de Marca (*Histoire de Béarn*), Godefroy (*Hist. généal. des ducs de Lorraine*), Ribier (*Hist. des chanceliers*), etc., etc., lui doivent, en grande partie, la perfection de leurs ouvrages.

C'est le premier qui ait prouvé que Hugues Capet descendait de Charlemagne. « Opinion la plus probable, et Besly, qui l'a proposée le premier, est, sans doute, l'un des plus judicieux critiques du siècle dernier. » (*Mém. de Trévoux, an.* 1712, *p.* 674.)

C'est encore Besly qui a signalé le mode irrégulier de succession des vicomtes de Thouars, dans une lettre du 23 mai 1620. Cette lettre a été insérée dans l'*Hist. chron. et généal. de la Maison de France*, par le P. Anselme, mais cependant avec des changements et des corrections. Il a découvert aussi le véritable auteur des Mémoires attribués faussement à J. de la Haye.

« On ne saurait refuser à Besly l'honneur d'avoir défriché, le premier, un terrain inculte et presque abandonné. On trouve, sans doute, quelques erreurs dans son histoire [1]; mais on y trouve aussi bien des lumières qu'on n'avait point avant lui, et qu'on n'aurait peut-être jamais eues, sans les recherches et le travail prodigieux qu'elles ont dû lui coûter. » (*Dreux du Radier, Hist. littér. du Poitou.*)

Besly méritait bien les éloges qu'il a reçus des savants du premier ordre. Il est honorablement cité par Jér. Bignon (*Formules de Marculfe*), par A. Duchesne (*Hist. de Bourgogne*), par les frères de Sainte-Marthe (*Hist. généal. de la Maison de France*), par de Marca (*Hist. de Béarn*), par le P. Labbe (*Bibl. Man.*), par Ménage, Le Gendre, Lenglet du Fresnoy, l'abbé de Longuerue, etc. Le P. Lelong (*Bibl. hist. de la France*) déclare que Besly est un historien exact,

---

1. L'erreur la plus singulière que Besly ait commise, est indiquée par Dom Fonteneau (*Mss., t. X, p.* 186).

Dans son traité sur la clause *Regnante Christo*, impr. à la suite de l'Histoire des Comtes de Poitou (2e *part., p.* 136), Besly cite trois chartes de 964, 974 et 996, extraites du Cartulaire de Saint-Hilaire-le-Grand de Poitiers, et il écrit à la fin Salomon *papa*, en donnant pour cause de cette souscription inusitée, qu'il existait alors un schisme dans l'Église. Les chartes originales, que Besly n'avait pas lues, portent seulement Salomon, avec un paraphe mal interprété par le copiste, *papa* au lieu de *paraphonista*. En effet, Salomon était un chanoine de Saint-Hilaire-le-Grand, qui souscrivit ces chartes, en qualité de notaire du Chapitre.

profond et judicieux. Colomiès (*Bibl. choisie*) dit que Besly était extraordinairement versé dans les antiquités de la France. La lecture des lettres que nous publions fera connaître avec quelle habileté il exerçait la critique.

Le 3 déc. 1642, Besly écrivait à MM. de Sainte-Marthe : « Je suis demeuré comme fainéant, sans avoir mérité chose aucune, sinon par la bienveillance de vous, Messieurs, et quelques autres de mes amis, qui m'avez fait la faveur de me nommer dans vos escrits. » Cependant, il se plaint, dans l'*Avant-Propos* de son Histoire des comtes de Poitou, de l'ingratitude de quelques-uns, qui, malgré les services qu'il leur avait rendus, n'ont pas daigné le nommer dans leurs Préfaces. « Bien plus, après leur avoir déclaré franchement mon dessein de mettre au jour une nouvelle Histoire des comtes de Tolose, et envoyé divers Mémoires touchant cette matière, pour en avoir leurs sentiments, au lieu d'y faire response, selon la civilité ordinaire, ils les ont retenus et les ont employez dans les histoires qu'ils ont faict imprimer. » Ces reproches s'adressaient particulièrement au P. Sirmond et à Guill. Catel, qui publia en 1623 une *Histoire des comtes de Toulouse*.

Il est certain que Besly, entièrement dévoué à ses amis, travaillait plus pour eux que pour lui-même. « Je ne tiens point à courtoisie entre gens de nostre profession, de refuser son amy en chose qu'on a moyen de le contenter, et mesme d'en tirer de la satisfaction. » (*L. du 21 nov.* 1621.) — « Ma plume est dédiée à mes amys, et le coup lasché, je n'y pense plus, voire je ne m'en souviens plus. » (*L. du 28 juill.* 1624.) — « Ay-je rien de particulier que je ne vous en feisse le maistre souverain et absolu ? Ma plume n'est point chiche de barbouiller le papier à la première rencontre, sans se faire prier ni courtiser. Et de cela il y ha divers tesmoignages dans les escris de mes amys. » (*L. du 4 nov.* 1624.) — « Dorénavant... vous vous souviendrez du vieux mot, qu'entre amys toutes choses sont communes. » (*L. du 18 févr.* 1628.) — « Je vous diray encores une fois que j'aymerois mieux vivre dans les ouvrages d'autruy que dans les miens. » (*L. du 3 sept.* 1633.)

Ces diverses citations suffisent pour faire apprécier le caractère bienveillant de Besly, qui, exempt de toute jalousie, s'empressait de rendre service à ses amis, même au préjudice des travaux qu'il avait entrepris. (*Voy.* sa lettre du 10 janv. 1621.)

Le nom de Besly, comme historiographe du Poitou, est impérissable. Un nouvel auteur pourra écrire avec plus d'élégance l'Histoire des comtes de Poitou ; mais il lui faudra toujours suivre la route que Besly a tracée le premier, et mettre soigneusement en œuvre les matériaux qu'il avait recueillis, avec tant de peine, pendant 40 ans, et qu'il a si judicieusement discutés. On fera mieux peut-être, mais on ne fera pas plus que n'a fait Besly.

Julien Colardeau, procureur du Roi à Fontenay, *collègue* et parent de Besly, a consacré à sa mémoire les vers suivants. (Je crois qu'ils sont inédits.)

IN TUMULUM JOANNIS BESLY.

IAMBUS.

« Effata nondùm est inclytis famâ viris
Urbs illa, qui fons Nayadum nomen dedit,
Certam Joannes Belius facit fidem :
Hîc cujus ossa cippus imprimit levis.
Quod Tiraquellus juris in prudentiâ,
Quod in vetustâ Brisso rerum origine,
Quodque in forensi pulvere Imbertus fuit,
Quod et Rapinus in lepore carminum,
Id omne præstat nuper unus Belius.
Unoque adempto, proh dolor ! jam Belio :
Et Tiraquellum pariter et Brissonium
Lugemus, Imbertum atque Rapinum simul,
Cùm fuerit unus, quod fuerunt singuli. »

Jul. COLLARDEUS, collega.

(Fonds Dupuy, vol. 630.)

JEAN BESLY ET SA FAMILLE

Jean Besly, docteur ès droits en la cour de Parlement et en la sénéchaussée de Fontenay, épousa en 1res noces, par contrat du 23 février 1599, demoiselle Catherine Brisson, fille de feu noble homme, Me Pierre Brisson, cousin issu de germain du président Barnabé Brisson, et de dame Marie Letard [1]. De cette union, il eut trois enfants : 1. Jeanne, née le 21 novembre 1600, mariée, le 23 juin 1622, à François Fradet, enquesteur au siège de Fontenay, et veuve en 1637. — 2. Jean, né le 29 janvier 1602. — 3. Catherine, mariée, le 19 novembre 1623, à Jean Aleaume, sieur de la Chenulière, avocat au Parlement, fils de feu Jean Aleaume, avocat du Roi à Fontenay, et de Claude du Boullay, seconde femme de Jean Besly. Catherine mourut avant son père [2].

Besly, devenu veuf vers 1608, se rendit adjudicataire, en 1609, des offices d'avocat du Roi, substitut du procureur du Roi et adjoint aux enquêtes et tous actes de justice, au siège royal de la sénéchaussée de Fontenay, après le décès du titulaire Jean Aleaume [3], dont il épousa la veuve, Claude du Boullay, au mois d'août 1610 ; le contrat de mariage avait été passé par-devant notaires, le 17 septembre 1609 [4]. Il n'eut point d'enfants de cette seconde union ;

---

1. Or. — Cab. Fillon.

2. Actes de naissance de Jeanne et de Jean Besly. (Cop. — Cab. Fillon.) — Contrats de mariage de Jeanne et de Catherine Besly. (Or. — Cab. Fillon.)

3. Acte de résignation. (Or. — Cab. Fillon.)

4. Or. — Cab. Fillon.— Claude du Boullay, sœur de Jean du Boullay, écuyer, était fille de Jacques, et petite-fille de Jéan du Boullay, écuyer, à qui la famille de Chourses avait vendu, en 1553, la terre noble du Pasté, sise aux portes de Fontenay. (*L. de Besly, du* 24 *déc.* 1618.)

mais Claude du Boullay avait deux fils de son 1er mariage. L'aîné, Jean Aleaume, épousa Catherine Besly.

Son fils unique, Jean Besly, lui causa beaucoup d'ennuis. On lira dans la 38e lettre de ce recueil, datée du 20 mars 1620, quelles difficultés, éprouva Besly pour retirer son fils du couvent des Augustins de Poitiers, où il faisait ses études depuis plusieurs années, et où il s'obstinait à embrasser la vie monastique. Plus tard, il soutint un procès pour l'office du sénéchal d'Oulmes, qu'il avait acheté pour son fils, procès interminable, dont nous ne connaissons point le dénouement. Nous croyons qu'il succomba dans cette affaire, et que son fils ne fut point investi de cette charge de judicature.

Jean II Besly était déjà marié en 1631, avec Dlle Marie Coppegasche [1]; et son père lui avait résigné ses offices de conseiller avocat du Roi, dès le 16 mai 1631 ; mais il révoqua sa procuration *ad resignandum*, le 6 août suivant, dans la crainte que son fils, gravement malade, ne vînt à décéder. Il lui résigna de nouveau ses offices en 1632, et reçut, en considération de ses services, le titre de conseiller avocat du Roi, honoraire.

Le 11 août 1637, Jeanne Besly, sœur de Jean, veuve de François Fradet, enquesteur et examinateur au siège royal de Fontenay, et comme tutrice de ses enfants mineurs, donne à son frère le titre d'enquesteur et d'examinateur, pour garder et conserver ledit office à ladite veuve et à ses enfants [2].

Après la mort de Jean Besly (24 mai 1644), ses enfants et sa veuve, Claude du Boullay, transigèrent, le 3 oct. 1644, pour le partage de la succession. La bibliothèque de feu son père fut délaissée à Jean Besly, sieur de la Gerberie, moyennant le paiement de 2000 livres à Jeanne Besly, sa sœur ; et les manuscrits lui furent remis, avec la faculté d'en disposer ainsi qu'il aviserait.

Jean II Besly mourut en 1652, à l'âge de 50 ans. Il laissa de son union avec Marie Coppegasche un fils nommé François, une fille nommée Claude, et d'autres enfants infirmes et souffreteux. Fran-

---

1. Testament de Jean Besly fils. (Or. — Cab. Fillon.)
2. Or. — Cab. Fillon.

çois Besly consacra à son père une fastueuse épitaphe, datée du xxvii avant les calendes de nov. 1652 [1].

Cette épitaphe et son éloge par G. Colletet et par N. Macquin (*L. du 26 août 1645*) contredisent l'opinion de quelques biographes, qui ont prétendu que Jean II Besly était mort fou. Il est vrai qu'on n'entend plus parler de Besly après l'année 1647; mais il conserva l'office d'avocat du Roi pendant toute sa vie. Son fils, noble hᵉ François Besly, s'empressa de résigner cet office, par acte du 7 mars 1653, en faveur de son neveu, Vincent Fradet, enquesteur au siège de Fontenay [2]. Puis il vécut et mourut dans l'obscurité.

Toutefois, cette inscription lapidaire nous apprend que Jean II Besly avait été, deux fois, maire de Fontenay; qu'il était *plein d'érudition* et le digne successeur de son père. Cependant, Jean Besly écrivait, le 15 déc. 1625 : « Je me réserve, après ma guérison, à revoir mes Mémoires...; d'autant que ce bon fils dont vous m'escrivez, a pris l'essor depuis quatorze mois, sans m'avoir depuis allené. *Aussy bien je n'en eusse peu tirer que nul ou bien petit soulagement.* » François Besly attribuait, sans doute, à l'érudition de son père la publication de l'*Histoire des comtes de Poitou*, et de l'*Histoire des évêques de Poitiers*, auxquelles il a rattaché son nom par des dédicaces.

Claude Besly ne nous est connue que par l'acte suivant, daté du 14 août 1669 [3] : « Dᵁᵉ Marie Coppegasche, veuve de Mᵉ Jean Besly, conseiller et avocat du Roi, demeurant au bourg de Pissot, déclare qu'ayant été ci-devant portée par les caresses et dissimulations de Claude Besly, sa fille, qui lui promettait l'assistance qu'elle lui doit naturellement et l'obéissance filiale pour contribuer aux soins qu'elle est obligée d'avoir de l'infirmité et mauvaise disposition de ses enfants, et encore pour la conduite et administration de ses biens, elle lui avait fait don, le 19 avril 1668, et lui avait promis 300 liv. de pension; mais ladite Besly s'en serait allée, à l'insçu

---

1. Cette date fausse existe dans l'ancienne et dans la nouvelle édition de l'Histoire littéraire du Poitou, par Dreux du Radier. Il n'y a point de 27ᵉ jour avant les calendes, dans le calendrier Romain. On a sans doute écrit un x de trop, et il faudrait lire alors le xviiᵉ j. av. les calendes (16 oct. 1652).

2. Or. — Cab. Fillon.

3. Or. — Cab. Fillon.

de sa mère, aux Sables, où, durant le séjour de six mois, elle avait pratiqué une recherche de mariage avec un jeune garçon sans naissance et sans biens. Sa mère en étant avertie, lui avait défendu par écrit ce mariage, à peine de son indignation, et était allée aux Sables pour la retirer et empêcher un commerce si nuisible à sa fille et honteux pour toute sa famille. Mais ladite Claude Besly a eu l'impudence de faire sommer sa mère d'assister à ce prétendu mariage qu'elle a fait avec ce jeune garçon, lequel est venu depuis à Fontenay, dont il a enlevé force meubles que ladite Besly avait pillés à sa mère et retirés en divers lieux de la ville. En réparation desdites désobéissance, injures et outrages, ladite Dlle Coppegasche révoque les donations faites à sa fille et la déshérite complètement. »

Tels sont les seuls renseignements que nous possédons sur les descendants directs de Jean Besly. Mais il avait des parents très rapprochés dans toutes les classes de la société.

Mathurin Besly, fils de feu François, épousa, par contrat du 28 nov. 1565, Marie Marchand, fille de Pierre, md boucher, demeurant au faubourg Sainte-Catherine de Fontenay. Mathurin Besly habitait Saint-Michel-le-Cloux, et avait un frère nommé François, que nous croyons être le père de Jean Besly [1]. — On trouve en 1592 Jacques Besly, notaire des baronnies de Vouvent et de Mervent, demeurant à Saint-Hilaire-sur-l'Autize [2]; en 1614, Jean Besly, Me chirurgien [3]. — Suzanne Besly, fille de Thomas Besly, md menuisier, demeurant au faubourg des Loges de Fontenay, se maria, par contrat de mariage du 2 février 1623, avec André Escotière, tailleur d'habits. Jean Besly, parent de la mariée, fit la noce dans sa maison [4]. — Pierre Besly, procureur à Poitiers, en 1624 et 1634, était parent et ami de Jean Besly [5].

Apollin BRIQUET.

---

1. Or. — Cab. Fillon.
2. Acte de fermage. (Or. — Cab. Fillon.)
3. Acte de vente. — (Or. — Cab. Fillon.)
4. Or. — Cab. Fillon.
5. Lettres de Besly.

Les lettres de Besly que contient ce volume sont au nombre de 181. Elles sont suivies d'une lettre de son fils, Jean II Besly, et de quelques lettres de divers personnages, relatives à ses travaux et à ses manuscrits.

Nous remercions de leur concours empressé MM. Tamisey de Larroque, Martineau et Beaudet. Un assez grand nombre des lettres qu'ils nous ont communiquées avaient échappé aux investigations de l'éditeur, et celles qui se sont trouvées en double, lui ont servi à contrôler l'exactitude de ses copies.

Les questions de littérature et d'histoire si savamment discutées par Besly, et quelques épisodes de sa vie racontés avec tant de bonhomie, rendent ces lettres fort intéressantes.

Nous citerons les dissertations sur Alain Chartier et ses œuvres ; sur Hugues, l'abbé ; sur le roi auquel Joinville dédia son Histoire de saint Louis ; sur la ville et les seigneurs de Vivonne ; sur les vicomtes de Thouars ; sur les Beaumont, seigneurs de Bressuire ; sur la famille Chabot ; sur le Béarn, l'Oleron de Béarn et l'Oleron de Saintonge ; sur les seigneurs de Châtelaillon et de La Rochelle ; sur les seigneurs de Mauléon, en Poitou, etc. Nous signalerons les nombreuses critiques d'ouvrages historiques, et nous ferons remarquer que Besly n'a pas même épargné les *Conciles* du P. Sirmond, l'*Alain Chartier*, et la *Bourgogne* d'André Duchesne.

On trouve aussi dans ces lettres des détails circonstanciés sur la guerre civile, qui eut pour théâtre le Bas-Poitou, depuis 1621 jusqu'à la prise de La Rochelle en 1628.

M. Marchegay a publié dans l'*Annuaire de la Société d'émulation de la Vendée*, an. 1877, les fragments de 30 lettres de Besly relatives à cette guerre civile, du 7 juin 1621 au 27 décembre 1626. Mais l'éditeur a cru devoir rajeunir le style et l'orthographe ; de sorte que, non seulement le texte est altéré, mais on ne retrouve plus les expressions pittoresques de Besly, et ces phrases qu'il se plaisait à entremêler de vieux dictons et de sentences proverbiales ; ces fragments conviendraient mieux à un auteur du dix-huitième siècle, qu'à un écrivain du dix-septième, qui retraçait, *currente calamo*, les inquiétudes du pays, les alarmes de ses concitoyens, et les événements militaires qui se passaient non loin de la ville qu'il habitait, souvent menacée d'être prise et saccagée.

J'ai déjà dit que nous n'avions découvert que des débris de la correspondance de Besly. C'est ainsi que le président Bouhier avait confié à un secrétaire peu intelligent et sans doute paresseux le soin de transcrire 36 lettres autographes de Besly. Mais il ne nous a laissé que des copies d'une rare inexactitude, ou des extraits faits à la hâte, avec des omissions et des transpositions de phrases, et des dates fausses; on ignore si les originaux existent encore. Besly indique lui-même des lettres qui nous sont inconnues, et qu'il écrivait à Savaron, à Jér. Bignon, à Loisel, à de Peiresc, à Matthieu Molé, à Ant. de Loménie, à Godefroy, à Nic. Rigault, à Mesnard d'Angers, à Decordes de Limoges, à Ant. Possevin, à Vignoles-la-Hire, au libraire Cramoisy, etc. Et même, au milieu des lettres que nous avons recouvrées, il existe de profondes lacunes. Nous ne possédons point de lettres de Besly avant 1612, et elles nous font complètement défaut pendant les années 1631 et 1639.

Voici un petit tableau, par année, des lettres que nous publions :

1612. 1 l., à de Ste-Marthe. — 1613. 1 l., au même. — 1614. 1 l., à P. Dupuy. — 1615. 1 l., à de Ste-Marthe. — 1616. 18 l. (6, à P. Dupuy; 2, à de Ste-Marthe; 10, à A. Duchesne).— 1617. 3 l. (2, à Duchesne; 1, à Dupuy). — 1618. 3 l. (2, à Duchesne; 1, à Dupuy). — 1619. 7 l. (4, à Duchesne; 2, à Dupuy; 1, aux marguilliers de Fontenay). — 1620. 17 l. (7, à Duchesne; 8, à Dupuy; 1, à de Ste-Marthe; 1, au P. Sirmond). — 1621, 13 l. (9, à Dupuy; 4, à Duchesne). — 1622. 12 l. (10, à Dupuy; 2, à Duchesne).— 1623. 1 l., à Dupuy.— 1624, 19 l. (18, à Dupuy; 1, à Duchesne).—1625. 15 l. (13, à Dupuy; 2, à Duchesne). — 1626. 11 l., à Dupuy. — 1627. 5 l. à Dupuy. — 1628. 11 l. (9, à Duchesne; 2, à Dupuy). — 1629. 11 l. (6, à Duchesne; 5, à Dupuy). — 1630. 2 l., à Duchesne. — 1632. 3 l. (2, à Duchesne; 1, à l'évêque de Poitiers). — 1633. 5 l. (2, à Duchesne; 2, à Dupuy; 1, à l'évêque de Poitiers). — 1634. 3 l. (2, à Duchesne; 1, à l'év. de Poitiers). — 1635. 1 l., à l'év. de Poitiers. — 1636. 3 l., à l'év. de Poitiers.— 1637, 2 l. (1, à Dupuy; 1, à l'év. de Poitiers).— 1638. 2 l. (1, à Duchesne; 1, à Dupuy). — 1640. 5 l. (3, à Dupuy; 2, à Duchesne). — 1641. 1, l., à Franç.

Duchesne. — 1642, 2 l. (1, à de Ste-Marthe; 1, à Oihenart. — 1643. 2 l., à de Ste-Marthe.

Ces indications et la publication qu'entreprend aujourd'hui la Société des archives historiques du Poitou, activeront peut-être les recherches; et nous serions heureux, si l'on voulait bien nous fournir les moyens d'augmenter, sinon de compléter cette importante collection des lettres d'un savant poitevin du dix-septième siècle.

Ap. B.

TABLE ANALYTIQUE DES LETTRES DE BESLY.

I. à (Louis) DE SAINTE-MARTHE, sᵉʳ de GRÉLAY. — Lui indique trois chartes du cartulaire de S. Hilaire-le-Grand, utiles pour la suite des vicomtes de Thouars, au xıııᵉ siècle. — A trouvé plusieurs chartes pour l'histoire des comtes de Poitou. — S'informe de la santé de Scévole de Sainte-Marthe, et *baise les mains* de leur frère aîné, Abel. — *Fontenay,* 5 oct. 1612.

II. à (Scévole III) DE SAINTE-MARTHE, sᵉʳ d'ESTREPIÉ. — Le remercie, ainsi que le président Savaron et M. Bignon, des compliments qu'ils lui adressent. — Il ira à Paris dans quelques mois, et verra alors sa curieuse histoire généalogique (publiée pour la première fois en 1619). — Lui enverra une copie de l'Alfonsine et un extrait de l'Ordre de la Couronne d'Épines. — *Fontenay,* nov. 1613.

III. à (Pierre) Dupuy, avocat au Parlement. — Lui envoie la copie d'une charte de Louis le Jeune, pour l'archevêque de Bordeaux, qui prouve que la cause vulgairement attribuée au surnom de *Jeune* donnée à ce roi est fausse, ainsi que la légende de saint Guillaume, comte de Poitou, renouvelée par Calvacantini (Cavalcanti), Florentin, et présentée au maréchal d'Ancre. — *Paris,* 24 févr. 1614.

IV. à MM. (Scévole) DE SAINTE-MARTHE, sᵉʳ d'ESTREPIÉ, et (Louis) de SAINTE-MARTHE, sᵉʳ de GRELAY. — Leur renvoie un Mémoire qu'ils lui avaient soumis, et qu'il a lu sans y rien toucher. — Parle aussi de leur projet sur le Loudounois. — En retournant de Paris à Fontenay, il a trouvé plusieurs belles choses dans les chartes de Saint-Maixent. — Six vers latins, écrits par Besly, sur la naissance de Philippe, fils aîné de Louis VIII et de Blanche de Castille, mort jeune ; il était né le 9 sept. 1209. — *Fontenay,* 10 fév. 1615.

V. à (Pierre) Dupuy. — Troubles en Poitou ; conférences à Fontenay ; assemblée de Loudun. — Met au net les preuves de son histoire (des comtes de Poitou). — Origine de Hugues Capet, de Béranger Ier et de Hugues, rois d'Italie. — Ferry, duc de Lorraine, et Godefroy d'Ardenne étaient frères. — Demande communication d'un Ms. de Urbanus Reverseus, *de episcopis Senonens.* — *Fontenay,* 25 févr. 1616.

VI. à (ANDRÉ) DUCHESNE , géographe du roi. — Lui offre communication de plusieurs ouvrages, imprimés ou manuscrits, qui peuvent lui être utiles pour ses travaux. — Lui conseille de *ne pas se tuer le corps et l'esprit dans son étude,* mais de chercher à s'avancer dans le monde, *qui demande plus d'impudence que de honneste honte.* — Lui demande des explications sur son projet des *autheurs de la langue françoise.* — *Fontenay,* 2 mars 1616.

VII. à (PIERRE) DUPUY. — Se réjouit de ce que la paix se consolide. — Preuves de l'origine royale de Hugues, l'abbé; de Conrad, comte de Paris, etc. — A reçu les œuvres d'Abailard, éditées par M. Duchesne. — Lui offrira, à son prochain voyage, une médaille de *Philippus.* — *Fontenay,* 4 avril 1616.

VIII. à (PIERRE) DUPUY. — Le remercie de lui avoir envoyé l'arrêt de Rouen, dont il fait le plus grand éloge. (Arrêt relatif aux libertés de l'Église gallicane.) — Il lui adresse, *en revanche,* un denier du roi Philippe et une médaille de Néron, au revers *certamen quinquennale.* — Parle du 34° livre de Tite-Live, dont on parait suspecter l'origine. — L'engage vivement à publier son commentaire sur le traité des libertés de l'Église gallicane. — *Fontenay,* 28 mai 1616.

IX. à (ANDRÉ) DUCHESNE. — Le remercie de son envoi du *Hugo Pictavinus* et des Mémoires de J. Savaron. — Lui adresse les *Hypomnèses* de H. Estienne. — Lui demande des nouvelles de M. Bignon et du P. Sirmond. — *Fontenay,* 28 mai 1616.

X. à (ANDRÉ) DUCHESNE. — Nombreux renseignements bibliographiques et littéraires, utiles pour son projet des auteurs de la langue française. — Dissertation sur les œuvres d'Alain Chartier. — Demande quelques éclaircissements sur certains points historiques. — Lui donne des conseils pour se pousser dans le monde, et acquérir ainsi une position heureuse. — *Fontenay,* 26 juin 1616.

XI. à (ANDRÉ) DUCHESNE. — L'autorise à publier dans la préface d'Alain Chartier ce qu'il lui a écrit dans sa lettre précédente, à la condition qu'il la lui renverra pour la revoir et la corriger. — Lui conseille de publier Alain-Chartier en un volume in-4° plutôt qu'en in-folio. — Promet quelques renseignements sur les archevêques de Tours, et en demande sur d'autres points d'histoire. — Lui recommande de voir le prieur de Montmorillon, qui lui communiquera le cartulaire de son prieuré. — *Fontenay*, 22 juillet 1616.

XII. à (ANDRÉ) DUCHESNE. — Lui conseille de publier ensemble l'histoire des comtes de Perche et d'Alençon, et seigneurs de Bellesme. S'il avait quelques relations avec celui qui compose cette histoire, il lui demanderait une généalogie de ces comtes, et pourrait lui fournir, en revanche, des renseignements utiles. — Désire que ses observations sur Alain Chartier soient publiées ainsi qu'il les lui renvoie. — Le P. Roger Girard lui avait envoyé le titre de l'Aumône du duc de Guyenne à la Maison-Dieu de Montmorillon. — Prie Duchesne de faire des extraits du cartulaire du prieuré de Montmorillon concernant quelques familles nobles qu'il cite. — Lui adresse copie de plusieurs passages de la chronique de Maillezais (insérés dans cette lettre) relatifs aux archevêques de Tours. — *Fontenay*, 20 août 1616.

XIII. à (ANDRÉ) DUCHESNE. — Le remercie de son envoi d'un exemplaire des œuvres d'Alcuin. Il en loue la préface, et il espère que la dédicace lui sera avantageuse. — Se réjouit de ce que le procureur général (Matthieu Molé) soit le petit-fils maternel du célèbre jurisconsulte Matthieu Chartier. Duchesne pourrait s'en faire connaître par l'entremise de P. Dupuy, et s'il acceptait la dédicace de son Alain Chartier, ce serait, peut-être, un acheminement à la fortune. — Passages d'anciens manuscrits relatifs aux archevêques de Tours. — A reçu avec plaisir les extraits du cartulaire de Montmorillon. — Remarques sur une charte de Saint-Jean-d'Angély. — *Fontenay*, 20 septembre 1616.

XIV. à (PIERRE) DUPUY. — Le remercie de l'envoi du *Juvénal*, publié par Rigault. — Craint des troubles en Poitou. — Le duc de Rohan a passé à Fontenay. — D'Aubigné, gouverneur de Maillezais, a arrêté les tailles du roi, sous prétexte que sa garnison n'était pas payée. — La Rochelle est opprimée par les francs-bourgeois. — Lui demande des renseignements sur le mariage d'Alphonse VI, roi de Castille, avec la fille de Guy-Geoffroy, duc de Guyenne. — Lui enverra une épreuve de la généalogie qu'il a dressée des maisons d'Angoulême, de la Marche et de Lusignan. — Le prie de soumettre au procureur général un petit Mémoire relatif à des contestations qui lui sont survenues avec un nouveau procureur du roi, son proche allié, sur l'exercice de leurs offices respectifs. — Détails à ce sujet. — Ses études et ses fonctions antérieures à celle d'avocat du roi. — M. Gillot, conseiller à la grand'-chambre, lui rendra de bons témoignages en sa faveur. — *Fontenay*, 3 octobre 1616.

XV. à (ANDRÉ) DUCHESNE. — Lui donne quelques renseignements sur le roman de la *Chastelaine de Vergy* et sur *Ebbo de Charenton*. — Désire qu'il publie bientôt son *Histoire des Papes*. — Lui demande si Justel travaille toujours à son histoire. — Lui adresse J. Le Bon, *De l'Origine de la Ryme*, et le *Tombeau de Charles VII*, par Gréban, qu'il a empruntés à M. Mizière; il le prie de les lui renvoyer. — *Fontenay*, 31 octobre 1616.

XVI. à (PIERRE) DUPUY. — Le remercie de l'envoi d'une copie des conclusions du procureur général pour le règlement du siège de Troyes. — Désirerait qu'on appliquât au siège de Fontenay le règlement de Montargis de l'an 1565, cité par Chenu. — Attendra sa réponse pour savoir s'il doit conserver ou résigner ses fonctions (d'avocat du roi). — Lui envoie une généalogie des maisons d'Angoulême, de la Marche et de Lusignan, avec prière de la communiquer au procureur général. — Notes, pour Godefroy, sur le mariage de Guy, dit Guillaume VII, duc do Guyenne, et celui du comte Roger. — *Fontenay*, 31 octobre 1616.

XVII. à (ANDRÉ) DUCHESNE. — Note sur le *Tombeau de Charles VII*, par Gréban, qui lui paraît imparfait, et sur le *Débat du gras et du maigre*, intitulé dans un manuscrit : *Débat des deux fortunes*, et attribué à Alain Chartier. — Lui envoie deux épitaphes extraites d'un manuscrit de M. Mizière. — Lui indique deux épigrammes de Marot, où Alain Chartier est cité. — *Fontenag*, 14 novembre 1616.

XVIII. à (André) Duchesne. — A reçu les deux livrets de M. Mizière, qu'il lui a renvoyés (Le Bon et Gréban)°; en les rendant promptement, il lui sera facile d'en obtenir d'autres du *bonhomme*. — Critique l'ouvrage de Le Bon. — Duchesne a reconnu l'imperfection du *Tombeau de Charles VII.* — Est d'avis de joindre aux historiens de Normandie le *Roman du Rou*, de Rob. Wace, en tout ou en partie. — Le prie de faire copier pour lui les passages de Wace, où il est question d'Aimery, vicomte de Thouars, et des autres seigneurs poitevins qui prirent part à la conquête de l'Angleterre, etc. — *Fontenay* (vers le 25 novembre 1616).

XIX. à (Scévole) de Sainte-Marthe, s^r d'Estrepié. — A reçu la visite du sieur de Grelay (Louis de Sainte-Marthe), qui a jeté un coup d'œil sur les pièces qu'il a recueillies. — Attend encore plusieurs cartulaires avant de préparer ses Mémoires pour l'impression. — Croit avoir redressé exactement la généalogie de la Maison de Lusignan. — Un accident (qu'il ne précise pas), arrivé le 1er septembre, l'a empêché de se servir du *Recueil de famllles*, que lui avait prêté l'évêque de Poitiers. — Le prie de l'aider de ce qu'il possède sur les *Archevêques* de Parthenay. — *Fontenay*, 28 novembre 1616.

XX. à (Pierre) Dupuy. — Le remercie du succès qu'il doit à ses démarches, dans son affaire contre le procureur du roi (Jul. Colardeau). — Va faire un petit voyage pour visiter les cartulaires de Charroux. — *Lèche* son histoire. — Le marquis de Royan (Gilb. de la Trémoille) lui a promis plusieurs pièces. — Le remercie de l'envoi d'un livre de Godefroy le Jeune (Jacq. Godefroy). (Le titre du livre n'est pas indiqué.) — Preuves de la fausseté des Mémoires attribués à J. de La Haye. — Attend un exemplaire des *Tragiques* (d'Agr. d'Aubigné). — Entrée du duc de Rohan à Fontenay, le 8 décembre. — *Fontenay*, 12 décembre 1616.

XXI. à (André) Duchesne. — Copie d'un passage d'une lettre de Marot à Dolet, dans lequel il cite les pièces faussement attribuées à Alain Chartier. — L'engage à publier la *Vie de saint Louis*, par le sire de Joinville, *dans son franc et naturel ramage.* — L'entrée du duc de Rohan à Fontenay lui laisse peu de loisir. — Réclame la généalogie des comtes du Perche. — *Fontenay*, 12 décembre 1616.

XXII. à (Scévole) de Sainte-Marthe, s⁶ʳ d'Estrepié. — Le remercie de l'envoi des œuvres latines de son·père (Gaucher de
Sainte-Marthe). — Lui adresse un tableau généalogique des comtes
de Poitou (impr. en 1617). — Avait déjà donné à P. Dupuy les
généalogies des Maisons d'Angoulême, de la Marche et de Lusignan. — A trouvé la véritable origine de la famille de Parthenay. - Recommande M. de Verges, son parent, pour lui faciliter
sa réception en l'office de conseiller à la Rochelle. — *Fontenay*,
26 décembre 1616.

XXIII. à (André) Duchesne. — Preuves que Joinville n'a pu
dédier l'*Histoire de saint Louis* à Louis X le Hutin. — Critique, en
passant, Richard de Wassebourg et Edmond du Boulay. — Le manuscrit que possède Duchesne est inexact, et il a servi peut-être
à A. Pierre (de Rieux). — Avait demandé à M. Mesnard (d'Angers)
quelques renseignements sur une femme de Geoffroy Martel, duc
d'Anjou. — Enverra au président Savaron le véritable testament de
sainte Radegonde, bien différent de celui qui se trouve dans Grégoire de Tours. — S'informe de l'Alain Chartier. — *Fontenay*
(janvier 1617).

XXIV. à (André) Duchesne. — Le remercie de l'extrait d'une
chronique anonyme sur Toulouse. — Observations sur Regnault
de Chastillon, prince d'Antioche. — L'engage à continuer son
travail sur les auteurs de la langue française, ainsi qu'à publier
les trois ou quatre historiens de la troisième Maison de France. —
L'histoire des comtes d'Auxerre n'est qu'une rapsodie qui ne peut
lui être d'aucune utilité. — *Fontenay*, 20 février 1617.

XXV. à (Pierre) Dupuy. — Son silence, depuis quelques mois,
a pour cause les troubles du pays. — Remarques critiques sur
l'*Histoire de l'admirable royaume d'Antangil*, impr. de çà (sans doute
à la Rochelle). — Une affaire dont M. de Querqui lui a parlé
nécessitera son voyage à Paris ; il partira dès que les chemins
seront sûrs. — Errata et critique des œuvres d'Alain Chartier, publiées par A. Duchesne, d'après un manuscrit de Dupuy ; l'extrait
d'une de ses lettres est imprimé, avec son nom, en tête du volume.
— Le Poitou est en repos ; mais on est inquiet du résultat d'une
assemblée convoquée à la Rochelle. — Le duc d'Epernon s'oppose

à la démolition des fortifications de Mauzé et de Surgères. — *Fontenay*, 5 mars 1617.

XXVI. à (PIERRE) DUPUY. — Sonnet à Dupuy sur ses discours de l'Église gallicane et de Boniface VIII.— Se réjouit de son retour à Paris. — S'était retiré à la campagne pour rétablir sa santé; mais la saison n'est pas favorable. — *Va regagner, s'il lui est possible, son foyer domestique.*— Désire jeter un coup d'œil sur le *Chronicon Taurinense* et sur la *Vie de la comtesse Mathilde,* par Domnizo. — *Le Pré-Saint-Gervais, près Pantin,* octobre 1618.

XXVII. à (ANDRÉ) DUCHESNE. — Les renseignements que Duchesne lui demande sur les Maisons de Vivonne et d'Amboise sont dans un bahut qu'il a laissé à Paris. — Le prie d'engager M. Peiresc à lui communiquer des chartes relatives à la Maison de Toulouse. — *Fontenay,* 26 novembre 1618.

XXVIII. à (ANDRÉ) DUCHESNE. — Mémoire sur la ville et les seigneurs de Vivonne. — Etymologie du nom de Vivonne. — Vône, mot celtique. — Seigneurs de Vivonne depuis l'an 936; alliances et possessions. — *Lui envoie une généalogie des seigneurs de Vivonne.* — *Fontenay,* 24 décembre 1618.

XXIX. à MM. les FABRIQUEURS et MARGUILLIERS de Fontenay.— Rend compte de ses démarches auprès de l'évêque de Maillezais (Henri d'Escoubleau) en faveur du doyenné et de la cure de Fontenay. — Croit qu'il faudra, pour réussir, donner quelques gratifications.— A rencontré le président de Thurin (François de Thurin, sʳ de Villerey), qui lui a promis de voir l'évêque et de lui recommander cette affaire. — *Paris,* 24 mars 1619.

XXX. à (ANDRÉ) DUCHESNE. — Lui renvoie son Mémoire sur Vivonne avec des additions, et lui fait remarquer certaines particularités. — *Fontenay,* 29 avril 1619.

XXXI. à (ANDRÉ) DUCHESNE. — Remarques sur quelques points de la généalogie des ducs de Lorraine, d'après Wippo. — Le remercie du Mémoire de l'évêque de Vabres, qui porte le même nom que lui.— Le prie de faire retenir un exemplaire des *Rerum germanicarum (scriptores)*, en trois volumes in-folio (sans doute de

Melchior Goldast). — Note sur un archevêque de Reims, cité dans le catalogue que le P. Sirmond a publié à la suite de son édition de Frodoard. — S'informe de l'histoire de Chastillon. — *Fontenay*, 22 juillet 1619.

XXXII. à (PIERRE) DUPUY. — S'excuse de son long silence, et, pour se le faire pardonner, lui envoie une généalogie (qu'il ne précise pas). — La dépose entre ses mains, afin que personne ne la copie et *ne se prévale de sa peine.* — Prière de la communiquer au procureur général. — A reçu de MM. de Sainte-Marthe un exemplaire de leur histoire (généalogique de la Maison de France). — Ils ont été traités par le président Jeannin, de compagnie avec M. de Poitiers. — M. du Palais (François Brisson, sénéchal de Fontenay) est à Tours depuis longtemps. — *Fontenay*, 18 août 1619.

XXXIII. à (ANDRÉ) DUCHESNE. — Extrait de la généalogie des seigneurs de Sanzay, pour deux alliances avec Guy d'Argenton et Claude de Chastillon. — Les armoiries de Geoffroy, sire d'Argenton, en 1230, lui prouveront qu'il ne faut pas ajouter foi au Féron. — Lui demande de nouveau la chronique de Sénone. — *Fontenay*, 30 septembre 1619.

XXXIV. à (PIERRE) DUPUY. — Apprend que Dupuy a l'intention de se réfugier à la campagne pour éviter l'influence de la contagion. — L'invite instamment à se retirer dans le Bas-Poitou, où il sera éloigné de tout danger. — Il pourra visiter les côtes de la mer et la ville de la Rochelle, qui attire tant de curieux. — Le prie de jeter au feu la généalogie qu'il lui a envoyée, attendu qu'il y a reconnu une foule de défauts. — *Fontenay*, 30 septembre 1619.

XXXV. à (ANDRÉ) DUCHESNE. — Lui renvoie la chronique de Senone. — Déplore les malheurs de nos guerres civiles, qui ont tout détruit dans le pays. — Se réjouit de ce qu'il met sous presse son *Histoire de Chastillon.* — On lui a promis le cartulaire de Surgères. — *Fontenay*, 28 octobre 1619.

XXXVI. à (PIERRE) DUPUY. — Lui envoie les deux premiers volumes de l'*Histoire de d'Aubigné.* — Le troisième volume est sous presse. — D'Aubigné a abandonné Maillezais et le Dognon, et s'est retiré à Saint-Jean-d'Angély. — On commence à raser le fort du

Dognon. — D'Aubigné est maintenant à Angers pour servir de témoin contre l'entreprise de son fils et de ses complices, que le duc de Rohan y a fait transférer de Fontenay, il y a huit jours.— *Fontenay*, 20 janvier 1620.

XXXVII. à (PIERRE) DUPUY.— Cette lettre est très courte ; mais il reprendra ses anciennes habitudes, et lui enverra de belles missives, aussi longues que l'*Iliade*, s'il le désire. — *Fontenay*, 3 fév. 1620.

XXXVIII. à (PIERRE) DUPUY. — Attribue le ralentissement de sa correspondance aux embarras que lui cause la charge de maire de Fontenay, qu'on l'a obligé d'accepter au commencement de l'année, et à de certaines affaires domestiques qu'il va lui raconter. — Récit détaillé (et très curieux) des difficultés qu'éprouva Besly pour retirer du couvent des Augustins de Poitiers son fils, qui voulait entrer en religion. Il ne parvint à le ramener à Fontenay qu'à l'aide de l'autorité de l'évêque et de l'intervention des gens de justice et des archers de la prévôté. — *Fontenay*, 20 mars 1620.

XXXIX. à (ANDRÉ) DUCHESNE. — Le cartulaire de Surgères avait été transporté à Tours, puis déposé dans une abbaye de Poitiers. — Le félicite de travailler à l'histoire de la Maison de Montmorency ; il n'oubliera pas l'interprétation du timbre par le sr Moreau. — Il n'entend plus parler de l'histoire des comtes du Perche, et craint que l'auteur ne se soit refroidi. — *Fontenay*, 29 mars 1620.

XL. à (PIERRE) DUPUY. — N'a pas eu de loisir pendant toute la semaine, par suite d'une assemblée provinciale des protestants et d'un Jubilé qui ont eu lieu à Fontenay. — A cependant *brouillé* un *méchant* Mémoire sur les 19ᵉ et 20ᵉ degrés de la généalogie de Gonzague, dressée par Scioppius. — Les 18 premiers degrés exigeraient un gros volume. — Relève quelques erreurs. — Origine du mot apennage (apanage). — *Fontenay*, 8 mai 1620.

XLI. à (ANDRÉ) DUCHESNE. — Longue dissertation (très importante) sur l'ordre de succession des vicomtes de Thouars. — *Fontenay*, 23 mai 1620.

XLII. à MM. DE SAINTE-MARTHE, sieurs d'ESTREPIÉ et de GRESLAY. — Soutiendra, selon leurs recommandations, le bon droit de M. de Beaurepaire. — Les félicite du succès de leur *Histoire généalogique de la Maison de France* (1re édit., 1619), qui leur a valu le titre d'historiographes de France (15 janv. 1620). — Approuve les travaux de Duchesne et de Godefroy. — Désire que Justel fasse imprimer bientôt l'*Histoire de la Maison de la Tour (d'Auvergne)*.— Se réjouit de ce que M. Tiraqueau est nommé avocat général à la cour des aides, et M. Bignon, avocat général au grand conseil. — *Fontenay*, 29 mai 1620.

XLIII. à (ANDRÉ) DUCHESNE.— Apprend avec plaisir que le Mémoire pour la généalogie de la maison de Soissons lui soit parvenu à temps.— A cherché vainement dans les antiquités de Camuzat la date de la charte qu'il avait reçue de Duchesne. — Détails généalogiques sur la Maison de Beaumont-Bressuire. — Demande des renseignements sur des chroniques publiées par H. Meibomius et sur une chronique de Turin. — Son histoire (de Chastillon) sera-t-elle bientôt achevée, ainsi que celle des comtes du Perche ? — *Fontenay*, 23 juin 1620.

XLIV. à (PIERRE) DUPUY. — Les bruits de guerre l'inquiètent et le forcent à suspendre ses travaux. — Il craint que son étude ne soit pillée et détruite, « car, dit-il, nous sommes ici dans un coupe-gorge ». — Détails sur les troubles suscités par la reine-mère. — Pluie de sang dans un village à trois ou quatre lieues de Fontenay, au mois de juin. Le même phénomène avait eu lieu dans le pays au mois de juin 1027, d'après les auteurs qu'il cite. — *Fontenay*, 20 juillet 1620.

XLV. à (ANDRÉ) DUCHESNE. — Attend un exemplaire de l'*Histoire des évêques du Puy* et un extrait du cartulaire de *Casaur* (*cartularium Casauriense*). — Note généalogique sur deux membres de la famille de Lusignan. — Additions à la généalogie des vicomtes de Thouars. — « Mes mémoires et preuves sont encore à Poitiers. » — *Fontenay*, 2 août 1620.

XLVI. à (ANDRÉ) DUCHESNE.— Mémoire (important) sur la famille de Chabot, où se trouvent mêlés les seigneurs de Lusignan et les vicomtes de Thouars. — Le prie de lui faire relier un exemplaire de l'*Histoire des comtes du Perche*. — Demande des renseignements sur un traité des évêques de Cahors qu'il avait vu pendant sa maladie à Paris. — *Fontenay*, 30 août 1620.

XLVII. à (André) Duchesne. — Son Mémoire sur la famille Chabot lui plaît d'autant plus qu'il a été agréable à Duchesne. — Le prie de noter d'où sont tirées les origines des Maisons du Poitou, afin de n'être pas accusé de les avoir dérobées ou empruntées, vu les fréquentes calomnies de ce temps. — Le félicite d'avoir toujours parlé français, sans intercalation de langage étranger, dans son *Histoire de Bourgogne*. — Sa conjecture sur l'origine de Robert le Fort prévaudra. — Avait fourni quelques renseignements sur un comte de la Marche à l'auteur de l'*Histoire des comtes du Perche.* — *Fontenay*, 28 septembçe 1620.

XLVIII. à (Pierre) Dupuy. — Lui envoie une lettre et des notes en latin sur la généalogie de Gonzague par Scioppius, pour les transmettre à Ant. Possevin. — Le prie d'y ajouter la date de l'arrêt rendu contre de Rosières. — Le supplie de ne pas laisser copier la généalogie de la comtesse Mathilde qu'il lui adressé, et qui est également destinée à Ant. Possevin. — *Fontenay*, 28 sept. 1620.

XLIX. au P. Jacques Sirmond. — Questions sur le nom, le pays et les vicomtes de Béarn. — Dissertation sur Oleron en Béarn et l'île d'Oleron en Saintonge. — Questions sur les peuples qui composaient la Novempopulanie. — *Fontenay*, 1er novembre 1620.

L. à (Pierre) Dupuy. — M. Peiresc a reçu le manuscrit qu'il lui avait envoyé. — Possède l'Ordène de chevalerie de Hues de Tabarie. — Observations contre Scioppius. — Notes sur les ducs de Lorraine et sur la généalogie de S. Arnoul. — Retient un exemplaire de l'*Histoire de feu M. de Thou*, dès que l'édition sera parvenue en France, quoique la guerre menace ce pays, et qu'il doive songer à plier bagage plutôt qu'à étudier et à écrire. — *Fontenay*, 25 novembre 1620.

LI. à (André) Duchesne. — Lui envoie une pièce qui peut servir à sa bibliothèque de Cluny. — *Fontenay*, 21 décembre 1620.

LII. à (Pierre) Dupuy. — A reçu, par l'entremise de Dupuy, une lettre d'un *personnage* (Ant. Possevin) qui lui prodigue des éloges exagérés. — Il suffisait d'écrire : « Cela est bon, je m'en servirai ; je vous en remercie, sans ces bouffies inanités. » — Attend la fin de sa *dictature* (mairie), qui expire au 31 de ce mois ; et si les troubles deviennent imminents, il se retirera hors de Fontenay. — *Fontenay*, 21 décembre 1620.

LIII. à (Pierre) Dupuy. — Le remercie de la complaisance qu'il a eue de se livrer à un travail désagréable pour lui venir en aide. — S'attriste de ce qu'une autre personne (de Marca) avait entrepris d'écrire l'histoire du Béarn. Il voulait jeter au feu les manuscrits qu'il avait recueillis. « Cependant, puisqu'il ne s'agit que de découvrir la vérité, et que le public n'a aucun intérêt à connaître l'auteur de la découverte, il cédera, de bon cœur, tous ses matériaux à cette personne, qui, certainement, est plus capable que lui d'exécuter ce projet avec succès. » — Analyse ses Mémoires, cotés A, B et C, et donne de nouveaux renseignements sur les vicomtes de Béarn. — Désire une copie de la fondation des abbayes de Saint-Sever et du Luc. — Envoie à Possevin un petit Mémoire contre Scioppius. — Redoute que la guerre civile n'éclate bientôt. — *Fontenay*, 10 janvier 1621.

LIV. à (Pierre) Dupuy. — Se réjouit de ce que son bon droit va triompher contre les prétentions de J. Colardeau. — Désire que cette affaire soit terminée par un arrêt, et cite à ce sujet une ordonnance de Louis XII de 1498. — Nouvelles de la guerre civile dans le Bas-Poitou. — *Fontenay*, 10 février 1621.

LV. à (André) Duchesne. — Lui envoie deux extraits qu'il en avait reçus. — Depuis trois mois qu'il est à Poitiers, il n'a pu *glaner une poignée de bons espics.* — A échoué auprès des Minimes, qui ont le cartulaire du prieuré conventuel de Surgères. — « J'admire et déplore la rusticité et négligence morte et vivante de mes compatriotes. » — *Poitiers*, 16 mars (mai) 1621.

LVI. à (André) Duchesne. — Lui renvoie l'extrait du cartulaire de Montmorillon et la copie du titre d'Ildefonse, comte de Toulouse. — A son arrivée à Fontenay, on lui a pris deux jours de la semaine pour le métier (qu'il ne spécifie pas) qui lui plaît le moins. — *Fontenay*, 7 juin 1621.

LVII. à (Pierre) Dupuy. — Le gouverneur de Fontenay est suspendu pour trois mois, et sans doute pour toujours, ce qui rendra aux habitants la liberté qu'ils ont perdue depuis 1587. — Siège de

Saint-Jean-d'Angély. — Autres nouvelles de la guerre dans le Bas-Poitou.— Désire, pour compléter le Mémoire qu'il lui a envoyé sur le Béarn, quelques extraits des registres de la connétablie de Bordeaux.— Compliments de la part de M. du Palais et de l'évêque de Poitiers. — *Fontenay*, 7 juin 1621.

LVIII. à (PIERRE) DUPUY. — Prise de Saint-Jean-d'Angély. — Ses fortifications sont rasées. — Cette ville reçoit le nom de Bourg-Saint-Louis. — Le présidial de la Rochelle transféré à Marans.— Autres nouvelles de la guerre en Poitou. — Le remercie d'avoir soumis au procureur général son Mémoire sur le Béarn. — Attend sa bibliothèque qu'il avait fait transporter à Poitiers.— Prie M. Rigault de lui envoyer le roman d'Alexandre, afin de le conférer avec son manuscrit. — *Fontenay*, 9 juillet 1621.

LIX. à (PIERRE) DUPUY. — Nouvelles de la guerre civile.— Siège et prise de Clairac, où M. de Termes fut tué, etc. — A reçu une lettre du sieur Aubert, qui le prie de communiquer à un de ses amis, conseiller au parlement de Béarn, ce qu'il a recueilli sur cette province; lui demande conseil à ce sujet. — Désire obtenir une réponse du P. Sirmond sur des questions qu'il lui avait adressées. — L'assemblée du clergé, transférée de Poitiers à Bordeaux, a accordé au roi 1,300,000 écus. — *Fontenay*, juillet 1621.

LX. à (PIERRE) DUPUY. — La personne qui entreprend l'histoire du Béarn est M. de Marca. — Attend vainement les extraits des registres de la connétablie de Bordeaux.— Ses livres sont de retour à Fontenay, mais il a laissé ses manuscrits à Poitiers, dans la crainte que les troubles n'augmentent, si les Anglais se mêlent de nos affaires. — Nouvelles de la guerre civile en Poitou. — Le remercie de la *Silve*, de Grotius, qu'il lui a envoyée. — *Fontenay*, 11 septembre 1621.

LXI. à (PIERRE) DUPUY.— Nouvelles de la guerre civile en Poitou. — Blocus de la Rochelle. — L'ingénieur Pompée se retire, malade, à Terre-Neuve, maison de feu M. Rapin, près de Fontenay.— Se recommande aux bonnes grâces de M. le procureur général. — *Fontenay*, 26 septembre 1621.

LXII. à (ANDRÉ) DUCHESNE. — Le remercie de l'extrait du cartulaire *Casauriense*. — Lui envoie neuf degrés bien justifiés de la généalogie des seigneurs de Surgères. — Ses archives sont encore à Poitiers. — A reçu l'*Histoire des évêques du Puy*, dans laquelle il y a quelques erreurs dont il voudrait prévenir l'auteur. — *Fontenay*, 23 octobre 1621.

LXIII. à (PIERRE) DUPUY. — Le remercie vivement de l'envoi de chartes sur le Béarn extraites des registres de la connétablie de Bordeaux. — Observations sur ces chartes qui établissent l'hommage du Béarn dû au roi et les droits de la couronne sur quelques provinces usurpées par les Espagnols. — Nouvelles de la guerre civile en Poitou. — Se plaint d'être forcé, comme chef d'escouade, de coucher sur la dure, de faire des rondes et des patrouilles. — Lui annonce que M. de la Chasteigneraye est gravement malade, ce qui intéresse M. de Loménie. — *Fontenay*, 8 novembre 1621.

LXIV. à (ANDRÉ) DUCHESNE. — Est très content de ce que la généalogie des seigneurs de Sanzay lui ait été agréable. — Lui envoie un livre (ou un manuscrit) qu'il a annoté. — *Fontenay*, 21 novembre 1621.

LXV. à (PIERRE) DUPUY. — Nouvelles de la guerre civile en Bas-Poitou. — Sera bientôt forcé d'aller à Paris pour le procès de son fils et pour le règlement de son office avec le nouveau procureur du roi (Julien II Colardeau). — Note sur l'auteur du roman d'*Alexandre*. — *Fontenay*, 4 décembre 1621.

LXVI. à (PIERRE) DUPUY. — Nouvelles de la guerre civile. — Traité honteux conclu après la mort du connétable, etc. — Complot découvert à Fontenay. — Craint de nouveaux démêlés avec Julien Colardeau, qui travaille à se faire recevoir procureur du roi à Fontenay, office que son père lui a résigné. — Le prie de le tirer d'inquiétude à cet égard. — *Fontenay*, 3 janvier 1622.

LXVII. à (PIERRE) DUPUY. — Nouvelles de la guerre en Bas-Poitou. — Détails sur ses démêlés avec le nouveau procureur du roi. — Désire qu'ils se terminent paisiblement par l'intervention du procureur général. — *Fontenay*, 31 janvier 1622.

LXVIII. à (PIERRE) DUPUY. — Le remercie du succès qu'il lui a fait obtenir dans son affaire contre Colardeau. — Ecrit à ce sujet au procureur général. — Nouvelles de la guerre civile en Bas-Poitou. — *Fontenay*, 28 février 1622.

LXIX. à (ANDRÉ) DUCHESNE. — M. de Saint-Florent devait lui apporter la généalogie de la Maison de La Rochefoucauld ; mais les troubles augmentent dans le Poitou, et rendent les chemins peu sûrs. — Ses archives sont encore à Poitiers. — Quelques renseignements sur cette généalogie. — *Fontenay*, 14 mars 1622.

LXX. à (PIERRE) DUPUY. — Le concordat avec Colardeau est signé ; il s'en réjouit et le remercie. — Dupuy et le procureur général l'invitent instamment à publier son histoire (des comtes de Poitou) ; il s'en excuse pour plusieurs raisons. D'abord il est marié et chargé d'enfants ; puis il exerce un office dans une ville où l'on entend jour et nuit des cris d'alarme et le son des tambours, et il est obligé de prendre part aux fatigues publiques ; enfin, ses manuscrits sont à Poitiers depuis plus d'un an. — Nouvelles très étendues de la guerre civile en Bas-Poitou.— *Fontenay*, 14 mars 1622.

LXXI. à (PIERRE) DUPUY. — Nouvelles de la guerre civile en Bas-Poitou. — *Fontenay*, 29 mars 1622.

LXXII. à (PIERRE) DUPUY. — Nouvelles de la guerre en Bas Poitou. — *Fontenay*, 11 avril 1622.

LXXIII. à (ANDRÉ) DUCHESNE. — Lui recommande de ne pas *gouspiller* la fleur de son âge par des peines et travaux extraordinaires, et se cite comme exemple : « La trop grande assiduité aux lettres m'a tellement moulu qu'il ne me reste quasi plus que de la cendre... » — Détails relatifs à la généalogie de la Maison de La Rochefoucauld. — *Fontenay*, 20 juin 1622.

LXXIV. à (PIERRE) DUPUY. — Le remercie des extraits qu'il lui a envoyés. — L'extrait de Rabanus est fort utile pour la clause *Regnante Christo*. — Lui recommande son procès de cinq à six mille écus, rapporté par M. Molé. — Ira solliciter à Paris aussitôt que sa santé le lui permettra. — Désire un sursis jusqu'après la Saint-Martin. — *Fontenay*, 13 juillet 1622.

LXXV. à (PIERRE) DUPUY. — Est revenu de Paris depuis quinze

jours. — Nouvelles de la guerre civile en Bas-Poitou. — Le prie de
rappeler au procureur général la commission qu'il lui a promise
pour le règlement du siège royal de Fontenay. — *Fontenay,*
15 août 1622.

LXXVI. à (Pierre) Dupuy. — Nouvelles de la guerre en Bas-
Poitou. — Du Plessis-Mornay et son gendre Ville-Arnoul sont venus
consulter Besly sur une affaire de palais. — Lui recommande de
nouveau le règlement pour le siège de Fontenay. — *Fontenay,*
12 septembre 1622.

LXXVII. à (Pierre) Dupuy. — Nouvelles de la guerre civile en
Bas-Poitou. — *Fontenay,* 24 octobre 1622.

LXXVIII. à (Pierre) Dupuy. — Attend avec impatience l'exécution de l'édit du roi qui ordonne que Fontenay aura dorénavant
un gouverneur catholique. — Appréhende que la gabelle ne soit
rétablie en Poitou. — *Fontenay,* 5 janvier 1623.

LXXIX. à (Pierre) Dupuy. — S'excuse d'être resté si longtemps
sans lui écrire. — Avait l'intention d'aller à Paris pour terminer
l'affaire qu'il y a laissée en suspens; mais la rigueur de l'hiver le
retiendra jusqu'au printemps. — Le prie de lui donner de ses nouvelles. — Le mariage du neveu de M. de Chartres avec la fille de
M. de Vignoles se prépare au château de Coulonges. — Cramoisi
lui a envoyé la nouvelle histoire de Toulouse, dans laquelle il trouve
beaucoup à redire. — *Fontenay,* 1er janvier 1624.

LXXX. à (Pierre) Dupuy. — Nouvelles de la guerre civile dans
le Bas-Poitou. — L'île de Ré prise par de Soubise, etc. — Redoute la destruction de ses livres et de ses manuscrits. — Se dé-
cidera dans dix ou douze jours à partir pour Paris ou à rester à
Fontenay. — *Fontenay,* 12 janvier 1624.

LXXXI. à (André) Duchesne. — Le remercie de l'exemplaire
qu'il lui a envoyé de son *Histoire généalogique de Montmorency.* —
Lui adresse un sonnet sur cette histoire, et le prie de le mettre en
tête de l'exemplaire qu'il lui destine et de celui qu'il gardera pour
lui, comme preuve de l'amitié qui les unît. — *Fontenay,* 21 février 1624.

LXXXII. à (Pierre) Dupuy. — Est surpris que le bois de la Dive ne lui ait pas rendu la santé. — Attribue son indisposition à un excès de travail, et lui conseille de prendre du repos. — A reçu trois traités de M. Godefroy, et l'en remercie. — Se réjouit de ce que les extraits du manuscrit qu'il a intitulé *Chronique de Maillezais* ait servi à M. Godefroy.— Critique sa généalogie de Lorraine. — Verra s'il peut trouver dans ses papiers quelque chose pour répondre à la demande de M. de Loménie (sur les chanceliers). — *Fontenay*, 5 mai 1624.

LXXXIII. à (Pierre) Dupuy.— Va lui renvoyer du *bois de la Dive*, qui produit autant d'effet lorsqu'il est sec ou fraîchement coupé. — Observations sur la généalogie de Lorraine dressée par Godefroy. — *Fontenay*, 3 juin 1624.

LXXXIV. à (Pierre) Dupuy. — Lui adresse un Mémoire critique sur la généalogie de Lorraine de Godefroy.— S'est abstenu, d'après le conseil de Dupuy, de publier le tableau généalogique des ducs de Lorraine, qu'il avait dressé. — Attribue au P. Sirmond la découverte de l'origine de cette famille. — Critique Wassebourg et Rosières. — Lui renvoie le manuscrit des chansons de Thibaut, roi de Navarre.— Les Jésuites n'ont pu s'établir à Fontenay, faute de fonds. — Le P. Cotton a prêché l'octave de la Fête-Dieu. — Regrette le départ du président Nicolaï. — *Fontenay*, 17 juin 1624.

LXXXV. à (Pierre) Dupuy.— Doit avoir reçu le manuscrit des chansons de Thibaut, roi de Navarre, et son Mémoire en réponse à celui de Godefroy. — Le prie de l'excuser au sujet du Mémoire sur les chanceliers (demandé par M. de Loménie), attendu qu'il ne trouve rien qui puisse le satisfaire. — Nouvelles observations sur la généalogie de la Lorraine. — Regarde comme une des pièces les plus hardies de ce temps *les Affaires de Guyenne, ès années* 1621 *et* 1622, par M. de Vignoles. — *Fontenay*, 1er juillet 1624.

LXXXVI. à (Pierre) Dupuy.— Travaillera, quoiqu'à regret, aux recherches qu'il lui demande de la part de M. de Loménie pour l'histoire des chanceliers de France. -- Les Mémoires qu'il a envoyés à M. Godefroy ne doivent point le mettre en peine. Sa plume est dédiée à ses amis, et il ne pense plus à ce qu'il leur a communiqué. — Ecrit à Cramoisy. pour avoir les lettres du cardinal d'Ossat. — Les œuvres posthumes de du Plessis-Mornay s'impriment à la Forêt-sur-Sèvre. — A été appelé pour assister à la recherche de la fille de M. de Vignoles, par les agents de M. de Chartres. — *Fontenay*, 28 juillet 1624.

LXXXVII. à (Pierre) Dupuy.— Dissertation critique (longue et savante) sur les *Annales de Belgique*, de Mirœus, qu'il convainc d'emprunt et de plagiat. — Revendique l'honneur d'avoir fait connaître, le premier, que Béranger, roi d'Italie, descendait de Charlemagne. — Tâchera de satisfaire M. de Loménie. — Se réjouit de ce que ses observations aient été agréables à M. Godefroy. — A écrit à M. de la Tabarière, gendre de du Plessis-Mornay, pour avoir un Mémoire des titres des œuvres posthumes de M. du Plessis. — *Fontenay*, 25 août 1624.

LXXXVIII. à (Pierre) Dupuy. — A composé deux livres d'une histoire des comtes de Toulouse. — Est résolu de la publier en dix livres, ou décade, dont il lui dédiera une partie. — Cramoisy lui demande déjà sa copie.— Le prie de lui envoyer un extrait de l'inventaire des titres de Toulouse. — *Fontenay*, 25 août 1624.

LXXXIX. à (Pierre) Dupuy. — A réclamé au messager de Poitiers le paquet renfermant l'inventaire des titres de Toulouse qu'il a eu l'obligeance de lui adresser, mais il ne l'a pas encore reçu. — Le prie de donner à M. de Loménie le Mémoire ci-inclus. — Lui annonce que le sieur Arnaud, gouverneur du Fort-Louis, est mort le 17 septembre à Terre-Neuve, près de Fontenay, où il était venu pour changer d'air. — *Fontenay*, 23 septembre 1624.

XC. à (Pierre) Dupuy. — N'a point encore reçu l'inventaire des titres de Toulouse qui avait été remis au messager de Poitiers dès le 8 septembre. — Une défense du roi de publier des Mémoires sur les dernières guerres a obligé les héritiers de M. du Plessis-Mornay de suspendre l'impression de ses œuvres posthumes. — Les Mémoires de M. de Vignoles sont sous presse, mais ils ont été confiés à un *imprimeur de babioles*, à Niort. — Recherche dans ses manuscrits de quoi satisfaire M. de Loménie.— *Fontenay*, 7 octobre 1624.

XCI. à (Pierre) Dupuy. — A reçu, le 15, l'inventaire des titres de Toulouse.— Note sur une charte de Guillaume, comte de Toulouse.

—Le prie de lui envoyer copie d'une charte à l'adresse de M. Besly, procureur à Poitiers. — La déclaration du roi inquiète beaucoup l'imprimeur des œuvres posthumes de du Plessis-Mornay, qui n'ose continuer son travail, quoiqu'il se soit engagé pour les trois autres volumes. — Fait des recherches pour l'histoire des chanceliers. — Répond à une lettre bien courtoise de M. de Loménie. — Les Mémoires de M. de Vignoles sont imprimés. — Désavoue une épître liminaire publiée sous son nom. — Ecrit à M. de Vignoles pour la faire supprimer, sinon il prendra l'imprimeur à partie. — *Fontenay*, 21 octobre 1624.

XCII. à (Pierre) Dupuy — Lui renvoie l'inventaire de Toulouse. — La déclaration du roi ne concernant que les lettres du cardinal d'Ossat, on continuera l'impression des œuvres posthumes de du Plessis-Mornay. — Lui enverra un exemplaire des Mémoires de M. de Vignoles. — N'a point encore reçu satisfaction de sa plainte, mais s'est abstenu de poursuivre l'imprimeur, par respect pour M. de Vignoles.— S'excuse de sa lenteur à lui adresser un Mémoire sur les chanceliers. — *Fontenay*, 4 novembre 1624.

XCIII. à (Pierre) Dupuy. — Lui envoie un catalogue des chanceliers depuis Clovis. — Observations sur ce travail. — Note de chartes qui lui sont nécessaires. — Lui adressera un exemplaire des Mémoires de M. de Vignoles, dùt-il aller à Niort, où on les a renvoyés pour satisfaire à sa plainte; mais, à son grand déplaisir, plusieurs exemplaires étaient déjà distribués dans le pays. — La chambre de justice, instituée contre les financiers, apportera-t-elle quelque soulagement à la misère du peuple? — D'après ce qui s'est passé sous les autres règnes, il y a lieu d'en douter.— Se plaint des mauvais ministres du roi. — Tàchera d'apprendre des nouvelles de l'impression des œuvres posthumes de du Plessis-Mornay. — Ses secrétaires ont fait un choix de pièces peu judicieux. — *Fontenay*, 17 novembre 1624.

XCIV. à (Pierre) Dupuy.—Lui envoie un Mémoire sur les chanceliers de France. — Note sur un chancelier du temps de Charles Martel. — *Fontenay*, 3 décembre 1624.

XCV. à (Pierre) Dupuy.— A vu le livre dont Dupuy lui a parlé, mais n'a pu s'en accommoder; l'auteur est hors du royaume.

Promet cependant de lui en procurer un exemplaire. — Craint le renouvellement des troubles dans le Bas-Poitou. — Lui demande les armoiries de Chasteau-Vieux et de Moncade, dont les vicomtes de Béarn se titraient seigneurs. — *Fontenay*, 6 décembre 1624.

XCVI. à (Pierre) Dupuy. — Est content de ce que son Mémoire sur les chanceliers lui ait été agréable. — Critique les traités de Favyn sur les grands officiers de la couronne, et en reproduit des passages pleins d'erreurs. — Dissertation sur les offices d'*Archicapellanus* et d'*Archicancellarius*. — A reçu un volume sur les universités de France. — Est inquiet du sort des papiers de M. du Plessis, depuis la saisie; il a recouvré un exemplaire de ses œuvres. — Lui envoie le Mémoire de M. de Vignoles; il désavoue la préface, qu'on a signée de son nom, mais se déclare l'auteur du quatrain. — Ecrit à M. Rigault. — *Fontenay*, 16 décembre 1624.

XCVII. à (Pierre) Dupuy. — Extraits de plusieurs auteurs, relatifs aux chanceliers de France. — Il n'y avait point de relieurs à Fontenay. — On a obtenu mainlevée de la saisie des papiers de M. du Plessis. — Se réjouit des nouvelles qu'il lui donne du mariage d'Angleterre (Henriette-Marie, mariée à Charles Ier le 11 mai 1625), de la guerre de la Valteline et du siège de Bréda (par Spinola). — On monte la garde pendant la nuit à Fontenay, par suite d'assemblées de protestants en Poitou et en Saintonge. — M. de Brassac est allé à Niort, où il a changé le lieutenant du château et les soldats protestants de la garnison. — On creuse un canal (à la Rochelle) du fort Louis à la mer; on ne sait dans quel but. — Une énorme baleine est venue s'échouer près de l'abbaye d'Orbestier; chacun la dépèce. Mais il s'agit de savoir à qui elle appartient. Cette dispute lui rappelle le procès pour un morceau d'ambre gris. — *Fontenay*, 28 décembre 1624.

XCVIII. à (Pierre) Dupuy. — M. de Soubise s'est emparé de Blavet. — Le prie de protéger de tout son pouvoir ses deux gendres, qui sont partis pour se rendre à Paris, afin d'acquérir, chacun, un des deux offices de conseillers récemment créés au siège de Fontenay. — Quant à la grandeur démesurée de la baleine échouée sur la côte d'Orbestier, il lui a raconté le fait tel qu'il lui a été soumis pour donner son avis. — *Fontenay* (janvier) 1625.

XCIX. à (Jacques) Dupuy. — Le remercie de quatre pièces originales qu'il lui renvoie. — Nouvelles des préparatifs de guerre en Bas-Poitou. — Les vents contraires empêchent M. de Soubise de sortir du port de Blavet, etc.— Lui recommande ses deux gendres, qui sont à Paris.— *Fontenay*, 10 février 1625.

C. à (André) Duchesne. — Se réjouit de ce qu'il travaille *fort et ferme* à son histoire de Vergy. — Le remercie de son Mémoire de Saint-Gall : extrait des *Annales* publiées par Goldast. — Lui conseille de consulter les *Vies* de S. Hugues, abbé de Cluny. — Demande des renseignements sur le *Gallia*, dont Cramoisy lui a envoyé une affiche, et critique le livre de Chenu. — *Fontenay*, 24 février 1625 [1].

CI. à (Jacques) Dupuy.— Le remercie des trente-cinq copies de chartes qu'il lui a données et des dix originaux, dont il lui en renvoie neuf.— Nouvelles des préparatifs de défense contre le soulèvement des protestants dans le Bas-Poitou. — M. de Soubise s'est échappé du port de Blavet. — *Fontenay*, 24 février 1625.

CII. à (Jacques) Dupuy. — Lui renvoie neuf chartes qu'il lui avait prêtées. — Lui demande une copie du testament d'Alphonse, comte de Poitou, et de celui de la comtesse Jeanne de Toulouse. — Note sur le dernier Raymond, comte de Toulouse. — Nouvelles des préliminaires de la guerre civile en Bas-Poitou. — Espère que la mort du roi d'Espagne aura une heureuse influence sur les affaires. — Le pillage et l'incendie des campagnes par les gens d'armes, qui ne sont pas payés, réduisent le peuple à une profonde misère. — Il paraît que la chambre de justice ne poursuit que les financiers absents, et qu'elle déclare innocents les financiers présents.— *Fontenay*, 9 mars 1625.

CIII. à (André) Duchesne. — Le remercie de l'extrait des gestes d'Innocent III concernant Antioche. — Remarques sur les faits contenus dans cet extrait. — Dissertation sur l'alliance d'Agnès de Montmorency en la Maison de Thouars, avec quelques fragments

1. Deux copies de cette lettre faussement et diversement datées (1615 et 1617).

de la généalogie des vicomtes de Thouars et des seigneurs de Mauléon. — Se doutait bien de son jugement sur l'ouvrage de Chenu. — Lui conseille de resserrer l'œuvre à laquelle il travaille, et d'éviter des digressions sur d'autres branches. — *Fontenay* (vers mars 1625).

CIV. à (Jacques) Dupuy. — Relève quelques erreurs de Vignier et de Catel relatives à la clause *Regnante Christo*. — Nouvelles des mouvements militaires dans le Bas-Poitou.—*Fontenay*, 7 avril 1625.

CV. à (Jacques) Dupuy. — Observations sur quelques auteurs et sur l'excommunication du roi Philippe Ier, relatives à la clause *Regnante Christo*.— Le remercie de sa relation de la guerre d'Italie. — Rien de nouveau dans le Bas-Poitou. — *Fontenay*, 5 mai 1625.

CVI. à (Jacques) Dupuy. — Le remercie des nouvelles qu'il lui a transmises. — Le pays est désolé par les soldats. — On annonce tantôt la paix, tantôt la guerre. — Lui envoie un petit Mémoire sur la clause *Regnante Christo*. — *Fontenay*, 1er juin 1625.

CVII. à (Jacques) Dupuy. — Se réjouit de ce que lui et ses amis ont approuvé son petit Mémoire sur la clause *Regnante Christo*. — Le prie de le lui renvoyer pour y faire des additions et le mieux rédiger. — Nouvelles des mouvements militaires dans le Bas-Poitou. — *Fontenay*, 30 juin 1625.

CVIII. à (Pierre) Dupuy. — A reçu, avec le plus grand plaisir, la nouvelle de son retour à Paris, en parfaite santé, après un si long voyage. — Les lettres qu'il a adressées à son frère (Jacques Dupuy), et l'envoi de sa dissertation sur la clause *Regnante Christo*, prouvent qu'il ne l'a jamais oublié. — Nouvelles de la guerre civile en Bas-Poitou. — Incendie du vaisseau du vice-amiral hollandais par les Rochelais, etc. — *Fontenay*, 28 juillet 1625.

CIX. à (Jacques) Dupuy. — Le prie instamment de lui renvoyer son Mémoire sur la clause *Regnante Christo*, pour le revoir et l'augmenter. — Nouvelles de la guerre civile. — Détails sur l'incendie du vaisseau hollandais et sur le vice-amiral, etc. — *Fontenay*, 28 juillet 1625.

CX. à (Pierre) Dupuy. — Est malade d'une fièvre quarte. Mais

d

il attend un très célèbre médecin et empyrique, qui lui a promis merveilles. — Est résolu, dès qu'il sera guéri, à mettre ses brouillards au net. — Lui enverra ses observations sur la clause *Regnante Christo*. — Rectifie la généalogie de Conrad le Salique, contre l'opinion de Godefroy. — Réclame le testament d'Alphonse et de sa femme, comte et comtesse de Poitou et de Toulouse. — Nouvelles de la Rochelle. — *Fontenay*, 20 octobre 1625.

CXI. à (PIERRE) DUPUY. — Est fort content de son médecin, et il espère être bientôt guéri : il est au lit depuis cinquante-deux jours. — Observations sur la généalogie de Conrad le Salique. — N'a pu travailler à la clause *Regnante Christo*. — A l'intention de publier un volume qu'il intitulera : *Boccage royal d'observations historiques*. — Cherche à justifier ce titre et demande l'avis de Dupuy. — Sommaire des neuf traités historiques, qui formeraient le Boccage royal. — Dédiera cet ouvrage à MM. Dupuy. — Relation d'une expédition des Rochelais sur Andillé-le-Marais. — *Fontenay*, 15 novembre 1625.

CXII. à (PIERRE) DUPUY. — Est toujours malade de la fièvre quarte. — Le titre de Bocage royal qu'il avait choisi pour son recueil d'observations historiques, lui déplaît, parce qu'il est emprunté à une œuvre poétique. — Propose et discute d'autres titres qu'il soumet au jugement de Dupuy. — Mettra ses Mémoires en ordre, aussitôt après sa guérison. — Puisqu'il accepte sa nouvelle édition de la généalogie de Saint-Arnoul, cherchera à satisfaire également M. de Loménie et le procureur général. — Attend les testaments d'Alphonse et de Jeanne, comte et comtesse de Poitou. — Quelques nouvelles des mouvements militaires dans le Bas-Poitou. — Le prie de lui donner des renseignements sur l'assemblée du clergé. — M. du Palais lui fait ses compliments, et l'aumônier de Luçon vient à Fontenay, pour changer d'air et tâcher de rétablir sa santé. — *Fontenay*, 15 décembre 1625.

CXIII. à (PIERRE) DUPUY. — Il est *cloué au lit* depuis six mois, et faible comme un enfant de trois ans. — Vive critique du second volume de l'*Histoire de France*, de Dupleix, qu'il accuse de plagiat et d'ignorance ; de plus, de lui avoir dérobé une observation sur le nom d'Aquitaine attribué à la Provence, publié dès l'an 1617, dans son petit discours de la Guyenne, et d'avoir copié au moins vingt lignes de ce discours. — Que doit-il espérer de l'affaire sou - mise à M. de Loménie? — *Fontenay*, mars 1626.

CXIV. à (PIERRE) DUPUY. — Toujours malade et alité. — Critique les Antiquités de Saint-Denis, nouvellement publiées, et prouve la fausseté d'une charte que l'auteur attribue à Charlemagne. — Le prie de le tirer d'inquiétude, au sujet de l'affaire qu'il avait recom- mandée à M. de Loménie. — Un jeune avocat de Niort a payé cent pistoles à Mme des Fontaines-Chalandray pour obtenir des provi- sions, mais il est fort inquiet de la validité de son titre. — *Fonte- nay*, 6 avril 1626.

CXV. à (PIERRE) DUPUY. — Sa maladie, qui dure depuis sept mois, ne lui a pas encore permis de revoir son discours sur la clause *Regnante Christo*. — Le prie de remarquer que, dans ses annotations sur Du Tillet, il a corrigé la date de la fondation de l'abbaye de Bourg-Dieu, en Berry. — Le prie de lui renvoyer une charte sur l'Anjou. — Le remercie de ses bons offices auprès de M. de Loménie, pour la réussite de l'affaire qui l'intéresse. — *Fon- tenay*, 19 avril 1626.

CXVI. à (PIERRE) DUPUY. — Procès au sujet de l'office de séné- chal d'Oulmes, dont les provisions avaient été délivrées en faveur de son fils, le 11 février. — Regrette de ne pouvoir lui envoyer son Mémoire sur la clause *Regnante Christo*, par suite de sa mauvaise santé, qui le retient encore au lit. — *Fontenay*, 11 mai 1626.

CXVII. à (PIERRE) DUPUY. — Détails sur le procès intenté à son fils, au sujet de l'office de sénéchal d'Oulmes. — Ecrit à M. de Fains, qui avait délivré les provisions, pour faire dresser les actes nécessaires et s'en référer au conseil de Mllo de la Chastcigncraye. — Commence à sortir de son lit. — Espère lui envoyer la clause *Regnante Christo* par le prochain messager. — *Fontenay*, 18 mai 1626.

CXVIII. à (PIERRE) DUPUY. — Son indisposition l'a encore forcé de retarder l'envoi de la clause *Regnante Christo*. — Lui demande un extrait de Rabanus Maurus. — Doit-il attendre qu'on fasse valoir les provisions d'Oulmes? — *Fontenay*, 15 juin 1626.

CXIX. à (Pierre) Dupuy. — N'a eu ni le temps ni la force de lui envoyer son discours sur la clause *Regnante Christo.* — Le remercie de la charte de Foulques le Réchin. — A reçu une réponse de Duchesne, qui lui dit que les chartes et les historiens suffisent pour démontrer que Philippe Ier faisait les fonctions de roi, malgré son excommunication; mais ce sont ces chartes et ces historiens qu'il cherche, sans pouvoir les trouver. — Si le P. Sirmond était aussi communicatif qu'il désire qu'on le soit à son égard, il lui demanderait l'acte de réconciliation du roi Philippe. — Toutefois, il lui enverra ses observations sur ce sujet. — Lui recommande de nouveau son affaire auprès de M. de Loménie. — *Fontenay* (vers juin 1626).

CXX. à (Pierre) Dupuy. — N'avait jamais subi un hiver, un printemps et un été aussi rudes et aussi malsains. La contagion est universelle, et sa santé ne peut se rétablir. — Le conseiller Molé est sollicité de rapporter et juger le procès du prieuré d'Ardin, qui intéresse son fils, et qui lui a donné tant de peine, lors de son dernier voyage à Paris. — Le prie de faire remettre la cause après la Saint-Martin. — *Fontenay,* 29 juin 1626.

CXXI. à (Pierre) Dupuy. — Le remercie de son envoi d'une lettre d'Hincmar. — Ses observations sur la clause *Regnante Christo* ne sont pas achevées. — Lui demande des renseignements sur le procès dont M. Molé est rapporteur, et sollicite de nouveau une remise après la Saint-Martin. — Son fils a été intimé par Pelletier, sa partie adverse, dans l'affaire d'Oulmes. — Désire savoir si M. de Fains prend la cause en main, puisque le droit de son fils n'est fondé que sur les provisions qu'il lui a délivrées. — *Fontenay,* 10 août 1626.

CXXII. à (Pierre) Dupuy. — S'excuse de sa paresse à terminer la clause *Regnante Christo;* mais, le 24 de ce mois, il y aura un an qu'il a été atteint de la maladie dont il n'est pas encore guéri. — Le procès de son fils (pour Ardin) ne pourra pas être jugé avant la Saint-Martin. — M. de Fains est venu le voir; il a été obligé de partir sur-le-champ. A son retour dans quelques mois, il l'entretiendra de l'affaire d'Oulmes. — Se réjouit que M. Duchesne ait fait un heureux voyage en Champagne, mais n'ose plus l'importuner.

— Se plaint de l'indifférence du P. Sirmond. — *Fontenay*, 5 septembre 1626.

CXXIII. à (Pierre) Dupuy. — Souhaits à l'occasion du nouvel an, et regrets de ne pouvoir les lui adresser de vive voix. — Redoute de nouveaux malheurs pour le pays, tant la barbarie des gens d'armes est grande, même en temps de paix. — S'inquiète du dénouement du procès d'Oulmes, qui est au rôle. — A reçu de M. de Fains une lettre qu'il lui envoie. — *Fontenay*, 27 décembre 1626.

CXXIV. à (Pierre) Dupuy. — Discute, en jurisconsulte, l'affaire d'Oulmes. — Son fils avait été nommé sénéchal par M. de Fains, par ordre de M. de Loménie et de la marquise de Mirebeau. Pelletier avait été nommé par M. de Fontaine-Chalandray. Il s'agit de savoir à qui appartenait le droit de nomination.— S'excuse encore du retard de l'envoi de la clause *Regnante Christo*. — A trouvé quelque chose pour l'*Histoire des Chanceliers*. — Note sur un degré de la généalogie de la Maison de Vivonne. — *Fontenay*, 25 janvier 1627.

CXXV. à (Pierre) Dupuy. — Désire que sa note sur Germain de Vivonne, et celle sur le chancelier de Giac soient agréables à M. de Loménie, qui veut bien maintenir les provisions de M. de Fains. — Nouvelle excuse pour la clause *Regnante Christo*. — Extraits de l'inventaire des titres de Rochechouart et de l'histoire de Charles VII, relatifs à Pierre de Giac. — *Fontenay*, 21 février 1627.

CXXVI. à (Pierre) Dupuy. — Se réjouit de ce que M. de Loménie, la marquise de Mirebeau et M. de Fains prennent en main la cause de son fils. — Lui envoie un autre extrait, dans lequel Pierre de Giac est cité. — Quant à la clause *Regnante Christo*, il a besoin de quelques renseignements supplémentaires. Est préoccupé d'une demande que lui adresse un prélat (de Marca) qu'il connaît très bien. — M. Cailler est à Luçon, où il gouverne son évêque et se livre au jardinage. — *Fontenay*, 12 mars 1627.

CXXVII. à (Pierre) Dupuy. — Lui envoie un Mémoire sur la clause *Regnante Christo*, tel qu'il a pu l'achever. — Le procès de son fils doit être plaidé au mois de mai. Il faut se prémunir d'un avocat, qui cependant n'oserait parler, s'il n'était pas soutenu par MM. de Loménie et de Fains. — Le prie de le recommander au procureur général et de le rappeler au souvenir de M. Bignon, qui peut être d'un grand secours dans cette affaire, s'il est, comme on le dit, avocat général en remplacement de M. Servin. — *Fontenay*, 18 avril 1627.

CXXVIII. à (PIERRE) DUPUY. — Ne lui a pas écrit depuis longtemps, parce que la fièvre quarte, qui l'a tourmenté pendant près de deux ans, a dégénéré en tierce qui lui laisse peu de relâche. — S'inquiète des mouvements de guerre qui ont lieu autour de lui. — Tout lui déplaît, même les livres. — La clause *Regnante Christo* et le *Stemma Gonzagicum* dorment sur le coussin. — Lui envoie copie d'une requête d'intervention de M. de Fontaine-Chalandray dans le procès de son fils. Si les moyens qu'il expose sont véritables, il court le risque d'être condamné aux dépens envers le comte de Fontaine et Pelletier qu'il a pourvu de l'office de sénéchal. — N'a d'espoir que dans l'appui de M. de Loménie. — *Fontenay*, 22 août 1627.

CXXIX. à (ANDRÉ) DUCHESNE. — Dissertation (importante) sur les divers seigneurs de Châtelaillon et de la Rochelle, pendant le xiiᵉ et le xiiiᵉ siècle. — Opinion de Élie Vinet sur l'ancienneté de la Rochelle. — *Fontenay*, 18 février 1628.

CXXX. à (ANDRÉ) DUCHESNE. — Le remercie de son affection et de la bonne opinion *anticipée* qu'il a conçue de lui. — A reçu la copie d'une charte, qui ne lui sera pas inutile, quoique Chopin l'ait imprimée dans son *Sacra politia*, et que Bouchet l'ait citée dans ses *Annales*. — Le prie de vérifier le sonnet qu'il a accepté pour son histoire de Châtillon. — Attend l'histoire de Bourgogne et des Dauphins du Viennois. — Loge chez lui l'abbé de Grignan, un des membres de l'assemblée du clergé, qui se tient à Fontenay. — S'inquiète de savoir si le P. Sirmond a publié ses Conciles. — A reçu une lettre de M. Ménard, d'Angers. — Avait oublié de lui dire qu'on appelle la Rochelle *la ville blanche*, mais qu'il ne connaît pas l'origine de ce surnom. — Tâchera de découvrir l'acte du serment que les Rochelais prétendent avoir été prononcé à genoux par Louis XI, lorsqu'il prit possession de la ville. — *Fontenay*, 1er mai 1628.

CXXXI. à (Pierre) Dupuy. — Regrette que son frère soit parti si promptement de Fontenay. — Remet la partie après la réduction de la Rochelle, probablement vers la fin de juin. — A su au vrai le mariage du prince de Marsillac et eut l'honneur de prendre congé de lui et de l'abbé de La Reau, qui lui ont promis de soutenir le maintien de son fils en l'office de sénéchal d'Oulmes. — Le remercie de son offre du chapitre de la branche d'Antioche. — *Fontenay*, 1er mai 1628.

CXXXII. à (André) Duchesne. — S'est retenu, avec beaucoup de peine, d'écrire une épître apologétique, pour servir de préface à son livre. — Lui conseille de se défendre vivement contre les critiques et les plagiaires, et lui donne pour exemples, Ronsard contre du Bellay, et Pasquier contre du Haillan. — Avait prévu les désagréments qu'il éprouve. — A fait connaître ses plaintes à l'archevêque de Rouen, qui en a été fort touché. — *Fontenay*, 28 mai 1628.

CXXXIII. à (André) Duchesne. — Approuve sa Préface, qui montre son *ressentiment modeste*. — Se souvient de l'épigraphe des *Mémoires de Champagne* par feu M. Pithou, *sic vos non vobis*, et lui conseille de prendre pour épigraphe de son livre deux vers de *Phèdre* qu'il cite. — Le président de Marca est venu exprès de l'armée à Fontenay, pour voir *ses petits brouillards*. — A entretenu de nouveau l'archevêque de Rouen de ses travaux, et l'assure qu'il sera bien accueilli par ce prélat, qui est parti de Fontenay, le vendredi (23 juin), après la clôture de l'assemblée du clergé. — Il est en ce moment dans les affaires publiques, *jusques au col*. — *Fontenay*, 26 juin 1628.

CXXXIV. à (Pierre) Dupuy. — Lui envoie copie du contrat passé entre les commissaires du Roi et les députés du clergé, dont l'assemblée a été close à Fontenay, le vendredi 23. — Le président de Marca est venu exprès de l'armée pour visiter son étude, et lui a promis d'écrire à M. de Loménie en faveur de son fils. — Regrette la peine que son importunité donne à tant de gens de qualité. — *Fontenay*, 26 juin 1628.

CXXXV. à (André) Duchesne. — N'est pas partisan des tables qui indiquent les auteurs auxquels on a fait des emprunts. — En explique la raison. — Pline l'Ancien est le seul qui ait formé, d'un tel catalogue, le premier livre de son grand ouvrage. — Il est difficile de démasquer les fraudeurs, et la corneille a tout loisir de se parer des plumes du paon. — Politien récita en latin la vie d'Homère écrite par Hérodote et se l'attribua, avant qu'Hérodote eût été imprimé en grec ou traduit en latin. — Attend avec impatience son histoire de Bourgogne. — *Fontenay*, 24 juillet 1628.

CXXXVI. à (André) Duchesne. — Le remercie des beaux exemplaires de son *Histoire des Ducs de Bourgogne et des Dauphins du Viennois*, de sa lettre pleine d'affection, et de l'avoir cité dans la préface. — Observations critiques sur l'*Histoire de Bourgogne*. — Observation sur un passage des Dauphins du Viennois. — On travaille à une histoire de la Rochelle. — Est allé voir les ruines de Châtelaillon, dont il ne reste qu'une haute tour. — *Fontenay*, 7 août 1628.

CXXXVII. à (André) Duchesne. — N'a point attendu sa permission pour s'escrimer contre son *Histoire de Bourgogne*, dont il fait, toutefois, le plus grand éloge. — Demande des nouvelles de la santé de M. Dupuy. — Le P. Sirmond ne se hâte pas de publier ses Conciles. — Verra volontiers le troisième et le quatrième vol. de l'*Histoire de France* (de Dupleix). — L'évêque de Léon (René de Rieux) a visité sa bibliothèque, et prétend que sa Maison tire son origine d'un puîné de Bourgogne. — Demande des renseignements sur la belle-mère du roi Philippe Ier. — *Fontenay* (vers le 20 août 1628).

CXXXVIII. à (André) Duchesne. — On reconnaît facilement la fourberie du plagiaire de l'*Histoire des ducs de Bourgogne* (de Duchesne). — Questions sur plusieurs chartes concernant l'histoire de Bourgogne et d'Auvergne. — Offre à Justel les titres qu'il possède. — Le remercie du passage d'Aimarus Falco qu'il lui a envoyé, et se plaint de l'obscurité de certains auteurs. — *Fontenay*, 4 septembre 1628.

CXXXIX. à (André) Duchesne. — Était gravement malade au

mois de novembre. — Dissertation sur la Rochelle. — Sa petite glose de *Castrum Julii* ne serait pas mal accueillie. — L'invite à publier ce qu'il a recueilli sur ce sujet, sous forme d'histoire. — M. Reveau, avocat du Roi à la Rochelle, est venu le voir, et il approuvait son plan. — Ses forces ne lui permettent pas d'écrire à Justel; mais il ne pourrait pas répondre à la dixième partie des questions qu'il lui adresse. — A reçu une lettre du président de Marca; il est tellement avide qu'il ne laisserait pas à ses amis le loisir de travailler pour eux-mêmes. — *Fontenay* (décembre 1628).

CXL. à (ANDRÉ) DUCHESNE. — Duchesne ne donne pas suite à son projet d'écrire une histoire de la Rochelle. — Correction d'une charte insérée dans l'*Histoire du Berry.* — Le prie de faire vérifier les exemplaires des *Conciles* du P. Sirmond, attendu que Cramoisy lui a envoyé beaucoup de livres transposés ou imparfaits. — Ne peut découvrir deux anciennes chroniques, qu'il indique peu clairement. — L'invite à venir voir la Rochelle *dans son deuil*, puisqu'il n'a pas voulu la voir *dans sa gloire*. — *Fontenay*, 8 janvier 1629.

CXLI. à (PIERRE) DUPUY. — Souhaits à l'occasion de la nouvelle année. — Apprend avec plaisir que sa santé est rétablie. Lui-même est remis d'une grave indisposition, qui l'a conduit, depuis deux mois, au bord du tombeau. — Réflexions philosophiques sur la fragilité de la vie, dès qu'on a dépassé cinquante ans, et sur la nécessité de redoubler alors de soin et de travail. Lui envoie un poëme de Colardeau sur la prise de la Rochelle. — Le critique légèrement. — *Fontenay*, 8 janvier 1629.

CXLII. à (ANDRÉ) DUCHESNE. — L'histoire des Maisons de Lembourg et de Luxembourg que Duchesne va mettre sous presse, augmentera encore sa réputation. — Servira (à Besly) pour corriger sa grande table généalogique de Lorraine, où il a réuni, le premier, toutes les branches de cette Maison, avec des notes et des dates scrupuleusement justifiées. — *Fontenay*, 4 février 1629.

CXLIII. à (ANDRÉ) DUCHESNE. — Lui demande quelles sont les considérations qui lui ont fait suspendre la publication de l'histoire de Lembourg et de Luxembourg. — On n'aura pas cependant à se plaindre, puisqu'il prépare l'histoire des comtes de Guines et des seigneurs de Coucy. — Il corrigera l'erreur de L'Alouète, qui fait remonter l'origine des seigneurs de Coucy à Bernard le Danois ; il avait mal lu l'*Histoire de Louis le Gros* par Suger. — *Fontenay*, 17 mars 1629.

CXLIV. à (Pierre) Dupuy. — Attend avec impatience les Conciles du P. Sirmond. — Regrette que sa robe ne soit pas celle d'un docteur de Sorbonne ; car alors il aurait écrit des choses d'une rare valeur sur l'Église gallicane. — On ne peut espérer cela que des héritiers de MM. Pithou. — *Fontenay*, 17 mars 1629.

CXLV. à (Pierre) Dupuy. — Observations critiques sur les Conciles du P. Sirmond.— Le remercie des nouvelles de l'heureux succès des armées du Roi (en Italie). — A reçu une lettre de M. de Vignoles, qui est chargé de détruire les fortifications de la Rochelle. — Nous sommes délivrés du joug de la Rochelle, et je pourrai maintenant tromper ceux qui resserrent toutes mes forces dans la généalogie des ducs de Guyenne.— *Fontenay*, 14 avril 1629.

CXLVI. à (André) Duchesne. — Le félicite de donner tous ses soins à la perfection de l'histoire des comtes de Guines et seigneurs de Coucy.— Digression sur la perfection d'un ouvrage.— Éloge du P. Sirmond et de ses Conciles. — Le prie d'engager ce Père à joindre aux lettres d'Avitus qu'il se propose de publier, d'autres pièces plus anciennes ; car ces petits volumes sont difficiles à rechercher dans une bibliothèque. — *Fontenay*, 16 avril (1629).

CXLVII. à (André) Duchesne. — Lui a fait naître l'envie de voir le nouveau commentaire de Saumaise sur Solinus. — Craint que cet ouvrage ne donne lieu à une vive polémique entre l'auteur et les PP. Petau et Sirmond. — *Fontenay*, 12 mai 1629.

CXLVIII. à (Pierre) Dupuy. — Observations sur des pièces imprimées qu'il serait utile de conférer avec les manuscrits et les recueils de feu M. Pithou. — Le remercie des nouvelles qu'il lui donne des succès de l'armée d'Italie. — A été obligé dernièrement de réunir un état de conseiller du Roi à son office d'avocat du Roi. — Songe à résigner ses charges, afin de pouvoir se livrer entièrement à ses travaux historiques et à sa correspondance avec ses amis. — *Fontenay*, 12 mai 1629.

CXLIX. à (ANDRÉ) DUCHESNE. — Lui tarde de jeter les yeux sur le nouveau Commentaire (de Solinus par Saumaise), et souhaite la fin des contestations à ce sujet. — Lui rappelle que *Castrum Julii* signifie Chatelaillon, *Castrum Allonis* ou *Allionis*, ce qui est expliqué dans une charte de M. Galland sur la Rochelle. — Désire que ce renseignement lui soit utile pour sa *Description de la France*. — *Fontenay*, 10 juin 1629.

CL. à (PIERRE) DUPUY. — Il lui paraît qu'on a omis sciemment, parmi les Conciles du P. Sirmond, toutes les pièces contraires à l'autorité prétendue des Papes sur le temporel des rois de France. — Indique les causes qui ont engagé l'auteur à s'arrêter au règne de Hugues Capet. Mais d'autres, dont la liberté ne sera pas enchaînée, continueront, sans doute, et compléteront cet ouvrage. — Se plaint de l'ingratitude du P. Sirmond, qui n'a cité aucun de ceux qui lui ont officieusement fourni tant de pièces pour son travail. — Apprend par Cramoisy que le P. Sirmond fait imprimer Facundus, auteur qui lui est entièrement inconnu. — Se réjouit de la prise de la ville de Privas (le 27 mai), et désire la paix, afin que le Roi puisse enfin soulager la misère du peuple. — *Fontenay*, 10 juin 1629.

CLI. à (ANDRÉ) DUCHESNE. — A reçu la généalogie de saint Arnoul, dans laquelle il approuve la correction de Duchesne du nom de *Muta* en *Justa*. — Le prie de lui faire connaître de quelle Maison était l'anti-empereur Heriman (Herman). — *Fontenay*, 10 (mars 1630?).

CLII. à (ANDRÉ) DUCHESNE. — Discute la corruption de *Justa* en *Muta*, dans la généalogie de saint Arnoul. — Écrit à M. Decordez, au sujet de la chronique de *Gaufridus*. — N'avait pas entendu parler de l'histoire des évêques de Périgueux. — Les députés du Périgord aux États de 1614 lui avaient assuré que cette histoire ne serait point publiée. — Écrira à Bordeaux, pour en avoir deux exemplaires, s'il est possible. — *Fontenay*, 28 avril (1630).

CLIII. à (ANDRÉ) DUCHESNE. — L'évêque de Poitiers (H.-L. Chas-

teigner) a choisi Duchesne pour écrire l'histoire de sa famille, non
par suite de recommandations, mais d'après ses capacités, dont il
a donné tant de preuves. — Observations sur les premiers degrés
de cette généalogie. — Le remercie de son exemplaire des comtes
de Guines et seigneurs de Coucy, quoiqu'il ait été perdu en route,
ainsi que celui de la Maison de Luxembourg. — N'a pas fait un
procès au messager, parce qu'il pense que celui qui en a été chargé
les lui restituera. — *Fontenay*, 17 février 1632.

CLIV. à L'ÉVÊQUE DE POITIERS (H.-L. Chasteigner de la Roche-
posay). — Discussion sur quelques difficultés proposées par Duchesne, au sujet de la généalogie des Chasteigner. — Extraits de
cartulaires et d'autres manuscrits, pour justifier certains degrés,
ainsi que d'anciennes possessions de cette famille. — *Fontenay*,
1er avril 1632.

CLV. à (ANDRÉ) DUCHESNE. — Lui recommande les épitaphes de
la chronique de Hollande. — Ne peut pas lui donner encore de
renseignements sur la fondation de l'abbaye de La Reau. A reçu
une lettre de l'évêque de Poitiers, au sujet d'un ancien titre de sa
Maison. — Lui enverra les diverses leçons de Petrus Tudebodus. —
Fontenay, 24 avril 1632.

CLVI. à (NIC.-CL.) FABRI DE PEIRESC. — Besly analyse une charte
de Hugues Capet, dont une copie est annexée à cette lettre, et y reconnaît toutes les marques d'une incontestable authenticité.— Prie
M. Peiresc de répondre à une note qu'il a transmise à Duchesne,
sur l'histoire d'Arles de Saxius. — *Fontenay*, 8 mars 1633.

CLVII. à (ANDRÉ) DUCHESNE. — Prend en grande considération
la recommandation qu'il lui adresse en faveur de M. Rapin, sr de
Terreneuve, petit-fils de Nicolas. — Comparaison de son manuscrit (de Tedebodus), avec l'exemplaire que Bongars avait fait imprimer. — *Fontenay*, 3 septembre 1633.

CLVIII. à (PIERRE) DUPUY. — A été fort heureux de l'occasion
qu'il lui a fournie de faire connaissance avec le petit-fils de Nicolas
Rapin. — Le remercie du Mémoire sur le gouvernement actuel de
la Guyenne. — Travaille toujours à son histoire, qui lui déplaît,
parce qu'il n'y trouve que des généalogies dépourvues de faits et

de récits. — Aimerait mieux vivre dans les ouvrages d'autrui que dans les siens. — Lui envoie copie d'une lettre de feu M. du Plessis. — Le prie de le rappeler au souvenir de M. de Thou et du procureur général. — *Fontenay*, 3 septembre 1633.

CLIX. à (ANDRÉ) DUCHESNE. — Lui envoie sa Préface pour Tedebodus, et lui recommande de la reviser avec soin et de la soumettre à M. l'avocat général. — (*Fontenay*, vers octobre 1633.)

CLX. à (PIERRE) DUPUY. — Lui rappelle que, dans sa dernière lettre qu'il remit à M. de Terreneuve-Rapin, il le remerciait du Mémoire sur le gouvernement de Guyenne, et que dans le paquet se trouvait la copie d'une lettre adressée par M. du Plessis au connétable, en 1622, au sujet de la paix. — Lui envoie une seconde lettre de M. du Plessis. — Détails sur l'entrée solennelle du comte de Parabère, gouverneur du Poitou, dans la ville de Fontenay, le jour d'hier, 3 décembre. — Les pluies ont été de si longue durée, que les semailles sont en retard et que l'on craint pour la récolte prochaine. — *Fontenay*, 4 décembre 1633.

CLXI. à L'ÉVÊQUE DE POITIERS. — Lui envoie des renseignements sur la seigneurie de la Court-Barbarin, relevant de Vouvent, et l'extrait d'une fondation en la chapelle d'Aziré, près de Benet. — (*Fontenay*, vers 1634.)

CLXII. à (ANDRÉ) DUCHESNE. — N'a pas encore reçu l'exemplaire de son *Histoire des Chasteigniers*. — Le prie d'adresser ses envois à M. Besly, procureur au présidial de Poitiers, afin d'en éviter la perte. — N'a rien fourni de bon pour son œuvre, si ce n'est le madrigal à sa louange et à celle de l'évêque de Poitiers. — Se réjouit de ce que la publication de ses *Historiens* avance. — Est impatient de savoir quelles sont les pièces capables de former un second volume. — Lui recommande Thegan, sur la dégradation de Louis le Débonnaire, et les œuvres d'Agobard. — Cite des vers latins de Michel de l'Hospital sur les anciens annalistes. — *Fontenay*, 17 juillet 1634.

CLXIII. à (ANDRÉ) DUCHESNE. — Approuve sa résolution d'ajouter aux *Anciens Historiens de France* Luitprand et la chronique du Mont-Cassin. — Lui recommande l'histoire de Cenalis et la chronique de Gaufridus Malaterra, pour les gestes des Normands. — L'évêque de Poitiers est à Dissay, et laisse faire le procès aux Esprits de Loudun. — Est fort inquiet de l'issue de cette affaire. — *Fontenay*, 14 août 1634.

CLXIV. à L'ÉVÊQUE DE POITIERS. — A vu le Mémoire sur la branche des seigneurs de Moncaut, qui servira à augmenter la seconde édition de l'histoire de sa Maison. — S'est aperçu qu'on a omis des extraits d'un registre du comte Alphonse (enquêtes de 1261). — Transcrit ces extraits dans sa lettre. — *Fontenay*, 10 juillet 1635.

CLXV. à L'ÉVÊQUE DE POITIERS. — Dissertation sur Hutesse ou Eustache Chasteigner, vivant au XIVe siècle, fille de Gilbert, seigneur de Rexe, et femme de Gauvain Chenin, seigneur en Aunis. — *Fontenay*, 13 février 1636.

CLXVI. à L'ÉVÊQUE DE POITIERS. — Dissertation sur quelques membres de la famille de Chasteigner, et sur leurs alliances au XIVe siècle. — *Fontenay*, 26 juin 1636.

CLXVII. à L'ÉVÊQUE DE POITIERS. — Indique une correction à faire dans la table des descendants d'Arsent Chasteigner. — Lui recommande la généalogie de la Maison de Lezay, où il trouvera des alliances avec les familles de Montfaucon et de Chapron. — *Fontenay*, 21 octobre 1636.

CLXVIII. à (PIERRE) DUPUY. — Lui exprime sa satisfaction d'apprendre qu'il jouit d'une bonne santé et qu'il est décidé à publier le fruit de ses longs travaux. — Quant à son observation sur la clause *Regnante Christo* qu'il veut ajouter à cette publication, il le prie de lui laisser le temps de la revoir et corriger. — Promet de la lui envoyer *dans les premiers jours*. — *Fontenay*, 29 juillet 1637.

CLXIX. à L'ÉVÊQUE DE POITIERS. — Observations sur la généalogie de la famille de Rezay, alliée aux Chasteigner. — *Fontenay*, 18 octobre 1637.

CLXX. à (PIERRE) DUPUY. — Le remercie de lui avoir procuré la connaissance de M. Oihenart, qui lui a envoyé un exemplaire de son livre sur la Gascogne. — Adresse à Oihenart, pour lui témoigner sa reconnaissance, l'extrait d'un *Chronicon* manuscrit, utile pour la généalogie de la Maison de Navarre, en un point obscur et inconnu de tous. — Quant à la clause *Regnante Christo*, il lui tiendra parole. — *Fontenay*, 25 janvier 1638.

CLXXI. à (André) Duchesne. — Lui fait remarquer qu'il a omis dans sa Bibliothèque historiale l'oraison funèbre de François Ier, par Charpentier. — Lui demande s'il possède la preuve que Raoul de Soissons ait épousé la reine de Chypre, Alix, veuve de Hugues de Lusignan, roi de Chypre, et séparée, en secondes noces, de Bohémond, prince d'Antioche, en 1238, comme il le dit dans son *Histoire de Chastillon*. — *Fontenay*, 23 février 1638.

CLXXII. à (Pierre) Dupuy. — Le remercie d'un extrait d'histoire qu'il lui a envoyé de la part de Duchesne, et qui lui a servi pour éclaircir un point obscur de l'*Histoire des rois d'Aquitaine*. — Lui aurait déjà adressé la clause *Regnante Christo*, s'il n'était retenu par quelques difficultés qu'il n'a pas encore pu résoudre. — Lui demande s'il existe dans Isidore un passage dans lequel il déduise *feudum* de *fœdere*, ainsi que Cujas l'allègue dans sa préface des fiefs. — Lui fait des questions sur l'origine du mot *apennage* (apanage). — *Fontenay*, 25 janvier 1640.

CLXXIII. à (André) Duchesne. — Le remercie du fragment d'histoire qu'il lui a envoyé par l'entremise de M. Dupuy, et qui lui a servi pour comprendre le *Carolus minor rex Aquitanorum*. — Lui demande des nouvelles du troisième volume de ses *Historiens*, dans lequel devait entrer le *Tudebodus*. — Lui offre un glossaire pour la pièce barbare qui suit l'*Ademarus cabanensis*. — *Fontenay*, 25 janvier 1640.

CLXXIV. à (Pierre) Dupuy. — N'a pas été aussi favorisé pour la clause *Regnante Christo*, qu'à l'égard de Philippe-Auguste et de la reine Ingerburge, dont il lui envoie, dit-il, le tableau de leur parenté. — Observations sur les contradictions des auteurs, au sujet des mariages de Philippe-Auguste. — Autres observations sur les apennages. — Discussion sur l'origine du mot *fief*. — *Fontenay*, 8 mars 1640.

CLXXV. à (André) Duchesne. — Le remercie de l'exemplaire

de son *Histoire de Béthune*. — Lui reproche de ne vouloir livrer au public le troisième et le quatrième volume des *Historiens de la France* qu'avec le cinquième, qui ne sera pas de longtemps parachevé. — Quant à la Maison de Rochechouart, il avait fait, en 1621, un extrait de l'inventaire des titres de cette famille ; mais il y en a très peu d'antérieurs à 1300. — Suit la copie de trois épitaphes du XIII° siècle, et l'indication de trois actes du même temps. — Lui enverra son glossaire de la pièce barbare jointe à l'*Ademarus*, lorsqu'il travaillera au cinquième volume de ses *Historiens*. — La chronique de Julius Florus et celle du moine de Maillezais ne méritent pas d'être publiées ; il en jugera par la dissertation qu'il a ajoutée à Florus. — Lui demande son opinion sur un passage de *Roger de Hored*, relatif au divorce de Philippe-Auguste et d'Angiburge, qui offre certaines difficultés qu'il expose. — *Fontenay* (vers mars 1640.)

CLXXVI. à (PIERRE) DUPUY. — Lui envoie le tableau de la parenté de Philippe-Auguste et d'Ingiburge, qu'il avait oublié d'insérer dans sa lettre précédente. — Observations sur l'origine du mot *feudum*. — Ne doute pas que l'histoire publiée par M. de Marca ne soit digne de son auteur. Il rappelle, à cette occasion, que M. de Marca était venu exprès du camp de la Rochelle (en 1628), pour lui rendre visite à Fontenay. — *Fontenay* (vers avril 1640).

CLXXVII. à (FRANÇOIS) DUCHESNE, fils d'André. — Le prie de lui faire savoir où en est l'impression des cinq volumes des *Historiens de la France*, attendu que son père lui avait écrit, peu de temps avant sa mort, que les troisième et quatrième volumes étaient presque imprimés ; que dans le quatrième il avait inséré le *Tudebodus* et sa préface ; mais qu'ils ne seraient livrés au public qu'avec le cinquième, où devait se trouver le *Nicolaus Braiæ*. — Lui demande s'il conviendra à son projet de recevoir un glossaire qu'il avait promis à feu son père, pour une pièce barbare qui est à la suite de l'*Ademarus*. — *Fontenay*, 1er octobre 1641.

CLXXVIII. à (ARNAULD) D'OIHENART. — Éloge de sa *Notitia utriusque Vasconiæ*. — Regrette qu'il n'ait pas publié les preuves. — Observations critiques sur ce livre, et indication de chartes qui pourraient servir à le compléter. — Une généalogie des seigneurs de Mauléon, en Poitou, est jointe à cette lettre.— *Fontenay*, 1er décembre 1642.

CLXXIX. à MM. DE SAINTE-MARTHE frères. — Se réjouit d'apprendre que les deux frères sont en bonne santé. Il les félicite d'avoir dépassé l'âge critique de soixante-dix ans, et il ajoute qu'il a également franchi sa soixante-dixième année, dès le mois d'octobre dernier. — Il leur annonce son Mémoire sur Hugues Capet; il rappelle sa table généalogique de la Maison de Lorraine. — Dissertation sur la reine Adelaïs, femme de Hugues Capet. — Les loue d'entreprendre l'histoire de la Maison de la Trémouille, et leur annonce qu'il envoie à M. d'Oihenard un Mémoire sur les seigneurs de Mauléon. — Il craint que François Duchesne, fils de feu André, ne renonce à continuer la collection des *Historiens de France*, commencée par son père. — Il leur enverra une copie de son traité de l'origine du roi Hugues d'Italie, contre la table de Gaspar Scioppius. — *Fontenay*, le 3 décembre 1642.

CLXXX. à MM. DE SAINTE-MARTHE, historiographes du Roi. — Dissertation sur la femme de Pépin Ier, roi de Guyenne, et sur l'origine d'Adelaïs, femme du roi Robert. — Les remercie de l'extrait du manuscrit de S. Magloire. — Se plaint de n'avoir pas reçu le volume des *Historiens de la France* dans lequel est inséré le *Tudebodus*; si André Duchesne vivait encore, il lui en aurait certainement envoyé un exemplaire, ainsi qu'il l'avait toujours pratiqué pour ses autres ouvrages. — Leur adresse un extrait du Calendrier de Notre-Dame de Chartres. — N'a pas achevé son traité de l'origine de Hugues Capet. — S'ils n'ont pas la date du mariage de Charles le Simple avec Fréderinne, il pourra la leur fournir. — *Fontenay*, 14 janvier 1643.

CLXXXI. à MM. DE SAINTE-MARTHE, historiographes du Roi. — N'est point surpris que le duc de Thouars ait approuvé leur dessein d'écrire la généalogie de sa Maison. — Leur envoie copie du contrat de mariage de Charles le Simple avec Fréderinne. — Prouve que Raoul le Normand n'a pu épouser Gisle (Giselle) qu'on donne pour fille à Charles le Simple : il y a eu confusion de personnages. — Si le P. Odo de Gessey a réimprimé son *Histoire des évéques de*

Velay, il les prie de lui faire savoir s'il a changé ou ajouté quelque chose à ce qu'il disait, dans la première édition, de Guillaume le Dévot, duc d'Aquitaine, et de sa famille. — *Fontenay,* 9 février 1643.

––––––––

(Jean) Besly, le fils, à (Pierre) Dupuy. — S'excuse de ne lui avoir pas écrit, depuis son retour en Poitou. — L'*Histoire des comtes de Poitou,* « qui est votre ouvrage plutôt que celui de feu mon père », est fort estimée des savants, mais les autres la dédaignent. — Il s'en vend si peu qu'un libraire de Poitiers, qui possédait douze exemplaires, n'en a placé que sept. — Pense que le débit est moins lent à Paris. — Cite les personnes auxquelles il a distribué des exemplaires, tant à Poitiers qu'à Fontenay. — L'évêque de Poitiers lui a demandé l'extrait d'une charte qui doit être parmi les papiers de son père actuellement entre les mains de Dupuy. Elle est relative à la cession de la baronnie de Montmorillon à Philippe III, par Guy de Montléon, chevalier — Le prie de lui en envoyer une copie qu'il signera, avant de l'adresser à l'évêque de Poitiers; cette pièce doit être produite dans un procès. — Le remercie de son indulgence à ne pas lui réclamer la partie (c'est-à-dire la somme) qu'il lui doit, et qu'il lui a été impossible de payer, tant à cause d'une longue maladie qui l'a retenu au lit, que par d'autres accidents qui ont exigé quelques dépenses. — Lui adresse des protestations d'éternelle reconnaissance pour les faveurs qu'il a reçues de lui et de son frère, M. de Saint-Sauveur. — *Fontenay,* 13 août 1647.

BIBLIOTHÈQUES

D'OÙ LES LETTRES DE BESLY ONT ÉTÉ EXTRAITES

(A. Autographe. — S. Signé. — C. Copie. — E. Extrait.)

BIBLIOTHÈQUE NATIONALE.

1. — Fonds Dupuy.

Vol. 1er. — CLVI. C.

Vol. 34. — L. A. S.

Vol. 37. — CV. A. S.

Vol. 153. — XLIX. E. — LIII. A. S.

Vol. 490. — III. A. S. — V. A. S. — VII. A. S. — VIII. A. S. — XX. A. S. — XXV. A. S. — XL. A. S. — XLIV. A. S. — LXXXII. A. S. — LXXXV. A. S. — XCII. A. S. — CIV. A. S. — CX. A. S. — CXI. A. S. — CXIII. A. S. — CXIV. A. S. — CXV. A. S. — CXVIII. A. S. — CXLV. A. S. — CL. A. S.

Vol. 688. — CLXVIII. A. S. — CLXX. A. S. — CLXXIII. A. S. — CLXXIV. A. S. — CLXXVI. A. S.

Vol. 803. — XIV. A. S. — XV. A. S. — XXVI. A. S. — XXXIII. A. S. — XXXIV. A. S. — XXXVI. A. S. — XXXVII. A. S. — XXXVIII. A. S. — XLVII. A. S. — LII. A. S. — LIV. A. S. — LVII. A. S. — LVIII. A. S. — LIX. A. S. — LX. A. S. — LXI. A. S. — LXIII. A. S. — LXV. A. S. — LXVI. A. S. — LXVII. A. S. — LXVIII. A. S. — LXX. A. S. — LXXI. A. S. — LXXII. A. S. — LXXIV. A. S. — LXXV. A. S. — LXXVI. A. S. — LXXVII. A. S. — LXXVIII. A. S. — LXXIX. A. S. — LXXX. A. S. — LXXXVI. A. S. — LXXXVIII. A. S. — LXXXIX. A. S. — XC. A. S. — XCI. A. S. — XCII. A. S. — XCIII. A. S. — XCV. A. S. — XCVIII. A. S. —

xcix. A. S. — ci. A. S. — cii A. S. — cvi. A. S. — cvii. A. S. — cviii. A. S. — cix. A. S. — cxii. A. S. — cxvi. A S. — cxvii A. S. — cxix. A. S. — cxx. A. S. — cxxi. A. S. — cxxii. A. S. — cxxiii. A. S. — cxxiv. A. S. — cxxv. A. S. — cxxvi. A. S. — cxxvii. A. S. — cxxviii. A. S. — cxxxi. A. S. — cxxxv. A. S. — cxli. A. S. — cxliii. A. S. — cxlviii. A. S. — clviii. A. S. — clx. A. S. — (182) de J. II Besly.

2. — Fonds Duchesne.

Vol. 8. — clxiv. A. S. — clxv. fragm. A. — clxvi. fragm. A. — clxvii. A. S. — clxix. A. S.

Vol. 35. — xii. A. S. — xiii. A. S.

Vol. 46. — cliii. A. S.

Vol. 50. — xxviii. A. — xxx. A. S. — xlvi. A. S.

Vol. 52. — lxii. A. S. — cliv. A. S. — clxi. fragm. A.

Vol. 57. — clxxv. A.

Vol. 68. — xli. A. S. — xliii. A. S. — xlv. A. S. — ciii. A. S.

Vol. 107. — clxxviii. A. S.

3. — Fonds Bouhier.

Vol. 163⁵. — vi. C. — ix. E. — x. A. S. — xi. A. S. — xvi. C. — xvii. E. — xviii. C. — xxi. C. — xxiii. A. S. — xxiv. E. — xxvii. E. — xxxi. A. S. — xxxiii. E. — xxxv. E. — xxxix. E. — xlviii. E. — li. E. — lv. E. — lvi. E. — lxiv. E. — lxix. C. — lxxiii. C. — lxxxi. E. — c et c bis. E. — cxxxvi A. S. — cxxxviii. A. S. — cxl. E. — cxlii. E. — cxliv. C. — cxlvi. C. — cxlvii. E. — cxlix. E. — cli. E. — clii. E. — clv. E. — clvii. C. — clix. E. — clxiii. E. — clxxi. E. — clxxii. E. — clxxvii. E.

4. — Fonds Français. N° 2812.

Fol. 193-194 : — cxxix. A. S. — fol 195 : — cxxx. A. S. — fol. 196 : — cxxxii. A. S. — fol. 197 : — cxxxiii. A. S. — fol. 198 : — cxxxiv. A. S. — fol. 199 : — cxxxvii A. S. — fol. 200 : — cxxxix. A. S. — fol. 202 : — clxii. A. S.

BIBLIOTHÈQUE DE L'INSTITUT.

Fonds Godefroy.

Portefeuille 267. — LXXXIII. A. S.
Portefeuille 269. — LXXXIV. A. S.

BIBLIOTHÈQUE DE POITIERS.

I. A. S. — II. A. S. — IV. A. S. — XIX. A. S — XXII. A. S. — XLII.
A. S. — CLXXIX. A S. — CLXXX. A. S. — CLXXXI. A. S.

BIBLIOTHÈQUE DE CARPENTRAS.

Manuscrits de Peiresc.

Reg. XII (f° 38) : — XCIV. A. — (f° 36) : — XCVI. C. — (f° 40) : —
XCVII. C.

CABINET BENJ. FILLON.

XXIX. A. S.

ADDITIONS ET CORRECTIONS DE L'ÉDITEUR

P. 54. l. 27. — *Généalogie des comtes de Poictou en table.* —
Note : ce tableau généalogique est imprimé dans les préliminaires de l'Histoire des comtes de Poitou : 1647.

P. 59. l. 10. — *Le vray et naturel testament de sainte Radégonde,
bien différend de celuy qui est en Grégoire de Tours :*
Note : *Lettre écrite aux évêques par sainte Radégonde , peu
de temps avant sa mort*, et qu'on regarde comme son testament. Elle diffère beaucoup de celle qu'on lit dans Grégoire de Tours, et elle a été imprimée en 1621, à Poitiers,
à la suite de la *Vie de sainte Radégonde, jadis reine de
France, et fondatrice du Monastère de Sainte-Croix.* Cette
Vie fut rédigée par un anonyme, avec les observations, les
notes et autres documents fournis par Jean Besly, Franç.
Meynard, professeur de Droit à Poitiers, et Charles Pidoux,
lieutenant général de la Sénéchaussée de Civray, qui se
chargea d'éditer l'ouvrage.

P. 113. — Note (6) — à supprimer complètement. (*Voy* la note
au bas de la pag. 370.)

L. XLIX. — Besly n'avait point envoyé cette lettre questionnaire
au P. Sirmond. Il l'adressa à P. Dupuy, le 10 janv. 1621, avec
prière de la lire et de la corriger, puis de la lui renvoyer, ou, si
le P. Sirmond était revenu de Bretagne, de la lui faire remettre
par Cramoisy. (*Voy.* p. 125, ll. 28 et suiv.)

P. 131. — Note (1). — *Vers le mois d'août* 1620. — lisez : au mois
d'avril 1621. « Vidi et percurri (Chronicon Casauriense) Lute-
tiâ Parisiorum, mense Aprili anno chr. M.DC.XXI. »

P. 240. — Note : l. 4. — *écrivait quelque temps après.* — lisez :
écrivait en 1637.

P. 244. — l. 16. — *l'an* 1607. — lis. : l'an 1617.

ERRATA

p. xv. l. 35. — *Godrefoy.* — lis. Godefroy.

p. 4. l. 6. — p. 13. l. 3. — p. 16. l. 3. — *hautefeuille.* — lis. hautefueille.

p. 5. l. 24. — *mlj.* — lis. mvj.

p. 14. l. 11. — *à.* — lis. â.

p. 18. l. 6. — *fumolite.* — lis. fumo lite.

p. 56. ll. 14 et 15. — *St Orges.* — lis. St-Orges (formant un seul mot).

p. 60. l. 20. — *fn.* — lis. en.

p. 115. l. 8. — *Ville là In.* — lis. Ville là. In...

p. 126. l. 26. — *pateenrl.* — lis. paternel.

p. 147. l. 8. — *Comté.* — lis. Comte.

p. 171. l. 7. — *priote.* — lis. triote.

p. 216. l. 12. — *Saoulé encore, qu'il m'ayt.* — lis. Saoulé, encore qu'il m'ayt.

p. 242. l. 28. — *Monsieur, du Pallais.* — lis. Monsieur du Pallais.

p. 146. Note : l. 3. — Après *partem.* — Supp. le point.

p. 271. l. 4. — *Mai.* — lis. Mais.

p. 272. l. 19. — *q'uil.* — lis. qu'il.

LETTRES

DE

JEAN BESLY

━━━━◦━◄►━◦━━━━

I. — A MONSIEUR MONSIEUR DE Ste MARTHE-GRELAY[1], ADVOCAT
EN PARLEMENT, PRÈS LE LOGIS DE M^r LE PRÉSIDENT DE
THOU, A PARIS.

Monsieur, estant à Poitiers, je n'ay rien peu remarquer
durant mon séjour de quatre ou cinq jours, qui soit digne
de vostre honeste curiosité, et qui fasse à propos de vostre
beau et généreux dessein ; si ce n'est d'avanture pour la suyte
de Thouars, et pour ayder à raccommoder nostre généalogie
commune.

Au chartulaire de St Hilaire-le-Grand se trouve *donatio
Aimerici vic. Thoarc. Act. Pictavi ann. dñ* 1221, *mens. jull.;
fol.* 65. — *Item, de libertate concessâ hominib. b. hilarii à
Guidone vic. Thoarc. mens. Mart. an. dñ.* 1240; *eod. fol.* —
*Item, compositio facta inter Aimericum vic. Thoarc. et capi-
tulum b. hilarii mens. septemb.* 1250; *fol.* 66.

Parce que mes mémoires sont encores à Paris, je n'ay peu
adapter cela à son endroict, afin de vous relever de peine.
Si la longue absence de ma famille ne m'eust convié à la

─────────────────

1. Louis de Sainte-Marthe, s^{gr} de Grélay.

reveoir, je m'asseure que j'eusse rencontré infinies belles choses ailleurs qu'en ceste église-là. Mais ce sera pour un autre voyage, Dieu aydant. — J'ay trouvé plusieurs belles chartres pour nos comtes, desquelles nostre bon home Annaliste [1] ne s'est pas servi. Je me propose de vous les fere voir après ceste Sᶠ Martin, où je suis obligé de retourner à Paris. Tandis s'il se présente quelque chose à vostre usage, je ne faudray de vous en faire part, comme je suys fort asseuré que me ferez l'honneur de trier ce qui fera pour mon subjet.

Je suys en inquiétude de scavoir si monsᶠ vostre frère [2] est de retour de son voyage d'Auvergne, et quelle est sa disposition ; car je crains qu'un si fascheux chemin l'ayt intéressée, ce que Dieu ne vueille, lequel vous conserve tous deux et vos familles en ses grâces, et ès vostres,

Vostre obéissant et fidelle serviteur,

Besly.

Monsieur,

J'oseray aveq vostre permission baiser les mains de Monsᶠ de Sᵗᵉ Marthe vostre aisné [3], duquel je suys humble serviteur.

A Fontenay, ce 5 octob. 1612.

II. — A MONSIEUR MONSIEUR DE Sᵗᵉ MARTHE [4], Sᶠ D'ESTREPIÉ, ADVOCAT EN PARLEMENT, AU LOGIS DE Mᶠ DES MOULINS, RUE DE PRÈS LES CORDELIERS ; A PARIS.

Monsieur, j'ay receu un merveilleux contentement d'avoir appris par les vostres et vostre bonne disposition et icelle de

---

1. Jean Bouchet. *Annales d'Aquitaine.*
2. Scévole de Sainte-Marthe, sᵍʳ d'Estrepied.
3. Abel de Sainte-Marthe.
4. Scévole III de Sainte-Marthe.

Mr de Grelay : de quoy je loüe Dieu. — J'ay receu tout
ensemble le pacquet de M^r le Président Savaron et la missive
de Mr Bignon y enclose. — Vous m'avez tous par trop
obligé, d'avoir heu mémoire d'un pauvre vilageois du fin
fond du Bas Poictou, le plus disgracié des Muses qui se
puisse voir ; et qui ne valoit pas ceste peine. Je leur fais
response, laquelle j'eusse mieux aimé pouvoir faire de
bouche ; ce que j'eusse fait sans le destin des affaires : et
qu'aussi le procez de noblesse qui me convioit de plus près
à ce voyage, a esté terminé à l'amyable. Néantmoins j'auray
l'honneur de vous veoir dans quelques mois, et prendray à
singulière faveur la lecture de vostre très-exacte et curieuse
histoire généalogique, afin d'y apprendre pour en valoir
mieux en toutes sortes. Et certes Mr Savaron, aveq juste
raison, en presse la publication, et en cella me semble qu'il
n'ha moins égard en la gloire qui vous en réussira, qu'à
l'utilité et contentement de tout le monde. Quant à ce méchant ramas que j'avois commencé à brouiller, j'en ay honte.
La matière est difficile à trouver pour la mettre en œuvre ;
et l'artisan fort mal propre pour en venir dignement à chef.
Toutefois je reçoy tous les jours nouveaux advis qui pourront servir, sinon pour un bâtiment à la dorique, ce pourra
estre au moins à la rustique. — Je vous eusse envoyé une
coppie de l'Alfonsine et un extrait de l'ordre de la couronne
d'Espine, autrement, de la Passion de nostre seigneur, n'eust
esté qu'il me faut intenter l'action précaire contre aucuns de
mes amys, de qui je mettray peine de les retirer, afin de satisfaire à vostre désir, comme en toute autre occasion je m'effor-
ceray tousjours de témoigner que je suys de tout mon cœur,

Monsieur,

Votre très-humble et très-obéissant serviteur,

BESLY.

Fontenay, ce   novemb. 1643.

Monsieur, je vous supplie qu'aveq mes humbles baisemains que je vous présente, Messieurs vos frères, aussi de Champdoyseau [1], Cornilleau et Bergeron [2], sachent que je suys leur très-affectionné serviteur.

III. — A MONSIEUR DUPUY [3], ADVOCAT EN PARLEMENT, A PARIS, RUE DES DEUX PORTES, QUI PASSE DE LA RUE SAINT-JACQUES EN CELLE DE HAUTEFEUILLE.

Monsieur, je serois trop desfavorizé des Muses si j'avois oublié l'honneur de vostre cognoissance, agreable frequentation et des courtoisies qu'avez exercées envers moy. Ce qui m'a retardé de vous en rendre ce témoignage plutost que je ne fays, ç'a été le dessein que j'avois de retourner de delà, lequel a esté interrompu et repris plusieurs fois, et craignant qu'il m'en arrive de semblable cy apres, je me suys licentié de vous escrire ce mot pour me servir de descharge.

Je me suys souvenu que desiriés voir la charte de Loys le jeune pour l'Archevesque de Bourdeaux : je vous en envoye une copie, prise sur un vidimus en forme ; lequel neantmoins j'estime porter quelque marque de négligence. Car l'evesque de Saintes défaut en l'adresse, lequel est notoirement de toute ancienneté depuys Auguste Cæsar, de la seconde Guyenne. Entre autres choses remarquables vous y verrez la raison qu'on assigne vulgairement du surnom de jeune à Loys VII estre sans fondement, quand ils disent que ce fut un tour de jeunesse d'avoir répudié Alienor, rendu un si riche dot, et soufert qu'elle se remariast ; mais ce qui me la fait priser davantage, c'est qu'on en descouure l'imposture de celuy qui a feint la légende de S. Guillaume [4] comte

---

1. François de Sainte Marthe, seigneur de Chamdoiseau, conseiller du roi en ses Conseils. M. le 6 janv. 1641.

2. Bergeron (Pierre), chanoine. M. en 1637.

3. Pierre Dupuy.

4. Guillaume VIII, comte de Poitou, que la légende a chargé des méfaits de son prédécesseur, est honoré comme saint dans le diocèse de Poitiers.

de Poictou; fable qui a esté depuys naguaires renouvellée et enrichie par Calvacantini [1] florentin, à qui on a fait passer les Alpes pour en venir conter en France, soubz l'authorité de M^r le Marquis d'Ancre, à qui il a esté présanté. J'avois bien assez de croyance à l'abbé Suger, autheur du tems, et plusieurs de siècle en siècle : mais j'en ay plus au gendre qu'à eux touts et à la parole d'un Roy, en un acte si célèbre, passé non trop loing du lieu du decez d'un si grand seigneur, auquel on suppose des incestes et autres actes abominables, dont il ne fut jamais taché.

Vous excuserez facilement ma cholère la dessus : car je scay que vous n'aymez pas le mensonge et les faussetez; et que ce n'est pas une bonne manière de magnifier et loüer Dieu, qui est la mesme verité. S'il se presente quelque chose de meilleur je ne faudray de vous en faire part en reuanche des raritez exquises que j'ay descouuertes es liures que m'auez liberalement prestés tandis que j'estois à Paris, dont je vous remercie, et en demeure, et pour autres meilleures causes,

Monsieur,

Vostre très humble et obligé serviteur

BESLY,

Qui vous baise affectueusement les mains et de M. Rigaut.

Paris, ce xxiiij^e feurier mlj^c xiiij.

(Les *v* et les *u* sont indifféremment employés.)

IV. — A MESSIEURS MESSIEURS DE Ste MARTHE, SIEURS D'ESTREPIED ET DE GRELAY, ADVOCATS EN PARLEMENT, A PARIS.

Messieurs, j'ay jetté l'œil sur vostre mémoire, plutost pour vous complaire que pour nécessité, comme vous jugerez

---

1. Calvacantini. *Lisez :* Cavalcanti.

prenant la peine de le revoir, et aussi que je cognois assez ma foiblesse, laquelle ne doibt pas abuser de vostre courtoisie et facilité. Au parsus, je me resjouys qu'ayez enfin arresté aveq le s^r Pacard [1] que ce prochain premier jour de Mars soit le commencement de vostre gesine et d'un part qui durera jusques à la consommation du siècle. — Quant au dessein de vostre Loudounois, vous me pardonnerez, s'il vous plaist, si j'ose icy me plaindre de tant d'attestations insérées dans les vostres. Car la simple parole de mes amys vaut envers moy tout autant que les plus mystérieux sermens du monde ; jusque là que pour un besoin, je voudrois doubler tous les propos que nous en avons heus. Tant y ha que rien ne vous a engagé ; soit que la chose se recouvre, ou qu'elle soit perdue, dont toutefois je serois fort marry, cella n'empeschera pas que je ne demeure tout vostre, tant pour le subjet dont m'avez escrit, qu'en toutes autres occasions, vous suppliant me croire,

Messieurs,

Vostre plus humble et obéissant serviteur

BESLY.

De Fontenay, ce x févr. 1615.

Faisant chemin à mon retour..... beaucoup de belles choses pour mes..... parmi les chartres de St Maixent.

(Collés à cette lettre sur un feuillet séparé, sont les vers suivants, écrits de la main de Besly.)

Annus erat domini nonus cum mille ducentis
Mensis nona dies quem septimus indicat imber,
Quando Blancha parens iterato nomine matris;
Optato partu Francis dominum dat et Anglis,
Quem facit insignem Philippi nomine Regis,
Vt successor avi teneat cum nomine mores.

1. Abraham Pacard, libraire à Paris.

Louis VIII, Blanche de Castille sa femme, Philippe leur second [1] fils ; viiii de septembre MCCVIIII.

V. — A MONSIEUR DUPUY, ADVOCAT EN PARLEMENT, A PARIS, RUE DES DEUX PORTES, QUI PASSE DE LA RUE SAINT-JACQUES EN CELLE DE HAUTEFUEILLE.

Monsieur, la vostre du iiii de ce mois m'a surpris comme un homme qui sort d'un profond sommeil, lequel doute s'il est esveillé, ou s'il dort encores ; et si ce qu'il voi, est songe, ou verité. Je me suys veu icy en danger de deux sieges contraires, mes petites commoditez, et, qui est plus, ma famille et mon honneur exposez à la discretion de fortune, qui possible n'eust point eu esgard à la pureté et syncerité de ma conscience et de mes intentions. C'estoit assez pour esbranler la constance de plusieurs qui s'estiment plus resolus que moy, qui n'ay autre expérience de semblable adversité, sinon ce que j'en ay appris parmi les livres de philosophie, bien faciles à composer, malaisez à practiquer. Comme je me cuidoi perdu aveq mes compatriotes, Dieu tout bon et tout puissant a voulu exercer envers nous un trait de sa souveraine bonté, et nous a envoyé la trefve et la conference de Loudun. Cella nous a fait respirer, donné loysir de nous recognoistre et de concevoir quelque esperance que les troubles pourront aboutir à une bonne paix. Je me suys aperceu que Messieurs les Princes y sont disposez d'une affection très ardente, tellement que toutes choses à leur opinion pourront aysement se composer et accommoder, pourveu qu'on leur accorde des conditions assez equitables et moderées. Une seule chose est à craindre, que la contagion que le désordre des deux armées a engendré, ne traverse la con-

---

1. Erreur. — Philippe, né le 9 septembre 1209, et mort en 1218, était le fils aîné de Louis VIII et de Blanche de Castille.

clusion du traité et empesche la perfection d'un si excellent
ouvrage. Des le commencement un grand obstacle s'estoit
presenté, lequel a failli à rompre. C'est que Messieurs de
Brissac [1], de Villeroy [2], de Vic [3] et de Pontchartrain [4] qui
font pour Sa Majesté, avoient refusé de comprendre Monsieur de Vendosme [5] au traité. Puys on le somma de poser
les armes, et d'aller trouver le Roy. Sa repartie fut, qu'il ne
pouvoit responde sans avoir communiqué ou donné et eu
advis de Monsieur le Prince [6], qui a tellement insisté qu'il
estoit joint et uni aveq luy et consequemment compris sous
les articles accordez, qu'enfin il a emporté ce qu'il a désiré.
Et de fait, les articles de la continuation de la trefve durant
xv jours du mois prochain, portent par exprès que mondit
sieur de Vendosme aura toute seurté pour venir à Loudun.
En autre endroit il est dit qu'il fera retirer ses gens, mesmement hors la Bretagne, afin de se loger dans le Maine, le
Perche, Vendosmois et Normandie, attendant la conclusion
de l'abouchement. Tout cella, de l'advis de Madame la Comtesse de Soissons [7] et de Monsieur le Duc de Nevers [8]. Je ne
vous envoye point ces articles, parce que ce n'est chose qui
en vaille la peine. Loudun est seulement à xx lieves de cette
ville, et en avons souvent nouvelles, dont je vous feray part
lorsqu'elles en seront dignes. Tandis je vous envoye la
lettre de M. le Duc de Suylli escrite au Roy, et imprimée icy.
Si fractus illabatur orbis impavidum ferient ruinæ.
Au parsus de ce que m'escrivez : je ne loüe pas seulement
vostre dessein ; mais aussi je vous conjure de le communi-

---

1. Charles Cossé de Brissac, Maréchal de France.
2. Nicolas de Neuville, s[r] de Villeroy, secrétaire d'Etat.
3. Mery de Vic d'Ermenonville, garde des sceaux en 1622.
4. Paul Phelypeaux de Pontchartrain, secrétaire d'Etat.
5. César, duc de Vendôme.
6. De Condé.
7. Anne de Montafié, comtesse de Soissons.
8. Charles de Gonzague, duc de Nevers.

quer au publiq, afin que vous et luy en recueilliez, l'un de
l'instruction et du conseil, l'autre de l'honneur et du fruit,
au moins si l'on en peut esperer d'un siecle si deplorable. Je
ne manqueray à vous faire tenir tout ce que je rencontreray
de rare et d'antique à ce propos, et n'estoit besoin que pris-
siez la peine de m'en semondre. Ma résolution estoit là, qui
ne peut estre sinon bien peu de chose en comparaison de ce
que je vous doi, vous qui m'avez gratifié en mille et mille
sortes.

Quant à mon histoire, jugez si parmi la foule de tant de
misères et d'inquiétudes où nous sommes plongés de deçà,
il y ha lieu d'y penser, mesmes en songe. S'il y ha dù relasche,
j'ay promesse de plusieurs pièces dont j'espère tirer beaucoup
de lumière et d'éclaircissement. Peu à peu je mets mes
preuves au net, et me propose d'en venir à bout dans peu
d'heure, comme j'ay fait voir à Mr Marescot [1], M^e des Req^{tes},
qui m'a fait l'honneur de me visiter plusieurs fois céans.

Je luy ay aussi fait voir une chose inouye à ce siècle, et
neantmoins très veritable, que Hugues Capet estoit issu de la
race de Charlemagne, scelon le propre témoignage de Charles
le Chauve, Louys le Bègue, Jehan VIII P.P., Berengier I et
plusieurs autres preuves du temps et infaillibles : et par
mesme moyen justifié que ce Berangier I estoit petit filz de
Charlemagne de par sa mère; et l'origine au vray des Roys
de la Haute Bourgoigne et de Hugues R. d'Italie. Comme
aussi que ce Ferry Duc de Lorraine Mosellanique, qui epousa
Beatrix sœur de Capet, et Godefroy d'Ardenne dont les enfans et successeurs jouïrent de Lothier ou basse Lorraine
sur les filles de Charles frère de Lothaire R. de France,
estoient frères.

A ce propos, pleust à Dieu qu'il me fust possible de voir
dans Vrbanus Reverseus [2] *de Episc. senon.*, en la vie d'Anse-

---

1. Guillaume Marescot, maître des requêtes. M. en 1643.
2. Urbanus Reverseus (Urbain Reversey). *De episcopis senonensibus. Ms.*

gisus sous l'an DCCCLXXX, et le suyvant : pour en extraire ce qu'il a dit d'un Welpho, Conrad comte de Paris son frère et de Hugues l'abbé. Cet auteur Ms. est dans la bibliothèque de Monsieur le President de Thou, Num. 747. Je n'ose vous prier de ceste importunité : et mesmes j'ay peur de vous incommoder trop par une si longue et si mauuaise lettre. Vous l'excuserez s'il vous plaist, sur le contentement que j'ay tousjours senti en vostre doue et agréable frequentation, dont cecy m'est un image, que j'espere bien tost changer en verité quand Dieu nous aura donné la paix. Tandis, je demeuray de cœur et d'affection,

Monsieur,

Vostre très humble, très affectionné
et obéissant serviteur
BESLY, A^{at} du Roy à

Fontenay, ce XXV feurier MDCXVI.

Aveq v^{re} permission, j'oseray baiser les mains de Messieurs vos frères, Mr Rigaud, et Mr Chrestien duquel j'ay heu ceans pour hoste III sepmaines un sien proche allié fort honneste homme nommé M^r des Planches Gobelin ; ce qu'il m'a déclaré à son départ : en quoy il a perdu de ne l'auoir fait plutost : parce que cette alliance m'eust obligé à dauantages de courtoisies envers luy et sa compagnie dont ma maison estoit pleine.

VI. — A MONSIEUR DUCHESNE.

Monsieur, je suys incertain si ou non avez receu la copie du projet de l'histoire des comtes d'Anjou par feu Mr Balduin [1]; sur le doute, je vous envoye par cette voie seure, l'original que j'avois sans en avoir retenu copie, ayant pensé qu'il n'en estoit besoin, veu le dessein qui vous porte ; tou-

---

1. François Baudouin , M. en 1572. — *Sommaire de l'histoire d'Anjou. Ms.*

tefois si par occasion de l'injure du temps, ou pour tout autre sujet, vous veniez à changer de volonté, je vous supplieray me vouloir faire tenir ou mon original ou une autre copie. Ces jours derniers, je cuidois avoir trouvé un sujet à propos à vous gratifier, l'imprimeur de cette ville m'ayant donné à entendre qu'il me feroit veoir l'histoire des comtes d'Auxerre Ms, laquelle je vous vouay incontinent. De vérite, il m'apporta un livret de ce titre, lequel je devoray impatiemment et trouvay tout autre chose que je ne m'estois promis. L'œuvre est imparfait et indigne de la lumière du jour. Aussi part il de la plume d'un procureur d'Auxerre qui est quasi tout legendaire et encores de mauvaise grace. Si toutefois vous le desirez veoir tel qu'il est, je le feray copier pour en passer v^{re} fantaisie. En tout ce que je pourray, je favoriseray vostre entreprise et juge que chacun en doit faire ainsi, et ceux qui peuvent faire plus doivent faire plus, afin que si beau et utile labeur ne demeure ingrat envers son autheur. Voyez au moins à le vouer plus utilement qu'au passé et oubliez cette simple philosophie qui ensorcèle la pluspart des meilleurs esprits à demeurer attachez au fond d'une estude sans se soucier de s'avancer parmi le monde qui demande plus d'impudence que de honneste honte. Il est nécessaire d'estre moderement importun et ne perdre pas courage pour le premier rebut; si vous faites autrement et que vous continuez à vous tuer le corps et l'esprit, je crains qu'il vous en revienne plus d'honneur que de profits et que cependant les vostres en patissent. Je vous prie excuser ma liberté et me tenez pour un homme franc principalement envers ceux que j'estime sympathiser à mon humeur. J'ay de l'impatience de scavoir comment vous vous êtes comporté aveq ce vertueux et excellent personnage qui nous reste du siecle d'or, Mr Loisel [1], et s'il vous a donné son histoire de

---

1. Antoine Loisel, mort en 1617, à l'âge de 81 ans. *Mémoires sur Beauvais et le Beauvoisis.*

Beauvais comme il me l'avoit promis et vous en avoit fait concevoir l'esperance. Si vous le voyez, faites le resouvenir de la parole qu'il m'a donnée pour vous et qu'autrement je l'accuseray d'estre ingrat envers sa patrie et sa propre reputation. Au cas que renouvelliez Corlieu [1], je vous envoyeray une Genealogie de la maison d'Angoulesme bien justifiée, quoy que fort diverse de celle qu'il a publiée : et vous en promets autant si faites l'extrait de l'ancienne Chronique d'Anjou [2] ou que mettiez Hiretius [3]. Esclaircissez moy aussi de vostre dessein des autheurs de la langue françoise, et m'envoyez un indice de ceux que vous avez, afin que je vous fasse tenir ce que j'auray de plus. Je m'oubliois de vous dire que Choppin allegue un historien de Foix en latin autre que celuy qu'avez : et qu'aussi j'ay perdu une journée à relire d'Elbene [4] *de regno Arelatis* où j'ai trouvé tant d'inepties qu'il n'y a quasi rien de vray la dedans, quand une fois Vignier lui manque, n'estimant pas qu'en deviez faire estat ; les comtes de Tolose ne valent guaires mieux ; mais le livre estant petit ce n'est qu'un petit mal ; usez de ce qui dependra de moy et me tenez pour estre comme je suis veritablement et sans feinte,

> Monsieur,
>
> Votre très humble, etc.
>
> BESLY.

A Fontenay, ce 2 mars 1616.

---

1. François de Corlieu. *Histoire du Comté d'Angoulême.*
2. *Histoire aggrégative des Annales et chroniques d'Anjou*, par Jean de Bourdigné. 1529.
3. Jean Hiret. *Les antiquités d'Anjou.* 1609.
4. Alphonse d'Elbène, évêque d'Alby. M. en 1608.

VII. — A MONSIEUR DUPUY, ADVOCAT EN PARLEMENT, A PARIS, RUE DES DEUX-PORTES, QUI PASSE DE LA RUE SAINT-JACQUES EN CELLE DE HAUTEFEUILLE.

Monsieur, la vostre du xviii de mars m'a donné un singulier contentement : j'y veoy toutes choses bien disposées ; vous, graces à Dieu, en une pleine santé, et le publiq au déclin de ses misères, à mesure que la paix s'avance, et prend son accroissement. Dieu aura pityé de nous, et verra-t-on à ce coup que le mot commun, *sunt plures mali*, n'est pas tousjours veritable, quoy que plusieurs veuillent discourir et crier au contraire. Miserables, qui ne scavent pas combien vaut le chou ! Ces allarmes nous ont tenus en transe entre l'esperance et la peur : icy, nous ne sommes plus en doute, nous croyons tout à fait la reunion et la concorde publique. Mais vous serviriez mieux d'oracle là dessus que non pas moy, car vous avez de meilleurs amys ; encores que de jour à autre des personnes de Loudun et de Tours vont et viennent icy, lesquels ne nous en font plus de scrupule : je n'envie pas vostre bonheur en cella, pourveu qu'il soit autant vray que desiré de vous, et de vos semblables : c'est à dire des gens vertueux, des gens de bien et craignant Dieu. Il nous est venu je ne scay quel bruict *d'un arrest de Tolose contre la declaration et profession de foy de Mr de Candale* [1], *et d'un jugement de la Rochelle contre cest arrest là ;* je ne suys pas bien esclarci de la verité et ne puys vous en dire autre chose. La paix est un signalé chef-d'œuvre, il ne peut estre approuvé de tous, sans dispute et contrast. N'importe pourveu qu'il soit, les contrarietez et empeschements serviront à sa

---

1. Mr de Candale s'était fait protestant, par amour pour Madame de Rohan ; mais il retourna bientôt à la religion catholique. « Elle m'a mis mal , disait-il, avec le Roi, avec mon père (le duc d'Epernon), et avec Dieu. »

gloire, et pour nous le faire gouster comme un souverain present venu du ciel, et pour faire à l'avenir que ne consentions pas sitost à sa perte et à sa ruine [1]. Incontinent que nous en serons là, mes vœus m'emportent vers vostre ville, pres de vous à qui je dois sans compte, et aupres de mes autres amys : c'est à dire au lieu où je peux apprendre tous les jours de quoy devenir meilleur et plus sçavant : vous en particulier supplées à mon absence et m'aydez comme si j'estois present.

Je vous remercie du passage de Reversey ; une chronique Ms. de Sens qui finist l'an 1429 à cecy davantage : *cui successit Hugo consobrinus ejus, qui monarchiam clericatus in palatio obtinens, Ducatum etiam regni post regem nobiliter administravit.* Tellement que vous voyez que c'est Hugues l'abbé, frère de Robert le Fort, tyge du Roy regnant, lequel aussi Jehan VIII PP. en une Epistre dit estre issu du sang royal. Conrad dont parle Reversey estoit comte de Paris, mourant Eudes filz de Robert le Fort lui succeda. C'est Eudes et Rodolphe I Roy de la Bourgongne transjurane estoient issus remués de germain. Voyla pourquoy iceluy Rodolphe est dit *Nepos* de Hugues l'abbé dans Reginon [2] ; ce que Mr Fauchet et Vignier n'ont peu expliquer. Conrad estoit filz d'un autre Conrad frere de Rodolphe, tous deux freres de Judie seconde femme de Louys debonnaire, témoin sa vie de Nitard [3]. Elle estoit fille de Welphe I Duc de Baviere dans Tegan [4]. Ainsi Conrad II et Welphe II son frère ne pouvoient estre du sang

---

1. Le traité de paix fut signé à Loudun, le 6 mai, et enregistré au Parlement, le 13 juin.

2. Reginon, abbé de Prum. M. en 915. — *Chronique*, qui finit en 907; continuée jusqu'en 977 et impr. en 1521.

3. Nittardi, Angilberti filii, Caroli Magni ex Berthâ filiâ nepotis, abbatis S. Richerii, *de dissentionibus filiorum Ludovici pii, ab. an.* 807 *ad an.* 843, *libri IV* (Impr. dans le Recueil de Pithou : *Douze historiens contemporains*).

4. Thégan, évêque de Trèves (IXe s.). — *Histoire de Louis le Débonnaire.*

royal que par une fille de France. C'est à dire que Conrad I et le debonnaire estoient doublement beaufrères, *utrimque sororii.* Tant y a que puys que Huges l'abbé estoit de la lignée Royale, et consequemment aussi son frère et le Roy regnant qui en est issu en ligne masculine.

J'ay aussi tiltre de Beranger I Roy d'Italie, qui atteste que luy et Robert filz de Robert le Fort et N. de Hugues l'abbé estoient au quart degré de Charlemagne. Car il appelle Charlem. *Proavum suum*, et de fait Beranger avoit pour mère Berte F. du debonnaire et sœur de Charles le Chauve, ce qui a esté ignoré jusques icy ; mesmes son père estoit naturel François, afin que les Italiens ne s'attribuent cest honneur.

Quant au père de Hugues l'abbé je vous en entretiendray tout à loysir. Cecy sera pour recognoissance de ce que je vous doi.

M͏ʳ du Chesne m'a envoyé Abailard͏·¹. Je voy qu'il a sujet de mescontentement pour la direction : *hos ego versiculos.*

Je suys ravi comme M͏ʳ Rigaut ² en la preface de son Juvenal aura trouvé à dire sur la satyre après M͏ʳ Casaubon ³. Je vous rends graces de me gratifier d'un exemplaire.

Je dois avoir dans peu de jours mes medailles : *Philippus* que je vous ay voüé est mis à part à cause du rapport qu'il a avec vous. Ce sera pour le premier voyage. Tandis je vous conjure de me vouloir continuer l'honneur de vostre bienveuillance et m'avouer à perpetuité,

> Monsieur,
>
> Votre très humble et très obeissant
> serviteur,
>
> Besly.

Fontenay, ce ııı avril m dcxvi.

---

1. André Duchesne. *OEuvres* d'Abélard. 1616.
2. Nicolas Rigault. *Diatriba de Satyra Juvenali.*
3. Isaac Casaubon. *Traité de la Satire chez les Grecs et les Romains.* 1605.

VIII. — A MONSIEUR DUPUY, ADVOCAT EN PARLEMENT, A PARIS,
RUE DES DEUX-PORTES, QUI PASSE DE LA RUE SAINT-
JACQUES EN CELLE DE HAUTEFEUILLE.

Monsieur, mon absence de ceste ville lors du voyage de
nostre precedent messager, m'empescha de faire response
aux vostres du XII du mois passé. Vous n'y avez rien perdu,
excepté l'ocasion de perdre du tems à lire un froid discours
digne d'un bas Poictevin, qui neantmoins n'est pas rustique
et barbare jusques là, qu'il ne sente bien que l'honneur que
luy faites de luy escrire, l'oblige de mettre à son tour la
main à la plume, quand ce ne seroit que pour vous remercier de l'*Arrest de Rouen*, qui me semble un grain de pur or
en un siecle de fer.

En revanche, *accipe regale numisma, Philippum* : c'est le
petit denier dont nous avons cy devant parlé, duquel je n'ay
faict autre estat, sinon qu'il m'a semblé avoir je ne scay
quoy de vostre air : mais pour supplement de son peu de valeur, je l'ay accompagné d'une fort gentille et bien ela-
bourée medaille de Neron de cuivre franc, laquelle a le
revers frappé de l'institution de son *Certamen quinquennale*,
dont Suetone faict mention. Levinus Torrentius [1] l'a repré-
présenté ; si prenez la peine de les conférer, vous jugerez la
negligence de son sculpteur, et si le jour en peut guaires
veoir de plus belle.

Vous m'avez ravi du XXXIIII de T. Live et de ce que ne
craignez les fourbes d'Italie, parce que le siècle de present
n'est pas assez habile trompeur. Que diriez vous si on en
avoit faict comme autrefois des reliques. Il est aisé de couver
pour puys apres faire esclorre en son tems. La veuë en des-

1. Lœvinus Torrentius, évêque d'Anvers. M. 1595. — *Commentaire
de Suétone.*

couvrira le faict : tant y ha que vous me reputeriez bien de mon pays, si j'estois si incivil que de refuser vos offres ; puys je suys tout accoustumé de recevoir des gratifications de vostre main. Mais aussi ay-je appris d'Homère qu'on ne doibt pas refuser les dons des Dieux. Car ainsi vous faut-il appeller entre vous Messieurs, qui jouissez à cœur saoul de la corne d'abondance de toutes nouveautés, et de toutes gentillesses : au lieu que nous pauures miserables confinez en un coin de terre, nous sommes forcés de nous contenter de vostre rebut ; et si encor nous sommes trop heureux.

Pour changer de propos, puys que les memoires de la descente de Hugues Capet vous ont pleu, ils me plaisent davantage, et feray en sorte à l'avenir qu'ils puyssent vous apporter plus de contentement. Ce sont incidents à mon histoire, qui se trouvent sous la plume sans autre dessein formé, et en ay plusieurs de tels.

La mesme descente m'a fait rencontrer que Frederic I, D. de Mozellane, beau frère de Hugues Capet, estoit frère de Geofroy comte de Verdun, vulgairement dit des Ardennes, qui est le type *Ducum Lotharingiæ* après les Ducs Charles de France et son filz Othon. Mes preuves sont puysées d'autheurs domestiques et du tems. Je ne doute point que cecy ne vous agrée autant que l'autre, lorsque vous en verrez la deduction, qui sera dans peu de temps, puysqu'il a pleu à Dieu nous donner la paix par sa saincte grâce.

L'on me promet de divers lieux des chartes et memoires qui me tiennent en attente, et me font subsister ; tandis vous me reprocherez l'*an de Meton*. Mais moy, je vous objecteray le semblable et susciteray l'eglise gallicane contre vous [1], et

---

1. C'est-à-dire, vous me reprocherez de remettre à une époque trop éloignée la publication de mon histoire. Je vous adresserai le même reproche pour votre commentaire sur le traité des libertés de l'Église Gallicane.

L'astronome Méton, qui vivait 432 ans avant Jésus-Christ, est l'auteur

si en vostre faveur M^r L'abbé [1] se veut rendre partie contre moy, je le prieray afin de veoir plus clair en l'affaire, qu'il oste premierement ceste grosse poûtre qu'il a de longuemain en l'œil, et pour ne vous estre plus debteur qu'il paye sa gageure. Que seroit-ce donq de vous deux reduits à ma condition? — *Aptissima musis, fumolite carens, ac muliere domus.* Ce sont incommoditez que vous ne sentez pas, et qui ne peuvent divertir vos plumes. Pour parler serieusement, je vous conjure, Monsieur, de ne tenir plus sous le silence vostre ouvrage si beau, si utile et necessaire en un siecle mesmement tel que le nostre; et souffrez, je vous prie, que ce vertueux Arrest de Rouen, lequel vous approuvez tant, vous esmeuve la main, et reschaufe la glace de vostre courage. Le papier me laissant je suys contrainct de prendre congé de vous apres avoir baisé les mains et prié de me conserver l'honneur de vos graces et de me tenir comme je suys de tout mon cœur,

Monsieur,

Vostre plus obeissant et obligé serviteur,

BESLY.

A Fontenay le Cte, ce xxviii may ici dcxvi.

IX. — A MONSIEUR DUCHESNE.

Monsieur, je vous rends graces de cet *Hugo Pictavinus* [2] qui m'a bien mis des minutes dans la teste, car je ne scay que c'est de ceste *Crux Caroli*, si ce n'est qu'il veuille dire que

---

du cycle de 19 ans, connu sous le nom de Nombre d'Or. L'an de Méton se composait donc de 19 années, Comme le nombre d'or de 1616 était 2, le retard se serait prolongé de 17 ans.

1. M^r l'abbé. Sans doute Christophe Dupuy, frère aîné de Pierre; abbé, devenu général des Chartreux.

2. Hugo Pictavinus, ce doit être Hugo Floriacensis, dont la Chronique latine, de 996 à 1109, a été publiée par Duchesne.

Charles M. planta quelque croix en Espagne pour marque
de ses victoires comme Bacchus et Hercules eslevèrent des
colomnes pour bornes des leurs; et que le Duc de Guyenne
estoit seigneur du pays jusques là. Il y ha encores à deviner
pour Biscaye et Navarre; si vous estes meilleur prophète que
moy, vous m'obligerez de me l'escrire. Quant à vos dernières
du xv de ce moys, je vous remercie de la missive et Memoires de M. Savaron. Pour le regard des hypomnèses de
H. Estienne[1], que cela ne retarde point v^{re} dessein, vous les
trouverez encloses en ce pacquet. Si vous prenez la peine
de veoir la Bibliothèque de De la Croix[2], il fait mention de
plusieurs traitez du mesme autheur fort necessaires, lesquels
vous pourrez recouvrer bien aisement ou de Mr Estienne
son nepveu ou par amys. M. Savaron m'a mis en doute,
vous parlant de Mr Bignon, si c'est le père ou le filz, n'ayant
point sceu jusques icy que le filz soit de retour de son
voyage d'Italie. Que s'il est ainsi, je loue Dieu; car il faut
que je vous confesse que je craignois beaucoup qu'il nous
eust dit un adieu pour jamais. Vous m'obligerez de m'esclaircir sur ce sujet, et si le docte et vertueux père M. de
Sirmond est maintenant à Paris ou quelles nouvelles on a
sceu de luy. Je vous supplie d'excuser le temps que je suys
cause que consommez *lisant une si longue missive*[3] mal limée
et polie, escrite entre la poussière des sacs et des contestations
de Menius et Titius et des eloquentes gloses d'Accurse et de
ses sectateurs. Mais je vous prie ne vous point arrester à cela
et faites seulement estat du cœur et de l'affection de

   Monsieur,

        Vostre très humble, etc.

          Besly.

A Fontenay, ce 28 mai 1616.

---

1. Henri Estienne, *Hypomneses de gallicâ linguâ*.
2. François Grudé de la Croix du Maine, *Bibliothèque françoise*, 1564.
3. Cette observation prouve que le copiste du président Bouhier n'a
donné que des extraits des lettres de Besly, dont les originaux sont
perdus.

X. — A MONSIEUR DUCHESNE, AU COLLÈGE DE LA MERCI,
AU MONT Sᵀ HILAIRE, A PARIS.

Monsieur, je suys bien ayse qu'ayez receu le livre que je
vous ay envoyé : et marry que je n'ay les autres du mesme
autheur [1], desquelz La Croix fait mention. Ils seroient à vous,
non seulement en considération du publiq pour lequel vous
les desirez, mais aussi quand il n'y iroit que de vostre particulier. De verité je ne les ay veus, et je n'ay memoire d'en
avoir ouy parler ailleurs; bien vous dirai-je qu'il me semble
fort à propos qu'adjoustiés au commencement ou à la fin du
traicté de la conformité du langage françois avec le Grec, les
ionismes françois que le mesme autheur a remarqué dans
Herodote, en l'édition de l'an ICIƆXCII. Comme aussi le livre
Hypomneseòn sera bien suyvi de celuy *de Latinitate falsò
suspectâ*, imprimé in 8° MDLXXVI, comme vous jugerez incontinent à l'ouverture du livre. A propos de vostre dessein,
je vous advertissois par les miennes qui se sont perdues,
qu'outre *l'Etymologicon* de Jehan le Bon [2], j'ai leu un traicté
de luy, de l'origine et invention de la rythme, imprimé à
Lyon par Benoist Rigaud ICIƆXCV. Vous le pourrez retirer de
là, sinon j'auray recours à un Medecin de ceste ville,
nommé Mʳ Mizière [3], qui m'en presta un exemplaire, il y ha
dix ou douze ans. Vous pourrez sur le sujet du traicté de
Jacques de la Taille [4], des vers mesurez, extraire un petit
discours de feu Mons. Casaubon en un endroict de ses commentaires sur Perse, Satyre I, si j'ay bonne mémoire : et un

---

1. Henri Estienne.
2. Jean Le Bon, médecin du Roi. *Etymologicon françois*. 1571. —
L'origine et invention de la rythme. 1ʳᵉ éd. 1582.
3. François Mizière, médecin à Fontenay, publia l'édit. de Cl. Marot,
imp. à Niort, en 1596.
4. Jacques de La Taille. *La manière de faire en françois, des vers
comme en grec et en latin.*

autre de Joseph de la Scala [1], annotations sur Eusebe, vers
le commencement, et croy que pouriez retirer de Mr Gilot,
C^{er} en la Grand Chambre, l'introduction de feu Mr Rapin;
vous pouvant asseurer qu'encores que le livre soit imparfait.
neantmoins il pourra beaucoup servir, quand ce ne seroit
que pour encourager quelque autre à paracheuer ce qui
reste, ayant pour modelle un si excellent ouvrier que
cestuy-là. Je vous disois aussi qu'en MDXCVII, que je leu à
Paris, suyvant le barreau, le traicté de la Taille, de la manière
de faire des vers en françois comme en Grec et en latin; j'y
remarquay une insigne erreur, en ce qu'il fait longs les
articles le, la, les, qui sont naturelement brefs en nostre
langue; ce qu'un bon maistre ne fera jamais; et pense qu'il
ne peut estre mauvais si le remarquez ou en marge, ou en fin
du chapitre. Il y a autres choses à cotter, mais tantost vingt
années que je n'ay leu le livre, m'en ont effacé le souvenir.

Quant à Alain Chartier, c'est un fort gentil autheur et le
plus solide et mouelleux que la France ayt produit devant le
regne du grand Roy François et me resjoys que soyez apres
à le faire renaistre. L'exemplaire que je gardois soigneusement, pour ce que je l'avois releu plusieurs fois et cotté de
ce j'avois appris de la distribution et ordre de ses livres,
estoit de l'édition de Galiot du Pré en petit 8°. L'ayant perdu
pour l'avoir presté en mauvaise main, je ne puys en tirer de
quoy vous ayder. Seulement je vous asseureray que j'en ay
veu une copie à la main en la Bibliothèque des Essars, une
place à VIII lieues de ceste ville, de la maison de Pointièvre
(Penthièvre); et laquelle a autrefois appartenu à Phelippes
de Commines. Là le livre intitulé *le Curial* ès imprimés, est
intulé l'Espérance, ce que je voudrois suyvre, estimant que
c'est celuy dont l'autheur l'a baptizé, à l'imitation de Ciceron
qui suyt en cella Platon et les autres Grecs, qui donnent à

---

1. Joseph-Juste Scaliger.

leurs livres le plus souvent le nom du personnage qui est principalement introduit. Aussi que la matière me semble fort disposée à cella, et l'intention de l'autheur, et que M. Pierre Fabri le confirme, et me persuade que Jehan le Maire [1] l'appelle l'exil, à cause du premier vers du livre. Pour le regard du tiltre du Curial, en cest endroit là, il est besoin de le rejecter du tout. Car l'Esperance finit par un discours du mesme personnage, commanceant, *les premiers hommes*, et finissant : *ils servirent et sacrifièrent dhuement à la divinité* : comme j'ay veu au Ms. des Essars, et un autre que j'ay, lequel ne contient autres œuvres. Le Curial, c'est à dire le courtisan, commance par ces mots, *tu m'admonnestes et exhorte souvent homme éloquent*, et finit par ceux cy, *à Dieu je commande par cest escript qui te donne sa grace*. Le lisant, vous recognoistrez facilement qu'en cella gist la nuë verité, à quoy est conforme un Ms. que j'ay heu entre mains, estant de ce tiltre : *cy commance le Curial faict par Me Alain Chartier, lequel il envoya à un sien compagnon qui avoit volonté de venir en cour*. Vous voyez qu'a cause de la cour, le livre a esté appellé Curial : la fin estoit telle : *Explicit le Curial de Me Allain Chartier en son vivant Clerc Notaire et secretaire du Roy de France, Charles VII de ce nom*, ce qui estoit suyvi de ces quatre vers Leonins :

> Curia dat curas, ergò si tu benè curas
> Vivere securè, non sit tibi curia curæ.
> Curia curarum genitrix, nutrixque malorum
> Injustis justos, inhonestis æquat honestos.

Je croy que pour ces deux ouvrages, il n'y a point de difficulté qu'il n'en faille s'arrester à ce que j'ay dit : et mesme qu'au frontispice de toutes les œuvres il ne soit à propos de qualifier l'autheur Notaire et secretaire de la maison

---

1. Jean Le Maire, dit de Belges, poëte français, mort vers 1547.

et couronne de France, puys que des ce tems là, ce Ms en a
ainsi usé : et qu'il est certain que c'est luy qui a acquis le
premier à Messieurs les Notaires et secretaires, les honneurs,
privileges et prerogatives qu'ils ont, et dont parle Budé en
ses annotations sur les Pandectes. Vous en pourrez davantage
apprendre de leur collège qui est aux Celestins, à Paris.
Quant à *la Contredance sans merci*, *l'Hospital d'amours*, *la
Plainte de S. Valentin*, et *la Pastourelle de Granson*, Marot
dit que ce sont escrits indignes de son nom, non sorties de
luy et adjoustez à ses œuvres excellentes. Ce passage ne merite pas d'estre oublié : vous le trouverez en une sienne
epistre à Estienne Dolet de l'édition de MDXXXVIII. Je ne peux
non plus m'imaginer que le *débat du gras et du maigre* soit
de luy ; et cuide avoir remarqué que les seigneurs et dames
y mentionnez, resistent au tems. Estant destitué du livre, ma
mémoire ne peut pas y suppléer. Toutefois je croy vous avoir
autrefois monstré le mesme poëme dans un vieux livre intitulé *le Jardin de Plaisance*, composé par un Jehan de Calais.
Quant aux demandes et responses d'amour en prose, je
doute qu'il soit de Chartier, bien suys je certain que le tout
a esté extrait d'un volume d'anciens poëtes françois qui ont
escrit des chansons de *jeux partis;* comme vous recognoistrez, prenant la peine de lire le II livre de M. Fauchet des
anciens poëtes. Monsieur Dupuy a le Ms. où sont ces vieilles
chansons, si d'avanture v^re curiosité vous porte jusques que
de les conferer. Je croy qu'il suffira de l'annoter. Voyla ce
que ma memoire m'a fourni pour le present : si j'eusse eu le
livre en main, ou qu'il me souvint des autres traitez, je
pourrois vous en dire d'avantage. Vous avez desja veu ce que
La Croix a escript touchant le *Breviaire des Nobles*, et vous
ay donné le passage de Bouchet, dont l'histoire est aussi
rapportée par Mr Pasquier en ses recherches.

Pour le tombeau de Charles VII par Greban, vous le trou-
verrez en fin d'une vieille edition du Roman de la Rose faicte
à Paris in 4°. Si ne pouvez la recouvrer là, je verray si

M. Mizières dont j'ay parlé cy deuant, ha encores l'exemplaire qu'il m'avoit presté, et dont j'ay retiré la pièce que je vous ay donné, et en ce cas vous en feray faire une copie. J'oubliois de vous dire que Marot en l'imitation de l'Epigr. de Martial, *Verona docti Syllabas amat vatis*, temoigne que Chartier estoit Normant, et de luy fait mention Guill⁰ Cretin en *la complainte d'Okergan*. Mais il ne seroit jamais fait de citer ceux qui parlent de luy : car il n'y ha guères d'escriuains depuys son tems jusques au Roy François I et Henri II qui ne l'alleguent aueq eloge d'honneur. Aujourd'hui commence nᵗᵉ foire, où sont des marchands de Clermont, desquelz je n'ay appris autres nouvelles de Mʳ Savaron, sinon en général, et qu'il se porte bien : ce qui me fait croire qu'il n'ha encores receu les miennes, ou bien qu'il a voulu du tems afin de me faire les copies que je luy demande, et puys il est besoin de beaucoup de machines pour le remuer. Le libraire de ceste ville ne m'a non plus donné celles que mandés, asseurant ne les avoir heues : il faut que les ayez laissées au logis de M. Buon [1], où il dit qu'il eut le bien de parler à vous. Si le reste de vos lettres m'a donné non un petit contentement, aussi m'ont fait les nouvelles de Mʳ Loysel qui m'a beaucoup obligé de s'estre enquis de moy. Je luy escris, vous priant de luy faire tenir ma missive, où je luy touche de vostre dessein et de son histoire, laquelle il ne vous denira pas, puys qu'il a scellé la promesse qu'il m'en avoit faite, par celle qu'il vous en a donné de nouveau. Continuant comme vous faites à publier de nos vieilles nouvelles antiquitez, ce sera un sujet de faire parler de vous, et vous acquerir de l'honneur, des bienveillans et amys pour ayder à bastir quelque fortune tollerable à son commencement, laquelle par l'ordre et la suyte du tems s'accroistra, et enfin vous conduira à une condition heureuse. Pleust à Dieu que

---

1. Nicolas Buon, libraire à Paris.

l'Edition d'Alcuin peust bastir la premiere marche de vostre avancement ! Si Monsieur Ribier l'entreprend, sans doute il vous fera gouster à M^r le Garde des Sceaux son oncle; et juge bien raisonnable que ne l'abordiez point qu'aveq la dedicace de ceste œuvre là, laquelle sortant de la forge d'un bon serviteur de Roy, et son precepteur, et encores d'un homme tout plein de probité et de devotion, ne luy peust estre que tres agreable et à vous un sujet plausible pour parler de luy aveq honneur, mais sans flaterie, et sobrement et modestement. Je suys certain que me donnerez la liberté que je prens autour de vous : et puys vos lettres semblent m'y semondre. Neantmoins il ne faut pas abandonner l'esperance qu'avez conceuë du Prelat dont m'avez cy devant escrit : et semble necessaire que desrobiez quelques heures à vostre estude afin de devenir courtisan et importun : surtout, il est besoin veiller sur les occasions : car ces seigneurs là auroient toute la bonne volonté du monde de vous faire du bien, si vous mesme ne mettez la main le premier à l'œuvre et que ne les advertissiez à l'heure et à point nommé, il y a crainte que vostre attente reste sterile et sans fruit. Souvenez-vous du vieux mot, que chacun est l'artisan de sa fortune. Je lairray ce propos pour retourner à vostre missive, et vous temoigner que le parsus du sujet des miennes perdues, consistoit en quelques particularités de vostre histoire des PP. (Papes) et d'Abailard, desquelles je desirois estre esclairci : et dont je ne suys pas bien memoratif à present, parce que j'ai presté les livres : entre autre chose je voy bien que Suggier (Suger) declare que la Royne Alix femme du Roy Louis le Gros estoit parente de Guy dit Calixte PP., mais je ne scay point comment elle fust sa niepce, comme l'escrivez apres luy. C'est un des points dont je vous priois m'esclaircir, parce qu'il appartient à mon histoire à cause des comtes de Bourgogne. Un autre est touchant les annales de l'Abbaye de Morigny que vous citez sur Abailard. Je vous priois me mander que c'est de ce liure là, parce que je ne l'ay point

veu, ne scachant point qu'il ayt esté imprimé. Toutefois j'estime que c'est la chronique que Mr Fauchet cite de Teulf [1]
de Morigny près d'Estampes, au 1 de ses origines des di-
gnitez, chap. x, d'autant que c'est tout un mesme passage.
Vous m'obligerez si vous plaist de contenter ma curiosité en
ce regard. Je vous remercie de l'asseurance que me baillés,
que l'original du petit *chronicon* de Vezelay respond à ce
que j'avois deviné, et que l'erreur procedoit du copiste.
Usez de moy aveq toutes sortes de franchise en ce que jugerez
que je pourray vous seruir. Si prenez la peine de m'envoyer
ung indice de vos autheurs de la langue françoise, possible
que je pourray vous secourir en l'ordre et en la disposition,
tant y ha que je suys de bon cœur pour toujours,

Monsieur,

Vostre plus humble et affectionné
serviteur

BESLY,

Advocat du Roy à Fontenay le Cte, ce 26 juin 1616.

Si le bon, sage et eloquent Père, Mr de Syrmond est de
retour d'Italie, permettez qu'il troue icy mes affectionnées
recommandations à ses grâces.

XI. — A MONSIEUR DUCHESNE, AU COLLÈGE DE LA MERCI,
DERRIÈRE LE MONT S^T HILAIRE, A PARIS.

Monsieur, pour response à la v^{re} du xe du courant, j'ay
receu le pacquet qui vous avoit esté adressé d'Auvergne.
Vous entendez assez sans vous esclaircir davantage pourquoy
il n'estoit point cacheté. Je n'ay peu satisfaire pour la brief-
veté du tems aux copies qu'on me demande. Ce sera pour le

---

1. Teulfe, abbé de Morigny. *Chronicon Morigniacensis cœnobii, ab
an. 1108 ad an. 1147* (tom. IV des *Historiens* de Duchesne).

prochain voyage, Dieu aydant. J'escris à Mr de Peresque
(Peiresc), conseiller au parlement . de Provence, de qui
m'auez fait scauoir des nouvelles ; comme en cella vous
m'auez beaucoup obligé, aussi ferez-vous, s'il vous plaist,
de luy faire bailler ma lettre, comme je vous en prie. J'approuve vostre resolution touchant Alcuin. Quant à Chartier,
si vous estimez d'inserer en suytte de vostre préface quelque
portion de ma précédente, je ne veux pas vous le denier ;
et quand je le voudrois, il est en vostre puissance d'en ouvrer
à vostre volonté. Toutesfois je me promets de vostre amityé
que vous m'accorderez volontiers de me renvoyer la missive
et cotter par quelque signal la portion qu'en voulez extraire.
Car estant un escrit tumultuaire, et digeré à la legère, où il
n'y peut avoir suc ne chyle qui vaille, tel pourroit par a-
vanture faire là dessus un pire jugement de moy qu'il n'en
a conceu l'opinion, qui ne peut neantmoins estre que fort
mediocre et encores au dessus de ce qui se doibt. Mais pourtant n'est il pas mauuais, ce me semble, de penser à ce qu'on
veut dire et tascher de faire qu'il y ayt moins à blasmer et
condamner en son fait. Dauantage n'ayant les œuvres de cest
autheur là, parce que je n'ay peu recouurer mon exemplaire,
j'en ay parlé à esme de pays [1], comme on dit, et à tort et à
trauers, scelon la pluspart du tems que ma memoire l'a suggéré, laquelle est toute coustumiere de me rendre fort mauuais compte. Vous me ferez donq ceste courtoisie que j'attendray de vous ; à la charge de la reformation pour tout ce
que vous voudrez que je passe sous silence. Celle que j'es-
criuois à Monsieur Loysel fut oubliée par mon homme à qui
j'avois donné charge de porter mes lettres au Messager ; de
quoy j'eu regret, l'ayant trouuée sur ma table, et en ay davantage pour la peine qu'avez prise à ce sujet. Or je l'ay
enclose en ce pacquet, et vous en commets la courvée puys

---

1. *Esme de Pays.* Locution du Bas-Poitou. *Animus,* jugement, mémoire.

que l'avez agreable. Quant au conseil que me demandés, je respondrois plus volontiers sur une question de Palais : et me semble que si la mettiés aux opinions publiques, la difficulté se trouveroit my partie. Les volumes in folio et in quarto ont chascun leur commodité et incommodité, leur grace et leur dedain, scelon les occurrences. Mais j'aymerois mieux commancer par l'in quarto, afin que l'edition estant dispersée et le tems vous ayant apporté ce bien d'accumuler nouueaux ouvrages, vous puissiez en faire une seconde de deux justes volumes in folio. Car aussi un si gros volume comme *Gesta Dei per francos* [1], est taché de deux vilaines maladies, la laideur et l'importunité. Toutefois vous entendez mieux que moy ceste caballe, qui estes le *topanta* de l'université.

Vous me toucherés en un mot des Archeuesques de Tours : car vous ne m'esclaircissez point si v^re dessein reuient à la notice des Prieurs de S. Martin des Champs, ou si vous entrerez ès discours de leurs maisons et gestes : car en ce cas, je pourray vous secourir de quelques particularités tant d'un ancien *chronicon* Ms. latin, que j'ay heu depuys trois sepmaines, que d'autres endroicts. Lorsque vous entreprendrez la tasche des autheurs de la langue françoise, vous me trouverez tousjours fort disposé à vous seruir en ce qu'il me sera possible. Vous m'avez fait playsir de me gratifier de la copie du tiltre inseré dans la v^re. J'ay l'extrait de Pingon qui ne m'avoit peu satisfaire : aussi, comme en tous autres livres, il y a du bon et du mauvais. Je m'oubliois de vous dire que la nouvelle histoire de Foix contient l'extrait du s^r de Beloy [2] que je vous avois conseillé de donner place parmi vos historiens. Vous y penserez. J'ai perdu un passage de Krantius [3] touchant S. Guillaume et suys incertain si je

---

1. Par Jacques Bongars, 2 vol. in-fol.
2. Pierre de Belloy. *Généalogies des Maisons de Foix, Béarn*, etc. 1608.
3. Albert Krants, doyen de l'église de Hambourg. *Saxonia*.

l'auois tiré de sa metropole ou d'un autre sien ouvrage : tant y a, si je ne me trompe, que c'est où il parle du mariage de l'empereur Henry III, enuiron 1042. Si d'avanture vous venez à entrer chez quelque libraire où soient ces escrits, jettez y l'œil de grace, et prenez la peine de m'obliger de trois ou quatre lignes. Et vous souvenez aussi de vostre promesse, au cas de la veue des tiltres dont me parlez. Au parsus, je vous conjure de voir le reverend père Mr Roger Girard Augustin, confesseur et predicateur de la Royne Mère, Prieur de la maison de Montmorillon. Vous scaurez de ses nouvelles au couvent des Augustins. Obligez moy de luy dire que je luy baise les mains et que je suys en peine de scauoir s'il a receu mes dernieres que j'auois adressées à Mons. Cytoys, Advocat à Poictiers, par lesquelles je luy ay discouru amplement de n^re Duc S. Guillaume et dont *j'ay appris encores autres nouvelles depuys ce tems là*, et que je le prie de vous faire veoir le cartulaire de son prieuré de Montmorillon. Vous scavez mon dessein et la mode de mes copies et extraits. Je vous supplie, veillez sur ceste occasion. Je croy qu'il recognoistra mon escriture, s'il la confère aveq mes precedentes. Je vous demanderay atant d'estre de cœur et d'affection,

   Monsieur,

      Vostre très humble et obéissant
      serviteur
            Besly,

A^cat du Roy, à Fontenay ce xxii juillet mbjxbj.

XII. — A MONSIEUR DUCHESNE, AU COLLÈGE DE LA MERCI, AU MONT SAINT-HILAIRE, A PARIS.

Monsieur, j'ay receu les vostres, celles de Messieurs Loisel et de Peiresc, auxquelles je fais response, vous priant leur faire tenir. Mr Loisel a pris goust en vostre cognoissance jusques là qu'il m'en -remercie. Je le conjure encores de donner son histoire, laquelle ayant leuë, comme m'avez mandé, vous voyez combien elle sera agréable à ceux qui scauront juger des choses. Si avez quelques lieux qui vaillent la peine de l'aduertir, comme touchant les Euesques et leur chronologie, il le scaura prendre en bonne part, scelon qu'avez accoustumé user de discrétion. Il ha autrefois publié un hymne ¹ d'Helinand l'historien, religieux de Froidmont : il seroit dommage qu'une telle pièce d'antiquité se perdist, c'est pourquoy je luy conseille de la mettre en queuë de son histoire, quoyque l'argument soit divers. Qui pourroit auoir la chronique d'Helinand ², ce seroit un beau coup. Comme pareillement je trouuerois fort bon que feissiez aller de compagnie l'histoire des comtes de Perche et d'Alençon et seigneurs de Bellesme ; elle pourroit servir à desmesler plusieurs difficultés. Obligez moy tant que je puysse auoir une genealogie des susdits comtes : si j'auois quelque accez aveq le s^r qui la compose ³, je luy en escrirois aveq prière, et offre de luy communiquer en revanche ce qu'il pourroit desirer de moy, et possible luy pourray-je luy donner quelque aduis dont il ne sera pas marry. Je vous renvoye la partie de la lettre, et l'extrait de Missive, comme je voudrois qu'il fust publié, sinon qu'il y ayt à amender. Car je suys incertain si le quadrilogue est bien ce que j'entends, c'est à dire un traité où les trois estats de ce Royaume sont introduits. Vous le confirmerez s'il vous plaist à cella. Si m'eussiez enuoyé ou le liure ou un indice du contenu, j'eusse escrit hardiment et hors de doute de tous les traictés. M. Me Roger Girard

---

1. Faussement attribué à Hélinand, par Ant. Loisel. L'auteur est Thibaud de Marly.

2. La chronique d'Hélinand, en 48 livres, existait, en manuscrit, dans l'abbaye de Froidmont. On n'a imprimé que les quatre premiers livres, de 934 à 1200.

3. Gille Bry de la Clergie publia, en 1620, l'Histoire des pays et Comté du Perche et duché d'Alençon.

m'auoit desjà enuoyé entier le tiltre de l'aumosne du Duc de Guyenne à la Maison Dieu de Monmorillon. Je vous remercie des aultres et vous supplie prendre la peyne de reuoir le chartulaire, et me faire extrait de ceux sur Chalon, La Garde, Le Brueil, La Trimouille, Bridion, Brigueil, Monbast, et autre noblesse, nonobstant le defaut des années et la mediocrité des legs ; car je pourray trouver des marques ailleurs qui m'esclairciront des tems. Je suys marry que dès le precedent voyage ne m'auiez aduerti de vostre dessein des Archeuesques de Tours ; car j'eusse eu davantage de loysir pour rechercher parmi mes livres afin de vous ayder. Je trouue la besogne un peu forte, et où il est besoin de contention d'esprit pour adjuster les tems ; car il ne se faut pas fier en la chronique de Tours. Voicy que j'ay tiré d'une chronique qui a esté de l'abbaye, maintenant Euesché de Maillezais [1].

Anno DCCCLXXVII. Monasterium S. Martini Ver*tanensis* quod ipse primus ædificavit, eversum erat. Monasterium S. Martini turonensis quod ipse S. Martinus incæpit, destructum erat.

Anno DCCCXLIII. Claruerunt Leo pp. cui Leo successit, Benedictus, Paulus, Stephanus, Nicholaus, Adrianus, Joannes ; Amalricus turonis, Dodo Andegavinus, Godo Pictavinus, Bernardus Lemovicinus, Amardus Petragorcus, Ambertus Engolismensis et Actardus Namnetensis. Vicesimo anno ex quo Episcopi Britanniæ sese à turonica Metropoli diviserunt. Perrexit iste Actardus Romam, transmissus a synodo suessonica, præsente Henando Archiep. turonico, *intimari cupiens* Papæ Nicholao III a....... qualiter non solum Eps. supradicti turon^m Archiep^m nequaquam recognoscerent metropolitanum, *tempore* etiam....... Herispoius...... Karoli calvi fil. Ludovici omnino.......

---

1. Cette chronique, dite de Maillezais, et reconnue plus tard pour appartenir à Saint-Maixent, avait été découverte par Besly dans l'abbaye de Maillezais.

Anno DCCCLXVIII, reædificatum est, ut dictum est, Monasterium S. Martini et primus ibi ordinatus est Gauslinus Abb. à summo pontifice....... turonensi.

His diebus incæptum est Monasterium S. Pauli cormaricensis ubi primus extitit Jacob.

Narrationi mortis crescentii Romæ Præfecti chronic. addit : his ita advenientibus turonis Arduino Eps. mortuo, successit Archimbaldus et Hugó.

Anno MXXIII. Obiit Hugó Arch. turon. id. Maii, cui successit Arnulfus N. ejus. (Ab turon. chron.)

Anno MXXV. Fredericus Abba quarto anno ordinationis suæ et fratres qui cum eo erant, rapuerunt de mediis ignibus libros et quædam ornamenta ecclesiastica et accipierunt corpus S. Ferrarii et reliquias ceterorum scriptas, pergunt ad ecclesiam S. Hilarii, ibique per aliquot annos in parvis tuguriis more hospitum degentes, ecclesiam istam novam ædificare cæperunt. Quum enim perfecta fuisset, convocavit venerabilis Fredericus Arnulfum Eps. turon., et Humbertum Andegavensem, Isembertum Pictav. atque Gauterium Namnet. Et dedicatum est ab eis Id. octobris.

Anno MCXCVI. Urbanus PP. abiens turonis, tenuit concilium in Monast. S. Martini, in quo inter alia instauravit in abbatiam locum S. Mauri et..... habet abbates, et primus fuit Giraudus.

Anno MCXVIII. Fecit concilium Engolismense ubi....... turon, et alii duo Eps. confirmati sunt.

Anno MCXXI, ignis combussit Eccles. S. Martini.

Ma chronique finit l'an MCXL.

Ex notitia turon.

Anno MLXXXI. Excommunicavit Radulphus Arch. et Amatus Legatus populum turonorum et Andegavorum ab omni officio christianorum; et nos canonici celebravimus missam primo die rogationis ad S. Julianum contra voluntatem ejus, et altero die ad S. Mariam de Bellomonte et omnes stationes sicut lex antiqua preceperat. Willelmus etiam Bassus capellanus S. Martini....... Radulfum dei inimicum.

Vous avez veu la charte de S. Jehan d'Angeli où il est fait mention de Hugues Archev. de Tours, frère d'Audebert c^te de la Marche. Il y a quelque chose qui me met en deffiance que le nom d'Archevesque en la ville de Tours ayt esté commun à quelques abbés, car la chronologie ne convient pas bien. Vous l'examinerez. Je vous escris à la haste, pour ce qui m'est survenu des affaires qui me pressent pour un voyage à Poictiers où je m'achemine demain. J'attends vostre Alcuin ; faites estat de moy en tout que je pourray vous servir, et me tenez comme je suys,

Monsieur,

Vostre plus affectionné et obéissant
serviteur,

Besly.

A Fontenay, ce xx aoust 1616.

(Cette lettre, comme le dit Besly, est écrite à la hâte et difficile à lire en certaines parties.)

XIII. — A MONSIEUR DUCHESNE, AU COLLÈGE DE LA MERCI, DERRIÈRE LE MONT S^T-HILAIRE, A PARIS.

Monsieur, je vous remercie de vostre Alcuin [1] par l'édition duquel vous n'avez pas peu mérité envers le publiq. J'ay leu curieusement la préface, et croy que ceux qui jetteront les yeux dessus, qui seront en nombre infini, vous desireront et

---

1. Duchesne avait sans doute envoyé à Besly les épreuves ou le manuscrit de son édition des œuvres d'Alcuin ; car dans une lettre sans date, mais évidemment vers le 25 novembre 1616, on lit : « Il me tarde que vostre Me Alcuin prenne congé pour voir le monde. » Ce qui est exact, puisque cette édition ne parut qu'en 1617.

avanceront la fortune qui vous est justement dheuë. La dedicace me revient fort, pour estre dressée aveq toute la discretion necessaire, et estre droictement adjustée. Dieu veuille
que l'évenement reussisse au dessein, et que vostre esperance et mes souhaicts ne restent frustrez. Puys que vous
avez jetté ce fondement d'appüy, il sera bon de le mesnager, et de l'entretenir aveq du soin, de peur que les vices
du siècle ne le gastent et ruinent. Je me resjouys qu'ayez
appris au vray que Mr le Procureur General du Roy est petit
filz maternel de ce fameux Jc. M. Mathieu Chartier [1], car ce
sera un beau moyen, qu'il semble que Dieu vous a préparé,
pour vous faire cognoistre au dit sieur, lequel ne pourroit
pas peu vous ayder es occasions. Monsieur Dupuy qui le fré-
quente familièrement, pourra vous présenter à luy ; et croy
qu'il prendra playsir à vous faire ceste courtoisie ; estant
douë de ceste vertu particulière entre les autres graces que
Dieu luy a donné. Vous prendrez de là sujet de dédier Alain
Chartier audit sieur Procureur General [2], si vous jugez par
ses discours qu'il soit à propos, et qu'il luy soit agreable : si
ce n'est d'avanture que soyez desjà engagé ailleurs ; ne perdez
point, je vous prie, les occasions de faire des amys, tel que
ceux là qui sont puissans en œuvres et en parolle, et qui de
leur parolle peuuent esleuer un grand bastiment sans qu'il
leur couste rien.

Au reste j'ay heu du contentement que mes conjectures se
soient rencontrées aveq vos Mss. et vieilles editions [3]. Quant
à la division des Gaules et genealogie des Roys depuis
S. Louys, qui se trouuent en l'édition de Reims, je ne puys
à present me ressouvenir quels en sont les ouvrages. Si bon

1. Edouard Molé, conseiller au Parlement, père de Mathieu, procureur
général, avait épousé en 1581 Marie Chartier, fille de Mathieu Chartier,
doyen des Conseillers au Parlement.
2. C'est Mathieu Molé qui engagea Duchesne à publier une collection
des historiens de la France.
3. D'Alain Chartier.

ou mauvais, et si ou non, ils sentent leur Alain Chartier.
Vous le pourrez juger par la collection de ses autres escrits,
tant y ha que s'ilz ne sont issus de sa forge, ilz peuvent avoir
esté trouvez parmi ses papiers : parce qu'en ce tems là qu'il
vivoit et a escript, et jusques au grand Roy François, les que-
relles et droicts pretenduz par les Anglois contre les François, ont serui comme d'un champ commun à exercer la
plume des meilleurs esprits d'entre nous. Vous le voyez par
le mesme Chartier, Seissel [1] en la loi salique, Des Vrsins [2], et
mon volume de traictés qui sont en la librairie de Monsr Dupuy. Or pour manier ce sujet là, il falloit necessairement
scauoir discourir des parties de la Gaule, et de la genealogie
des Roys de France ; mesmement depuys S. Louys qui avoit
fait le traicté de l'an MCCLVIIII, aveq Henri III roi d'Angleterre. Voyla ce que je vous puis dire sur ce propos. Au regard de vos Archevesques de Tours, ayant veu parmi mes
memoires, j'y ay encores rencontré cecy, outre ce que je
vous envoyay dernierement.

Ex calendario S. Mariæ Carnotensis.

IIII. id. Junii obiit Hugo Turon. Arch. qui dedit nobis
alodum de Vivariis.

Ex Gestis Pontif. Cenomanis.

Hildebertus rexit ecclesiam XXIX. an. et M. VI. vixit ann.
fere LXXX. Turonorum Archieps. factus post Guillebertum,
rexit an. VI. M. VI. obiit. xb. Kal. Januarii. sepultus Turonis
in S. Mauricii.

Ex eod. libro.

Anno MCXXV. Ildeberto Turonos translato, Guido anno
sequenti electus est et ab Ildeberto consecratus.

Anno MCXXXIII. Mortuo Hildeberto canonici Turonis à Gof-
frido comite pulsi, schisma in electione. Quidam Philippum
eligunt qui ad Petrum Leonis profectus, ab eo ordinatus est :

---

1. Claude de Seyssel. *La grant monarchie de France*.
2. Jean Juvenel des Ursins. *Histoire de Charles VI*.

alii Hugonem, quem Guido in Cenomanensi ecclesia consecravit anno MCXXXIIII.

Si je trouve autre chose, je ne faudray de vous l'envoyer;
vous examinerez, s'il vous plaist, les nombres : car vous
scavez qu'il n'y a guaires de fiance aux escriuains et libraires
de ce tems là. Je vous remercie des extraits du chartrier du
père Roger : et m'asseure que me ferez tousiours ceste faueur de me faire part de semblable marchandise lors qu'elles
tomberont en vos mains, et vous en prie d'affection. Il y ha
grande apparence en la remarque qu'avez fait sur la notice
de S. Jehan d'Angeli : sinon qu'il ne faut pas prendre là
Arnulfe pour l'Archeuesque de Tours non nommé; car il
estoit mort dès 1054, et ceste chartre est depuys 1058, puys
que Guy y est nommé comte de Poitou, qui ne vint à la
comté que ceste année là seulement. Ainsi vous le pourrez
interpréter de l'Archevesque Barthelemi successeur dud.
Arnulfe. Tenez moy s'il vous plaist en vos bonnes grâces et
pour estre comme je suys,

> Monsieur,
>
> V^{re} plus humble et ob. servit.
>
> BESLY.

A Fontenay le Comte, le 20 sept. 1616.

(Je vous prie de mes recommandations à M. de Peiresc
dont j'attendray la response.)

P. 200. Petite note autogr. de Besly indiquant les conciles
du 13e siècle auxquels assistèrent les Archev. de Tours.

XIV.— A MONSIEUR DUPUY, ADVOCAT EN PARLEMENT, A PARIS,
RUE DES DEUX PORTES, QUI PASSE DE LA RUE SAINT-JACQUES
EN CELLE DE HAUTEFUEILLE.

Monsieur, la correspondance d'entre vous et moy a esté
si grande qu'en un mesme temps nous aurons reçeu les let-

tres que nous nous sommes envoyées sur le sujet de nostre long silence ou de la perte de nos précédentes. Je prise tant de scavoir de vos nouvelles que je le mets pour premier article de l'estat de mes meilleures rantes, et voudrois s'il estoit possible que les termes m'en fussent plus fréquents, car j'en tirerois plus de contentement et d'avantage. De là vous pouvez aysément juger si je suys paresseux à respondre lorsque m'avez fait l'honneur de m'escrire, puys que j'ay en moy-mesmes des occasions de vous provoquer à cella. Ma dernière estoit enclose dans un pacquet adressé à Mᵣ de Querqui adᶜᵃᵗ, qui estoit parti de Paris deux jours devant la datte de la vostre. Véritablement scelon que m'escrivez son procureur et hoste aura eu soin de la vous faire tenir. Quant à la vostre je l'ay reçeüe le xxııᵉ du passé, accompagnée du *Juvénal* [1] que M. Rigaut a mis en lumière; à quoy vous avez adjouxté Perse, et l'avez voulu marquer du sceau de l'amityé singulière que vous me portez. Je vous en remercie de toutte affection, et fais si grand cas de ce témoignage que je le tiens au-dessus de toute estime, et en prise beaucoup plus le présent et le discours *de Satira*, qui d'ailleurs à dire vray me semble fort docte, discret, et judicieux.

Ce m'a esté comme avez préveu, un remède anodin pour soulager un peu la fascherie et le desplaysir que j'ay de la maladie du publiq. Je dis, *un peu,* car je crains qu'il nous faudra dorénavant oublier toutes sortes de livres, comme en une tempeste on vuide en mer les marchandises pour sauver le navire, veu que la gangrène qui a commancé à jetter ses racines dans le corps de l'Estat, menace ceste province, comme une partie affectée et affoiblie de longue main. Toutefois M. le duc de Rohan qui a passé icy ces derniers jours et apporta lettres de Sa Majesté touchant le fait de son gouvernement, donne quelque espérance que les mouvements

---

1. Juvenalis Satiræ, cum diatriba Satiræ Nic. Rigaltii.

pourront se composer par moyens de mariages. Rien ne
bransle de deçà, sinon que M. d'Aubigny gouverneur de
Maillezais a arresté les tailles du Roi sous prétexte que sa garnison n'a esté payée. La Rochelle n'est pas en bonne ? les
corps de justice et maison de ville estant à demi opprimées
sous l'insolence des francs-bourgeois. Il a couru icy des copies de lettres de Messieurs de Guyse et de Nevers. Je vous
supplie me faire part de ce que vous apprendrez.

Si d'avantures mes dernières ne vous estoient rendues, je
vous envoyois un extrait pareil à l'enclos, et vous suppliois,
comme je fais de rechef de vostre advis et de celuy de M. de
Godefroy sur ceste loy romaine et de Tolède dont il parle,
et de ce que sçaurez de ce mariage de Alphonse VI, comme
je vois, roy de Castille et de Léon, aveq la fille de Guy dit
Geofroy et Guillaume VII duc de Guyenne. Cella sert à mon
dessein particulier de Poictou et de Guyenne et à l'honneur
de la maison de France, car ce duc en tierces nopces épousa
Aldéarde fille de Robert 1 duc de Bourgogne, frère du
R. Henry I du nom. Je vous escrivois aussi que j'espère avoir
esclairci la desduction des maisons d'Angoulesme, La Marche
et Lezignem, commancées sous Charles-le Chauve, et monstré
comment les deux premières sont fondues par alliance en
une, et les deux ensemble en la troisièsme, et par ceste cy
les trois réunies à la couronne. Vous en aurez l'épreuve à la
première commodité.

Au parfin il m'est survenu un malheur du costé que je le
craignois moins, lequel commance à troubler le repos de mon
esprit, la tranquillité de mes estudes et ma manière de vivre
pleine de simplicité et d'innocence, au moins s'il m'est loysible
de me licencier à parler ainsi devant vous et tous les gens de
bien qui me connoissent. C'est un nouveau procureur du Roy,
fermier et partizan des francs-fiefs [1] à la réception duquel

---

1. Julien Colardeau, procureur du roi à Fontenay.

je ne me suys voulu opposer, sous les feintes promesses qu'il m'avoit fait de vivre fraternellement, comme maintenant nous sommes frères par égalité de condition, et d'ailleurs proches alliés. Puys trois sepmaines en cà qu'il s'est fait installer en sa charge pendant un mien voyage que j'ay fait à Poitiers, il a entrepris d'expédier seul tout ce qui doibt l'estre d'un advis commun, étoufant par ce moyen l'honneur et l'authorité de mon office. Je m'en soucirois fort peu, n'estoit qu'on pourroit me l'imputer à stupidité et bestise. Me voylà donques engagé en dispute et procès à la malheure pour moy, si d'avanture nos amys communs n'en arrestent la suyte. D'une autre part je suys tellement infortuné, que n'estant point connu de M\r le procureur général du Roy, ma timidité naturelle me prive d'oser luy en faire plainte. Or, Monsieur, vous estes en possession de m'obliger a toutes occasions et vos offres sont fréquents de vouloir continuer à me bien faire. Je vous supplie encore en ceste-cy qui m'est bien fort importante, comme voyés, prendre la peine de dire un mot de mon affaire à mondit seigneur. Voicy la vii\e année que j'exerce mon office, ayant auparavant fait la fonction d'advocat en ce siége, et celle de juge ordinaire de deux chastellenies assez notables, depuis M.DXCVII que je me retiray du barreau de la cour après y avoir fréquenté deux ans à l'issüe de mes estudes de droit faites à Poictiers, Bourdeaux et Tolose durant six ou sept ans. Ainsi il y a xx ans que je vis sans plainte parmi les affaires, lesquelles ne m'ont tellement possedé que j'aye quitté mes premières délices et les bons livres dont il y a des marques publiques qui pourront estre suyvies d'autres meilleures. Mons\r Gillot con\er en la Grand-Chambre pourroit attester le témoignage qu'il rendit de moy à la Cour, présent M. le président de Harlay le xxvi de Juin M.DCX. que je prestay le serment dont je vous envoye copie de l'arrest si cella pouvoit servir. Je suys contraint de vous faire ce récit qui m'est non moins importun qu'il seroit à vous-mesme, si vostre bienveillance n'estoit capable d'en adoucir l'amertume. Vous sçavez qu'il y a certaines occasions où les plus retenus et les plus modestes du monde sont forcés de se louer. Je ne vous diray rien de ma vie et des actions publiques et privées; d'une chose suis-je bien asseuré, que quand mes ennemys en voudront prendre acte de notoriété, ou me tirer en justice, j'auray peu de sujet d'en rougir. Tant y a que je ne pense pas que mon collègue d'office ayt rien de quoy se prévaloir sur moy, sinon en cupidité et convoitise de lucre sordide, et indigne de gens de nostre profession. En cella je confesse que je le luy suis infiniment inférieur et en loüe Dieu de tout mon cœur. Mais tel qu'il est il ne m'importeroit de rien, n'estoit que nous avons à vivre ensemble. Le mal procedde de ce que jamais en ce siège il n'y ha heu aucun arrest définitif qui ayt réglé les droits de nos charges. Il tire à son advantage tout ce qu'il y a de lucratif et d'honneur en divers règlements quasi autant différends qu'il y ha de divers balliages en ce royaume. J'ay dressé un petit mémoire qui contient les principaux points de nos disputes, vous suppliant de jetter l'œil dessus et en parler à mon dit seigneur le procureur général, et m'en escrire son mouvement sur chascun, car j'en passerois volontiers à son mot tant je l'honore et fuy les procez. Faites moy donc l'honneur s'il vous plaist de m'estre aydant de vostre faveur en ce besoin, afin qu'aussi je vous doive une partie de ma paix et de mon repos, pour me donner d'autant plus de moyen de temoigner que je suys en éternité, monsieur, vostre très humble, affectionné et obligé serviteur.

BESLY.

De Fontenay-le-Comte, le iii octobre m.d.cxvi.

XV. — A MONSIEUR DUPUY, ADVOCAT EN PARLEMENT, A PARIS,
RUE DES DEUX-PORTES, QUI PASSE DE LA RUE SAINT-JACQUES
EN CELLE DE HAUTEFUEILLE.

Monsieur

Vous m'avez trop obligé et vous en remercie de toute
affection. J'ay reçeu la copie des conclusions de Mr le procureur-général pour Troyes, dont je suys tout ravi, comme
estans les plus rigoureuses que j'aye jamais veues, attendu
que les pauvres advocats y sont rendus *monogrammes* [1] tout
à fait. Le règlement de ce siège donné pour mon prédécesseur contre le procureur du Roy est beaucoup plus adven-
tageux et je consentirois plus volontiers, n'estoit qu'il porte
qu'il ne pourra préjudicier aux successeurs esdites charges.
S'il plaisoit à Mons. le Procureur-Général du Roy nous
donner le règlement de Montargis, qui est de l'an 1565 au
rapport de M. Spifame, rapporté dans Chenu [2], je serois à
repos et me donneroit tout sujet de le remercier et prier
Dieu pour luy, pour me retrancher par ce moyen les occasions de playder et de me divertir de mes estudes, du fruict
desquelles, si Dieu me fait la grâce d'accomplir mes desseins,
j'espère faire jouyr le publiq sous l'authorité de son nom. Je
ne sçay si je dois m'advancer de vous supplier de rechef de
voir mondit seigneur et luy parler dudit règlement de Montargis, tant je crains d'estre importun à mes amys, lesquels
je désire me conserver sans charges et courvées. Toutefois
j'ay tant de témoignage de vostre bonne affection que j'espère [que] ma prière ne vous sera désagréable : et vous
diray que mon collègue et moy sommes en propos de passer

---

1. Nom qu'on donnait autrefois à une simple esquisse, à un dessin qui
n'avait que le trait.
2. Jean Chenu. *Recueil des règlements concernant les offices de France.*

de nos difficultés par mondit seigneur et Messieurs les
advocats Généraux, lesquelles principalement regardent les
décretz et les escritures, redditions de comptes, receptions
d'officiers et la mareschaussée, tout ce qui est commun par
ledit règlement de Montargis et fondé ès ordonnances, signamment les décrets, et pour la réception des officiers et
escritures cella est exprès par le règlement de Rion (*sic*) confirmé par lettres patentes. Et lequel ordinairement se garde
par provision. Je vous conjure Monsieur, de me favoriser en
cecy envers mondit seigneur, et luy remonstrer ce que vous
avez appris, et la bonne ou mauvaise odeur de mes actions
qui ne tendront jamais qu'au bien de la justice. Mondit seigneur sçait assez la vie de mon collègue par le moyen des
pièces qu'on luy a cy-devant mis en mains, et que mondit collègue a bien besoin d'un surveillant en l'exercice de sa charge.

Scelon qu'il vous plaira me faire responce et me donner
bonne ou mauvaise espérance de la faveur et justice de mondit
seigneur, je prendray résolution, ou de demeurer en mon
office ou de m'en deffaire. Je sçay qu'il sera prié et importuné par M^r le président Miron qui porte mon collègue à la
prière du seneschal de ceste ville [1], et qui emploira aussi
Mr Scaron du fauxbourg, allié des deux. Mais j'estime que
tout cella ne servira de rien contre l'équité. Excusez je vous
prie mon émotion et la fascherie où je suys qui devroit s'é-
toufer en moy sans me faire mesprendre envers vous.

Au reste je suys bien ayse de l'éclaircissement de la loy
romande et Tolosane dont parle mon ms. L'autheur en est
anonyme et commence « ab origine mundi » finist 1140, et
parle de son tems. Il m'a levé plusieurs doutes et m'y suys
servi de la déduction des maisons d'Angoulesme, la Marche
et Lezignen que je vous envoye, où recognoistrez, je m'en
asseure, que le labeur ne peut pas peu servir à l'intelligence

---

1. François Brisson, sieur du Palais.

de nostre histoire. Si le jugez à propos vous pourrez le faire veoir à Monsign. le Procureur Général, afin de luy confirmer l'opinion que desjà il vous a pleu luy donner de moy. En effet toute telle qu'est la besogne, je la vous donne pour en disposer à volonté, et pour gage de l'honneur que je vous porte en attendant que le temps me donne plus de lumière pour y adjouxter ou corriger.

Je vous envoye aussi l'extrait que demandez pour Mʳ Godefroy lequel je remercie de la peine qu'il a prise aveq vous sur ma question. Il verra par l'extrait qu'*Aldoarde tierce femme de Guy dit Guillaume VII, duc de Guyenne, estoit f[ille] de Robert I frère de Henri I Roy de France. Mais la fille dudit duc de Guyenne qu'espousa Alphonse VI de Castille estoit de son second lit. Je le prie de veoir en Garibaï [1], s'il y a quelque chose pour ce comte Roger qui épousa Almodie f[ille] d'Audebert II, C. de la Marche, et le conférer aveq le chap. xiii du liv. VI. des Mém. Séquan. [2].

Si je n'eusse esté brouillé et gesné d'affaires je luy eusse escrit et le prie de se servir de moy aveq toute liberté, comme Monsieur, je vous prie excuser ma licence et ma mauvaise plume et croire que je suys de tout mon cœur

Vostre tres obéissant et obligé serviteur,

BESLY.

De Fontenay, ce dernier octobre 1616.

* J'ay plus de cinquante chartes faisant mention d'elle. (N. de Besly.)

XVI. — A MONSIEUR DUCHESNE.

Monsieur, je desirerois qu'il me fut autant facile de vous satisfaire sur le dernier point de vʳᵉ lettre comme je le puys

---

1. Estevan Garibay. *Cronicas de Espana.* 1571, 2 v. in-fol.
2. *Mémoires historiques de la république Séquanoise*, par L. Gollut. *Dôle*, 1592, in-fol.

sur le premier qui concerne le roman de la chastelaine de
Vergi, *qui mort pour loialment amer son amy.* Si vous prenez
la peine de revoir les volumes des romans de Mr Loisel [1],
vous trouverez celuy cy dans le volume que intitule le II
selon l'ordre de ma lecture et le connoîtrez à ce que le premier traité est *la disputoison de Salemon et de Marcol.* Nostre
roman est le XXVIe en nombre fol. 82 et finit fol. 86, où
commence celuy de la chastelaine de Coucy et me semble
qu'il en est fait mention dans un recueil in 4° intitulé *Fleur de
rhetorique* [2] lequel je n'ay plus maintenant, mais aussi estime
je que vous en aurez recouvré un exemplaire sur l'avis que
je vous baillay pour Alain Chartier. Neantmoins je n'entends
pas vous pleiger ma memoire, si d'avanture v[re] peine ne vous
succedoit en la recherche. Lorsque vous verrez Mr Loisel, je
vous supplie que ce ne soit pas sans me faire l'honneur de
me ramentevoir en ses graces que je tiens pour un thresor,
et l'asseurer que toute ma vie il aura en moy un très affectionné serviteur comme je le doibs par devoir et par obligation. Quant à Ebbo de Charenton, je ne scaurois vous en
rien dire au vray, mais bien crois je qu'il est de la maison
de Chasteauroux en laquelle ce nom est fort frequent à cause
du chef d'icelle et quelquefois se trouve corrompu en Eppo,
comme je me suys apperceu en une des lettres du PP. Gregoire VII, comme aussi quelquefois le nom de la famille est
corrompu et diverty en celuy de *Dolus* pour *Fraus* : ce que
j'ay remarqué en une Epistre de Fulbert ; mais ce n'est pas
v[re] question, laquelle vous scaurez trop mieux soudre que
moy quand vous y aurez pensé et espleuché vos memoires.
Je desirerois qu'eussiez reveu v[re] histoire des Papes [3] et après

---

1. Cette collection de romans n'existait sans doute qu'en manuscrit.
2. *Le jardin de plaisance et fleurs de rhétorique*, par Jehan de Calais.
Cet ouvrage est cité comme anonyme dans le *Manuel du libraire* (13,253.
Ed. de 1844).
3. Duchesne a publié cette histoire des Papes en 1616.

la dernière main, la donner au publiq in f°. Ces pièces géné-
rales intéressent bien plus viserablement (*sic*) au long et au
large; si moins ou plus utilement pour vostre particulier,
c'est à vous à le discuter et en faire choix, à tant je demeure à perpetuité,

Monsieur,

V^re, etc.,

BESLY.

Je vous prie me mander si Mr Justel est de là et s'il travaille après son histoire.[1] et signamment quel secours pour
n^re Beatrix.

(Je ne sais si ce qui suit fait partie du post-scriptum de
cette lettre, ou si c'est une autre lettre. Dans ce dernier cas,
la lettre précédente serait sans date.)

Monsieur, j'ai retiré de Mr Mizière, medecin en cette ville,
J. le Bon de l'origine de la Ryme et l'Epitaphe de Charles VII
par Simon Greban, vous suppliant me renvoyer les exemplaires. Vous sçavez l'humeur des vieillards comme est cestuy
cy de iiij^xx ans. Ce n'est pas chose qui en vaille la peine.

Monsieur,

V^re très humble, etc.

BESLY.

A Fontenay, ce dernier octobre 1616.

XVII. — A MONSIEUR DUCHESNE.

Monsieur, vous avez receu y a huict jours *le Bon* de l'origine de la Ryme et le tombeau du Roy Charles VII par Simon Greban. Je n'eus pas la commodité de vous advertir
que cet epitaphe là me semble imparfait, veu qu'en la com-

---

1. Histoire généalogique de la Maison d'Auvergne, publiée en 1645.

plainte des Pasteurs qui représente l'estat du peuple, il est
fait mention du 3ᵉ Epitaphe qui en presuppose deux précé-
dans. Vous y prendrez garde, s'il vous plaist. Ayant veu le
petit Memoire par lequel me baillez avis qu'un Ms. intitulé
le Débat des deux fortunes, le discours que l'Edition de Dupré
appelle *le débat du gras et du maigre*, cela m'a donné sujet
de revoir le *jardin de plaisance* dont j'ay cy devant parlé;
il est conforme à vʳᵉ Ms.: toutefois j'estime qu'il y ha erreur au
titre et vous y envoye mon avis lequel vous accommoderez s'il
vous plaist à mon premier mémoire, de la suite duquel je ne
me suys peu ressouvenir, sinon que je rejettois en tout le
discours pour n'estre de Chartier : ce qui m'estoit échappé à
cause du longtems que je ne l'avois leu ne l'ayant pas, mais
j'ay eu recours au jardin de plaisance où je croy qu'il y a
beaucoup de différence comme verrez en les conférant. J'ay
aussi recouvert deux Epitaphes tirés d'un Ms. qui est à Mʳ Mizière, medecin de cette ville. Vous les verrez pour vous en
servir si le voyez à propos. Quant à l'epigramme de Marot
de l'Edition de Niort 1596 p. 444, *de Jan de Meun s'enfle le
cours de Loire, en Mʳ Alain Normandie prend gloire;* voyez
le discours ou complainte du généreux preudhomme p. 519,
le bien disant en ryme et prose Alains, là sans doute il entend
Chartier comme tous les Autheurs depuys luy le citent
ainsi.

Vʳᵉ très humble, etc.,

BESLY.

A Fontenay, ce 14 novembre 1616.

XVIII. — A MONSIEUR DUCHESNE, AU COLLÈGE DE LA MERCI,
DERRIÈRE LE MONT Sᵀ-HILAIRE, A PARIS.

Monsieur, pour response aux vostres du XIII du courant :
j'ay receu les deux livrets que je vous avois envoyez, en quoy
m'avez obligé : car par ce moyen les ayants rendus promp-

tement, je me suys acquis la faculté de pouvoir plus facilement querir les autres dont pourrons avoir afaire estans en la puissance du bonhomme. Et de faict il m'a tenu propos de ne scay quels Grammariens en n^re langue (qui me sont inconnus, et m'a promis de m'en ayder. Je sçauray ce que c'est, afin de vous en bailler advis; comme je seray disposé en tout autre subjet de vous seruir, et contribuer mon possible à vous apporter du contentement. Au reste je me suys donné le passe temps de lire le Bon de l'origine de la ryme. Cuidant y trouver un thresor, j'y ay trouué des charbons. Bon Dieu! quel jugement creux et que d'inepties! Je vous prie avoir memoire des lieux de Joseph de la Scala et d'Isaac Casaubon, qui vous seront deux Hercules pour dompter tant de monstres. Je suys marri de la cacographie du tombeau de Charles VII; vous remettrez aisement ce qui reste; si j'eusse heu plus de loysir lorsque je l'envoyay, je vous eusse relevé de ceste peine, et en eusse redressé davantage que je n'ay fait. Vous aurez à présent receu les autres Epitaphes dont je chargeay le dernier messager; et attens vostre reponse là dessus. Quant à l'histoire de Normandie en ryme par Mr Wace [1], me semble que m'en ayez autrefois touché quelque chose; et mesmes donné quelques extraits. Toutefois après avoir cherché parmi mes mémoires sans en rien rencontrer, j'ay pensé que ne prendrez à deplaysir si j'accepte vos honnestes offres, et vous supplie, comme je fais, de me faire copier les lieux où il est fait mention d'Aimeri vic^te de Thouars et des autres seigneurs de Poictou qui furent à la conqueste d'Angleterre sous Guillaume le Bastard : item, le passage à propos de la rançon que le comte de Poictou bailla à Geofroy Martel comte d'Anjou, et le mariage de la sœur de Guillaume Longue espée aveq un comte

---

1. Robert Wace. *Le roman de Rou et des ducs de Normandie. Ms.*

de Poictou. Gemiege [1] et Walsingam [2] la nomment Gerloë, Boucher et les autres Gellone, tous corruptement. Guibord est nom que je trouve ailleurs, mesme en ceste province : neantmoins les chartres l'appellent Adelle ou Alix. Je seray bien aise de ravasser la dessus. Il me tarde que l'histoire de Beauvais et v^re Me Alcuin ne prennent congé pour voir le monde. Vous m'avez grandement resjouy du retour du bon père Monsieur de Sirmond. Si Monsieur le conseiller de Pereze est de delà, je vous supplie de mes recommandations affectionnées, et que je puysse avoir response à mes dernières. Je suys sur le point de faire une traite d'où j'espère du contentement pour les vieilles ferrailles de ce pays, et qu'il s'y pourra rencontrer des pieces propres à vos desseins. Je me fais accroire que mes déportements passez vous ont assez fait preuve de la franchise et syncerité de mon courage et de ma plume et que la matiere me defaut seulement et non pas l'affection de pouvoir vous servir, et en ceste profession, je me diray,

Monsieur,

V^re très humble et obeissant serviteur,

Besly.

Sans date. (Vers le 25 nov. 1616.)

Quant à ce que demandez mon avis, [si] devez joindre le susdit poëte Mr Wace aux historiens Normands que préparez; c'est un traict de vostre courtoisie, veu qu'en cella et toute autre chose, je prefereray tousjours vostre jugement au mien. Toutefois pour n'estre veu malgracieux de ma part, et pour vous complaire, je vous en diray volontiers ce qui m'en semblera lorsque j'auray veu quelques pièces de l'autheur;

---

1. Guillaume de Jumièges. *Histoire des Normands.*
2. Thomas Walsingham. *Historia brevis Angliæ* (1272-1422).

car il se rencontre souvent de vieux factistes qui ne valent rien en corps et en masse, encores qu'ils puissent servir desmembrés, pour les preuves du dialecte et des étymologies : et des particularités d'histoires pour les temps ou les faicts.

XIX. — A MONSIEUR MONSIEUR DE SAINCTE-MARTHE, SIEUR D'ESTREPIÉ, ADVOCAT EN PARLEMENT, A PARIS.

Monsieur, j'ay heu l'honneur de voir Mr de Grelay en ceste ville et à Niort par quatre ou cinq fois. Ce n'ha pas esté sans parler du père des Muses [1], cest excellent ouvrier qui semble seul rester de la volée des beaux esprits, et de vous aussi l'un de ceux qu'il a mis au monde pour hériter de ses vertus. J'estime qu'il ne vous aura pas teu ceste entreveue, et porté témoignage de mon affection syncère et asseurée. Il a pris la peine de jetter l'œil sur le ramas ou plutost cahos de mes mémoires, quoy que je les aye digéré et mis au net le mieux qu'il m'a esté possible, et préparé pour l'impression. Les chartulaires de Charroux, Orbestier, O ir-vaut, Nostre-Dame la Grand' de Poictiers, et quelques autres dont j'ay parole, suspendent mon dessein : et voudrois bien tascher de rencontrer les liaisons d'aucunes familles qui me manquent. — Je pense avoir redressé la droicte ligne de ceux de LEZIGNEM, et monstré XII degrés du nom de HVGVES. Les branches collatérales ne me sont pas bien connues, ny comment elles ont fondu en filles. Monsieur de Poictiers m'ayant presté son recueil de Maisons, l'accident advenu le premier de septembre empescha que je ne peusse en faire profit. Je vous prie de m'ayder de ce que vous avez des Archevesques de Parthenay, parce que je m'y trouve empesché. Je vous serviray en toutes occasions, non seulement pour ceste cour-

---

1. Gaucher de Sainte-Marthe, père d'Abel, de Scévole et de Louis de Sainte-Marthe.

toisie, mais aussi en considération de plusieurs autres, dont je vous suys obligé à demeurer à perpétuité,

Monsieur,
Vostre très-humble et obéissant
serviteur,
Besly.

Fontenay, ce xxviii novemb. mdcxvi.

XX. — A monsieur dupuy, advocat en parlement, a paris, rue des deux-portes, qui passe de la rue saint-jacques en celle de hautefueille.

Monsieur, vostre reponse est venue assez à tems, puys qu'elle m'aporte occasion de me resjouir, tant pour la bonne opinion qu'avez donnée de moy à M^r le P^r G^{nal}, que pour le bon succez de mon affaire, qui sans doute a despendu de luy. Si mon collegue se fust declaré à moy du sujet qui le mouvoit à se rendre plus facile, possible eusse je esté plus difficile à cedder de mon droict. Mais de cella, la pierre en est jettée, et ne m'en repens point : la paix ne se peut achepter trop cher, pourveu qu'elle soit sans equivoque. Vous m'avez esté l'instrument de ce bien sous l'appuy et faveur de M^r le P^r G^{al}, et vous en remercie : je luy escris suyvant vostre conseil : et d'ailleurs recognois y estre fort obligé. Ne sachant point sa seigneurie, j'ay osé vous importuner de faire remplir la superscription.

Je dois un voyage en la Marche, où sont les *chartulaires de Charroux*, dont j'ay promesse ; laquelle si elle s'exécute j'auray assez de quoy amander et raccommoder la genealogie et desduction des maisons que je vous ay envoyées : elles ne valoient pas la peine que Monsieur de Thou les deust veoir : mais c'est un trait de vostre courtoisie, qui ne cessez d'ayder à la reputation de vos amys. J'essayeray de les rendre

plus agreables et à vous à qui je les vouë, et à ceux qui les
verront pour l'amour de vous. J'attends la commodité de
Mʳ de Godefroy sur le sujet de mes dernieres.

Quant à mon histoire, je la lèche et forme peu à peu, à
mesure que les Memoires et instructions me viennent. J'ay
receu ceste sepmaine lettres de Mʳ le Marquis de Royan [1],
lesquelles m'ont donné une grande esperance de plusieurs
antiquitez. J'en attends d'ailleurs, et m'est fascheux de publier
une pièce trop informe et defectueuse. Neantmoins je me
laisseray emporter à vous et mes autres amys, à la charge
que serez mes garends.

Je vous remercie du livre de Mʳ Godefroy le jeune [2], lequel j'ay leu, et trouvé que ce n'est pas merveille s'il est bien
receu de delà. Encores qu'il soit bien partout, rien ne m'est
plus à gré que la préface, qui ne peut estre ostée sans
gaster tout le livre, et lui oster l'honneur qu'il reçoit de vostre
nom.

Vous jugez bien cest homme là peu entendu, qui faisoit
cas des Mémoires de la Haye, et puys que m'en demandez
mon aduis, je le diray franchement à vous et à moy aveq
autant de liberté que la verité m'en est autant conneuë qu'à
homme du monde. Il y ha environ neuf ans que fus employé
par les gens du Roy de ce siege d'assister nostre seneschal à
l'exécution d'un arrest de la cour pour mettre en possession
des commissaires establis à régir la seigneurie de Sanzay, par
faute d'avoir par le sʳ comte du lieu communiqué les tiltres
de la famille au sʳ du Chastelier-Portau [3], demandeur en partage à cause de son ayeule ou bisayeule issuë de cette maison.
Nous fusmes trois sepmaines dans le chasteau de Sanzay, où

---

1. Philippe de la Trimouille, marquis de Royan et comte d'Olonne.
2. Jacques Godefroy, *De statu Paganorum sub imperatoribus christia-
nis*, *comment. ad tit.* 10 *libri* 16 *cod. Theodosiarii. Lipsiæ*, 1616;
in-4.
3. Honorat Prevost, sʳ du Chastelier-Portau.

nous fismes inventaire de tout ce qui s'y trouva. Entre autres
choses j'y rencontray deux ou trois copies à la main, des
mémoires qui courent sous le nom de J. de la Haye lieut' g^al
de Poictou : elles estoient toutes de la main du feu s^r comte
de Sanzay, les unes plus, les autres moins amples; bifées et
raturées et brouillées, comme vous sçavez que les autheurs
ont accoustumé faire, devant que rien hazarder en publiq.
J'avois desja leu l'imprimé, qui fut occasion que j'eu la curiosité d'interpeller ma mémoire, et conférer exactement. De
retour en ceste ville, de cas de fortune, comme il fust venu à
propos de parler de ce livre en une compagnie où j'estois, un
mien amy present me promit, et depuys me presta une autre
copie Ms. du mesme livre, aveq une missive escrite par un
gentilhomme de la suyte dud. s^r comte de Sanzay à un
aduocat de ceste ville fort docte et bien entendu nommé
Robert, qui avoit entrepris une nouvelle histoire de Bretagne : afin d'insérer dans son histoire ces mémoires là ou partie qu'il verroit plus à propos. J'ay conféré cette dernière
copie aveq l'imprimé lequel je vous donne de bon cœur, et
n'eusse osé le vous donner si ne l'eussiez demandé ; parce
que c'est un mauvais livre, vous disant tout ce qui m'en
semble sous ce mot. Toutefois afin de n'estre veu mespriser
vostre priere, j'ay cotté en marge quelques erreurs des plus
insignes, et des anachronismes d'un, deux ou trois cents
ans. J'en ay fait si peu de cas, que je n'ay daigné le nommer
en aucun lieu de mon histoire [1] : mais je reserue à en toucher un mot parmi les preuves. Mais j'estime que la hardiesse et le trait meriteroit place en quelque coin de l'histoire de M. de Thou.

L'autheur des *Tragiques* [2] me doit un exemplaire qui vous

---

1. Ces preuves de la fausseté des Mémoires de La Haye sont imprimées à la suite de l'histoire des Comtes de Poitou.

2. Théodore-Agrippa d'Aubigné, auteur des *Tragiques*, poésies imprimées en 1616.

est vouë, et parce qu'il n'est venu assez à tems, je le reserve
pour le premier voyage. Vous m'avez esmerveillé de ce subit
changement : je l'avois preveu, par les mœurs du siècle où
nous sommes. Jeudi dernier (8 x^bre), M^r le Duc de Rohan fit
son entrée en ceste ville, assisté comme il est coustume en
telles pompes. Je suys,

Monsieur ,

Vostre très humble, affectionné et obligé
serviteur ,

BESLY.

De Fon^ny, ce xii décembre MDCXVI.

XXI. — A MONSIEUR DUCHESNE.

Monsieur, vous me demandez expressement l'épigramme
de Marot imitée de Martial où il parle de Chartier et non le
lieu où il sépare les œuvres qu'on suppose à Chartier, c'est
pourquoy je vous ay cotté l'un que demandiez et non l'autre
dont m'escrivez ; vous le trouverez en une Epistre de Marot
à Estienne Dolet escrite à Lyon le dernier juillet 1538, servant de preface aux œuvres dud. Marot imprimées par le
mesme Dolet l'an 1543. Le lieu est tel afin de vous relever
de peine. *Or je ne suys seul à qui ce bon tour a esté faict, si
Allain Chartier vivoit, croy hardiment (amy) que volontiers
me tyendroit compagnie à faire plainte de ceux de leur art qui
à ses œuvres excellentes adjoustèrent la contredance sans mercy,
l'hospital d'Amours, la plainte de St Valentin, et la pastourelle
de Granson, œuvres indignes de son nom et autant sorties de
luy comme de moy la complaincte de la Bazoche, etc...* Vous
m'avez estonné d'un si merveilleux accident qui vous concerne en particulier. Souvenez-vous du mot du poëte :
*Æquam memento rebus in arduis servare mentem, non secus
in bonis.* Vous n'obligerez pas peu les curieux de l'antiquité

de leur donner la vie du Roy S. Louys par le sire de Joinville parlant son franc et naturel ramage. Ne doutez point
que v^re Ms. n'ayt passé par de mauvaises mains, et qu'il ne
faille remettre Philippes au lieu de Louys en l'inscription de
la Preface. Si l'entrée de M^r le Duc de Rohan en cette ville
ce jour icy me donnoit du loysir, je pourrois confirmer mon
dire par plusieurs raisons ; et vous toucher quelques particularités sur cette histoire, lesquelles possible n'ont pas été
remarquées de tout le monde. J'accepte l'épitaphe d'Agnès
Imp. et le passage de cet autheur qui donne une fille de
Laval pour femme à Guy D. de Guyenne. Et cette genealogie du Perche n'y a til point moyen de la recouvrer ? Je demeure de bon cœur,

Monsieur ,

V^re très humble, etc.

BESLY.

A Fontenay, le 12 décemb. 1616.

XXII. — A MONSIEUR MONSIEUR DE SAINCTE-MARTHE
D'ESTREPIED , ADVOCAT EN LA COUR , A PARIS.

Monsieur ,   J'ay receu vos lettres et quasi au mesme
temps celles de Mr de Grelay, vostre frère, aveq les œuvres
latines de M^r de Ste Marthe vostre père, qu'il m'a envoyées
de sa part, me priant vous escrire sur le sujet des vostres.
En cella j'admire la rencontre et la fatalité de vostre horos-
cope commun. Led. s^r m'escrit qu'il estoit sur son partement
de ce pays, tellement qu'à présent il est sur chemin, s'il
n'est desjà de retour à sa maison. Je vous envoye la généalogie des comtes de Poictou en table, selon vostre désir,
laquelle verrez s'il vous plaist, et m'advertirez des défectuo-
sitez que vous y pourrez remarquer. Quant à celles d'Angoulesme, La Marche et Lezignem, que je suis bien aise que

Mr Dupuy vous l'ayt promise. Je la luy ai donnée pour en disposer à discrétion. Je suys marry qu'elle n'est plus complette : néantmoins telle qu'elle est, vous y recognoistrez de grandes particularitez pour rejetter les fables et implicitez de beaucoup de points de nostre histoire. — Je vous remercie de la famille de Parthenay : au premier voyage, j'espère vous faire veoir une toute autre origine et fort véritable. — Tandis je vous supplie de tout mon cœur, vouloir prendre la peine de prier de ma part M^r de Ste Marthe vostre frère aisné, d'assister de sa faveur envers Mrs Rubentel et Perrot [1], Mr de Verges poursuyvant sa réception de Conseiller à la Rochelle; estants germains comme nous sommes luy et moy, je luy dois honneur, et pour ses autres bonnes parties, je luy dois service. Vous m'obligerez tout autant qu'il se peut dire, et sera redoubler l'obligation que mondit s^r vostre frère ha sur moy pour ma réception. La crainte de l'importuner d'un mauvais discours, m'a empesché de luy escrire, estant certain que me ferez l'honneur de suppléer à mon défaut. — Je vous baise à tous les mains et vous mercie tous ensemble des excellents œuvres de M^r vostre père que je garderai fort chèrement,

Monsieur,

Vostre très-humble et obéissant
serviteur,

Besly.

De Fontenay, ce lendemain de Noël (1616).

(La date 1616 est écrite au haut de la page et répétée à côté de la souscription.)

---

1. Guillaume Rubentel et Cyprien Perrot, conseillers au Parlement.

XXIII. — A MONSIEUR DUCHESNE, AU COLLÉGE DE LA MERCI, DERRIÈRE LE MONT St-HILAIRE, A PARIS.

Monsieur, sauf v^{re} milleur advis, *Phelippes*, pris pour le Roy surnommé le Bel, me semble bien convenir à la preface du Ms. de Joinville et s'accorder au tems : et non pas *Louys,* pris pour le Roy Louys dit Hutin, F. du Bel, et arrière petit filz de S. Louys. L'autheur qui en cest endroict appelle Phelippes le Bel fils de S. Louys et de la Royne Marguerite de Provence sa veufve, s'accommode au vulgaire qui tient l'empire sur la notion des mots et leur donne tel cours et usage qu'il luy plaist. Scelon ceste maniere, il attribue à l'ayeul et ayeule, les tiltres de Père et Mère, et aux nepveux ou petits filz, le nom de filz simplement et absolument, par une exuberance de dilection et d'amour procedant des st orges (*sic*) et affections naturelles tousjours plus fortes et violentes d'autant plus que la parentelle et le sang s'aproche de sa source et de son individu. Prenez garde au chap. xciiii, vous y verrez que le mesme Phelippes le Bel est precisement appellé filz de S. Louys qui n'est pas ung foible argument pour moy. Et certes il pouvoit lors bien estre qualifié Roy de France et de Navarre et comte de Champagne et de Brie après mccxcviii, que le Roy S. Louys fut canonizé le iii d'Aoust sous Boniface VIII P. le iii an de son Pontificat : veu que dès l'an mccxciii, le lendemain de la miaoust, il avoit epousé l'heritiere de Navarre, Champagne et Brie : et en octobre de l'année suyvante avoit succedé à la couronne de France. Il pouvoit recevoir les mesmes tiltres jusques à l'an mcccvii, premier octobre, que Louys Hutin son filz fut couronné Roy de Navarre et constitué Palatin de ces deux comtez. Adjoustez que la qualité de Roy de France que porte l'*intitulatum* du Ms. n'apartient à Hutin, sinon après le xxix de décembre mcccxiiii que le Bel mourut, et consequemment si Joinville a dedié son histoire à Hutin sous le tiltre de Roy de

France, il faut necessairement que cella soit advenu en
MCCCXV ou plus tard. Faignons que ce brave et vertueux seigneur, par une benediction singuliere du ciel, ayt vescu centenaire, il est aisé de faire veoir qu'il ne peut avoir passé
MCCCXIIII : car on ne doibt croire qu'il vint jeune au service
de St Loys et demeuré seulement avec luy les six dernieres
années de son regne. Pardonnez moy s'il vous plaist, si je
ne m'amuse beaucoup à Richard de Vashebourg [1] et Edmon
de Boulay [2] : ce n'est de leurs escrits d'où la verité se puyse
aisement, on l'arracheroist plus volontiers du Puy de Demo-
crite. Il vaut mieux s'en rapporter à Joinville mesme et aux
chartres du tems. A son propre témoignage, si le lieu n'est
corrompu, il a demeuré XXII ans aveq S. Loys, scavoir despuys MCCXLVIII jusques à son decez. Le Ms. de la Croix du
Maine dit qu'il y a demeuré XXXII ans, ainsi il y seroit venu
bien plutost, environ MCCXL. Mais tenons nous au livre imprimé, on en recueille qu'il estoit desja homme parfait lorsqu'il vint aupres de S. Louys; car il raconte de soy qu'en
l'an MCCXLVIII, il estoit marié et avoit plusieurs enfans : et
ailleurs il dit qu'il estoit proche du Roy, afin d'user de ses
termes, ce qui ne peut s'adapter à une jeune barbe, mais à
un principal conseiller d'estat d'un si sage et excellent Roy.
Remontant en arrière, vous trouverez qu'il avoit servi d'escuyer devant le Roy de Navarre, Tibaut le Grand, à Pithou le
IIII et à moy le v du nom, Palatin de Champagne et de Brie,
lors de la magnifique feste de la chevalerie d'Alphonse, Duc
de Poictiers, celebrée en la ville de Saumur, l'an MCCXLI : qui
fut une cour des plus notables qu'on puisse remarquer en
l'histoire et durant laquelle le Cte d'Artois et un autre de ses
freres servoient devant S. Louys. Il est croyable que Joinville
avoit du moins XXV ans ; autrement on ne l'eust choisi pour

---

1. Richard de Wassebourg, archidiacre de Verdun. *Antiquités de
la Gaule Belgique*. 1549.
2. Edmond du Boulay. *Généalogies des ducs de Lorraine*. 1547.

s'acquiter d'une telle charge : et de là il s'ensuyt qu'en MCCCXV, il estoit centenaire et plus vieux d'un aage que Nestor à qui les poètes donnent une vie extraordinaire et de là on peut aisement conclure qu'il ne peut avoir dedié son ouvrage à Louys Hutin en qualité de Roy de France : et ne le peust sous le tiltre de Roy de Navarre et Palatin de Champagne et Brie, avant MCCCVII, sur la fin de l'an : cependant vous voyez qu'il peust estre né environ MCCXV, supposé qu'il eust vescu cent ans : ce qui n'est point verifié. Voyla que j'avois à produire pour fortifier mon opinion, laquelle je vous avois escrite toute nuë. Je m'en rapporte neantmoins à ce que jugerez de mieux, et pensez qu'il y ha heu plusieurs Mss. de ceste histoire là : ne pourroit croire que ce soit celuy sur lequel A. Pierre [1] communiqua l'histoire au publiq. En tout cas il faudroit justifier que Joinville eust passé MCCCVII et MCCCXIV, avant que pouvoir soustenir l'inscription, ou confesser que le Ms. est vitié et corrompu. Les livres imprimez que j'ay leu et les chartes infinies que j'ay manié, ne m'ont peu esclaircir davantage. Bien trouve je qu'en MCXCIX, Geofroy de Joinville F. de Symon estoit seneschal de Champagne, et qu'un autre Symon de mesme nom, je ne scay si filz ou frère de Geofroy, mais frère de Guy de Seilly, estoit aussi seneschal le jour de Noël MCCXXIV. Je m'oubliois de vous dire qu'audit an, selon le cahier de *li droit et li coustumes de Champagne*, etc., ou l'année précédente, ce qui est plus conforme à l'histoire, nostre historien avoit la garde ou régence de Champagne durant le voyage de Philippe le Hardi et Philippe le Bel en Arragon, ce qui pourroit l'avoir conduit à dedier son labeur au Bel.

J'attendray la généalogie des comtes du Perche, et contribueray franchement ce que je pourray. Vous cognoissez assez ma liberté.

---

1. Antoine-Pierre de Rieux.

Si vous escrivez à Mʳ Mesnard [1], je vous prie de mes recommandations et que je le prie me faire response comme il m'avoit promis sur la question que je luy avois faite touchant Grœcia l'une des femmes de Geofroy II dit Martel I Comte d'Anjou, à propos duquel vous ne m'avez envoyé le passage de Normand, où il denombre les villes qu'un Comte de Poictou luy donna pour sa rançon. Je vous supplie aussi de mes recommandations à Mʳ le President Savaron et le bon père Syrmond. J'envoyray au prochain voyage aud. Sʳ Savaron le vray et naturel testament de Sᵗᵉ Radegonde bien differend de celuy qui est en Gregoire de Tours. Sur ce je vous baise les mains et de Mʳ Loysel et demeure en toute affection

Vʳᵉ tres humble et obeissant serviteur,

BESLY.

Sans date (janvier 1617).

Vous ne me dites point si vʳᵉ Chartier est achevé ou non.

XXIV. — A MONSIEUR DUCHESNE.

Monsieur, vous m'avez fait plaisir de m'envoyer l'extrait de la Chronique anonyme, mais l'autheur entendoit mal ce qu'il a escrit, car il n'estoit pas question seulement de l'hommage de Tholose, mais aussi de sa propriété, sur laquelle on s'accommoda en faveur du Roy Louis VII, dont le Tolosain avoit espousé la sœur.

Quant à Regnault de Chastillon, Prince d'Antioche, je suys en pareille peine que vous pour scavoir sa maison. Il estoit François et après le decès de Raymond I de Poictiers, Prince d'Antioche, mort en 1148, ce Regnault espousa sa

---

1. Claude Ménard, d'Angers, prêtre.

veuve, à cause de laquelle, parce qu'elle estoit proprietaire de la principauté, il s'intituloit Prince, mesmement durant la minorité du fils du défunt. *Tyrius* [1] et *Sannurus* [2] font mention de luy et apprendrez d'eux tout ce que je vous en scaurois dire : bien merry que je ne puys davantage.

Vous ne scauriez assez tost travailler pour les autheurs de la langue françoise, tant j'espère que cet ouvrage sera le bien venu ne plus ne moins qu'il sera fort utile.

Quant aux trois ou quatre historiens de la troisiesme maison de France, vous n'obligerez pas peu les curieux de telles antiquitez trop negligées au passé.

Pour la rapsodie des Comtes d'Auxerre, n'estimez pas y pouvoir rien profiter qui vaille ; autrement je n'éusse manqué jusqu'icy à vous en faire part. C'est tout, après vous avoir baisé les mains pour demeurer à perpétuité,

Monsieur,

V[re] très humble, etc.,

BESLY.

A Fontenay, ce 20 février 1617.

XXV. — A MONSIEUR DUPUY, ADVOCAT FN PARLEMENT, A PARIS, RUE DES DEUX-PORTES, QUI PASSE DE LA RUE SAINT-JACQUES EN CELLE DE HAUTEFUEILLE.

Monsieur, il y ha longtems que nous sommes muets : mais aussi qui ne le seroit au siecle où nous sommes, où les sens de la veuë et de l'ouye n'osent exercer leurs fonctions,

---

1. Guillaume de Tyr.
2. Au lieu de *Sannurus*, lisez Sannutus. — Marin Sanuto. *Liber secretorum fidelium Crucis.*

et les esprits, comme frappez du foudre demeurent bruts et
en pamoison ? Bref où nous sommes reduits au principe de
la philosophie d'Aristote, qui veut qu'on s'initie par la science
de scavoir admirer. Y en eut il jamais plus de matiere et de
sujet au milieu de tant de merveilles ? A propos de cest argument, on a publié deça l'histoire de l'admirable royaume
d'Antangil. Son autheur eust mieux faict, à mon advis, d'exposer au nu ceste idée d'estat, que non pas gaster tant de
couleurs mal broyées à luy composer un masque pour la
deguyser. J'admire la patience d'escrire, le courage et la simplicité de publier. De prime abord le front de l'œuvre me
fait douter de l'artifice du dedans. Car quelle raison d'avoir
remis *Leiden* et le reste, au lieu de ce qui est caché dessous ?
Je prejugeay de là, que l'emplastre estoit un signe apparent
de la playe intérieure et couverte. Vous scaurez mieux noter
d'un clin d'œil tout ce qui le merite, que je ne scaurois le re-
presanter par un long et important discours. Si la liberté des
chemins l'eust permis, je vous eusse moy mesme porté
l'exemplaire, car je crains bien qu'un affaire de laquelle
Mr de Querqui vous a cy devant parlé, desire ma presence
plustost qu'il ne seroit besoin pour ma commodité durant ce
misérable tems. S'il se faict du calme, je prendray l'occasion.

Je ne doute point que n'ayez un exemplaire d'Alain Chartier de la nouvelle edition, puys qu'elle a esté dressée principalement sur le Ms. tiré de vostre bibliotheque. Je ne
m'estois pas imaginé que mon nom paroistroit en teste de
l'extraict de ma lettre ; c'est chose faicte et sans remede. Seulement je vous prie corriger en vostre copie deux errata qui
me deplaysent fort : l'une pag. 7, lig. 9 où il y a *court*, pour
courent; et pag. 3, lig. 26 y a *la* pour *les*. Les autres defauts
me semblent moins intollerables. Si j'eusse eu en main une
copie du livre, j'eusse parlé autrement de chascune des
pièces que je n'ay fait. Car les ayant couru ces jours, ma mémoire s'est refraischie de plusieurs choses de remarque, dont

elle ne m'eust tenu compte sans l'objet. Pour exemple, la description de la Gaule pag. 259 est un extrait du ch. 5 de la preface d'Aimonius Monachus [1], devant le premier livre de son histoire; et pag. 253, la généalogie, etc., il falloit nécessairement mettre au bas du discours une genealogie en carte, et pag. 261, je croy que·le second tiltre est supposé, ou du moins le mot *trois*, et explication d'iceluy : ce qui se justifie des pagg. 279, 290 et 291, et ainsi de plusieurs autres choses. Bref je suys tellement amoureux de l'Esperance, du Curial et du Quadrilogue, que je desirerois que quelcun fort versé en nostre langue, en eust entrepris l'edition de nouveau. Car que signifie *estouni* pag. 264? Indubitablement il faut estourmi et nature au lieu de *créature* au premier vers de Virelay, et longue pour *long* en la ligne antepenult. Car jeusne au siecle d'alors n'estoit du genre masculin ou neutre. Je pourrois cotter un nombre infini de semblables fautes, en la diction et au sens. Comme au Curial pag. 392, lig. penult., faut remettre *espoir*, adverbe qui signifie parauanture, possible, ou semblable. La notion non commune a fait qu'il n'y a ne punctuation, ne sens qui vaille en la periode. Mais je scay à qui je dis cecy, et qu'il demeurera entre nous, sans passer plus outre.

Pour nouvelles de ce pays : nous sommes de present en repos, Dieu merci : neantmoins une assemblée générale assignée à la Rochelle nous tient en suspens de son issuë. Les fortifications de Surgères ne sont encores desmolies : et le bruict court que Mr le Duc d'Espernon n'est pas disposé d'en permettre la ruine, non plus que de Mauzé. Mr de Querqui m'a tousjours assuré de vre disposition à chacun voyage : toutesfois cella ne peut recevoir de comparaison

---

1. Aimonius, bénédictin de l'abbaye de Fleury-sur-Loire. Son *Histoire de France* est imp. dans le t. III de la collection des historiens de Duchesne.

aveq le temoignage qui viendroit de vous, de qui je suys en éternité,

Monsieur,

V^{re} très humble et obligé serviteur,

BESLY.

De Fon^{ay} le Comte, le 6 de mars MDCXVII.

XXVI. — A MONSIEUR DUPUY, ADVOCAT EN PARLEMENT, RUE DES POICTEVINS, AU LOGIS DU PRÉSIDENT DE THOU, A PARIS.

A Monsieur Dupuy sur ses discours de l'Eglise Gallicane et de Boniface VIII.

SONET.

Du Puy, plus cher mignon d'Apollon et Minerve,
Qui ont mis dans ton chef leur plus rare sçavoir,
Veux-tu seul pour jamais l'usufruit en avoir ?
Ainsi l'once envieux sa pierre se réserve.
Veux-tu que ta raison demeure toujours serve
D'une crainte qui vaine étouffe son debvoir,
Enerve ta vertu, luy ostant le pouvoir
D'obliger ton pays d'un bien qui le conserve ?

Amy revien à toy et reprend tes esprits,
Laisse en leur liberté tes utiles escrits ;
Que tout, que le publiq aye ton Boniface.
    C'est honte au médecin qui cache ses secrets,
Quand le mal violent presse l'humaine race,
Qui frappe l'air de vœux, de cris et de regrets.

BESLY.

Monsieur, je me resjouïs de vostre arrivée, principalement puysque vous estes plein de santé et de bonne disposition, qui est le plus riche thrésor de la vie humaine, comme j'expérimente à mon grand regret. Mais je suys résolu à tout ce qu'il plaira à Dieu m'envoyer. J'avois pensé que l'air des champs me donneroit de l'allégement et ravigoureroit mes forces. La saison est mal propre pour cella, et me faudra retirer en l'estat que je suys, au moins s'il m'est possible de pouvoir regaigner mon foüyer domestique, qui me sera toujours plus amy et plus agreable que tous autres lieux, quelques délices dont je peusse jouyr. Parmi mes incommoditez la Muse ne m'a pas du tout abandonné comme jugerez par les vers que je vous envoye. Pourroy-je point par vostre moyen jetter l'œil sur le *Chronicon Taurinense* de Pingon? et sur Domnizo[1] presbtre qui a escrit la vie de la fameuse Mathilde

Adieu, Monsieur, et me faites l'honneur de m'avouer vostre plus obligé et obéissant serviteur.

BESLY.

Du Pré Saint-Gervais près Pantin, ce (en blanc) octobre M. D. C. XVIII.

XXVII. — A MONSIEUR DUCHESNE.

Monsieur, ce que demandez touchant les Maisons de Vivonne et d'Amboise est enveloppé dans mon bahut laissé à Paris. Je vous prie de disposer Mr de Peiresc à me communiquer ces 50 ou 60 copies de Chartes touchant la Maison de Toulouse[2].

V[re] très humble, etc.

BESLY.

A Fontenay, ce 26 novemb. 1618.

---

1. Domnizo, prêtre. *Vie de la comtesse Mathilde, en vers.* 1612.
2. Il est évident que ces quelques lignes ne sont qu'un extrait d'une lettre beaucoup plus longue.

XXVIII. — A MONSIEUR DUCHESNE, GÉOGRAPHE DU ROI.

Monsieur, afin de satisfaire à votre désir et à la parole que je vous ay donnée, voy-cy ce que je scay de Vivonne. C'est une ville des plus anciennes de ce pays, ainsi appellée à cause de la Vonne, rivière sur laquelle elle est bastie ; le latin des Chartres dit *Vico-vonœ, Veonœ* et *Vedonœ, vicus* y est mis pour village, bourg ou forteresse, comme on dit *Vic-le-Comte* en Auvergne ; *Long-vi* en Bourgogne ; *Vis*, parroisse à deux lieues de cette ville de Fontenay ; *Vic sur Gartempe*, qui despend de la Chambre Episcopale de Poictiers establie à Angle ; *Neu-vi* en l'Archipreveré de Partenay ; et infinis autres semblables, à l'exemple de plusieurs pays, contrées, villes et lieux, auxquels les fleuves et rivières qui les arrousent ont communiqué leurs noms. Le poëte Ausone témoigne que *Vône*, pris pour fontaine, rivière, flus ou source coulante, est diction celtique ou gauloise, d'où les Alemans doivent l'avoir emprunté ; et d'eux les Anglois Saxons, comme on peut veoir dans Lazius [1] et Cambdenus [2]. La Vonne a sa naissance non guaires loing de l'Abbayë des Chasteliers ; de là elle charrie son cours par Menigouste, Sansay, Curzay, Jazeneuil, Lezignem, et ayant léché les murs de Vivonne, elle se descharge un peu au dessous, et va mourir dans le Clain. Voy-la quant à l'étymologie. Mais pour l'antiquité de la maison ou famille des seigneurs qui ont possédé Vivonne, et qui en retiennent le tiltre encores aujourd'huy, il seroit besoin d'un OEdipe pour en deviner au vray l'ordre et la suytte, ou de quelcun qui fust instruit de meilleurs mémoires que je ne suys pas. On pourroit soupçonner que l'an 936 un

---

1. Wolfgang Lazius. *Opera politico-historica.*
2. Guillaume Camden. *Britannia.*

Enguerri et Aldearde sa femme en estoient sires. Car par une Chartre dattée de l'an que le roy Raoul mourut, ils aumosnent à S. Cyprien de Poictiers un aleu ou franc heritage, assis en la Contée ou contrée de Briou, en la voirie ou jurisdiction de Vivonne, au village de Thuré : aueq une petite court ou seigneurie au cœur de la Cloëre, une autre rivière laquelle baigne S. Pierre d'Husson, S. Secondin, S. Martin de Brion, S. Hilaire de la Ferrière, la maison du Pin, S. Morice, Gençay, Marenay ou Marnay, Chastelacher, et finalement va aussi se perdre dans le Clain assez près de Vivonne.

Mais il est certain qu'environ l'an 1000, cette ville là apartenoit à Gilbert I, Évesque de Poictiers, et après son decez elle devoit revenir moitié à un gentilhomme appellé Joscelin, et l'autre moitié à Hugues IIII sire de Lezignem, son oncle. Un fragment Ms. d'une histoire en latin barbare par un autheur Poictevin qui vivoit lors, monstre qu'ainsi avoit esté accordé entre l'Evesque Gilbert et Guillaume IIII, Comte de Poictou et Duc de Guyenne, et davantage que le mesme Evesque de son vivant en investit Josselin, et l'en feit servir par ses hommes de fief : et qu'après le trespas des deux, le Comte consentit que Vivonne demeurast par moitié entre Isembert de Chastelaillon aussi Evesque de Poictiers I du nom, nepveu paternel de Gilbert, et ce Hugues IIII de Lezignem. Ainsi il y a six cens ans que ceux de Lezignem et Chastelaillon tenoient Vivonne en heredité; et ne faut point douter qu'un puysné de Lezignem n'ayt esté la souche des sires de Vivonne, ou qu'une fille de ceste maison là n'ayt esté appanée de Vivonne, ce que le nom de Hugues ordinaire en l'une et l'autre famille temoigne assez. Car dès le règne du R. Philippe I, en 1059, un *Hugues* en estoit seigneur, et avoit un frère appellé Silvion, Silvain, Sauvage ou l'Estrange, par un tiltre lequel porte qu'un Gaubert dit le François, s'estant donné et livré aux religieux de S. Cyprien de Poictiers, donna aussi quelques siens heritages francs et quittes de tous devoirs, sauf de la dixme dhuë pour complant, et declarez neantmoins estre mouvans du Casement, c'est à dire du fief de cez Hugues et Silvius de Vivonne : qui ont sousigné aveq Guy comte, Fouques le Normant, Hugues Prevost, Eudes son frère, Aymar Le Voyer, Brueil de Monstreuil (Bonnin) et plusieurs autres; regnant le R. Philippe. C'est le premier du nom qui commença de regner un an après que Guy surnommé Gerfroy et Guillaume VII, vint à la Comté de Poictou, et Duché de Guyenne : et le survesquit environ deux ans, l'un estant mort l'an 1086 et l'autre 1088. Il y a tiltre d'Isembert II Evesque de Poictiers du vi des Ides de Juin MLxxxiij, où Boson (les anciens disoient Booz) de Vivonne est tesmoin aveq Gerfroy Duc de Guyenne, Robert de Bourgougne (il estoit nepveu du Duc de par mère), Maingot de Melle et ses frères, Hugues Prevost, Pierre de Bridiers, Foulques le Norman, Hugues de Chaumont, Chalo vicomte (d'Aulnay), Aldebert comte (de la Marche), Engilelme de Mortemar et Aymar le Voyer. Le tems monstre que ce Boson estoit successeur de Hugues en la seigneurie de Vivonne, laquelle dès l'an 1119 estoit desja possedée par Chalo le Roux ; cetuy-cy pour quelques violences commises en la Seigneurie de Champagné Sainct Hilaire, fut excommunié par le P. P. Calixte II qui estoit lors à Poictiers. Venu à resipiscence, avant faire un voyage en la terre sainte, où il s'estoit voüe, il alla en l'eglise de S. Hilaire, où il renonça sur le sepulchre du Saint aux droictz et pretensions qu'il avoit sur Champagné : jura de n'y quereller jamais rien, ne son filz, ne autres par son ayde et conseil : ou si de fortune il avenoit, s'obligeoit de l'amander ou faire amander, et à cet effet de tenir ostages et prisons du chapitre, et de n'en partir jusques à pleine satisfaction. Dont fut faite Chartre qu'il deposa sur le corps de S. Hilaire, aveq la courroye de sa ceinture, en signe d'investizon; présent Marquis abbé de Monstierneuf, Regnaut abbé de S. Martial de Limoges, et Guillaume Chauson qui luy tenoit la main, tandis qu'il faisoit le serment. Le

filz de Chalo s'appelloit Helie, lequel suyvant les erres de son
père entreprit pareillement sur Champagné : occasion que
sur la plainte des chanoines, le Pape Honoré II commit la
cognoissance de ce differend à Guillaume II, surnommé
Adelelme, Evesque de Poictiers, qui rendit jugement contre
Helie, le premier jour de juillet 1128, nonobstant qu'il alle-
guast qu'avant la renonciation faite par son père, il avoit par
luy esté investi de sa seigneurie ; et que des droictz conten-
tieux ses predecesseurs de la mesme race avoient jouy d'ancienneté. Ce qu'il faut noter pour la filiation, ensemble les
noms de Boson et Helie qui monstrent infailliblement que
c'est une mesme famille et que la femme de Hugues père de
Boson estoit issue des comtes de la Marche, ou que le mesme
Hugues estoit filz d'Almodis de la Marche qui fut séparée de
Hugues V sire de Lezignem, pour cause de lignage et rema-
riée à Ponce... père du Grand Raymon c^te de St Gilles et
Tholose ; puys à un comte de Barcelonne : à quoi les tems
conviennent. Tant y a qu'un Guillaume Aleri, sire de Vivonne
l'an 1184, pour avoir entrepris sur cette mesme seigneurie
fut pareillement excommunié par Aymar Evesque de Saintes,
commissaire en cette partie, sous Lucius III pape, regnant
Philippe (Aug.) R. de France, et Henry roi d'Angleterre
(II du nom et I Duc de Guyenne). Quinze ans après,
l'an 1199, Guillaume de Fors, ou le Fort (le latin dit Fortis),
sire de Vivonne, est desnommé témoin en un acte de *Philippe*
(*Pierre*) *Bertin* seneschal de Poictou et de la Marche. Puys
l'an 1249, Hugues de Vivonne est nommé arbitre de la part
de Hugues le Brun VIIIe, sire de Lezignem, sur la dispute
d'entre luy et les chanoines de St Hilaire pour raison de la
haute justice sur les bois de Rouillé : et y ha bien apparence
qu'il ne vesquit pas long temps du depuys ; car par un autre
tiltre du jeudi après la purification Nostre Dame 1256, Guillaume de Fors chev^r est qualifié sire de Vivonne et de Chastelacher, qualité qui fait soupçonner qu'il avoit espousé
l'héritière de Chastelacher F. de Gerfroy de Lezignem sire de

Chastelacher. Le registre des fiefs de Poictou dressé sous le comte Alphonse, enseigne qu'au mesme tems un Savari de Vivonne, Chev^r, estoit s^{gr} de Bougovin (Bougouin) : comme aussi le registre de l'evesché de Poictiers compilé par l'evesque Gaultier de Bruges, fait mention d'Aimeri et Hugues de Vivonne, vivant l'an 1246. Ce qui donne assez à cognoistre que la maison de Vivonne avoit branché, et possible la ligne directe fondue en fille, épousée par un de la maison de Fors du nom de Guillaume. Et de fait, j'ay tiltre de l'an 1234 où l'aisné de Fors porte ce nom. Toutefois je ne vouderois que cette conjecture passast pour chose véritable, sans autre milleur garend; d'autant qu'on peut dire aueq plus d'apparence que le surnom de Fors venoit à ce Guillaume de par sa mère heritière de Fors, ou à cause que c'estoit le lieu de sa naissance, ou de sa nourriture : et que le nom de Guillaume lui avoit esté imposé à cause de son père qui tenoit le sien de la maison des vicomtes d'Aunay, tout ainsi que son ayeul celuy de Chalo : ces deux noms là de Chalo et de Guillaume y estant perpétuellement alternez, comme on peut veoir au registre des Chartes de l'abbaye de St Jean d'Angeli. Mais voicy qui justifie sans doute que la branche de l'aisné à finy une autrefois en fille, il y a environ deux cens ans, qui est depuys que la ville de Vivonne eut passé en la main des Barons de Mortemar, de la maison des Vicomtes de Rochechouart. Il y a tiltre au thresor des Chartres, par lequel il se veoid que Renaud de Vivonne, sire de Tors, en l'an 1363, estoit Seigneur d'Esnande à cause de Catherine d'Ancenis sa femme : et qu'il avoit pour ayeul Savari de Vivonne seigneur de Tors : et là est fait mention d'un Hugues de Vivonne : ce sont trois degrés sans controverse. Par autre tiltre de l'an 1412, il est referé que ce Regnaut laissa Savary de Vivonne, Regnaut de Vivonne sire des Essars, Guillaume de Vivonne et une fille Marguerite femme de Jacques de Surgères, par un registre de la cour de l'an 1409 ; que de Savary aisné et de Jehanne d'Aspremont sa femme, furent procréés Regnaut de Vivonne sire de Tors, et Isabeau de Vivonne. Ce sont deux autres de-grés, et en tout cinq qu'on ne peut contredire.

N... Aisné   Hugues
Savari, sire de Tors et des Essars   Hugues
N. de Vivonne
La généal. que j'ay nomme sa femme Catherine et l'a fait fille de Jehan Chasteigner, chevʳ, sᵍʳ de la Chasteigneraye.
Regnaut de Vivonne, sire de Tors
Catherine d'Ancenis

Savari	Regnaut, sire	Guillaume,	Marguerite.
Jeanne d'Aspremont	des Essars en 1397; tuteur des enfans de Savari son frère: Reg. de la cour, en 1401; avoit à femme Marie de Mathas F. de Fouques F. de Robert, sans enfans.	sans enfans.	Jacques de Surgères sᵍʳ de la Flocellière. Registre 1416.

Regnaut de Vivonne, sire de Tors. Cathe-rine de la Haye, sans enfans.	Guillaume, sans enfans.	Isabeau, 1412. Charles de Bretagne, de la maison de Chastillon.

Davantage un registre du parlement de l'an 1416 monstre que Regnaut et Isabeau avoient un frère nommé Guillaume et qu'ils estoient tous lors vivans, auxquels Jacques de Sur-gères demandoit le mariage de sa femme sur la terre de la Guerche et autres, mais ils moururent peu de tems après; car en 1418, Catherine de la Haye, veufve de ce Regnaut, playde contre Isabeau pour son douaire assigné sur le Poi-roux, Aizenay et Rié; et est Regnaut en outre qualifié sire de Tors, la Chastegneraye, Ardelay et partie de Mortagne sur Sepvre, où elle querelle pareil droict. En 1433, Isabeau playde contre Richard de Bretagne qui l'avoit spolié des terres susdites : comme encore l'année suyvante : et porte le registre que toute la succession de ses ayeul et ayeule, père et mère, luy estoit escheue. Il sensuyt donq que ce Savary de Vivonne qui épousa Mahaut de Clisson, sœur du connettable, scelon Bouchet et d'Argentré, et fut ayeul, à leur dire, de Germain de Vivonne qui épousa Marguerite de Brosse, dont issit André, seneschal de Poictou, bisayeul du sʳ de la Chasteigneraye aujourd'huy vivant, estoit un autre que ce Savary trisayeul d'Isabeau. Je croy neantmoins qu'il estoit sorti d'un de ses enfans, oncle de Renaut Iᵉʳ, et que les maisons de la Chasteigneraye et Ardelay vinrent à Germain de Vivonne par le moyen de son mariage aveq Marguerite de Brosse à qui elles doivent avoir este données pour luy tenir lieu de partage, par son frère (Bouchet dit père) Jehan de Brosse, sʳ de Bossac (Boussac), Mareschal de France, mary de Nicole de Chastillon, dite de Bretagne, unique fille et héritière de cette Isabeau de Vivonne, qui estoit dame de toutes ces seigneuries là, et avoit épousé Charles, dit de Bretagne, petit-fils de Charles de Chastillon, dit de Blois. Car sans doute Germain ne peut être issu de Regnaut Iᵉʳ ayeul d'Isabeau, veu que toutes les successions des père et mère, ayeul et ayeule d'Isabeau luy estoient obvenues, ainsy que j'ay remarqué d'un registre du parlement de l'an 1433. C'est mon sentiment touchant ce point, lequel ne doibt faire prejudice à la vérité, si elle est autre. J'adjousteray pour la cognoissance de l'histoire que l'an 1315, Savary trisayeul d'Isabeau estoit mineur et en la tutelle de Hugues de Vivonne, père d'un autre Hugues, par un tiltre de l'abbaye des Fontenelles au bas Poictou. Un autre tiltre témoigne qu'il mourut l'an 1367, ce qui preuve infailliblement qu'il n'estoit mary de Mahaut de Clisson ; car le tems y résiste. Au reste, ces noms de Savary et d'Aimery fréquents à ceux de Vivonne, enseignent qu'ils avoient pris alliance en la maison des vicomtes de Thouars, dont la suytte de masle en masle se peut justifier par bons tiltres depuys l'an neuf cens qui sont plus de sept

cens ans. Je vous diray aussi que ceste Jeanne d'Aspremont
mère d'Isabeau, estoit heritière du Poiroux, de Rié et d'Aizenay; et avoit épousé en 2mes nopces Jehan d'Harpadaine
l'an 1404, occasion que cette année le Poiroux courut en
rachapt à Jehan de France duc de Berry, comte de Poictou,
par rencontre de ce mariage aveq celuy de Tristan Rouaut, et
Pernelle vicomtesse de Thouars, dame de Thalmont, d'où le
Poiroux est mouvant, par sentence donnée au siege de cette
ville de Fontenay, le 27 avril 1405. Le Poiroux dès deux
cens ans devant apartenoit aux predecesseurs de Jeanne
d'Aspremont; car dès l'an 1212 Guillaume d'Aspremont et
Ermengarde sa femme en estoient seigneurs à tiltre d'héritiers de Maxence de Bueil, dite de Mareuil, femme de Guillaume de Chantemerle, et fille et heritière de Aeline et Pierre
de Bueil, F. d'Aimery de Bueil, qui fonda l'abbaye de Bois
Groland au bas Poictou, vers 1144; dès lequel tems un autre
Guillaume d'Aspremont, puysné d'Aspremont, et ayeul de
Guillaume cy dessus, estoit desjà seigneur de Rié, pour en
avoir épousé l'héritière que les chartres de Bois Groland
nomment Steophanie, C. Tiphaine, Estiennette ou Tiennette.
Quant à Aisenay, Guill. III d'Aspremont F. puysné de Guillaume II, et frère et héritier de Raoul II, s'en rendit seigneur
par son mariage avec Rivallia qui en estoit dame et héritière;
par un tiltre de l'abbaye des Fontenelles, où il est fait mention de Guill. IV, leur fils : qui fut père de Guill. V, père de
Raoul III, père de Galois, père de Jehanne qui fut mère
d'Isabeau de Vivonne, de son chef dame de ces trois belles
baronies. — La Chastegneraye fondit en la maison de Vivonne, par le décès sans enfans de Marie Chasteignier heritière de cette seigneurie et plusieurs autres terres. Elle estoit
fille d'Aimeri Chasteigner dont un tiltre de Maillezais fait
mention et cettuy cy estoit issu par degrés de Messire Thibaut Chasteigner, sire de la Chastegneraye qui avoit épousé
Eustache fille et unique heritière de Jehan de Dampierre, sire
de Dampierre en Aulnis, ce que Thibaut tesmoigne luy

mesme par un tiltre de l'an 1251. Il vivoit l'an 1267, et est
l'un des seigneurs de Poictou qui furent assemblez cette
année là par le comte Alfonse frère de S. Louys, pour estein-
dre les rachaps à merci, et les reduire à la jouissance des
fruits des fiefs en l'année du decez des vassaux : dont l'original de l'etablissement est au thrésor des chartres et s'en
veoid copie, fin des coustumes mss. de Poictou et de celles
imprimées l'an 1486. Cette Marie Chasteigner vivoit encores
l'an 1403, le 2 octobre, auquel elle fit hommage de sa terre
de la Chastegneraye à Jehan l'Archevesque sire de Parthenay,
à cause de sa baronie de Mervant, et elle fit hommage de sa
terre de Pasté à Mr Jehan de France, duc de Berry, comte de
Poictou, à cause du chasteau de cette ville, dont l'acte se
trouve au registre des fiefs de Poictou, appellé le Grand
Gautier. Mais elle mourut devant 1408, car de cet an Loys
d'Appelvoisin à cause de Jehanne Chasteigner cousine issue
de germaine d'icelle Marie, plaidoit pour sa succession contre
Renaud de Vivonne sire de Tors, oncle paternel d'Isabeau
qui se maintint en sa possession, de sorte qu'après son decez
advenu sans enfans, sa veufue l'an 1417, soustenoit contre
Isabeau niepce d'iceluy, qu'elle n'avoit rien en la Chastegneraye qui estoit venue à son mary par ligne collatérale,
comme on veoid aux registres de la cour. Neantmoins Isabeau hérita de toutes les terres de Marie et les transmit à
Nicole de Bretagne sa fille unique, dont le mary rendit la
Chastegneraye à Germain de Vivonne, et aliena le Pasté à
Andrée de Vareze mère d'une fille qui le porta en dot à Jehan
de Chourses de la maison de Malicorne, où il a demeuré jusqu'en 1553, qu'il fut vendu à Jehan du Boulay, escuyer,
père de Jacques, père de Jehan, frere aisné de ma femme,
lequel le possede aujourd'huy à tiltre de partage. Cette terre
est aux portes de cette ville et de peu de revenu. Car à peine
si elle excède iiiie liv. par an : mais au reste fort noble, tenue
du Roy à un seul homage, et accompagnée naturellement de
toutes les delices qu'on peut désirer. Quant à la Chastegne-

raye, c'est un gros bourg à quatre lieues de cette ville, tenu
à droict de chastelanie de la baronnie de Mervent : ce a esté
(comme le mot signifie) la source et la pepinière de infinis
gentilshommes et seigneurs du nom de Chasteigner, entre
lesquels a esté fort remarquable messire Loys Chasteigner
s^r d'Abin, baron de Malval et de Preuilly, et s^r de la Roche-
posay, lieutenant du R. en Poictou, gouverneur de la
haute et basse Marche de Lymosin, ambassadeur à Rome, etc.
Parmi ses félicitez et bénédictions sans nombre, il n'en ha
point eu de plus grande que d'avoir esté père du reverend
Messire Henry Louys, de présant evesque de Poictiers duquel
on ne sçauroit assez ne trop dignement parler. Suyt de dire
quelque chose d'Oulmes, qui est une belle baronnie, mou-
uante à foy et homage du Roy à cause de son chasteau de
cette ville, d'où elle est esloignée de deux lieues seulement.
Elle vint à ceux de Vivonne par un mariage en la maison des
Chabots depuys l'an 1269, ou environ : car il se peut justifier
qu'alors encores messire Sebran Chabot en estoit seigneur.
D'ailleurs ce mariage est temoigné par un mémoire de l'abbaye de S. Maixent, dressé il y a plus de deux cents ans, par
lequel se veoid aussi que Aubigné et la tour Chabot aparte-
noient aux sires de Rochefort sur Charante, et d'eux passèrent en la maison des Chabots, l'une des plus anciennes et
illustres du Poictou, et finalement en celle de Vivonne.
Oulmes puy après vint successivement à Renée de Vivonne,
femme de messire Charles de Vivonne s^r de la Chastegneraye, père du s^r de la Chastegneraye qui est de present, et
d'André gendre de Mr de Lomenie, secretaire d'estat. —
Voyla que j'avois à vous faire part, afin d'en eslire et choisir
ce que jugerez à propos pour en faire mention en vostre histoire de la maison de Chastillon ; comme j'attends l'édition
aveq beaucoup d'impatience, esperant qu'elle vous sera glo-
rieuse, non moins qu'aux seigneurs qui en portent le tiltre
hereditaire; lesquels avec le publiq vous en auront une
obligation immortelle. Je ne veux pas vous celler que j'ay

recouuré de bon lieu, une généalogie de la maison de Vivonne, dont je vous envoye copie, laquelle vous publirez ou supprimerez selon que jugerez le mieux. La conferant aveq ce memoire, vous verrez que nous differons beaucoup : ce que je desirerois n'estre point. Mais chacun a son jugement libre, scelon qu'il prend fondement des livres, tiltres et enseignemens. Pour le nioins puys je verifier par bonnes pièces tout ce qui est contenu en ce brouillard, dont vous excuserez la rudesse, ayant esté escrit sans meditation et à mesure que ma memoire l'a suggéré à ma plume.

De Fontenay le Comte, la vigile de Noel 1618.

Non signé.

Cette lettre, qui contient 8 pages petit in fol⁰, est écrite avec des renvois qui remplissent presque toutes les marges, des notes sur un petit carré de papier séparé, et des corrections et additions interlinéaires

XXIX. — A MESSIEURS LES FABRIQUEURS ET MARGUILLIERS DE FONTENAY, A FONTENAY.

Messieurs (la 1re ligne manque, et la 2e et la 3e sont tronquées),..... et celle de M^r de St-Marc qui..... 22 de ce mois, je quittai toutes affaires particulières..... de voir Mr de Maillezay [1], auquel je présentay les vostres aveq l'acte que m'aviez envoyé. Je conjoigni mes humbles supplications en présence de Mr Caron aveq lequel j'avois premierement conferé sur ce sujet. Je me suys aperceu qu'il y avoit advis baillé devant le nostre, et que la response estoit preveuë. En effet, tout despend absolument dud. s^r, car quoy que mondit s^r de Maillezay ayt mis en jeu que cestoit la première et principale cure

---

1. Henri d'Escoubleau, évêque de Maillezais.

de son diocèze et consequemment. Mais enfin cella s'est abouti sur la volonté dud. s^r Caron. Vous verez les lettres de l'un et de l'autre, et me faistes l'honneur de croire que je n'ay rien oublié en ce negoce, pour lequel je retourné le jour d'hier par deux diverses fois sans faillir coup. Cejourd'huy, j'ay retiré response que je vous envoye, sur laquelle je vous laisse à penser ce qu'on en doibt esperer. J'ay trouvé estrange que la Missive de M^r de St Marq et la v^{re} n'estoient pas conformes, car vous priez pour le Doyenné et la Cure, et luy pour le Doyenné seul : ce que mond. s^r de Maillezay a bien sceu remarquer. Pour finir, s'il m'est loysible de conjecturer en cette occurrence, j'estime aveq vous qu'il faudra récompenses et que ce sera beaucoup si nous sommes preferez. C'est ce que je puys vous esclarcir sur ce suiet, apres avoir adjousté que M^r le President de Thurin [1] que je rencontray par bonheur le jour d'hier, s'est offert et m'a promis de veoir mond. s^r de Maillezay et faire son possible pour vostre contentement et de Monsieur de St Marq, qui est l'endroict ou je me diray de toute affection,

Messieurs,

V^{re} plus humble et obeissant serviteur,

BESLY.

De Paris, le 24 mars 1619.

XXX. — A MONSIEUR DUCHESNE, GÉOGRAPHE DU ROI.

Monsieur, je vous renvoye le mémoire de Vivonne, où vous remarquerez quelques particularités adjoustées. Prenez garde que Marie Chasteigner, femme de Savary de Vivonne, que faictes dame de la Chataigneraye, ne retienne cette qua-

---

1. François de Thurin, s^{gr} de Villerey.

lité. Car cella ne se peut pas, puys qu'une autre de mesme nom et surnom, l'an 1403, possedoit cette seigneurie. Comme aussi je ne voy pas que Germain puysse estre fils de Guillaume oncle paternel d'Ysabeau : puys que ceste Ysabeau fut heritiere de toute la succession d'ayeul et ayeule, de père et mère ; comme j'ay marqué par le mémoire. C'est là où est la grand crise ; et si vous avez trouvé qu'un Guillaume fust père de Germain, il faut de toute necessité qu'il fust collateral de l'aveul. Si j'eusse reçeu mon bahu de Paris, j'eusse davantage examiné ce point sur mes mémoires. Vous y aduiserez plus à loysir et aveq plus de dexterité que je ne sçaurois faire. Si je rencontre quelque chose propre pour vos desseins, je ne faudray à vous en faire part. Vous priant de me tenir en vos graces, comme je veux demeurer toute ma vie,

Monsieur,

V^{re} plus affectionné et obéissant serviteur,

BESLY.

De Font^{ay}, le 29 avril 1619.

XXXI. — A MONSIEUR DUCHESNE, GÉOGRAPHE DU ROY, AU COLLÉGE DE LA MERCI, DERRIÈRE LE MONT St-HILAIRE, A PARIS.

Monsieur, il n'y ha point de doute que Ferry D. de Lorraine, dont Wippo [1] parle, ne soit le 2e du nom. Car le I estoit mort devant Silvestre II PP. qui à fait son tombeau. Quant à Mathilde femme de Conrad I Duc de Carinthie, F. d'Othon D. de Franconie, Wippo dit qu'elle estoit fille de la fille de Conrad R. de Bourg^e, s'il n'y ha faute en l'exem-

---

1. Wippo. *Conradi salici vita.*

plaire, ce que je croirois volontiers ; car le temps semble vouloir qu'elle fut plutost sœur que fille, et celle là mesme dont
le fragment de Pithou parle, lequel est mon garend. Car ailleurs je ne l'ay leu : et croy que c'est celle dont la genealogie de S. Arnoul fait mention : et la donne par erreur pour
femme à Geofroy C. d'Ardenne, estant veufve d'un comte
de Flandres. Je ne scay pas les arguments qu'avez d'estimer
qu'elle fust fille d'Adeleïs et d'Othon, lesquelz possible pourroit (sic) m'induire à estre de vostre opinion. Au reste, je vous
remercie bien fort du memoire de cet Euesque de Vabres
portant mon nom [1]. S'il se presente occasion des 3 tomes
rerum Germanicarum [2], dont m'escrivez, je vous prie en aduertir Mr Cramoisi afin de les retenir pour moy. Je vous supplie aussi si d'avanture vous voyez le Pere Mr de Sirmond,
sçavoir de luy d'où il a pris que Adelberan, Archeuesque de
Rheims, estoit filz de Geoffroy comte, comme il a mis dans
son catalogue en fin de Frodoard : et m'en baillez aduis.

J'oseray pareillement vous supplier de me prester vostre
Chronicon senonense [3], et me l'envoyer par ce Messager, vous
promettant de le vous faire rendre quinze jours au plus tard
apres que l'auray heu. Vous m'obligerez beaucoup. Faites
moy aussi sçavoir, s'il vous plaist, en quel estat est vostre
histoire de Chastillon. Et au parsus vous asseurer que je suys
de tout mon cœur,

Monsieur,

V^re tres humble et obeissant serviteur,

Besly.

De Fontenay, ce 22 juillet 1619.

---

1. Jean, dit Petri, évêque de Vabres (1421-1451).
2. Melchior Goldast. *Rerum Germanicarum scriptores* (1re édit. en 1606).
3. *Chronicon senoniensis abbatiæ in Fosago, ab ipsâ ejus fundatione ad an.* 1107 : Auct. Richerio, ejusd. loci monacho.

XXXII. — A MONSIEUR DUPUY, ADVOCAT EN PARLEMENT, RUE DES POICTEVINS, AU LOGIS DU PRÉSIDENT DE THOU, A PARIS.

Monsieur, j'ay tardé plus long tems à vous faire response que je n'ay voulu et que ne devois, dont je vous rendrois raison, n'estoit que me tenez desjà pour excusé, car vous avez creu que je n'en suys venu là sans nécessité veu l'honneur que je vous porte. Mais au reste me voici aveq présent pour effacer de vostre pensée toute sinistre suspition, s'il y en avoit aucune. Vous verrez ce que c'est. Si vostre bon amy M. de Godefroy a monté plus haut ou pénétré plus avant que moy dans le pays de Barbarie, vous m'obligerez de m'en bailler advis, et vous en supplie tous deux. Mon papier s'est trouvé trop court et trop estroict de sorte qu'il y a faute de jour et de lumière et de quelques liaisons qui se remarqueront dans un plus grand espace aveq les cittations des preuves et autoritez. Tandis je le mets entre vos mains, comme en lieu de seur dépost, afin qu'aucun ne se prévaille de ma peine par transcriptions et copies. Si vous le trouvez bon et que le jugiez digne vous le ferez voir s'il vous plaist à Monsieur le Procureur-Général de qui je suys très affectionné et humble serviteur. Messieurs de Sainte Marthe m'ont faict l'honneur de m'envoyer un exemplaire de leur histoire [1], laquelle a esté fort bien reçeüe en cour, scelon que Mr Decordes [2] m'a escrit de Poictiers. Mais je ne sçay s'ils ont tiré quelque récompense. M[r] le président Janin (Jeannin) les a traité de compagnie aveq M. de Poictiers, de qui un mien amy l'ayant appris il m'en a voulu faire part, comme je fais à vous, croyant qu'en ferez quelque bonne conjecture pour

---

1. *Histoire généalogique de la Maison de France.* (1re édit. 1619.)
2. Jean Decordes, de Limoges.

le contentement d'eux et de leur amys. Mr du Palays [1] est à Tours y a longtems, néantmoins quelques jours devant son départ d'icy je luy présentay vos recommandations. Il vous honore fort ; comme de ma part, Je suys, Monsieur,

Votre plus humble et obligé serviteur,

BESLY.

Fontenay, ce XVIIIe aoust M.D.CXIX.

XXXIII. — A MONSIEUR DUCHESNE, GÉOGRAPHE DU ROI.

Monsieur, je vous envoye un extrait de la genealogie de Sanzay, de deux alliances, l'une de Guy d'Argenton et l'autre de Claude de Chastillon, prises en la maison de Sanzay, aveq l'expression des Escus : ensemble un autre Escu de Geoffroy sire d'Argenton de l'an 1230, par lequel vous ingérerez quelle foy on doibt adjouster au Feron [2]. Ce me sera contentement, si c'est chose qui puisse servir à v^{re} dessein de la maison de Chastillon. Vous m'obligerez de me prester la chronique de Senone. Je suis,

Monsieur,

V^{re} tres humble, etc.

BESLY.

A Fontenay, ce 30 septemb. 1619.

XXXIV. — A MONSIEUR DUPUY, ADVOCAT EN PARLEMENT, RUE DES POICTEVINS, AU LOGIS DU PRÉSIDENT DE THOU, A PARIS.

Monsieur, j'apprends des vostres qu'estiez sur le point'de vous retirer aux champs. Il me déplaist que ne practiquiez

---

1. François Brisson, sieur du Palais.
2. Jean Le Féron. — *Simbol armorial de France et d'Escoce.* 1555.

plus religieusement le précepte du médecin en ce tems contagieux, et que ne preniez la volée jusques en ce pays où seriez mieux venu qu'en lieu du monde et fort esloigné du danger de vostre personne. C'est de quoy Mr Caillet [1] et moy entrions ces jours icy en querelle contre vous. Tout est tranquille : la Cour, le Palays, et les chemins. Qui vous retarde donc d'accomplir vostre promesse, et de venir visiter les costes et les coquillages de nostre mer ? Voicy la saison des huistres. Imaginez vous le plaisir qu'il y a de passer en un (*lacune*) à la Dive, et les ouvrir sur leur rocher. Le chemin est de sept lieues d'icy, mais la route s'adresse à Luçon, où nous ferons trouver une station malgré l'itinéraire d'Antonin, et les Tables de Peutinger. La Rochelle si célèbre en la bouche des hommes et des livres, qui attire de toutes parts des gens à la visiter. Serez-vous l'unique qu'elle ne pourra esbranler ? *Nil mihi rescribas.* J'ay extorqué de Mr Caillet celle qu'il vous escrit, tant il est plongé dans les délices de son jardin.

J'ay honte de la généalogie, tant j'y ay apperçeu de tares et de défauts. Vous m'obligerez donq de la jetter au feu, et vous en conjure. Vous en verrez quelque jour une, et en bref, Dieu aydant, laquelle possible aura moins d'occasion de rougir. Tandis, tenez moy s'il vous plaist en vos grâces et me faites l'honneur de me croire à perpétuité,

Monsieur,

Vostre plus humble et obligé serviteur,

BESLY.

Monsieur du Palays vous baise les mains.

De Fontenay, ce 30 septembre 1619.

---

1. Lancelot Cailler, procureur du Roi en l'élection de Fontenay.

XXXV. — A MONSIEUR DUCHESNE, GÉOGRAPHE DU ROI.

Monsieur, comme vous avez eu une prompte facilité à
m'envoyer v^{re} chronique de Senone, aussi ai-je voulu tesmoigner que j'estois prompt executeur de mes paroles. J'en
ay chargé ce Messager. Plus je recherche pour trouver quelque chose d'antique en ce pays, plus je suys contraint de
deplorer la misere de nos guerres civiles, lesquelles ont tout
englouti et consommé de fond en comble, de sorte qu'il ne
nous reste rien ou si peu qu'il ne doibt estre mis en ligne de
compte. On m'a promis le chartulaire du Surgères ; s'il s'y
rencontre quelque chose qui regarde vos desseins, j'auray
soin de vous en faire part. Je me resjouy que mettiez sous
la presse v^{re} Chastillon, que sous ce titre vous communiquiez
au publiq infinies belles recherches de nostre Noblesse françoise, soit de ses alliances, soit de ses gestes, soit de ses
actions ; et ce que j'estime en cecy c'est qu'au moins à cette
fois vous n'aurez pas jetté la semence de v^{re} labeur entre les
espines ou les cailloux. Toutefois je vous conseille de bien
faire vostre partie avant que de vous obliger au jeu. Si une
fois la chance en est jettée, il vous faudra faire joug sous le
hasard de la fortune. Vous entendez assez ce que je veux
dire. Je suis autant qu'il se peut dire,

Monsieur,

V^{re} très-humble, etc.

BESLY.

A Fontenay, ce 28 octob. 1619.

XXXVI. — A MONSIEUR DUPUY, ADVOCAT EN PARLEMENT, RUE DES POICTEVINS, AU LOGIS DU PRÉSIDENT DE THOU, A PARIS.

Monsieur, Lorsque je reçeu les vostres dernières, j'avois
mis ordre pour vous tesmoigner que je me souviens de mes

amys en leur absance, comme s'il m'estoient présents. Un mien voyage aux champs et la négligence des miens à qui j'avois confié et recommandé d'envoyer ce pacquet ont retardé l'effet de ma bonne volonté. Enfin vous aurez par ce messager l'histoire du sieur d'Aubigné [1], si longtems et si impatiemment attendüe, mais assez tost publiée pourveu qu'elle responde à l'espérance qu'on en avoit conçeüe. Vous verrez en la préface de quelle sorte et de quel esprit il juge de M. le président de Thou. A chascun son *pulet* sent bon. Il fait travailler sur le troisiesme tome, et ay appris qu'il ne souffrira pas aisément d'estre relié aveq ces deux premiers. Sa retraite à l'issue de son Dougnon et de Maillezais a esté à Saint Jehan d'Angeli en Saintonge. C'est grand pityé que de nous. Nous désirons, et brûlons après une chose. La possédant nous nous ennuyons d'en jouïr. Nous la perdons fort volontiers de nostre propre gré. Puys Dieu sçait combien souvent nous sentons de vives piqueures au cœur, quand nous venons à penser à nostre perte, et songer qu'ordinairement celle qui est passée et souferte est en file une seconde et future. Ce pauvre vieillard se cuidoit prisonnier de ses places, maintenant il l'est de ses escuz et des volontez d'autruy [2]. On travaille au razement de son Dougnon. Il est à Angers pour servir de témoin contre l'entreprise de son fils

---

1. *Histoire universelle (depuis l'an* 1550); 3 vol. in-fol.; 1616, 1618, 1620.

2. Les réflexions de Besly ne sont pas justes. D'Aubigné abandonna Maillezais et le Dognon, parce qu'il ne pouvait faire autrement. En 1616, il avait saisi les droits de péage dus au Roi, sous le prétexte que sa garnison n'était pas payée. M. de Vignoles-La-Hire, envoyé par la Cour pour reconnaître la force de ces deux places, rapporta que le Dognon serait aussi difficile à prendre que La Rochelle. On tenta alors de le déposséder à prix d'argent. Le duc d'Epernon et l'évèque de Maillezais lui firent des propositions. Puis deux maîtres des requêtes vinrent, au nom du Roi, traiter de la reddition de Maillezais et du Dognon : ces négociations se prolongèrent pendant deux ans. Enfin, le duc d'Epernon lui offrit 200.000 livres. Prévoyant qu'il ne pourrait pas résister longtemps à de telles obsessions, et ne voulant pas que ces deux places tombassent entre

et de ses complices, que M^r le duc de Rohan y a fait conduire de cette ville y ha huict jours[1]. Mr du Palais seneschal de cette ville est de delà, lequel vous dira comme je luy ay fait scavoir de vos nouvelles. En attendant des vostres, je me diray comme je suys véritablement, Monsieur,

Vostre plus humble et obligé serviteur,

BESLY,

Maire et capitaine de Fontenay-le-Comte.

De Fontenay, ce 20 janvier 1620.

XXXVII. — A MONSIEUR DUPUY, ADVOCAT EN PARLEMENT, RUE DES POiCTEVINS, AU LOGIS DU PRÉSIDENT DE THOU, A PARIS.

Monsieur, Vous devez avoir reçeu les miennes au mesme temps que j'ay reçeu les vostres, qui est une rencontre qui nous est arrivée autrefois, mais non de tous points éguale, car tout y estoit plein d'équanimité, au lieu qu'icy il me semble, si d'aventure je ne me trompe, que vostre plume est

---

les mains du duc d'Epernon ou de l'évêque de Maillezais, d'Aubigné les vendit, en avril 1619, au duc de Rohan, gouverneur du Poitou, pour 100,000 livres, dont la moitié lui fut payée comptant.

1. Constant, fils d'Agrippa d'Aubigné, avait perdu au jeu plus qu'il ne possédait. Pour se tirer d'embarras, il changea secrètement de religion et devint l'espion de la Cour; il jouissait, en 1621, d'une pension de 8,000 livres. Son père, ignorant cette abjuration et désireux de le ramener à une meilleure conduite, le nomma son lieutenant à Maillezais, et se retira au Dognon. Constant fit bientôt de Maillezais un lieu de débauche, et anima les soldats de la garnison contre son père. D'Aubigné, indigné, entre à l'improviste dans le château de Maillezais, et en chasse son fils et ses prosélytes. Constant se réfugie à Niort et, après la cession au duc de Rohan de Maillezais et du Dognon, il entreprend de s'en rendre maître par surprise. Mais son projet est découvert, sa petite armée est mise en déroute, et seize prisonniers, livrés au duc de Rohan, sont transférés à Angers. Cependant, le duc ne put en obtenir justice; car l'entreprise de Constant avait été approuvée par la Cour.

poussée d'un esprit aucunement altéré contre moy. Or j'appelle de vous à vous-mesme, et lorsque vous aurez pensé sur nostre fait, ce sera lorsque je reprendray nos premières erres, et vous envoyray de belles et amples missives, et si vous le voulez plus longues que l'Iliade. Tandis, vous n'aurez que cette cy qui est si courte que je la compte pour rien, si ce n'est que veuilliez en faire cas pour contenir le nom de celuy qui sans feindre, demeure en éternité, Monsieur,

Vostre plus humble et obligé serviteur,

Besly.

[Fo]ntenay, ce 3 février 1620.

XXXVIII. — A MONSIEUR DUPUY, ADVOCAT EN PARLEMENT, RUE DES POICTEVINS, AU LOGIS DU PRÉSIDENT DE THOU, A PARIS.

Monsieur, je ne vous ay escrit ma dernière, que pour impétrer de vous le temps d'un alphabet avant condamner vostre amy et serviteur innocent, vous suppliant croire que de ma part le silence venant de vous ne scauroit me jetter en doute de vostre bonne volonté, mais bien d'indisposition ou d'occupations nécessaires ou préférables à un simple commerce de missives, duquel ces autres considérations cessant on doibt faire grand cas, principalement quand il est de personne de vostre condition, qu'en mon particulier j'ayme, honore et affecte tout ensemble. Outre mon humeur lente et tardive pour ne dire négligente et punissable à la rigueur, la charge de mairie de cette ville, qu'on m'a forcé de prendre au commencement de cette année, me donnera excuse ou pardon envers mes amys. Mon esprit n'est capable d'embrasser que bien peu, et mon corps foible de nature et à demi confisqué d'accidens ne luy respond et satisfait gaires bien, de sorte que je ne suys point à moy, ains au moindre petit malotru négoce qui se présente, comme il advient tous les jours. On dit qu'il n'y ha point de petits offices chez les Roys ; j'oserois dire qu'il en est ainsi à l'égard du publiq et des personnes qui ont quelque sentiment d'honneur et de la postérité. Puys parmi tout cella la fortune bien souvent joüe des siennes et souslève des marées d'affaires domestiques, et des tempestes si fascheuses, qu'il seroit besoin d'alcions extra-ordinaires pour y apporter de la tranquillité et soustraire ou desrober du temps pour deviser et conter les heures avcq ses amys ! A ce propos je vous diray que le lendemain de mes dernières j'eu nouvelles qu'un mien filz qui m'est seul et unique s'estoit rendu Augustin à Poictiers où je le tenois aux estudes depuys six ou sept années en çà ; il me fallut donq courir là tout malade et indisposé que j'étois. Je trouvay que Mr de Poictiers, sur l'advis qu'il avoit heu, avoit impétré sur-céance d'habit et de tonsure pour luy, jusques à ce que j'y sois arrivé, qui fut le 4 du passé. Le lendemain j'entray dans les cloistres et perdi toute la matinée après ce pauvre ensor-celé. Et voyant que la faveur de Mr de Poictiers avoit besoin d'estre assistée de la justice, j'y voulus avoir recours. Mais comme si toute chose eust conjuré contre moy, le malheur voulut qu'on installoit en sa charge le sieur de Beaumont [1] lieutenant-criminel, et qu'à l'issuë le présidial alloit en corps aux funérailles de l'assesseur en la Cour Conservatoire, qui estoit décédé le jour devant, n'ayant exercé que huict jours, ce qui le faisoit regreter davantage, outre la grande espérance qu'il avoit baillé de soy. Il fallut prendre patience jusques à l'après-dinée que je voulu encor tenter un effort du costé de Mr de Poictiers, lequel de fait envoya prier ces... — je ne sçay si je les dois appeler *pères* — de me rendre mon filz. Le Prieur, moy présent, fit responce qu'ils avoient plus fait qu'ils n'estoient tenu, l'ayant réservé du sabmedi jusques à ce jour

1. Charles Irland, sieur de Beaumont, maire en 1626.

là de jeudi, sans le tondre ni luy bailler l'habit ; ses compagnons (qui estoient cinq ou six entré (*sic*) au mesme tems) ayant tous esté vestuz et tonduz dès le dimanche, et qu'ils estoient exemptz de la jurisdiction episcopale. Enfin puys qu'ils estoient pressez par l'enfant, leur vœu et leur conscience les obligeoient à luy et de ce pas ils alloient le tondre. De fait sans l'instante prière qu'on leur fit de n'en précipiter qu'ils n'eussent veu leur évesque, ils en fussent venu là dès l'heure. Nous allons tous de compagnie à l'évesché, l'enfant demeurant au cloistre en vain toutesfois, car les paroles et prières ne servirent de rien. En fin ayant appris de Mr de Poictiers et de M^r de La Vacherie conseiller en la troisiesme, qu'ils vouloient estre forcez, je présente à Mr de Sainte Marthe, lieutenant général, lequel tant pour le bien de justice que pour l'affection qu'il me porte, se transporte au couvent assisté du sieur de La Place [1], premier advocat du Roy, un greffier et trois huissiers. Le Prieur se fait celler sous prétexte d'absence. Les autres religieux sont long tems acéphales (*sic*). Pressez, on en somme l'un se disant sous-prieur de représenter l'enfant. Il respond qu'on achève de le tondre. Voyez la précipitation et effronterie ! On est contraint de surattendre, jusques qu'il leur pleut de le représenter. On l'interroge. On ne gaigne aucune chose. Tandis, le soir vient et enfin le Prieur comparaist. Nous voylà tous au Chapitre, et sur les contestations de ce bon Prieur et moy, et conclusions du procureur du Roy [2], il est ordonné que mon filz sera séquestré pour trois jours dans la maison du sieur Citoys leur advocat, mais mon amy, où j'aurois accès libre pour sonder sa volonté. C'estoit exercer injustice contre moy, mais il le falloit faire ainsi pour le tirer de céans. Pour exécuter ce jugement il fallut recourir à la force et envoyer quérir les archers

---

1. Pierre Rousseau, sieur de La Place, avocat du Roi depuis 1616.
2. Jacques Mayaud du Poiron, procureur du Roi depuis 1610, maire en 1622.

du Prévost et des portefaix. Ce fut lors que la porte du Chapitre fut fermée sur nous, les religieux sonnent leur « *Ave
Maria* », s'assemblent aux cloistres, estaignent leurs lampes,
prenent les bastons des croix et des torches, de sorte que
quelques amys que j'avois là furent conseillez de sortir. Je
craignois plus pour ces Messieurs, Lieutenant-Général et advocat du Roy, que pour moy. Enfin le Prieur plus sage sort
du Chapitre et pacifie le tumulte et par belles paroles fait
consentir à mon filz ce que la force n'avoit peu, à la charge
qu'il auroit un religieux aveq luy. Ainsi on le dépose au logis
dudit sieur Citoys, accompagné de ce religieux qui dès la
mesme nuit desrobe mon filz, luy fait passer cinq ou six
hautes murailles de jardins et le recogne dans son cloistre.
Quant à luy il fut si hardi que retourner au logis où, le sieur
Citoys au matin entrant en leur chambre, ce religieux s'ef-
fraye contre luy et l'accuse d'avoir ravi mon filz et jette de
grandes clameurs. Adverti que je suis, je cours là, j'envoye
advertir ledit sieur Lieutenant-Général et le procureur du
Roy, deux autres religieux viennent là en intention de retirer
l'autre, ce que j'empesche de parolles. Ils sortent en rüe et
par une insigne calomnie, ils crient à la force et qu'ils [s]ont
chasséz à coups d'espée, et à leur cri attirent plusieurs personnes aux fenestres. Tandis, lesdits sieurs Lieutenant-Général et procureur du Roy arrivent et aprenent par le premier
religieux demeuré la calomnie des deux autres. On mande le
Prieur; luy et son religieux sont ouys, ils desnient. Le religieux est aresté sous la garde d'un huissier et les dits sieurs
se retirent pour en faire rapport à Messieurs du Présidial. Je
fais escrire par l'aresté à son prieur. A cella des responses
d'équivoques. J'oubliois que dès le fin matin on fait sortir
hors du couvent dix ou douze jeunes religieux par diverses
porte[s] de la ville, à fin de me donner l'alarme qu'on avoit
transporté mon filz. Et de fait je fais monter gens à cheval de
tous costez. C'estoit une piperie comme il parut, car l'aumosnier de Mr de Poictiers m'estant venu veoir et appris mon

infortune il fut meu par mes prières d'aller conjurer ledit sieur Evesque de ma part d'interposer son autorité et faveur là dessus et de m'assister. Il retourne à moy aveq bon succès parce que j'appris que ledit sieur estoit touché, et de la précipitation du jour précédant, mais aussi de l'action de cette dernière nuit. Sur l'occasion, je dicte une lettre au religieux prisonnier adressant à son Prieur, et la fais porter par cet aumosnier en qui je me confiois d'autant plus qu'il est de cette ville, et mon amy d'ancienneté. Et fut response que si Mr de Poictiers demandoit mon filz il luy seroit représenté, ce que j'accepte, et le fais accepter. Tellement que à l'après dinée mon filz est mené à l'évesché où j'allay, mais sans cœur et sans yeux, car je ne le peu voir. Là se trouvèrent aussi M^{rs} les Lieutenants Général et Criminel, et quelques-uns de Messieurs les gens du Roy, et grand nombre de peuple. Je fei sonder mon homme, de qui enfin on impétra qu'il s'en viendroit aveq moy, avec stipulation qu'il ne seroit forcé en sa volonté. Un père eust-il peu ny osé desnier cella? Je fais advertir les Augustins de luy renvoyer son habit : ils le refusent pour l'heure indeüe. Le lendemain ils respondent qu'il doibt aller rendre son habit où il l'avoit pris, et y reprendre celuy qu'il y avoit laissé. L'habit ne me menoit pas, mais il falloit rachapter le tems qu'il eust fallu à en faire de neufs. Finalement mieux conseillez pour eux, et pirement pour moy, le Prieur et un autre viennent eux-mesmes à l'Evesché et en ma présence se donnent la liberté de parler à mon filz, et de luy suggérer des paroles et des responses propres à leurs desseins. Bref je l'ay eschappé de leurs mains et je le tiens icy en corps, et ne sçay si de volonté et d'intention. Je ne puys oublier un accident qui favoriza mon affaire. Ce religieux qui gardoit mon filz au logis de Mr Citoys, estoit celuy là qui avoit presché et fait le panégyric sur le décès du sieur assesseur dont j'ay parlé. Ce pauvre homme s'estoit tellement oublié, qu'estant tombé à dessein, ou de malheur sur la Justice, il se jetta sur les louanges du Présidial de Poictiers et l'ayant fort exalté d'avoir excellé au passé sur tous les autres de ce royaume, il luy soict arrivé de le blasmer tel qu'il estoit à présent que la justice y estoit vénale, et ne s'administroit que par faveur et amys; que c'estoit une anarchie où les moindre[s] vouloient empiéter l'authorité sur les anciens et semblables inepties. Occasion qu'il fut arresté au Présidial qu'il y viendroit rendre raison. Et se trouva fort à propos qu'il fut arresté au logis dudit sieur Citoys sous couleur du fait de mon filz. Et de fait luy et son prieur furent contraintz d'aller faire leurs excuses et furent admonestez. Ce coup pourra servir pour authorizer la justice et en particulier Mr le Lieutenant Général puys qu'il est [à] l'entrée de sa charge. Car il n'y avoit que quatre ou cinq jours qu'il estoit là. Voylà que j'avois à vous dire et que je n'ay point voulu vous celer, pour ce que je sçay que vous me faites l'honneur de m'aymer. Quant au sujet dont m'escrivez je vous en ay dit ce qu'il m'en sera bon et en ay communiqué à Mr Godefroy ce que j'en sçavois. Si j'en aprens davantage, je ne manqueray de luy envoyer, car je suys et désire demeurer jusques au tombeau et à luy et à vous, Monsieur,

Vostre très humble et très obéissant serviteur,

BESLY.

De Fontenay, ce (le zéro de ce nombre est à peine visible) 20 mars 1620.

Cette lettre offre un tableau animé de l'opiniâtreté du fils de Besly, des subterfuges des Augustins pour parvenir à le tonsurer, de leurs tentatives pour le faire disparaître et de leur résistance, même à main armée, contre les officiers du présidial.

XXXIX. — A MONSIEUR DUCHESNE, GÉOGRAPHE DU ROI.

Monsieur, quant au Registre de Surgères, j'estime vous avoir dit que les nouveaux religieux du lieu l'avoient transporté à Tours par une espèce de roberie, puysque c'estoit contre le gré des fondateurs, et que depuys ils l'ont deposé en l'une de leurs maisons à Poictiers. Je n'ay point trouvé cette Jehanne dans la genealogie de cette maison telle que l'a Mr de Poictiers et que M^{rs} de Ste Marthe peuvent avoir, bien marry que je ne puys vous secourir en cet endroit comme je ferois d'affection. L'histoire de Montmorency ne peut sortir mieux élabourée que de vostre main, vous n'y oublierez pas l'interprétation du sieur Moreau [1] touchant le timbre, et croy que ne mesprisérez pas mienne dont je vous ay parlé, au moins si j'en ay bonne memoire. Je n'ay plus rien de l'histoire des comtes du Perche et crains bien que l'autheur se soit refroidy; si j'estois là je tascherois de l'eschauffer à la publier et vous exciterois tous tant que vous estes à tirer de terre v^{re} talent et l'exposer en publiq. Je suis,

Monsieur,

V^{re} très humble, etc.

Besly.

A Fontenay, ce 29 mars 1620.

XL. — A Monsieur Dupuy, advocat en parlement, rue des Poictevins.

Monsieur, vos deux questions ne me pouvoient venir plus à contre tems pour vous faire response, à cause d'une assemblée provinciale de Messieurs de la religion, et d'un Jubilé en cette ville, où cette sepmaine s'est toute escoulée, aveq une entière occupation de mon loysir. Néantmoins j'ay brouillé un meschant mémoire sur les 19 et 20 degrez de la

---

1. Philippe Moreau. *Tableau des armoiries de France.*

généalogie de Gonzague dressée par Scioppius [1] et me suys contenté de cella, parce que c'est le lieu principal qu'il falloit destruire. Ce que j'estime avoir fait de telle sorte qu'il ne reste point de doute en la question. Mais d'autant qu'elle despend de mon histoire, je serois bien content que l'honneur, s'il y en a aucun, ne m'en fust pas tollu, ayant en cecy voulu tesmoigner l'estat que je fais de vostre amitié, à laquelle je ne puis refuser aucune chose. J'avois fait difficulté d'en donner l'escrit à Mr du Chesne, luy ayant neantmoins déclaré de bouche ce qui m'en sembloit, dont il ha fait mention en son histoire de Bourgogne.

Il n'y a pas moins à redire sur les 21 et 22 degréz et quant aux xviii premiers, je m'en suys abstenu ; car ce seroit vng gros livre. Scioppius se monstre fort negligent et me fait douter qu'il n'est point docteur en l'histoire. Témoin quand il dit que le cardinal Damian [2] a peu veoir Hugues F. d'Obert, veu que Damian escrit luy mesme que ce Hugues estoit mort environ cinq ans devant sa naissance. Comme aussi alleguant Reginus [3] plusieurs années après son trespas, et tant d'autres inepties.

Au regard de v[re] seconde question sur l'origine du mot *apennage*, je m'en excuserois volontiers apres tant de gens d'honneur qui en ont parlé, lesquelz vallent mieux que moy, quoy que je ne sois de leur opinion : mais cuide que de *Pastus* nous avons fait *Pas* qui n'est plus en usage : mais bien ses composez repas et appas. De Pas on a fait Paage trisyllable et enfin Panage pour obvier à la cacophonie et interposant la lettre servile, comme ès plusieurs autres dictions. Pasnage donc ou Panage signifioit la portion donnée pour vivre et se paistre, comme encores en quelques coustumes de

---

1. *Stemma Gonzagicum* : 1619 (4 ou 5 feuilles in-fol., imprimées d'un seul côté).
2. Pierre Damien, cardinal.
3. Reginon, abbé de Prum. *Chronique.*

ce Royaume, il signifie le droict que les seigneurs prennent pour la paisson des animaux, en laquelle notion on ne peut desnier que le mot ne vienne de *Pastus* dont l'on a formé Pas et Pasnage ou Panage et Painage, où la lettre servile est inserée au sujet que j'ay dit, non pour characteristique. Voyla qui est fort simple et de quoy on se pourroit rire de prime abord ; si est ce qu'apres y avoir bien pensé, il sera jugé plus véritable que les autres étymologies plus subtiles. Je pourray une autre fois vous traiter la question plus au long, car la maniere et ordre de la deduction a une grande force à persuader, et à tant je suys de tout mon cœur,

Monsieur,

Vre plus humble et obéissant serviteur,

BESLY.

De Fonay, ce 8 de may 1620.

XLI. — A MONSIEUR DUCHESNE, GÉOGRAPHE DU ROY, AU COLLÈGE DE LA MERCI, DERRIÈRE LE MONT ST HILAIRE, A PARIS.

Monsieur, de toutes les grandes Maisons de ce païs, il n'y en ha point, à mon advis, de plus difficiles à éclaircir, que celles des vicomtes de Thouars, et des autres gentishomes d'entre les rivières de la Saivre qui passe à Mortagne, et la Dive qui passe à Moncontour. Dautant qu'en cette contrée là se souloit garder anciennement une manière de succeder fort irrégulière et dont à peine se pourroit trouver semblable exemple en ce Royaume. Car en succession directe, le filz aisné, s'il n'y avoit qu'enfans masles, prenoit tous les fiefs ou biens nobles, à la charge de faire provision à ses frères puisnez, qui estoit de leur laisser par usufruict de toute l'hérédité divisée en neuf, deux parties seulement, lesquelles par après ils soubsdivisoient entre eux esgalement par testes.

Mais si le frère aisné décédoit avant ses frères puisnez, ses
enfans ne luy succédoient pas, sinon ès meubles : ains
touts ses immeubles nobles venoient au premier frère puisné,
à la charge de cette provision., de deux portions prises de
neuf, à ses autres frères puisnez, et enfans de son frère
aisné, à sousdiviser aussi entre eux par la forme que j'ay
dite. La terre passoit ainsi de frère à frère, et après la mort
du dernier frère puisné, elle revenoit de plein droict toute
entière aux enfans de son frère aisné, ses nepveux, pour y
succéder comme en succession directe : et cella estoit appellé
retour : qui fut aboli par les trois estats. du pays l'an 1514,
à cause de sa rigueur et pour les troubles et procez qu'il
engendroit. Voylà en effet la vraye source et origine de cette
déplorable confusion qu'on veoit maintenant ès généalogies
de nostre noblesse de ces quartiers là. Car les fiefs passant
ainsi de frère à frère, les puisnez en prenoient les tiltres ab-
solus, comme s'ils en eussent esté seigneurs propriétaires et
irrévocables, quoy qu'ils ne fussent que simples usufruictiers.
Quelquefois aussi ces oncles permettoient à leur nepveu, filz
aisné de leur frère aisné, d'entrer en foy et homage de la
terre, et d'en prendre et porter le tiltre, sauf leur droit de
viage, dont la réserve néantmoins n'estoit de là en avant
exprimée par les actes de leur jouissance, par le moyen de
quoy il se trouve souventefois deux vicomtes de Thouars
desnommez et soussignez en quelques chartres de mesme
datte. Quelquefois aussi on trouve mention de dix ou douze
vicomtes qui ont succédé les uns aux autres en moins de
trante ans, ce qui est avenu de ce qu'un aisné qui avoit plusieurs frères puisnez venant à vivre longtems, et à décéder
de vieillesse, ses puisnez consequemment. vieux, ne la faisoient pas longue après luy; nous laissant aujourdhuy en
incertitude et à deviner lequel d'eux a esté le père, qui le
filz, qui l'oncle, qui le nepveu. De sorte que la règle seroit
bien fautive en cet endroit, par laquelle on donne quatre
vingt dix ou cent ans pour trois degrez en généalogie. Ainsi

vous m'excuserez volontiers si je ne puis vous resoudre au vray, comme je désirerois, qui ont esté les père et mère de Guy de Thouars, c^{te} de Bretagne de par sa femme. C'est une question où je n'ay peu me satisfaire moy même, faute d'instruction et de mémoires suffisans. Voy-cy ce que j'en ay peu comprendre. Aimeri... fils d'Hebert... et d'Aldearde d'Aunay, vicomte de Thouars, eut à femme une des sœurs de Guillaume IX et dernier du nom, duc de Guyenne. Robert du Mont l'appelle Mahaut : quelques historiens d'Espagne, Urraque; son droict nom estoit Agnès. De leur mariage issirent trois enfans masles, et une fille Marguerite. Guillaume, aisné de ses frères, a esté le premier vicomte de ce nom, ainsi appellé en l'honneur et mémoire de son ayeul et de son oncle maternels; les deux puisnez avoient nom Guy et Geofroy. Ils sont designez tous trois par ordre dans une chartre du mesme Guillaume de l'an 1139, pour l'abbaye de S. Jouyn sur Marsne : où il nomme aussi son père et son ayeul, sa mère et son oncle duc de Guyenne. Ce Guillaume estoit décédé dès l'an 1153, car en la mesme année Geofroy... estoit vicomte de Thouars, par chartre de luy pour l'abbaye de Brignon. De vous asseurer, si Geofroy estoit filz de Guillaume I, ou son dernier frère puisné, vicomte à condition du retour à son nepveu filz d'Aimeri père de Guillaume, ce seroit témérité. En toute autre province de ce royaume, on présumeroit par une conjecture vraysemblable tirée de la nature et du droict des gens, qu'il estoit plutost filz que frère. Considéré d'ailleurs que ce droict de retour usité à Thouars n'estoit praticqué en nulle autre province. Après Geofroy... Aimeri... fut vicomte de Thouars et avoit pour frères ce Guy comte de Bretagne, Hugues et Raymond, dont y a preuve certaine par tiltres; outre que Roger de Hoveden[1], et Rigord[2] le témoignent de Hugues, et plusieurs quant à

---

1. Roger de Hoveden. *Histoire d'Angleterre.*
2. Rigord. *Vita Philippi Augusti.*

Guy. Mais Argentré [1] disant vray touchant ce point, se mescomte fort au demeurant, en ce qu'il fait Aimeri et Guy cousins germains du Roy d'Arragon, filz issu, à son dire, de la sœur aisnée de leur père. Bien est vray qu'Agnès mère de Guillaume I estant veuve espousa Ramire II roi d'Arragon, dont vint une seule fille, Petronille, héritière de leur royaume, laquelle fut femme de Raymond Béranger... comte de Barcelonne, et d'eux nasquit Alphonse II surnommé le Chaste, R. d'Arragon, père de Pierre II dit le Catholique qui régnoit l'an 1199, au mesme tems que Guy de Thouars épousa Constance héritière de Bretagne, et avoit le Roi Pierre II d'Arragon pour sœurs, Eleonor et Sanche, femmes des deux Raymonds, comtes derniers de Tholose. Jugez combien cet homme passionné outre mesure à commis de notables erreurs en peu de lignes, tant il est aveugle où il est question de l'honneur de sa nation. Il nous trompe encores quand il escrit au mesme lieu que Guy fut fait seneschal héréditaire de Poictou par le Roy Philippes Aug.; car c'est Aimeri son frère aisné à qui le Roy donna la seneschaussée héréditaire de Poictou et de Guyenne l'an 1203, dont le tiltre donné à Paris, lequel j'ay veu, est au thrésor des chartres du Roy. Donques cette Agnès Royne d'Arragon n'estoit pas sœur du père de Guy, et sa tante : mais estoit son ayeule ou sa bisayeule. J'estime que sa mère estoit de la maison de Lezignem : de quoy j'ay deux conjectures, l'une que son frère Raymon qui fut vicomte viager, après Hugues, qui l'avoit esté après Aimeri leur frère aisné, appelle Hugues VIIII, sire de Lezignem, II comte de la Marche et I comte d'Angoulesme, *Charissimus consanguineus suus*, par une chartre de l'an 1230, laquelle est au thrésor, registre XXXI; ce terme plus communément est pris pour cousin germain : l'autre, que Hugues frère de Guy, est le premier du nom qui se

---

1. Bertrand d'Argentré. *Histoire de Bretagne.*

trouve dans la maison de Thouars : estant certain que ordinairement on appelloit le puisné du nom plus affecté en la maison de la mère. Quant au père de Guy, c'estoit ou Guillaume I, ou Geofroy qui tint la vicomté après luy. De moy, si l'histoire se laissoit manier par conjectures, je le prendrois pour petit-filz de Guillaume, puysque Guy ne décéda que l'an 1213, et Raymon son frère vivoit encores l'an 1242, tellement que l'intervalle seroit de plus de cent ans pour les deux degrez de Guillaume et de Guy. Jaçoit que la Royne Aliénor héritière de Guyenne, cousine germaine de ce Guillaume I, ayt vescu jusques à l'an 1205. De vérité, le langage se rencontre quelquefois ; mais de chose extraordinaire, on n'en doibt pas faire règle : quoyque le Chronicon de Tours témoigne qu'Aimeri, frère aisné de Guy, mourut *decrepitus*, fort vieux, l'an 1225. Mais je ne m'arreste guaire au latin de ce tens là. Aussi que la mesme chronique dit qu'Aimeri estoit au siège de Damiete en Egypte l'an 1221, estant peu croyable qu'il fust si âgé et neantmoins assez vigoureux pour porter les armes et faire le voyage d'outremer. Or d'Aimeri vint Guy I, Aimeri et Geofroy. Guy I fut receu à homage du vicomté l'an 1230 par le Roy Louis VIII, à la réserve du viage de son oncle Raymond, par acte donné au... lez le pont de Sey. C'est ce Guy I qui eut à femme Alix, fille aisnée de ce tant valeureux et renommé seigneur et capitaine Savari de Mauleon et de Amielle de Rhé. Elle luy porta en dot l'isle de Rhé, Benon à présent comté, Chastelaillon et Mauleon, qui est encores aujourd'hui en la maison de Thouars : et laissa pour enfans Aimeri... Regnaud et Savari successivement vicomtes. Je n'ay sceu au vray de quelle maison estoit la mère de Guy ; car son père fut marié plusieurs fois. Car de Beatrix, fille de Bernard de Machecou et d'une fille de Raoul de Taunay, il ne vint qu'une seule fille, nommée Jehanne, et par sa mère, dame de Luçon et de la Roche-Surion : et femme premièrement de Hardouyn de Maillé et puys après de Maurice de Belleville, filz de Brient de Montagu : laquelle

7

ne laissa lignée. Aimeri épousa aussi Agnès sœur de Guy VI, s^r de Laval, scelon l'histoire de Vitré; qui semble donner à entendre qu'il n'y eut que deux filles de ce mariage, Anne et Belleassez, femmes de Geofroy et Geofroy de Chasteaubriant père et filz; Guy I estoit donc d'un autre lit. Mais cecy est hors de vostre question; toutesfois je vous en ay voulu advertir pour deux raisons, l'une, pour repeter l'opinion de quelques-uns qui ont confondu ce Guy I aveq Guy de Thouars comte de Bretagne; l'autre, pour monstrer que Regnaut qui fut vicomte viager, estoit son filz et qu'il avoit pris femme en la maison de Soissons, et épousé Marguerite fille du comte Jehan... comme j'ay veu par plusieurs tiltres. De quoy possible vous pourrez avoir affaire en quelque endroit de vostre ouvrage, qui ne peut sortir assez à tens en lumière pour vostre honneur, l'utilité du public, et contentement de vos amys. Si je puys vous bailler secours en autre chose, vous sçavez comme vous pouvez user librement de moy, qui suys et désire demeurer, s'il vous plaist,

Monsieur,

V^{re} plus humble et plus affectionné serviteur,

Besly.

De Fontenay, ce 23 de may 1620.

Besly est le premier qui ait découvert et exposé l'ordre irrégulier de la succession des vicomtes de Thouars. Cette lettre est citée par Duchesne dans son *Histoire de la Maison des Chasteigniers*, et elle a été imprimée en entier dans l'*Histoire chron. et généal. de la Maison de France*, par le P. Anselme.

XLII. — A MESSIEURS MESSIEURS DE S^{TE} MARTHE, SIEURS D'ES-
TREPIÉ ET DE GRELAY, ADVOCATS EN PARLEMENT, RUE DU
BATOUER, A PARIS.

Messieurs, Monsieur de Beaurepaire m'a rendu ceste
semaine, les vostres très-agréables du 4 de ce mois. L'estat de sa
personne résiste fort à l'accusation qu'on luy ha mise à sus, qui
fait croire que la justice le regardera tousjours d'un œil favorable. Pour moy, je contribueray mon possible au soustien de
son bon droict, y estant obligé par devoir de ma charge, et
par vostre chère et prétieuse amytié, sous laquelle vous daignez
me le recommander. Au parsus, je me conjouis aveq vous du
bon succez de vostre labeur ; et faut bien dire, comme il est
vray, qu'on l'ha estimé fort grand et digne, puys que le Roy
et Messieurs de son conseil l'ont honoré de parole et d'effet,
en ce siècle où les Muses sont à demi exilées de la court[1].
Plusieurs cy-devant, comme Pascal[2] et autres, ont plus prisé
les gages que le titre d'historiographe de France, abusant de
cettuyci pour jouir du premier, tout au contraire de vous
qui avez mérité les deux par un travail incomparable, lequel
vous a servi de marche et de degré pour parvenir à l'honneur
et au profit. Ainsi, ce n'est pas de merveille, si vous ayant
vous mesmes pour exemple, vostre courage est excité à continuer et à faire veoir dans peu de tems au publiq combien
vostre plume est féconde et capable de grands ouvrages, et
digne de la faveur du Roy. — Quant à Messieurs Godefroy
et Duchesne, j'approuve infiniment leur inclination et leur
peine assidue propre pour forcer toute courvée, et dont ils

---

1. Le 15 janvier 1620, Louis XIII conféra le titre d'historiographes de
France aux deux frères qui avaient publié en 1619 l'*Histoire généalogique de la Maison de France*.
2. Pierre Pascal. *Historiarum fragmenta tempore Henrici II. Ms.*

se rendent très-recommandables aux gens d'honneur et de vertu, qui savent estimer les choses par leur juste poix et valeur. J'admire leurs escrits, et croy que plus ils continueront, plus il y aura de quoy s'estonner. — Il me tarde que Mʳ Justel n'ayt mis au jour son histoire de la Maison de la Tour, principalement pour apprendre de luy quelque chose de la Guyenne. — Je scavois comme Mʳ Tiraqueau [1] s'en alloit estre advocat général aux Aydes, mais non pas que Mʳ Bignon en feist autant au Grand Conseil, quoy qu'il y ha plus d'un an que j'en avois ouy tenir quelque propos. Je loue Dieu de leur bonne fortune, en laquelle j'ay quelque interest, puys qu'ils me font l'honneur de m'aymer, comme vous faites aussi, ce que je prise sur tout l'or du monde ; et vous prie de me vouloir continuer cette faveur, et me tenir pour estre, comme je suys en éternité, et de Mʳ vostre Aisné, mon vray et parfait amy,

Messieurs,

Vostre plus humble et obéissant serviteur,

Besly,

Maire et capitaine de Fontenay.

Ce 29 mai 1620.

XLIII. — A MONSIEUR DUCHESNE, GÉOGRAPHE DU ROY, AU COLLÈGE DE LA MERCI, DERRIÈRE LE MONT ST HILAIRE, A PARIS.

Monsieur, Je suys fort content que mon mémoire vous ayt pleu, et qu'il soit arrivé à tems pour vostre genealogie de la

---

1. Jean Tiraqueau, avocat général à la Cour des Aides, le 20 mai 1620.

maison de Soissons ; la copie de la charte que m'avez envoyée, ne m'a pas esté moins agréable. Mais j'ay esté deceu de mon espérance qui estoit de trouver de l'esclaircissement du tems et de son datte ès antiquitez de Mr Camuzat [1], au catalogue des Abbés de Moustier en *der*, qu'il s'est oublié de mettre. Si vous en scavez quelque chose de plus certain, vous m'obligerez de m'en bailler advis et vous en supplie. Quant aux seigneurs de Bressuire de la maison de Beaumont, je suys marri que je ne puys satisfaire à votre curiosité, et à mon désir. Souvenez-vous de ce que je vous ay cy devant escrit des *vicomtes de Thouars touchant leur manière de succéder, il en a esté ainsi des sires de Bressuire, qui est un fief de Thouars :* et par conséquent un labyrinte quasi inextricable. Quant à la filiation, je vous diray seulement que *Beaumont est une grosse paroisse à deux lieues de Poictiers,* duquel lieu et de son chasteau les seigneurs de cette race ont pris leur nom qui a esté fort célèbre en Poictou. Finalement ils devindrent seigneurs de Bressuire, il y a bien long tens. Car je trouve par une charte du règne de Philippe I que Tibaud de Beaumont aumosna sa part de l'estang et moulins de Bersuire aux Abbé et Religieux de St Cyprien de Poictiers. Item Arnaut étoit sire de Beaumont l'an 1127. Epact. 27. Concurr. G. Indict. 5. Item Tibaud de Beaumont sire de Bersuire avoit à femme Alix de Thouars fille d'Aimeri Vic. Je ne puys dire le quantième du nom parce qu'il n'y a point de datte. Ils eurent pour enfans, Tibaut, Savari et Aimeri, et au mesme tens estoient Jehan et Regnaud de Beaumont. J'ay honte de vous escrire cecy, estant ainsi mal digéré ; et pour fin, le nom de Tibaut estoit affecté en cette maison. C'est ce que j'en ay de plus antique, et suys deplaisant de ne pouvoir davantage.

---

1. Nicolas Camusat. *Promptuarium sacrarum antiquitatum tricassinæ ecclesiæ.*

Car tout ce que j'ay est à votre service de pareil cœur que je suys à perpétuité,

Monsieur,

Votre très h. et obéiss. servit.

BESLY.

De Fontenay-le-Comte, ce 23 juin 1620.

En marge : *P.-S.* — Je vous prie me mander que c'est que *Chronicon Riddagslursense*, et *Vindiciæ Billenganæ, Heinrico Meibomio autore*, et s'ils vallent la peine d'estre achaptez. Item s'il se trouvera une chronique de *Turin*, et dont Pingon fait descendre Alix belle-mère de Henri IV et son 2. mari Otton. Vous me ferez playsir de m'escrire en quel tens vostre histoire pourra être parfaite, et celle des comtes de Perche.

XLIV. — A MONSIEUR DUPUY, ADVOCAT EN PARLEMENT, RUE DES POICTEVINS.

Monsieur, J'ay receu v^re lettre du 4 du courant, au milieu des bruits de guerre, et du son des tambours, c'est à dire qu'il faut prendre congé des Muses, et des observations jusques à un autre tems qu'elles seront de saison : et tandis songer à nous sauver de naufrage, qui sera un grand miracle s'il se peut d'avanture. Messieurs les deputez du Roy apres avoir saluë la Royne Mere et sceu qu'elle ne pouvoit traiter que le Roy ne feust retiré de Caen, ont rebroussé à Saumur, où ils sont encore, attendant le retour de Mr de Blinville [1], depesché sur ce sujet vers sa Ma^té. Toute la sepmaine passée nous avons heu M. de

---

1. Jean de Warigniez, s^r de Blainville.

Rohan, et force noblesse du pays. Il partit sabmedi, et est maintenant à Angers, où la cour est fort grosse. Nous sommes pour souffrir de grands maux si Dieu n'a pityé de nous. En mon particulier j'appréhende sur toute chose mon estude, qu'elle ne soit dissipée et perdue, qui me seroit une perte infinie, car nous sommes icy dans un couppe-gorge, où il semble que l'infortune à principalement sa visée, tant les exemples du passé y sont frequents et font augurer mal de l'avenir.

En un village à trois ou quatre lieves de cette ville, il *pleut du sang* en juin dernier. C'est chose bien avérée, dont y ha des temoignages publiqs. Semblable prodige arriva en mesme mois en ce pays (y ha près de six cents ans) l'an 1027, de quoy y ha lettres du R. Robert, de l'Archevesque de Bourges et de l'Evesque de Chartres, parmi les Epitres de Fulbert. Le fragment à *morte Roberti R. ad mortem Philippi, tom. III hist. P. Pithœi* en fait mention, mais aveq anachronisme qu'il fault amander scelon mon calcul fondé sur le decès du mesme Fulbert. Vous nous ferez part, s'il vous plaist, des bonnes nouvelles qu'apprendrez, tandis je demeure de tout mon cœur,

Monsieur,

Votre très humble et obéissant serviteur,

BESLY.

De Fontenay le Comte, le 20 de juillet 1620.

XLV. — A MONSIEUR DUCHESNE, GÉOGRAPHE DU ROY, AU COLLÈGE DE LA MERCI, DERRIÈRE LE MONT S^T HILAIRE, A PARIS.

Monsieur, vous me donnez bonne espérance d'un exemplaire des Évesques du Puy [1], dont je me tiens d'autant plus

---

1. *Discours histor. de la très-ancienne dévotion de Notre-Dame du Puy*

asseuré, que promettez d'y tenir la main envers Mr Cramoisy.
Quant à l'extrait du chartulaire de Casaur, il ne peut pas
m'eschaper puys qu'il despend de vous. Ce n'est pas sans
raison que doutiez qu'il n'y ayt heu deux Aimars de Valence
Penbroch, car aussi j'en trouve deux en ma carte généalogique de la maison de Lezignem, le premier frère de Guillaume second et l'autre filz dud. Guillaume : de quoy neantmoins je ne puys vous esclaircir au vray, parce que mes
memoires et preuves sont encores à Poictiers ¹. Bien ay-je
cotté dans la carte que le dernier mourut l'an 1323, et que
l'an 1283, Guillaume II est appellé *consanguineus* d'Edward I
Roy d'Angleterre, si cela vous peut servir. Au parsus, il seroit
bon de corriger le lieu où dites que Valence est une ville en
Poictou; d'autant que c'est l'Abaye qui porte ce nom,
en laquelle on tient que le susdit Jean de Valence en est le
fondateur, et y est un tombeau inscript de deux vers léonins
qui témoignent que son cœur y est enterré. Je les vous envoyray si en avez besoin. Pour Hugues de Thouars s^r de
Pouzauges, il fut fort peu de tems vicomte, car Jehan son
frère aisné fut vicomte depuys le 28 de septembre 1308, que
Guy II son père mourut, jusques au 25 de may 1332 qu'il
décéda. Depuys lequel tems Hugues III qui est ce seigneur de ·
Pouzauges, fut vicomte jusques en 1334 qu'il mourut, et
laissa la vicomté à Louys I fils de Jean I. Par cette suyte, et
vous ressouvenant du droict de retour dont je vous ay cy
devant baillé advis, vous jugerez bien que Hugues III ne
peut avoir esté filz de Renaut vicomte unique de ce nom,
mary d'Aliénor de Soissons, et n'estime pas qu'il y ayt heu
lignée de ce mariage, attendu qu'ès tiltres du douaire d'A-
liénor, il n'en est fait mention. Toutefois je ne voudrois l'as-

---

en *Velay*, et *plusieurs belles remarques concernant les évêques de Velay,
et autres choses,* par Odo de Gissey, Jés. 1620.

1. Besly avait fait transporter ses manuscrits à Poitiers, pour les pré-
server de tout dommage pendant la guerre civile.

seurer, ne le sachant par aucun acte affirmatif et précis : et souscriray tousjours à vostre milleur advis en cecy et touts autres points de ce mestier duquel la palme vous est justement d'heuë : et demeure,

Monsieur, v^re très humble et très affectionné serviteur,

BESLY.

De Fontenay-le-Cte, ce 2 d'août 1620.

XLVI. — A MONSIEUR DUCHESNE, GÉOGRAPHE DU ROY, AU COL-
LÈGE DE LA MERCI, DERRIÈRE LE MONT S^T HILAIRE, A PARIS.

Monsieur, je suys marri que mes dernières ne vous ont esté renduës, plus pour tesmoignage de l'estat que je fays de vostre amityé, que pour satisfaction qu'y eussiez trouvée à vostre curiosité touchant la maison des Chabots. Je vous remettois à l'instruction que j'en devois recevoir en bref de quelques uns du nom qui m'en avoient fait promesse, qui depuys n'ha heu effet, soit que les troubles derniers les ayent divertis, soit faute d'y pouvoir satisfaire. Mais puys qu'avez usé de recharge, j'essayeray de vous contenter au moins à l'égard d'Eustache Chabot, dont le temps vous est en doute. Je vous diray donq que la maison des Chabots est de noblesse très ancienne, soit que le premier qui leur a servi de type en France, descendist des Romains de mesme nom; soit que par semblable rencontre, il ayt ainsi esté appellé à cause de la grosseur de son chef, ou pour avoir esté testu, opiniâtre et capiteux, pour le dire en un terme de ce pays ; comme pour mesme cause, Hugues duc de Bourgongne, fils de Richard le Justicier et le Roi Hues de France, furent surnommez *Capets*, en latin *Capitones*. Toutefois, leurs armes qui sont de trois poissons, que les Italiens après les Grecs, appellent *Cephalœ*, et les François à l'exemple des Latins, disent *Cabots*, *Chabots* et *Testards*, lesquels sont disposez deux et un, nageants à mont l'escu, semblent incliner davantage à la seconde opinion, encores qu'il n'y ayt pas grande asseurance en cet argument d'allusions, lesquelles non seulement en ce royaume, mais aussi entre tous peuples et nations et siècles passez et modernes, sont plus fondées sur la conformité et rencontre des noms, que sur autre raison. De *Caput* on a fait *Cap* et *Cabo*, puys *Cabot* et *Chabot*, sur lequel les secrétaires des Églises et compositeurs de Chartes ont forgé *Cabotius*, *Chabotius* et *Capucius*. André Thevet [1] et autres vulgaires artisans de fables et mensonges, ont imaginé pour donner origine à cette illustre maison, un Ferry Borstelstickel, mari d'Adrienne sœur de l'Empereur Ferry Barberousse, et là dessus triomphent d'en compter. Mais laissons-les là aveq leurs resveries, jusques à ce qu'ils ayent recouvré leur santé. Le premier et plus ancien de ce nom que j'aye remarqué, est un *Guillaume Chabot*, qui fut présent aveq Guillaume VI, duc de Guyenne, Guillaume II sire de Partenay, Helie sire de Vouvent, Ecfroy, vicomte d'Aulnay, et autres seigneurs de Poictou et Anjou, à la dotation que Geofroy II dit Martel I comte d'Anjou et Agnès de Bourgongne sa femme, veufve de Guillaume IIII, duc de Guyenne, feirent de l'Abbaye de la Trinité de Vendosme, l'an MXL. Si cestuycy estoit lors âgé de XL ans, cecy seroit advenu cent cinquante ans devant que Frederic Barberousse vint à l'empire. Voyla comment ces beaux faiseurs de genealogies scavent gratifier les seigneurs. Ce n'est pas que ce Guillaume ayt esté le premier qui a donné vogue à sa maison, car dès l'an MLII, Itier, esleu Évesque de Lymoges, estoit *ex nobili familiâ* des Chabots, ce dit Messire Bernard Guy Évesque de Lodèves qui a escrit y ha trois cents ans, lequel tesmoigne aussi qu'un Sebran Chabot de Poictou, Archidiacre de Thouars, fut esleu Évesque de Lymoges l'an MCLXXVII. Il estoit frère de Tibaut, les deux, filz d'un autre Sebran Chabot et d'Agnès, comme se veoie en un vieil Martirologe de Lymoges. Or pour reprendre la suyte de Guillaume,

---

1. André Thevet. *Histoire des hommes illustres.*

je trouve après luy, un *Tibaut Chabot* sire de Vouvent qui
l'an mil trois (sans doute mil cent trois), au plus près, confirma la donation que Savary de Thouars, vicomte de cette
ville de Fontenay, frère d'Aimeri III vicomte de Thouars, feit
à l'Abbaye de Bourgueil en Vallée, de la paroisse des S. Lors.
La raison et ordre du tems monstre que celuy-cy épousa la
fille ou héritière de *Geraud* ou *Girard*. Girard estoit seigneur
de qualité et aymé du duc de Guyenne; de sorte qu'il fut
l'un des pleges pour l'execution de l'accord sur la forme de
l'élection des Évesques de Lymoges, fait entre le duc et l'É-
vesque Jourdain soubz le regne d'Henri I; et semble qu'en
l'honneur de sa memoire, le nom de Girard ayt esté affecté
en la famille des Chabots. Girard feust sire de Vouvent après
Raymond son père, à qui Guillaume VI comte de Poictou avoit
donné Vouvent confisqué pour felonie sur Helie dont j'ay
parlé, lequel s'estoit rebellé contre le duc, qui le déclaire ainsi
par une charte pour l'Abbaye de S¹ Maixent d'environ l'an ML,
ou plus tard. De Tibaut issit Sebran Chabot lequel l'an
MCXXXI, assista Guillaume II surnommé Adelelme, Évesque de
Poictiers, à la fondation de l'Abbaye de Bellevaux, maintenant simple prieuré appelé Du Sauze, sur nostre rivière de
Vendée, à demie lieve de ceste ville : et mesme luy, Agnès sa
femme et Tibaut Chabot leur filz, aumosnerent une maison
et un droict de dixme à Cuitebray, une lieve d'icy. C'est le
mesme Sebran, à mon opinion, qui soustint en presence du
Roy Louis VII, duc de Guyenne, à S¹ Jean d'Angeli l'an
MCLII, au calcul d'à présent, contre Gaudin, Abbé de Maillezais, qu'à tiltre de succession de son père (vous noterez la
filiation) il avoit droict d'avoyrie , garde et jurisdiction
sur cette Abbaye et membres en despendant, tenu par luy et
ses ancestres à homage lige du comte de Poictou à cause de
Vouvant; ce qu'il offroit vérifier par duel, ou à l'épreuve du
fer bouillant, ou de l'eau chaude : neantmoins il le perdit, le
Roy, séant en son conseil garni de plusieurs grands seigneurs,
et depuys encore par sentence conforme du mois de mars au

mesme an, émanée de Geofroy III Archevesque de Bourdeaux, Bernard... Évesque de Saintes, Gislebert II surnommé
Porrée , Évesque de Poictiers , Hugues , chancellier de
France, Guillaume IIII dit Taillefer comte d'Angoulesme,
Geofroy de Rancon..., Hugues VII sire de Lezignem, etc. La
querelle ne demeura pas assoupie pour cella. Car Tibaut
(fils de Sebran), lequel vivoit encores l'an MCLXXIII, ayant
une fille ou sœur nommée Eustache Chabot, qui fut appanée
« (apanagée) » de Vouvent , ville qu'elle porta en dot à
Geofroy de Lezignem I, de par sa femme sire de Vouvent,
et par sa valeur et bonne fortune comte de Japhe et Césarée,
frère de Hugues VIII sire de Lezignem. et I comte de la
Marche , et de Guy I et Aimery I, l'un après l'autre Roys
de Hierusalem et Chypre, la mesme dispute fut souvent renouvellée, et enfin menée à telle aigreur par Geofroy II sire
de Vouvent leur fils, assisté de Guillaume de Valance, qu'il
assiégea l'abbaye de Maillezais, en usta [1] et ruina les seigneuries et maisons, ce qui se veoid par un discours latin dressé
au mesme temps par un religieux du lieu. Enfin ayant esté
excommunié sur ce sujet, il fut contraint de s'acheminer en
Italie, où il *fut absoubz* par le pape Grégoire IX, à Spolette
l'an mil CCXXXII, le XV de juillet, moyenant qu'il renonça à
son droit d'avoirie, giste et jurisdiction, sur Maillezais et seigneuries desnombrées par la charte. Il fait mention de sa
mère par un tiltre françois de l'an MCCXXXIII, pour l'aumosne-
rie de S. Thomas de ceste ville, où il l'appelle *Madame Eustache sa bonne mère*. C'est ce brave seigneur que les romans
appellèrent Geofroy à la Grand'dent, filz de la fée Melusine ;
mais qui véritablement étoit filz d'*Eustache Chabot* et de Geofroy de Lezignem I du nom, qui fut si preux et adroit de sa
personne que Guillaume le Breton au troisiesme de sa phi-
lippide tesmoigne de luy qu'il suffisoit seul contre cent Fran-

---

1. Brûla.

çois : ce qu'il ne faut pas prendre du tout pour une manière de parler excessive, si lon considere les prouesses qui se racontent de quelques chevaliers chrestiens ès guerres d'outremer, dans Villeharduin et autres bons historiens, et signamment ce qu'un d'eux atteste de Raymond de Poictiers Ier Prince d'Antioche, frère de Guillaume IX, comte de Poictou et duc de Guyenne, que les Sarrazins et Mescreans allans en guerre contre luy, et ses gens, faisoient estat de cent hommes contre sa lance, et cent autres contre son espée ; mais a tant de cette digression. Ainsi par le mariage d'Eustache Chabot, la ville de Vouvent passa de la maison des Chabots en celle de Lezignem où elle dura peu, ains fut portée par Valence de Lezignem, fille et unique héritière de Geofroy II, en la maison de Partenay où elle demeura jusques à Jehan l'Archevesque II, qui la vendit aveq ses autres terres au Roy Charles VII, lequel en feit cession au comte de Richemont et depuys à Jehan Bastard d'Orleans comte de Longueville, dont les héritiers en ligne masculine la possèdent encores aujourd'huy ; ce qui est remarquable, parce qu'ils sont issus d'Eustache Chabot, car Marie de Harcour femme de ce comte de Longueville estoit fille de Marguerite de Melun fille de Guillaume de Melun et d'une sœur de ce Jehan l'Archevesque dernier du nom, sire de Partenay et Vouvent. Je ne scaurois lier ceste branche des Chabots qui posseda Vouvent, aveq les autres branches de ce nom en Poictou, Saintonge, Angoumois, Limouzin et autres pays et contrées. Seulement vous disray-je que par l'advis et conseil de Guillaume I surnommé Gislebert et de Ragioles, Evesque de Poictiers, un Hervé sire de Mareuil, du consentement de Tibaut Chabot et Alix ses enfans, fonda l'Abbaye du Gué de Trizay sur la rivière du Lay en ce pays, où par ce moyen l'ordre de Cisteau fut premierement introduit, de quoy l'Evesque se glorifia par la charte et d'y avoir attiré Richard Abbé de Pontigny. De vérité, elle est sans datte d'année, toutefois le tems se justifie au plus près, car cet Evesque

fut pourveu en juillet mcxvii et mourut l'an mcxxiii. Je ne
scay en quel degré cet Hervé sire de Mareuil qui est une
très belle baronie en ce pays, composée de huict ou dix paroisses, attouchoit Tibaut I sire de Vouvent ; bien scay-je
que Mareuil passa en brief en la maison de Thouars, qui fait
soupçonner que l'aisné de la branche ne laissa que filles qui
l'eurent en dot : les puysnez cependant retenant le nom de
Mareuil, qui s'accommoderent en Angoumois où ils ont pro-
vigné une longue posterité de seigneurs notables : entre
lesquels est fort illustré cet Hugues qui feit tant de beaux
actes sous le règne de Philippes Auguste. Quant à Mareuil,
il estoit du domaine de Thouars dès avant l'an mcc, car il se
trouve que Guy I vicomte de Thouars, supplia le Roy S. Louys
de l'en faire jouïr, et y contraindre Pierre de Dreux dit Mau-
clerc, duc de Bretagne, et sa femme qui le retenoient de
force ; sous couleur que le vicomte s'estoit trouvé aveq le Roy
au camp de Clisson, qui monstre que la requeste est depuys
l'an mccxxx, et par ainsi partie d'une seconde femme du
duc, autre qu'Alix heritière de Bretagne, fille de Guy de
Thouars oncle paternel du vicomte ; et de fait, il y a tiltre au
thrésor des chartres de France de l'an mccxxxix par lequel ce
Prince consent que cc¹ de rente que Marguerite Dame de
Montagu et la Gasnache sa femme avoit eu en don du Roy
S. Louys sur la prevosté de La Rochelle, luy reviennent après
le décèz de la donataire. Par ainsi, faut entendre de cette
Marguerite une autre clause de la requeste de Guy 1 vicomte
de Thouars, par laquelle il supplie le Roy contraindre ce
Prince et sa femme de luy faire les services et plaits de mor-
temain qu'il luy doit du chef de sa femme à cause de Montagu et la Gasnache, mouvantes de sa vicomté. J'estime
qu'elle estoit heritière de Pierre sire de la Gasnache, lequel
fonda l'abbaye Blanche de l'Isle Dieu qu'il transporta l'an
mccv en l'isle de Hero qui est Noirmoustier. Par tiltre de l'an
mccvi, Maurice de Craon promet au Roy Philippes Auguste
de luy garder la terre et forteresses de Pierre de la Gasnache :
qui monstre qu'il estoit décedé et layssa son hérédité à cette

Marguerite. Elle avoit épousé en premières nopces Hugues I
vicomte viager de Thouars, frère d'Aimery VI et autre oncle
paternel de Guy I; se veoid par acte qui est au thrésor des
chartres de l'an MCCXXVII, qui porte que du consentement du
susd. Hugues vic. son mary, elle a fait homage lige au Roy
de leur acquest de la terre d'Aunis et des deux cents livres
cydessus. Elle veufva tost après, et epousa le duc Pierre de
Bretagne : car il y ha tiltre de l'an MCCXXXI de Raymon I
vicomte viager de Thouars, autre oncle paternel de Guy I,
par lequel il recognoist que le Roy luy a donné cinq cents
livres de rente, jusques à ce qu'il luy ayt fait recouvrer le
chasteau de Mareuil. Ces preuves monstrent assez que Mareuil estoit passé de la maison de Chabot en celle de Thouars
dès avant l'an MCC, et que le duc de Bretagne le detenoit
violemment et s'en estoit emparé par le moyen de sa seconde
femme Marguerite, Dame de Montagu et de la Gasnache,
veufve de Hugues I vicomte de Thouars; duquel mariage
de Bretagne je vous prie advertir Messieurs de Ste Marthe,
afin qu'ils s'en puyssent servir en la seconde édition de leur
excellent œuvre qui vieillira sans vieillir jamais. Je ne vous
diray rien des autres branches des Chabots dont les mesmes
sieurs vous auront peu ayder outre vostre travail particulier
et infatigable qui m'ha fait abstenir de vous envoyer copie
de la genealogie qui court, m'estant contenté de vous faire
part de ce qui est tout à moy et que malaisement pourriez
avoir d'ailleurs. Si je recouvre autre chose digne en ce sujet,
je ne manqueray de vous en faire part, comme de tout que
vous désirez de moy qui dependera de mon credit, parce que
je suys veritablement, Monsieur,

V^re plus humble et affectionné serviteur.

BESLY.

Je m'oubliois de vous prier de me faire relier l'exemplaire
de l'histoire des comtes du Perche, et faire employer le prix sur
le memoire de Mr Cramoisi; et me l'envoyer par ce messager.

De Fontenay, ce 30 août 1620.

« *En marge* : Me semble que durant ma maladie à Paris,
vous me feistes veoir un autheur qui a traité des Evesques de
Cahors [1] : je vous prie m'esclairer du tems de l'election d'un
Bernard qui avoit esté abbé de Belloc, et s'il est faict mention qu'il y ayt esté porté par un comte de Tolose, devant
l'an mil. ».

XLVII. — A MONSIEUR DUPUY, ADVOCAT EN PARLEMENT, RUE
DES POICTEVINS, AU LOGIS DU PRÉSIDENT DE THOU, A PARIS.

Monsieur, suivant mes dernières, j'escris à Mr Possevin et
vous envoye pour lui faire tenir les mémoires que j'ay dressé
sur la généalogie de Gonzague [2]. C'est en langage de Bar-
tholo et de nos gens du Palays, mais il suffist pour veu qu'il
m'entende. Je croy qu'il ne trouvera pas mauvais tant d'erreurs que je cotte de Baronius, Sigonius [3] et Faletus [4], encore
qu'ils luy soient compatriotes, puysque Scioppius l'est aussi
dont il se plaint si hautement. Vous ne m'avez point adverti
des qualitez dudit sieur Possevin : occasion que je vous laisse
à faire mettre la superscription de ma missive, car mesme
en si petite chose qui semble très grande à plusieurs, je ne
désirerois pas l'offencer. Vous lui feriez bien plaisir, si en
teste des mémoires vous luy cottiez le datte de l'arrest contre
de Rosières [5], ce que j'eusse fait si je n'eusse perdu le mien.
D'une chose veux-je bien vous supplier, est de ne souffrir

---

1. *Series et acta episcoporum Cadurcensium* ; auct. Guill. de La Croix,
in Cadurcensi curiâ patrono : 1617. — L'auteur mourut en 1618.
2. *Nota in stemma Gonzagicum Gasp. Scioppii* (Impr. à la suite de
l'*Hist. des comtes du Poitou*).
3. Sigonius (Charles). *De Regno Italiæ.*
4. Faleti (Jérôme). *De bello Sicambrico.*
5. L'arrêt contre François de Rosières, archidiacre de Toul, fut rendu
par le Conseil privé, le Roi présent, le 26 avril 1583, au sujet de son livre
intitulé : *Stemmata Lotharingiæ ducum.*

que la généalogie de la comtesse Mathilde[1] soit copiée par aucun, si de fortune ne le désiriez pour vous. Car tel la pourroit envoyer audit sieur qui en pourroit mal penser de moy. Au reste ce sujet auquel m'avez engagé, comme avez puissance en tout autre, m'a tiré en merveille de l'impudence de quelques Italiens qui font parler les pierres et les mortz, falsifient les livres à plaisir et forgent des descentes contre leurs consciences. Si j'eusse heu Pigna[2], Sardus[3], Equicola[4], Corius[5], et semblables de ce pays là, bon Dieu quel mesnage j'eusse rencontré là dedans! J'espère que le sieur Possevin[6] leur sera dissemblable puysqu'il s'est bandé contre Scioppius, c'est à dire pour la vérité contre le mensonge. A tant après vous avoir baisé les mains et de M[r] vostre frère, je demeure, Monsieur, vostre plus humble et obligé serviteur.

BESLY.

Fontenay-le-Comte, 28 sept. 1620.

---

1. La généalogie de la comtesse Mathilde (*Stemma vetus novum comitissæ Mathildis*), rédigée par Besly pour Ant. Possevin, est imprimée à la suite de l'*Histoire des comtes du Poitou* — « Joannes Besly, in præturâ Fontiniaci comitalis consiliarius et regius patronus, ejusdem urbis major et capitaneus, stemma Mathildis comitissæ, rem perplexam, digessi composuique et Antonio Possevino misi mense septembris anno 1620. »

2. Pigna (J.-B.). *Histoire des princes d'Este.*
3. Sardi (Gaspard). *Histoire de Ferrare.*
4. Equicola (Mario). *Histoire de Mantoue.*
5. Corio (Bernardin). *Histoire de Milan.*
6. Possevin (Ant.), Jés. *Vita de Lodoico Gonzaga, duca di Nevers, et di Eleonora duchessa di Mantoua* : 1604.

Tous les biographes, et même le P. Niceron, ont écrit que Antoine Possevin, jésuite italien, mourut au mois de février 1611. Cette lettre de Besly et les notes y jointes prouvent que c'est une erreur. Le *Stemma Gonzagicum* de Scioppius parut en 1619, et Possevin travailla bientôt à le réfuter. Besly prit une part active à cette dispute. On trouvera à la suite de sa correspondance les extraits de deux lettres latines de Possevin, datées du 1er août et du 15 octobre 1620, et d'une troisième lettre, sans date, postérieure aux deux premières. De plus, nous citerons la lettre de Besly, du 21 décembre 1620, dans laquelle il se plaint des éloges exagérés que Possevin lui prodigue.

Il est donc certain que les biographes se sont trompés et que Antoine Possevin vivait encore en 1620.

XLVIII. — A MONSIEUR DUCHESNE, GÉOGRAPHE DU ROI.

Monsieur, mon Memoire de Chabot me plaist d'autant plus qu'il vous est agreable et mettray peine de vous contenter en tout autre sujet que desirerez de moy. Une chose attens je de vous que pour le regard des origines des maisons de ce pays, vous me fassiez l'honneur de restenir d'où elles procèdent, afin que cy après on ne m'accuse de les avoir sinon desrobé, au moins emprunté. Vous voyez la misère du temps et combien les calomnies sont frequentes ; toutefois vous en ferez à v^re discretion, car je vous cederois volontiers et cela et tout ce qui pourroit naistre de moy, parlant d'un franc cœur et sans jalousie. Je vous supplie, parlons françois sans interruption de langage estranger qui puisse arrester le lecteur ; c'est la bonne methode de v^re Bourg^ne que j'approuve aveq tous ceux qui s'y entendent. Enfin ma conjecture prevaudra touchant l'origine de Robert le Fort ; quant à l'autre j'avois cotté l'histoire et le tems du dernier Audebert de la Marche au Memoire qu'a fait imprimer M. de la Clergerie, mais v^re extrait a encores je ne scay quoy de plus particulier. Je suys,

> Monsieur,
>
> V^re très humble, etc.
>
> BESLY.

A Fontenay, ce 28 septemb. 1620.

XLIX. — AU R. P. SIRMOND, JÉSUITE.

Ignore si Beneharnum est un mot originaire gaulois accommodé à la langue latine. Demande son etymologie.

Se moque de ce qu'aucuns ont escrit qu'il vient du canton

de Berne, ou d'un seigneur appellé Bernard, ou d'une colonie du Septentrion.

Demande si c'est un nom de païs qui ait compris l'estendue que de présent on appelle Bearn, consistant des deux citez de Lescar et Oleron et de quelques enclaues d'autres dioceses, ou si c'est un nom de cité et de peuple particulier, ou d'une ville capitale de païs et quel est ce peuple et cette ville là *In Itinerario Anton.* on void que de ce temps là c'estoit une ville ou lieu particulier, attendu que passant des Espagnes en Guyenne, de Royaume en autre, il mene par après de lieu en lieu de Saragosse à Beneharnum et d'Acqs par Beneharnum à Tolose. Mais Gregor. Turon. semble le prendre pour une ville et un païs. Car au liv. 9, c.7, Evodie (ou Woodie), qui tenoit le duché de Touraine et de Poictou, est aussy constitué gouverneur de Béarn et d'*Aire*, et au c. 20, il est accordé que la Reine Brunehaut demeure dame de la cité de Cahors auec son peuple et finage et qu'après le decez du Roy Gontran, la propriété des citez de Bordeaux, Limoges, Bearn et Bigorre retourneroit à la mesme Reine, ce qui comprent aussi les peuples et limites de ces païs là. Comme pareillement au Synode d'Agde de l'an 22 d'Alaric II R. des Gots (an 506), Bearn est une simple cité ou Evesché distinct et separé d'Oleron, veu qu'auec Galactorius son Euesque, Gratus Evesque d'Oleron y est signé. Ce qui se trouve en la Bibl. de M. de Thou. Car aux editions des Conciles l'on a obmis les noms des Prelats assistans à ce Synode. Or est chose différente de la notice des provinces de la Gaule, où *Civitas Benearnensium* désigne aussi tost le peuple et le païs, que la ville et le lieu capital, et quant à l'*id est Bearnus* y adjousté, il semble une glose d'un siecle plus moderne, tout de mesme que les autres interpretations semblables qui se voyent là et qu'on a depuis faictes en la nouvelle edition de Ptolemée. Mais où metterons nous la ville et le siége capital de *Civitas Benearnensium?* Dira ton que c'est Beneharnum et que Beneharnum est Hortez? Scaliger le pense ainsi. Du premier je l'accorde, mais du second, quant à Hortez, je ne le croy pas, n'ayant pour fondement que le lieu d'Antonin cy-dessus, auquel lieu les deux routes sont corrompues et confuses. L'on void en l'une qu'Oleron occupe la place d'*Aluce* et en l'autre Vernouse est au lieu de *Seches*. C'est que les Millaires ne se rapportent pas aux distances d'aujourdhuy et que le mesme Synode d'Agde et la description des Provinces mettent Benarnum et Benearnenses pour Lescar et son peuple. Que si on vouloit dire après Scalig. que le siege de la cité selon les départemens des Romains estoit à Hortez, mais qu'en la police ecclésiastique il a esté mis à Lescar : ou bien que le siege de l'Evesché a esté transféré d'Hortez à Lescar, j'en voudrois des preuves. Au reste, si ceux de Lescar et d'Oleron sont deux des neuf peuples qui ont surnommé la Novempopulanie, comme dit ailleurs Scalig. contraire à lui mesme, pourquoy Lescar, aussi bien que Benearnenses ou ceux d'Hortez, ne faict il corps de peuple dans la Novempopulanie qu'il attribue à Auguste? et si lors Benearnenses ou Hortez dependoient de Lescar, pourquoy y font ils corps de cité et non Lescar, et si Hortez estoit la ville capitale de Benearnenses et le Benebarnum des Itineraires, d'où vient que mesme à présent il ne depend pas de ceste cité là, ains est de la diocèse d'Acqs. Bref il faut conclure que Benearnum est Lescar.

Quant à Oleron, c'est Iluro d'Antonin et Civitas Eloronensium des descriptions et synodes, où enfin il est dégeneré en Oloronenses, lesquels n'ont rien de commun avec les Oloronenses de Sidonius quoiqu'en die Scal. in Auson. et après lui Merula in Cosmograph. ; car je tiens avec vous que l'isle de ceux cy est l'Uliarus que Pline a remarqué *in Sinu Aquitanico*, aujourdhuy l'isle d'Oleron en Saintonge, qui n'est pas ni ne fut oncq cité ni Evesché, ains despend de la cité et Evesché de Saintes. Ce qui est d'autant plus certain que l'Oleron de Saintonge a esté et est encore fort celebre à cause de la chasse et abondance de lapins dont parle Sidonius : de quoy faict foy un acte extraict du grand chartulaire de la Trinité de Vendosme par lequel *Gaudrifus comes dedit mona-nachis inibi Deo servientibus uno quoque anno quingentes cuniculos ap. Olerum : decimam quoque cervorum pellibus qui ap. Olerum canibus venantur : et non solûm inibi, sed et de omni Santonico necnon et de Andegavensi pago.* L'acte est sans datte, mais il est certain qu'il est de Geoffroy II surnommé Martel I comte d'Anjou et de Saintonge , fondateur de lad. Abbaye, deceddé dès l'an 1060. Ces rencontres empeschent qu'on le puisse rapporter à l'Oleron de Bearn et à Geoffroy comte de Poictou et aussi de Saintonge après Martel, bien que comme comte de Gascogne et duc de Guyenne, il tint la superiorité de Bearn et en eust l'homage du vicomte, tout ainsi que des autres grands fiefs de la Guyenne. Jacoit que led. Scal. ait dit que Benearnum *absoluti semper fuit imperii,* et ailleurs que *Benearnensis Principatus semper separatus fuit etc... in notitiâ Galliæ, in opusc. post.* Ce qui est étrange, ayant peu led. Scal. voir ce qui est dans Greg. Turon. et qui se peut aysement verifier par plusieurs actes, que Bearn a toujours esté de la Guyenne et de par elle, depuis l'establis des fiefs, en arriere fief de la couronne de France. Le seul tiltre de vicomte qu'ont porté les seigneurs, pouvant suffire pour preuve de cela. *Sed extrà rem.*

Or ce Geoffroy duc de Guyenne, quoy qu'il ait esté comte de Saintonge , ne l'ha pas esté d'Anjou, par ainsi l'acte et le lieu de Sidonius ne peuvent estre interpretez que de l'Oleron de Saintonge et non de l'Oleron de Bearn. Et semble que cet Oleron de Bearn a esté du commencement une seigneurie separée et peut estre non sujette à Lescar ou Bearn, car la charte de la confirmation de S. Sever en Gascogne soubz le R. Lothaire nous représente un Amebius Loup seign. d'Oleron, signé devant Centeuil Gaston et Gaston Centeuil de Bearn ; et une charte faicte soubz Bernard Guillaume comte de Gascogne, nous donne un Labaneiz pour fils de cet Amebius Loup, c'est à dire fils d'un autre sg[r] d'Oleron portant le nom de Loup. De quoy on pourroit conjecturer qu'Oleron ayant fondu en la maison de Bearn par achapt, mariage ou force d'armes, on en auroit pris occasion de comprendre soubz le nom de Bearn, non seulement le diocèse de Lescar, mais aussi celui d'Oleron.

Voila ce que j'ay peu rencontrer en l'antiquité pour le faict de Benearnum, jusques au siècle de Greg. Tur., si ce n'est possible qu'en la notice de l'empire, *sub dispositione viri illustris comitis sacrarum largitionum*, où il y a *procurator linificii Biennensis*, il fallust lire Biernensis, suivant l'advis de Pancirole. Ce qui convient fort au païs, qui est fort fertile en lins et chanvres dont il se fait grand commerce. A quoy pourroit ayder qu'à chartres de trois, quatre et 500 ans, il y a Biart pour Bearn : l'*i* entre pour *e* dans la première syllabe et ceste corruption se void ès autheurs de la guerre sainte. Guill. de Tyr, l. 6, c. 17, p. 723, et c. 25, p. 744, où il y a Bitierensis pour Biernensis, et Baudry Archev. de Dol, lib. I, p. 89, où il y a Centorio de Bierna au lieu de Gastonio de Beernia, et Pierre Tueben *itiner. Hieros.* l. 3, c. 4, et l. 5, c. 28, Gasto de Biart, scelon mon Ms. L'anonyme que le sieur Bongars a mis en teste de sa compilation est défectueux de ces passages, comme de plusieurs autres belles particularités, outre celle du nom de l'autheur qui n'estoit pas Italien, mais Poictevin de la ville de Civray, qui l'un des premiers a escrit cette entreprise des François en la terre sainte où il estoit en personne et deux de ses freres qui y moururent [1]. Le mesme Ms. l. 5, c. 8, porte semblable orthographe au lieu que l'imprimé l. 2, c. 38 p. 28 dit Beert, et au ch. suivant p. 39 où il parle de Gaston, sans marquer de maison, faut adjouster de Biart suivant le Ms. l. 5, c. 10. Il s'y trouve aussi de pires corruptions, car il y a Berderz, Burdeiz et Bitierenses cy dessus cotté et encore Gastus de Beders en mesme lieu avec

---

1. Pierre Tudebode, prêtre, de Civray.

Gasto de Beart et en un autre lieu Gastus de Beders et Centonius de Beart, comme de deux seign. de différentes maisons, l'une de Bearn, l'autre de Beziers. Tous ces lieux se doivent interpréter de ce brave Gaston vicomte de Bearn qui fut au premier voyage d'outremer, d'où il retourna en France après la prise de Hierusalem selon mon Ms., dont les imprimés se taisent.

Demande quelles sont les 9 citez qui ont baptisé la 3ᵉ Aquitaine du surnom de Novempopulana, car au compte du dép des provinces de la Gaule, comme nous l'avons, il faut de nécessité que les 9 1ᵉʳˢ peuples ayent esté multipliés par subdivision de trois en six, ou bien que trois leur ayent esté adjoustez d'ailleurs, puisqu'elle en nombre jusqu'à xii, et pourroit ton fonder ceste opinion derniere ès Greg. Tur. l. 7, c. 31, l. 8, c. 2, où il tesmoigne qu'Acs estoit de son temps de la Metropole de Bordeaux. Mais si deslors de ce dépᵗ, la 3ᵉ Aquitaine fut composée de 12 peuples, pourquoy lui a ton réservé le tiltre de Novempopulana? pourquoy Auchs y est il pour Métropole d'Acqs? et pourquoy en est il ainsi d'Eause qui d'ailleurs au dessous de l'an 630, estoit encore Métropole et avoit Auch pour cité suffragante? Seroit ce point que ceste description de provinces n'est point d'Auguste comme veult Scal., ni d'Adrian comme semble vouloir Onuphre[1], ains faicte quelques siècles après? au moins, il faut avouer qu'elle n'est pas pure et qu'elle a esté changée et y a esté adjousté et signamment au regard des citez de la 3ᵉ Aquitaine; le tiltre de Novempopulaine lui estant cependant demeuré entier.

De Fontenay le Cᵗᵉ, ce 1ᵉʳ novembre 1620.

---

1. Onuphrio Panvini, moine Augustin, mort en 1568. *Fastorum lib. V.*

L. — A MONSIEUR DUPUY, ADVOCAT EN PARLEMENT, RUE DES
POICTEVINS, AU LOGIS DU PRÉSIDENT DE THOU, A PARIS.

Monsieur, Monsieur de Peresc m'a baillé adviz qu'il ha
receu mon Ms.; si j'eusse heu quelque chose de milleur sur
ce sujet, ce m'eust esté honneur de vous en faire part; j'ay
bien l'*Ordene de Chevalerie* de Hües de Tabarie, cité par
Mr Faucher : mais je croy que vous ne manquez de ceste
pièce. S'il y ha quelque chose qui vaille en mes observations
contre Scioppius, Mr Possevin vous en est redevable. Car
je l'ay fait principalement pour vous complaire et me suys
servi en cella de plusieurs pièces que j'ay veues par vostre
moyen. Quant au fait de Lorraine, vous m'excuserez, si
vous vous estes éloigné de ma conception. J'ay allegué
Wippo, Otto Frisigens. Eps [1], Goffridus Viterben. [2], etc... qui
disent qu'Alix mère de l'Emp. Conrad le Salique, sœur d'Albert, comte d'Alsace et marquis de Lorraine, rapportoit son
origine aux Troyens baptizez par S. Remy, que les autres
disent de la race de Clovis. Si c'est par masles, je ne le scay
pas. Pour l'anonyme que j'ay dit avoir tracé la généalogie
de S. Arnoul, environ l'an MCVIII, c'est chose tellement véritable que me le confesserez très volontiers, s'il vous plaist
prendre la peine de lire aveq attention celle que feu Mr Pithou a fait imprimer, car vous verrez de bonnes marques
qui monstrent qu'elle est de deux autheurs, l'un qui vivoit
sur la fin du règne de Philippe I et l'autre de S. Louys,
l'an MCCLXI. Aussi ay ie veu un exemplaire ms. auquel toute
cette addition n'est point, ne les breches et transpositions
qu'a pensé led. feu Sr Pithou. Je me resiouis de l'édition de

---

1. Otto, évêque de Frisingen : M. 1158. *Chronicon.*
2. Godfridus Viterbiensis (Godefroy de Viterbe), chapelain et secrétaire
de l'empereur Conrad III. *Pantheon, sive chronici libri.*

cet excellent ouvrage de feu Mr de Thou [1] : lorsque les exemplaires seront venus en France, je ne perdray point l'occasion d'en recouvrer un, s'il est possible : encores que l'Astre de Mars regarde ce pays d'un mauvais aspec, qui me fait penser à plier bagage pour me mettre à l'abri des vents et de la tempeste, plutost qu'à lire, estudier et escrire au milieu des inquiétudes ennuyeuses qui m'affligent l'esprit : et à tant je me diray comme je suys véritablement,

Monsieur, vostre plus humble et plus obéissant serviteur,

BESLY.

A Fontenay le Comte, le 25 nov. 1620.

LI. — A MONSIEUR DUCHESNE, GÉOGRAPHE DU ROI.

Monsieur, ayant ces jours icy rencontré une pièce qui sert à v^re bibliothèque de Cluny, j'eusse pensé vous faire tort et à moy aussi au cas que je l'eusse recelée, sans vous en faire part. Vous la trouverez cy enclose, et si elle est de bon usage, c'est ce que j'en ay desiré. Je suys,

Monsieur,

V^re très humble, etc.

BESLY.

A Fontenay, ce 24 décemb. 1620.

LII. — A MONSIEUR DUPUY, ADVOCAT EN PARLEMENT, RUE DES POICTEVINS, AU LOGIS DU PRÉSIDENT DE THOU, A PARIS.

Monsieur, je crains bien que le personnage [2] dont m'avez envoyé la missive ayt veu nos mémoires avec des lunettes de

---

1. *Historiarum libri.* Genève, 1620 ; 5 vol. in-fol.
2. Antoine Possevin, dont nous avons une lettre datée du 15 octobre, qui contient les louanges les plus emphatiques de Besly et de Dupuy.

Flandres [1], qui font veoir les choses, six fois plus grosses
qu'elles ne sont pas : ou que l'air de ce païs là estimé plus
subtil que le nostre y aiguise tellement les espritz qu'ilz ne
pensent rien dire de bon s'ils ne vont au delà l'excessivité
mesme. Un mot, cella est bon je m'en serviray, je vous en
remercie, vaut mille fois mieux que toutes ces boufies ina-
nitez. Monsieur du Palays [2], séneschal de cette ville, est
maintenant de delà, lequel ayant sçeu la difficulté où j'estois
pour recouvrer un exemplaire, s'est volontiers chargé de
vous en bailler un. Je vous baille cet advis afin de l'en faire
ressouvenir à vostre première veuë. Au reste ne m'imputez
pas que je vous aye voulu rendre debteur de cella envers
luy, car il s'y est porté *de motu proprio* et y ha insisté contre
ma résistance. J'attend vostre response sur la particularité de
laquelle je vous ay prié par mes dernières, et si vous adjouxtez quelques choses du sujet que jugiez m'estre cachées,
comme il vous est facile de le faire, vous m'obligerez fort.
Vous voyez où je me console au milieu des appréhensions
que nous avons de deça, attendant la fin de ma dictature qui
expire aveq le mois courant [3]. Puys après, si Dieu ne calme
l'orage imminent, je prendray le conseil qu'on donne en tems
contagieux, *citè, longè, tardè.* Tandis je demeure en éternite,
Monsieur, vostre plus affectionné et obligé serviteur.

Besly.

De Fontenay-le-Comte, le xxi décembre 1620.

---

1. Le microscope avait été découvert en Flandre, par Zacharie Jansen,
vers la fin du seizième siècle.
2. François Brisson.
3. C'est-à-dire, la fin de son année de Mairie.

LIII. — A MONSIEUR DUPUY, ADVOCAT EN PARLEMENT, RUE DES POICTEVINS, AU LOGIS DU PRÉSIDENT DE THOU, A PARIS.

Monsieur, je ne scay si je dois me resjouir ou m'attrister, de m'estre dernièrement ouvert à vous de mon petit dessein littéraire de Béarn, d'autant que d'une part vous m'avez donné un grand tesmoignage de vostre amityé, ayant accompagné vostre response de plusieurs belles raretez, qui ne pouvoient me venir de milleur lieu, et, peut estre, de nul autre. Ce qui ne m'apporte pas peu de contentement de me voir tenir un si bon lieu en vos bonnes graces, que de vostre propre mouvement, sans en estre requis, vous vous soyez obligé à un travail de soy mesme assez désagréable, afin de me soulager et ayder en mon entreprise. Quoy faisant vous avez exercé une vertu presque inconnuë et non practiquée au siècle où nous sommes, où la plu-part réserve pour soy mesme les facultez et les forces de son esprit, sans en estre liberal à personne. Encore n'est-ce pas un médiocre aven-tage, si la jalousie n'y donne quelque coup à la traverse. Mais aussi d'un autre costé vous m'avez frappé d'une mésa-venture semblable à celle de l'ancien philosophe qui s'estoit disposé à rechercher la cause pourquoy des figues qu'il ve-noit de manger sentoient le miel. Vous scavez le reste. Tout de mesme vous m'avez ravi le chatouillement et la volupté que je m'estois promis et que j'eusse ressenti en mes resve-ries sur ce sujet, parce que m'avez adverti qu'un personnage d'honneur et de qualité [1] s'estoit proposé le mesme ouvrage; car outre que je suis tant deffiant de ma portée, que j'estime tout autre ne valoir guaire en ce mestier, s'il ne vaut mieux que moy : c'est au demeurant qu'il réside sur les lieux, ce qui luy est une commodité sans pareille, attendu qu'il peut s'in-

---

1. Pierre de Marca, président au Parlement de Pau.

former et s'instruire facilement de tout ce qu'il ha de besoin pour bastir son édifice : soit par les chartes et vieux documents, soit par la conférence des personnes sçavantes en
leur antiquité, soit pour le sens de la veüe, cessant lequel la
ratiocination et le jugement se tromperoient souventefois.
Ce sont tous des outils nécessaires qui me manquent, et là
dessus j'ay failly à jetter tout au feu papiers et mémoires, et
certes je l'eusse faict sans la pityé naturelle que chacun à de
sa géniture, de laquelle on se laisse attendrir le cœur, quelque
difforme qu'elle soit. Voylà, Monsieur, l'occasion de la
plainte que je fais contre vous dont volontiers je vous cons-
titue juge, et vous prie de me condamner et me donner souvent matière de tels procez, affin que j'aye sans cesse nouveau sujet de vous remercier, comme je fais icy mille et mille
fois. Cependant, puys qu'il n'est question en tout cecy que
de descouvrir la vérité offusquée et enveloppée dans les
nuages des tems, le publiq estant sans interest qui en aura
esté l'inventeur, je suys prest de cedder librement et d'un
franc courage tous mes préparatifs et matériaux à celuy qui
s'y est aussi engagé et que je juge plus propre pour en venir
plus glorieusement à bout. Je le prise et honore d'ailleurs sur
le seul tesmoignage que rendez de sa suffisance, parce que
vostre jugement me tient lieu d'une multitude d'autres; me
remettant de tout ce mesnagement en votre discrétion qui
me servira de règle et de loy inviolable.

Et afin de joindre ma parole aux effets, je vous diray que
le papier cotté A, touche des points qui m'ont fort exercé et
sur lesquels il y ha deux ou trois mois que j'en avois fait
une lettre questionnaire au Père Sirmond, laquelle j'ay depuys retenue, le s^r Cramoisi m'ayant écrit de tems en temps
qu'il n'estoit de retour de Bretagne. Vostre Mémoire m'a
confirmé en ma conjecture par le moyen d'une particularité
que j'ay adjouxtée au bas de ma missive, comme venant de
vous, ainsi que pourrez veoir en icelle, car je la vous envoye
afin que me fassiez l'honneur de la lire et y interposer vostre

censure et de vos amys intelligens en cette science, pour puys après me la rendre vespérisée et chastiée en toute sévérité et faicte capable de me servir. Si toutefois le Père Sirmond estoit de retour, vous m'obligeriez de la faire fermer et luy faire tenir par l'entremise dud. sᵣ Cramoisi qui aura soin d'en tirer response.

Le papier cotté B. et moy nous sommes rencontrez au 1.2. 4 et 5 degrez : du 3, je n'en avois instructions qu'à travers pays par le moyen de la préface des fors de Béarn, Bertrand Hélie [1] et ceux qui l'ont copié. Néantmoins, je ne craindray de dire que le mariage de Centeuil II aveq Marie contesse de Bigorre m'est suspec. Car en l'an 1036, scelon Surita [2], un Bernard estoit comte de Bigorre, et le PP. Grégoire VII monstre qu'en 1078 un Centeuil en estoit comte, dont en ce tems là le mariage fut débatu d'inceste. Item, le mariage de Petronille comtesse du mesme comté aveq Gaston vicomte de Béarn, semble y contredire. Item ce Wenton ou Genton F. de Centeuil pourroit estre Gaston II, suyvant ce que j'ay remarqué en ma lettre au père Sirmond.

Or, en récompense de Centeuil II que je ne cognoissois qu'en nües, j'ay trouvé un degré en dessus Gaston I, car il estoit fils d'un Centeuil cotté en ma missive, par ainsi Centeuil II sera le III du nom.

Pleust à Dieu qu'il me fust possible de pouvoir jouir de copie des *fondations de S. Severes* [3] *et de Iuc* [4] alleguées au Mémoire ! je m'assure que j'en ferois profit à ce propos et pour mon dessein de Guyenne.

Je ne m'estonne pas si le mémoire s'arreste sur le 5 degré : car puys après se trouve la pierre de scandale, ou la pomme

---

1. Bertrand Hélie. *Historia Fuxensium comitum.*
2. Jérôme Zurita. *Annales de la Corona de Aragon.*
3. Saint-Sever-Cap-de-Gascogne, abbaye du dioc. d'Aire (Landes).
4. Saint-Vincent-du-Luc, abbaye du dioc. d'Oleron (Bass.-Pyrén.).

de discorde. Toutefois, quoy qu'on die, il y ha grande apparence au discours de Surita.

Le papier C. contient un net sommaire des chartes de la L. (Layette) *Bigor*, desquelles de v^{re} grace j'ay les copies : sauf de la donation de Constance de l'an 1280 et du testament de sa sœur Marguerite de l'an 1318 et du compromis d'Eschirat et Marthe sa sœur uterine, qui sont pieces tout plein instructives à qui les auroit, — lesquelles n'estoient point là.

Le papier cotté D contient de très belles et rares particularitez, comme aussi font bien les autres : mais cettuy-cy manifeste la fable de l'exhéradation du comté d'Armaignac touchant Bearn, tant de fois remise sur le théatre.

Voy-cy ce qui ne me contente pas. I. que Guillemette de Bearn ayt esté vivante l'an 1314, qui est près de cinq ans de tare en l'histoire.

II. Que Guillaume vicomte de Bearn l'an 1214 fust surnommé Raymond : tant par ce que j'ay copie d'un tiltre de l'an 1224 où cette queuë n'est pas, qu'aussi par ce que Surita le contredit par exprès au passage qui a servi de fondement à Mr de Lescun [1] en son traicté.

III. Que Beatrix ayt esté fille du comte de Savoye; par ce que la Royne Marguerite femme du R. S. Louys estoit fille d'une fille de Savoye, et, à son propre récit, proche parente de Gaston qu'on donne pour mary à Beatrix : sinon que cette parenté procedast du costé pateenrl de la Royne, et de cella Pingon pourroit bailler quelque lumière.

IIII. Que Constance F. aisnée de Gaston ayt épousé Henry F. du Roy d'Allemagne, l'an 1268. Ce sont doutes que j'aime mieux imputer à mon ignorance, qu'à la foy du registre.

Or, Monsieur, vous m'avez extrêmement obligé pour tous

---

1. Jean-Paul de-Lescun, conseiller au Parlement de Pau.

ces beaux mémoires et vous en remercie de bon cœur, plaignant fort les heures qu'eussiez employé aveq plus de playsir et d'utilite pour vous, en tant d'autres occupations serieuses qui ne vous manquent point.

Lisant autrefois Bertrand Helie, je n'en avois guaire retenu que la suyte de la maison de Foïx. Vous avez judicieusement jugé contre luy que le chasteau ou la tour n'est pas arme de Moncade, mais de *Castrum Vetus*. Car à mon opinion, ces six marques rondes estans au seel de Bearn, lesquelles vulgairement en armoiries on appelle Bezans et tourteaux, sont des plats, qu'en latin on dit *Catini*, et m'imagine que c'est une allusion au nom exprime en la légende.

Mais de quels metaux et couleurs sont les armes de Montcade et de Castel-Viel? Helie nous laisse à deviner, disant que le chasteau est de sable : il devoit aussi le champer et griller et adjouxter les autres différences s'il y en a.

La charte dont avez extrait le seel, est de l'an MCCLXVII. Je l'avois figuré d'une autre de l'an LXVI de la Layet. *homagia l.* XIII. Dieu scait combien différend du vostre, qui me semble d'un Apelles, en comparaison du mien : tant vous avez l'esprit et la main versatiles. Je vous en remercie, et de la lettre de Mr Possevin auquel je conseillerois de ne laisser vanger sur luy un trait de plume par un coup d'espée, et pour l'amour de vous, je luy envoy le petit mémoire enclos qui fait contre Scioppius. Cette guerre est bien plus douce à supporter que celle qui nous menace et dont la crainte nous met en garde ce jour icy. Dieu veuille que le mot ne soit pas antiphrase. A tant, je suys,

Monsieur,

Vre humble et obligé serviteur.

BESLY.

De Fontenay, ce 10 janv. 1621.

Lettre charmante, dans laquelle Besly se montre tel qu'il était : ami

sincère, bienveillant, exempt de toute jalousie , et toujours prêt à mettre
à la disposition des historiens de son temps les matériaux qu'il recueillait
avec tant de peine.

LIV. — A MONSIEUR DUPUY, ADVOCAT EN PARLEMENT, RUE DES POICTEVINS, AU LOGIS DU PRÉSIDENT DE THOU, A PARIS.

Monsieur, ce petit mot de vostre main m'a esté au lieu
d'un gros volume, qui eust peu me venir d'ailleurs ; je m'y
suys appuyé, comme sur une forte colonne, qui soustient
tout le fais d'un édifice, et me l'estois ainsi promis, tant je
me confiois de deux choses, de vostre vertu et de mon bon
droict : principalement ayant affaire à un si grand et si digne
personnage, comme est Mons. le procureur-général. Faites-
moy l'honneur de croire que j'ay du deplaysir qu'il m'ayt
fallu en venir à cette importunité. Je scay le respec qu'il faut
avoir envers ses amys, et n'en pas abuser ; aussi ne me suys
je licencié qu'à force forcée, qui possible mérite de la grâce
et du pardon. Or, soit que mon affaire soit terminée, soit
qu'elle attende sa conclusion, je vous en remercie autant
qu'il se peut et que je le dois. Si elle n'est concluse, je vous
supplie au nom de Dieu qu'elle meure par un arrest ; car je
suys aux prises aveq des gens qui n'ont jamais de fin que
par le fer et la flame. Au surplus je vous prie aussi de vous
ressouvenir que par l'ordonnance de Louys XII de l'an 1498
art. 98 et autres du roy François I, les informations faites
ès sièges des baillifs, seneschaux et juges doivent estre veues
par les (souligné par Besly) *advocat et procureur du Roy à
fin de décrets tant d'ajournements personnels que de prises de
corps.* Ce qui a de tout tems esté pratiqué en ce siège. Autre
chose est ès cours souveraines. J'ay envoyé à mon procureur les précédents arrests de règlements. Il ne faudra pas de
vous veoir pour se régler par vostre résolution que je veux
suyvre jusques à un *iota.* Si vous m'aymez comme je me

persuade et que j'en sens les effets, je m'assure que vous me conserverez les bonnes grâces de Mons. le Procureur-Général, lequel j'honore et désire servir jusques au dernier degré.

Ce sujet laissé je vous diray que nous tenons icy que M[r] le marquis de La Force [1] a esté confiné par M. d'Elbeuf [2] en Périgort où il avoit passé aveq cinq régimens et trois cents chevaux. Mr de Soubize [3], après avoir abandonné Saujeon, Pont-labé, Darcie, et Sablonceaux [4] et fait mine d'assiéger et battre Mornac [5] qu'il avoit desja failli une autre fois, s'est retiré à l'abord de M[r] le duc d'Espernon [6] et des troupes de M[r] le comte de la Rochefoucault [7]. Cette retraite n'est pas bien certaine, aussi va-t-il au pair quant aux forces de gens de pied : mais il ne peut avoir que cent ou six vingt chevaux contre quatre ou cinq cents, qui seroit mal parti en plaine campagne; s'il n'estoit assisté de l'avantage des lieux, car il ha Royan et la mer en main et les isles où il commande absolument pour se mestre en seurté, toutefois et quantes qu'il luy plaira. Nous estimons que ce n'est pas un petit advantage pour les affaires du Roy et les pays deçà Dordogne d'avoir empesché que ces deux seigneurs se soient joints, car ils eussent peu faire un corps notable qui se fust grossi en une nuitée, non seulement de ceux de leur religion, mais aussi des nostres qui sont mal payez et d'autres qui ont envie de mal faire. Nous n'avons autres nouvelles qui méritent, et me réserve au prochain voyage pour celles qui surviendront,

---

1. Jac. Nompar de Caumont, marquis, puis duc de La Force.
2. Charles de Lorraine, duc d'Elbeuf.
3. Benjamin de Rohan, seigneur de Soubise.
4. Localités de l'arrond[t] de Saintes.
5. Canton de Royan, arrond[t] de Marennes (Char.-Inf.).
6. Jean-Louis de Nogaret de la Valette, duc d'Epernon, gouverneur de la Guyenne.
7. François, comte de La Rochefoucauld, gouverneur du Poitou en 1622.

vous priant me vouloir faire part de celles de la cour, et me tenir en qualité, Monsieur, de

Vostre très humble et très obéissant serviteur,

BESLY.

A Fontenay le Comte, le x février 1621.

LV. — A MONSIEUR DUCHESNE, GÉOGRAPHE DU ROI.

Monsieur, vous m'avez fort obligé par les deux extraits qu'avez pris la peine de m'envoyer, dont je vous remercie de bon cœur. Je vous asseure qu'ils me donnent bien à penser, neantmoins il n'est pas inconvenient qu'estans veritables en un point, ils se puissent tromper en un autre. Je suis en cette ville depuys trois mois, sans que par soin et par diligence j'aye peu glaner une poignée de bons espics. Quelquefois la faveur m'a porté nuysance, mesmement auprès des Minimes qui ont le chartulaire du Prieuré conventuel de Surgères. *Pactum non pactum est* à leur endroit et ne cogneus jamais des esprits si foibles et terrestres que ceux là, encores qu'il se peut faire qu'au lieu d'un thrésor je pourrois trouver des charbons, contre mon esperance, comme il m'est arrivé ailleurs. Bref j'admire et deplore la rusticité et negligence morte et vivante de mes compatriotes. Je suys,

Monsieur,

Votre très humble etc.

BESLY.

De Poictiers, ce 16 mars [1] 1621.

---

1. Date fausse : *Lisez*, 16 mai. — Besly était encore à Fontenay le 10 février, et se réfugia à Poitiers vers le 15.

LVI. — A MONSIEUR DUCHESNE, GÉOGRAPHE DU ROI.

Monsieur, je n'ay pas voulu faillir à vous renvoyer l'extrait du chartulaire de Montmorillon et la copie du titre du comte Ildefonse de Toulouse ; devant partir, je veis le chartulaire Casauriense [1] et le courus. J'y recogneu tout plein de belles choses qui peuvent servir à divers usages et regrette surtout une charte de Berangier I, où il tesmoigne qu'il est issu de la maison de France. Si de fortune veniez à rencontrer l'extrait qu'en avez fait, et que n'en eussiez necessairement affaire, m'obligeriez fort de me le prester. Vous diriez que les occupations se redoublent pour me nuire, car arrivant, j'ay trouvé qu'on m'avoit soustrait deux jours de la sepmaine pour vacquer à un mestier [2] que je scay et où je me plays le moins et où l'on me faict commander avant que j'aye appris d'obeir. *Cosi va il mondo*. Mais cela ne sera pas de durée, et en tout estat et condition que je suys et seray tousjours,

Monsieur,

Votre très humble etc.

BESLY.

De Fontenay, le 7 juin 1621.

LVII. — A MONSIEUR DUPUY, ADVOCAT EN PARLEMENT, RUE DES POICTEVINS, AU LOGIS DU PRÉSIDENT DE THOU, A PARIS.

Monsieur, je suys arrivé assez heureusement en cette ville, puysque j'y ay trouvé que le Roy huict jours dévan

---

1. *Chronicon Casauriense, seu Piscariense*, in regno Neopolitano, à Ludovico II imperatore, anno 866, conditum : auctore J. Berardi. 1513 ; réimpr. en 1604, in-4.

Besly avait parcouru cette chronique, pendant son séjour à Paris, vers le mois d'août 1620.

2. Besly fait, sans doute, allusion à un emploi dans la milice bour-

avoit restitué aux habitans leur liberté perdüe, dès l'an 1587, c'est-à-dire l'espace d'une quasi demie captivité de Babylone [1]. Bien est vray que l'auctorité de M[r] nostre gouverneur n'est suspendue que pour trois mois [2], mais je me persuade que c'est un intervalle recherché plus pour espérance que pour effet, autrement il nous seroit à désirer de n'avoir point changé d'estat et de condition, car nous aurions bien plus d'amertume en nostre mauvaise fortune après avoir savouré un peu des douceurs de la bonne. Mais en tout cas ma devise

> ... Si fractus illabatur orbis
> Impavidum ferient ruinæ.

est ma chere et salutaire resource.

Le Roy est devant Saint Jean. Le camp s'enfle tous les jours et croy qu'il y ha peu d'espoir pour les assiegez. Le malheur est qu'il y ha là dedans quantité de brave noblesse qu'il est à craindre de voir vendre chèrement leur vie. On dit que le colonel du régiment de Champagne a esté tué, que le Roy a gaigné tous les fauxbourgs et miné une tour servant de cavallier qui empeschoit de faire les approches. Et de fait nous avons ouy d'ïcy (c'est à dire de XII à XIII lieues) les canons durant trois jours, lesquels depuys trois jours ne disent plus mot.

---

geoise, chargée de veiller, pendant les troubles, à la sûreté de la ville de Fontenay.

1. Depuis plus de 30 ans, la ville de Fontenay était sous la domination des Calvinistes.

Charles Eschallart, sieur de la Boulaye, lieutenant du Roi en Bas-Poitou;

Philippe Eschallart, son fils, gouverneur de Fontenay;

Marie Hurault, veuve de Philippe et mère de Maximilien Eschallart, marquis de la Boulaye, gouvernante de Fontenay en 1621.

2. Le 23 mai 1621, le lieutenant de Fontenay remit la place entre les mains de Louis XIII, pendant l'absence de la dame de la Boulaye.

Le Roi envoya alors 400 hommes de garnison dans la ville et dans le château, suspendit le gouverneur pour trois mois et donna le commandement à un exempt des Gardes.

Tout le Poictou obéist au Roy, sauf Thalmont, Beauvoir-sur-Mer et La Garnache [1]. M[r] le duc de Vendosme [2] vient tout maintenant d'arriver icy, et doit partir soudain pour aller en l'armée. On dit que M[r] le duc d'Espernon y sera dans ce jour, et que M[r] de La Trimouille [3] est près Sa Majesté. Mr de Vignoles [4] est à Marmande aveq six mil hommes, ce que je viens d'apprendre d'un homme de Mr de Galerand, frère de ma femme [5], lequel est aveq luy. Je vous feray part de ce que j'apprendray à l'advenir. Tandis, je demeure à perpétuité, Monsieur, vostre très humble et obligé serviteur.

BESLY.

De Fontenay, ce 7 juin 1621.

(En *P.-S.*) Monsieur je vous supplie de vous ressouvenir du mémoire touchant Bearn, lequel je vous laissay pour M[r] le Procureur-Général, à fin de recouvrer par son autorité quelques pièces des registres de la connestablie de Bourdeaux. Mr du Palays s'est fort enqui de vous et luy ay faict vos recommandations comme aussi à Mr de Poictiers qui en fut fort réjouy, et de ce qu'il avoit appris que, comme luy, vous estiez un beuveur d'eau en quoy vous aviez de la conformité, outre la profession des livres. Ils vous baisent les mains.

---

1. Localités de l'arrond[t] des Sables-d'Olonne.
2. César, duc de Vendôme, fils de Henri IV et de Gabrielle d'Estrées.
3. Henri, duc de la Trimouille.
4. Bernard de Vignoles-La-Hire, maréchal de camp.
5. Jean du Boulay, frère de Claude, femme de Jean Besly.

LVIII. — A MONSIEUR DUPUY, ADVOCAT EN PARLEMENT, RUE DES POICTEVINS, AU LOGIS DU PRÉSIDENT DE THOU, A PARIS.

Monsieur, vous aviez desja sçeu la reddition de Saint Jean [1], et comme les assiégez remportent aveq eux plus de honte que de gloire. Le pis est des pauvres habitans qui se trouvent non seulement privez de leurs privilèges, mais aussi du tiltre de ville. Ce sera doresenavant le bourg saint Louys, et à cette fin Mr du Chastelier [2] neveu de Mr de Beaumarchais est demeuré sur le lieu, pour faire ruiner les murs et combler les fossez, ce qui est fort avancé. Cette punition me semble tenir la médiocrité entre la douceur et la cruauté, puysqu'il ne seroit pas juste de passer [3] une rebellion par souffrance. On croit néantmoins que la considération de Mr de Soubize a conservé tout le reste.

Trois ou quatre jours devant cette réduction, les sieurs de Favas [4], La Noue [5] et Bessay [6], s'estant embarquez à la Rochelle aveq mille ou douze cents hommes et quatre pièces de canons, et ayant pris terre près de Luçon, espérant se

---

1. La reddition de Saint-Jean-d'Angély avait eu lieu le 23 juin.

2. Léon Barlot, s^r du Chastelier-Barlot, maréchal de camp, avait épousé Jeanne Bouhier, et se trouvait ainsi neveu par alliance de Vincent Bouhier, s^r de Beaumarchais, trésorier de France.

3. Dans les *Extraits des lettres de Besly*, publiés par M. Marchegay, on a écrit *payer*, au lieu de *passer*. Payer par souffrance est une phrase inintelligible. En terme de pratique, *souffrance* signifie tolérance : *ce passage n'est pas une servitude, mais une souffrance*. En terme de finance, *passer par souffrance*, c'est inscrire une dette échue, pour mémoire, sans intention d'en poursuivre le paiement avec rigueur. Besly dit que le châtiment infligé aux habitants de S.-Jean-d'Angély tient le milieu entre la douceur et la cruauté, puisqu'il n'est pas juste de *passer une rébellion par souffrance*; c'est-à-dire, qu'il n'est pas juste que des révoltés soient l'objet d'une tolérance, ou indulgence plénière, et que la punition de leur crime soit remise à un temps indéfini.

4. 5 et 6. Jean de Favas, Odet de La Noue, Jonas de Bessay, capitaines protestants.

grossir des esgout du pays, menaçoient nostre petite ville, où nous avions à nous garder du dedans et du dehors. Cella nous résolut d'envoyer en Cour, occasion que le Roy despescha M[r] le mareschal de Praslin [1] accompagné de bonnes troupes de pied et de cheval, afin de nous mettre à couvert, et purger tout le bas Poictou. Messieurs le duc d'Elbeuf et son frère [2], comte de La Rochefoucaut et filz de Mr de Schonberg [3], et plusieurs autres seigneurs de marque se feirent de la partie. Ce voyage a si heureusement réussi, qu'après la deffaite de la compagnie du sieur de la Rolandière [4], les autres s'estans retirez à toutes voiles à la Rochelle [5], Thalmond sur Jard, La Garnache et Beauvoir-sur-Mer ayant fait joug, avec toutes les petites places et forteresses ennemies, enfin ledit sieur mareschal vient présentement de rentrer en cette ville pour s'en aller trouver le Roy. Cet exploit de huit jours a autrefois cousté deux ou trois armées royales. Tandis, ceux de la Rochelle ont esté battus par M[r] le duc d'Espernon en Aulnis et rompus d'un autre costé en Saintonge, voulant jetter des munitions dans la ville de Pont. Les gens de bien de La Rochelle se dérobent journellement qui par mer, qui par terre : et y a là dedans un tel effroy et confusion qu'on en doit conjecturer la ruine bien

---

1. Charles de Choiseul, comte du Plessis-Praslin, maréchal de France.
2. Henri de Lorraine, comte d'Harcourt, frère du duc d'Elbeuf.
3. Charles, fils de Henri, duc de Schomberg.
4. René Bodin, s[gr] de la Rollandière, capitaine protestant.
5. L'éditeur des *Extraits des lettres de Besly*, de 1621 à 1626 (*Annuaire de la Soc. d'Émulation de la Vendée, an.* 1877), a supprimé les mots suivants : « ayant fait jong aveq toutes les petites places et forteresses ennemies. » Cette suppression a eu pour résultat d'attribuer à Besly une grosse bévue. En effet, les troupes protestantes pouvaient-elles se retirer, *à toutes voiles*, à la Garnache et à Talmont, qui ne sont point des ports de mer ? Tandis que ces deux localités et les autres petites places et forteresses *ayant fait joug*, c'est-à-dire étant rentrées en l'obéissance du Roi, l'ennemi n'avait d'autre refuge que le port de la Rochelle. Le sens de la phrase, telle que Besly l'a écrite, n'offre aucune obscurité; et il a pu ajouter sans se contredire, quelques lignes plus bas, « tout le Poitou est tranquille, sauf Mauléon. »

proche. Leur Présidial a esté transféré à Marans, où treze officiers se sont sauvez. Les deux lieutenans, civil et criminel, les gens du Roy, le parsus conseillers. L'isle de Rhé surprise et depuys abandonnée sur les préparatifs de Mr de S. Luc [1] en Brouäge. Pons remis en l'obéissance du Roy, et tout le Poictou tranquille, sauf Mauléon où M^r le mareschal de Praslin vient de depescher pour sçavoir la résolution du sieur de Surin [2] qui y commande. Bref la bonne fortune du Roy passe comme un foudre à qui rien ne fait résistance. D'où nous croyons que Bergerac voudra sortir de la rebellion, incontinent que l'armée s'en approchera et qu'il en prendra de mesme des autres villes.

Néantmoins vous ne scauriez penser combien grande est la pertinacité de plusieurs à conniller [3] et rechercher des subterfuges pour s'excuser de satisfaire à la dernière déclaration du Roy : en particulier ils confessent l'injustice de leur assemblée : mais en gros ils la maintiennent, quoy qu'elle tende à un estat populaire ennemi de la royauté. Et de fait on m'a aujourd'huy communiqué une sentence esmanée des commissaires establis en cette ville là pour le fait de l'admirauté, par l'assemblée des églises réformées de France et souveraineté de Béarn, par laquelle ils déclairent de bonne prise des navires que leurs gens ont volé à de pauvres marchands des Sables d'Aulonne. Jugez du reste. Voylà quant aux nouvelles de deça jusques à une autre occasion. Au parsus je vous remercie du soin qu'avez heu de mon mémoire de Béarn envers M^r le Procureur-Général, ce qui me donne bonne espérance de vous renvoye[r] celuy que m'aviez

---

1. Timoléon d'Espinay, de Saint-Luc, gouverneur de Brouage.
2. La Mothe de Saint-Surin, capitaine protestant.
3. Il ne faut pas lire *Conseiller*, au lieu de Conniller (*voy*. les *Extraits des lettres de Besly*, par M. Marchegay, *p*. 102). *Conniller* signifie ruser, faire des détours, à l'instar du lapin, autrefois *Connil*, qui cherche à tromper le chasseur, en exécutant mille détours, afin d'atteindre son terrier sans être aperçu.

presté, touchant lequel je ne puys estre de vostre opinion.
Point d'ordre, point de liaison, point de langage qui vaille,
trop de répétitions inutiles, de vaines ostentations d'arro-
gance à mordre les gens d'honneur, force erreurs en l'histoire, et pour comble bien peu de jugement en ce mestier
où il luy faudra du tems pour devenir bon maistre. Un de
mes amis en a retrassé pour plaisir cinq ou six périodes,
mais il a esté contraint d'oster et adjouster beaucoup comme
verrez, le sousmettant à vostre censure. Je vous prie me
faire tousjours part de tout ce que trouve. ez à propos de mes
desseins, et particulièrement de la grand carte que je vous
feis veoir. J'ay fait vos recommandations à Mr du Palays qui
vous baise les mains, et demeure en éternité, Monsieur,
vostre très humble et obligé serviteur.

BESLY.

De Fontenay-le-Comte, ce 3 de juillet 1624.

(En *P.-S.*) J'atends ma bibliothèque cette sepmaine. Si
Mr Rigaud veut prendre la peine de m'envoyer son roman
d'Alexandre, il me relevera de peine de la copie de mon
Ms., et me contenteray de la conférence et de luy faire part
des diversitez.

LIX. — A MONSIEUR DUPUY, ADVOCAT EN PARLEMENT, RUE
DES POICTEVINS, AU LOGIS DU PRÉSIDENT DE THOU, A PARIS.

Cette lettre est bien placée entre les lettres du 3 juillet et du 11 septembre.
Mais l'original était-il daté ? J'en doute, puisque la date n'est pas inscrite à la fin.
Dans ce cas, je la reporterais au mois d'août. En effet, une lettre de Paris du
23 juillet n'arrivait à Fontenay que tardivement, surtout en ces temps de troubles, et le résultat de l'assemblée du clergé à Bordeaux, rapporté en post-scriptum, avait dû parvenir à Besly après la lettre du 23. Je fixerais donc la date
vers le 10 août, attendu que la réponse de Dupuy provoqua la lettre suivante
du 11 septembre.

Monsieur, Le Roy est tellement esloigné de nous, que
nous n'en sçavons des nouvelles sinon fort rarement. Nous

avons des deputez en Cour qui nous ont escrit du xxiii de juillet que ce jour là, l'armée arriva à Clirac (Clairac) [1] où les barricades furent fort disputées contre nous, mais enfin quittées aveq perte de Mr de Terme [2] au moins d'un bras rompu lors, et seze ou dix sept de gens de marque tuez, qui est une grande perte.

M[r] d'Espernon est tousjours à Surgères, mais non si fort que les Rochelois ne fassent leurs moissons. Monsr de Pardeillan [3] est aveq le Roy. Mr de Chastillon [4], contenté d'un estat de mareschal. Je tiens ces nouvelles de Mr Tibaut exempt des gardes à Maillezais qui vient de voir ledit sieur d'Espernon. Nous avons sçeu que Mr de Briquemaud a rendu Sully moyennant une somme baillée par la dame du lieu. C'est ce que nous sçavons icy. Je reçeu hier lettres du sieur Aubert qui vous a autrefois employé pour Madame de Saintes [5] touchant Marennes, si c'estoit comté, et s'est trouvé que non [6] au rapport de Mr de Grieu sur un extrait d'un tiltre de la contablie *(sic)* de Bourdeaux. Et pour ce que cy-devant il m'avoit escrit sur ce sujet, il en ha pris occasion de ses lettres pour me prier de la part d'un amy et compatriote, d'un homme de sçavoir (ce sont ses mots) du Parlement de Béarn, de luy faire part de ce que j'ay recueilli des antiquitez de ce pays là, suyvant une lettre que je vous ay escrite. J'ay creu qu'ayant heu l'advis de vostre part, on ha dheu s'ayder de vostre ministère, et qu'aussi je me ferois tort si en cet endroit je n'attendois vostre bon conseil : de quoy je vous supplie, puys que je vous ay donné la peine d'employer vos amys avecq vous pour me secourir en cette recherche. Si de

---

1. Canton de Tonneins, arr. de Marmande.
2. César-Auguste de Saint-Lary, baron de Termes.
3. Roger de Pardaillan, marquis de Termes.
4. Gaspard de Coligny, comte de Chastillon.
5. Françoise II de Foix, abbesse de Notre-Dame de Saintes, en 1621.
6. François-Alexandre d'Albret se qualifiait cependant sire de Pons et *comte* de Marennes, en 1644.

fortune vous voyez le Père Sirmond, vous m'obligerez de le semondre d'un mot de response sur mes difficultez proposées. Attendant de vos nouvelles je demeureray, Monsieur, vostre très humble et très obligé serviteur.

BESLY.

(En *P.-S.*) — L'assemblée de Messieurs de Clergé est rompüe à Poictiers, et continuée à Bourdeaux[1]. On y a accordé xiiie mil escuz au Roy. Mr Mesnard s'est trouvé là qui poursuyt l'entreprise dont il avoit fait ouverture à Paris. Résolu de continuer icelui qu'il m'a escrit, je luy en ay mandé mon opinion, et n'espère pas que l'affaire succède.

LX. — A MONSIEUR DUPUY, ADVOCAT EN PARLEMENT, RUE DES POICTEVINS, AU LOGIS DU PRÉSIDENT DE THOU, A PARIS.

Monsieur, vous avez fort bien deviné que cet homme de sçavoir de Béarn estoit Mr de Marca, ce que j'ay appris par une nouvelle recharge qui m'est venüe de Saintes, cette sepmaine. J'ay fait la plus courtoise response qu'il m'ha esté possible, et me suis obligé au commerce, si on le veut accepter sous la formule *Do ut des*. En effet je suis content d'estre pris au mot, mais à mon opinion les loix de l'honnesteté me dispensent de commancer, puisque je suis provoqué. Quant au mémoire de la Contablerie de Bourdeaux, je crains que vous et moy y perdions nostre attente puysque trois mois se sont passez sans response. Et se peut faire (à fin de me flater moy-mesme) que le registre s'appelle de présent d'autre sorte qu'au tems de Mr Pithou. Tant y a

---

1. D'après M. Marchegay, l'Assemblée du clergé aurait été bien peu généreuse. Elle n'aurait accordé au Roi que 12,000 écus. Ce n'était pas la peine de se réunir à Poitiers, puis à Bordeaux, pour un si mince résultat. (Voy. *Extraits des lettres de Besly*, p. 103.)

que c'est l'un des registres du bureau des finances et dom-
maine du Roy en Guyenne, comme j'ay veu par quelques extraits qui en ont esté tirez au mois de février dernier. Je vous remercie de vos offres dont je n'abuse que
trop souvent. Mes livres sont céans, mais mes brouillards
sont encore à Poictiers, ne m'estant peu résoudre à les retirer à cause des troubles qui sont pour empirer, si l'Anglois
vient à se mesler de nos différends.

Les XLVIII de la Rochelle sont augmentez jusques au
nombre de LXIIII. Ils ont ordonné une levée de LX mil lib.
sur la ville et s'en sont exemptez aveq le menu peuple, ce
qui cause une forte division. Mr de la Noüe prisonnier de
M^r d'Espernon a esté renvoyé en sa maison sur sa foy,
attendant le bon plaisir du Roy. M^r le comte de La Rochefoucaut depuys peu a deffait 80 hommes de la Rochelle, dont
34 prisonniers sont encores en cette ville. Le reste mors ou
noyez. Cella nous a cousté la vie d'un homme seul, mais à
la vérité gentilhomme. M^r d'Espernon se porte aussi bien
qu'il fit jamais d'esprit, de cors et de courage. Mais il est à
craindre que les volontaires qui sont en son armée le préci-
pitent en péril, tant ilz s'exposent souvent contre son advis.
Car à une fois un coup de mousquet luy a percé le bord du
chapeau à fleur du front : et à une autre fois un autre coup
luy a coupé son baston. C'est une chose monstrueuse du soin
qu'il prend autour de son armée...

.... de la discipline qui eschape faute de hui.... (La fin de
cette lettre rognée à faux est altérée.)

(En *P.-S.*) Je vous rends grâces de la silve de Mr Grotius [1] laquelle m'a esté d'autant plus agréable qu'elle est close
par une honorable mention de vous et de vos amys. Je l'ay

---

1. Hugues Grotius. *Sylvæ sacræ et sylva ad Franciscum-Augustum
Thuanum.*

fait voir à M^r de Ste Croix [1], personnage d'honneur et de lettres, lequel à mon advis vous cognoissez comme il est cogneu de la plus part des gens de mérite. Et à tant, Monsieur, je prie Dieu qu'il vous conserve et me fasse digne de demeurer vostre très humble et obligé serviteur.

BESLY.

De Fontenay, cet xi sept. 1621.

LXI. — A MONSIEUR DUPUY, ADVOCAT EN PARLEMENT, RUE DES POICTEVINS, AU LOGIS DU PRÉSIDENT DE THOU, A PARIS.

Monsieur, cette cy sera la seconde en espérance de sçavoir de vos nouvelles. Tandis, je vous diray que le blocus de La Rochelle se renforce tousjours aveq l'incommodité des assiégés. Le premier fort du seigneur Pompée [2] les a tellement affligez que la face de la ville qui luy est opposite est toute deffigurée de coups de canons, et l'autre fort qui s'en va monté dans peu de jours la gastera et ruinera d'un autre costé. Il est dommage que l'ingénieux ayt esté contraint de se retirer à Terreneufve, maison de feu Mr Rapin près cette ville, où la maladie populaire du camp l'a rudement tasté et le détient encores au lit. Toutefois on asseure qu'il est hors de péril.

Quelques trante Anglois ayant trouvé moyen de sortir des murs sont venus se jeter es bras de Mons. le comte de Soissons [3], et font mille plaintes de ceux du dedans : et trante autres du mesme parti ont esté deffaicts en une sortie par la compagnie de Mr de Guyse [4], cinq mors et les vingt cinq prisonniers.

---

1. François III de la Rochefoucauld, abbé de Sainte-Croix.
2. Pompée Targon, ingénieur italien, au service du Roi.
3. Louis de Bourbon, comte de Soissons.
4. Charles de Lorraine, duc de Guise.

Le bruit commun qui nous a trompé plusieurs fois, nous assure que les armées de mer sont aux approches, mesme M^r le comte de la Rochefoucault est pour cella dans les Sables d'Aulonne, et nombre du plat pays courent affin de veoir un si grand, si attendu et inaccoustumé équipage. Je vous bailleray advis de ce qui se passera et que j'apprendray de plus véritable.

Il me suffira que mandiez avoir receu mes lettres, si vos occupations vous empeschent d'un plus long discours. Mais au reste je vous prie et conjure tant autant que je puys de vous ressouvenir de mes prières sur le sujet de mes précédentes et de me faire s'il vous plaist cette faveur de me conserver les bonnes grâces de Monsr le Procureur-Général. Mr Joannet vous verra pour cet affaire.

Monsieur, vostre plus humble et obligé serviteur.

BESLY.

De Fontenay-le-Comte, le 26 sept. 1621.

LXII. — A MONSIEUR DUCHESNE, GÉOGRAPHE DU ROI.

Monsieur, j'avois desia sçeu que vous estiez en voyage au pays bas : ce qui me fut agréable, sous espoir qu'il pourroit vous estre honorable et utile. Vous m'avez fort resiouy des nouvelles de votre heureux retour : outre la courtoisie de m'avoir envoyé l'extrait du chartulaire *Casauriense*. Je vous en remercie d'affection, quoy qu'il n'ayt respondu à l'attente que je m'estois promise en parcourant l'original. C'est que chescun à la visée à sa profession principale. Vous m'avez mis en grand inquiétude touchant la genealogie de Surgères que demandez, car mon mémoire s'estoit tellement brouillé parmi des papiers de palais, qu'il m'a cousté deux ou trois jours, avant que de le rencontrer, encores n'est il pas tel que j'eusse peu, si mes extraits ne m'eussent manqué, lesquels sont encores à Poictiers à refuge. Neantmoins je vous envoye neuf degrez bien justifiez, jusques au tems que la maison fondue en fille à pris le nom de Clermont. Le reste, je n'ay point voulu vous l'envoyer, parce que vous le trouverez ès mains de MM^{eurs} de Ste Marthe : si non mandez, et vous satisferay incontinent, comme de toute autre chose qui dependra de moy ; ce que voudrois bien pouvoir faire touchant l'origine de Guy Empereur, de laquelle je ne me suys peu assez esclaircir, quelque diligence que j'y aye apportée, veu que c'est l'un des points de ma maison de France. Vous m'en tiendrez donq pour excusé, s'il vous plaist. Au parsus, M. Cramoisi m'a faict tenir l'histoire des Euesques du Puy, laquelle me met en peine de trouver moyen d'escrire à l'autheur, tant pour l'advertir de quelques particularitez où les dattes des tiltres corrompus l'ont fait chopper, que pour pouvoir m'esclaircir de quelques autres. J'apprens tous les jours combien il est difficile, voire impossible de rendre un ouvrage accompli en une telle matière envelopée dans les tenebres de tant de siècles. Mais celuy mérite plus de louange, qui est le moins fautif. Je vous prie de me bailler aduis par quelle voye on pourroit escrire à ce bon père ; en quoy m'obligerez à demeurer d'autant plus à jamais,

Monsieur, votre très humble et très ob. servit.

BESLY.

De Font^{ay} ce 23 oct. 1621.

LXIII. — A MONSIEUR DUPUY, ADVOCAT EN PARLEMENT, RUE DES POICTEVINS, AU LOGIS DU PRÉSIDENT DE THOU, A PARIS.

Monsieur, vous pouvez juger aveq quel contentement j'ay reçeu vostre pacquet et aveq quelle ardeur j'ay leu les copies des chartes que je vous renvoy, puys que je les avois désiré d'extrême affection, et que vous avez bien pris la peine d'em-

ployer tant de gens d'honneur et de qualité à fin de me les
faire recouvrer. Je vous en remercie donq plusieurs fois et
vous supplie vouloir excuser mes importunitez ordinaires en
ce regard et semblables. J'y ay appris beaucoup de particularitez que j'ignorois, et me suys confirmé en plusieurs dont
je faisois doute. Pour le moins, sommes nous bien asseurez
par ce moyen de la vérité de deux chartes alléguées par Chopin en son *De Domanio,* lesquelles il dit se trouver en la
chambre des comptes de Paris et qui monstrent l'hommage
de Béarn. Bien est vray que celle de l'an 1273 est pour cella
plus précise à Paris qu'à Bourdeaux par le mot « Bearniq » inséré en l'une, et manque en l'autre, ce qui estant de poix
vous jugerez s'il seroit à propos de s'informer s'il y a erreur
ès copies. J'ay pris grand plaisir au contract de 1286 où cet
hommage est confirmé, et l'union de Béarn et Foix accordée,
outre les autres circonstances dignes de remarque, principalement pour la fable de la cause de l'exhérédation du
comte d'Armaignac, et tout plein de points d'histoire contre
les Espagnols. Il est dommage que ce registre de la contablerie n'est à Paris, attendu le fruit qu'on en feroit pour les
droictz du Roy touchant beaucoup de chefs mal disputez
par les estrangers et les historiens de la maison de Foix, et
entre autres sur Bigorre. Cependant nous jouïrons de vostre
grâce des raretez qui se recueillent de ces copies, attendant
meilleure occasion, et que nostre Bon Dieu appaisant son ire,
calme les orages qui nous menassent.

Cette sepmaine dernière vingt cinq ou trante vaisseaux du
Roy sont arrivez de deçà et sont maintenant en Brouage.
M^r d'Espernon est tousjours en Aulnis, quoy que son armée
[soit] fort affoiblie par faulte de payements de soldats. M^r de
Vendosme arriva en cette ville vendredi dernier et en partit
hier matin, chemin faisant du camp de Montauban en Bretagne, où il va faire une grande levée de gens. Ledit sieur
d'Espernon a désarmé le plat pays de son gouvernement;
quant à ceux de la religion Pr. Réf. M^r le comte de la Roche-

foucaut, lieutenant de Roy en Poictou, en a fait autant en cette ville depuys huit jours, à fin d'obvier aux souslèvements dont on nous menassoit. Les chemins sont fort libres d'icy jusques au haut Poictou, et n'y ha plainte de nos messagers d'aucun risque sur le chemin de Paris, de sorte que vos copies n'ont couru péril. Mais s'il en mésavenoit, j'en ay retenu autant où vous aurez recours. Ce n'est pas que ne soyions en grande appréhension que le mal empire, sentant dès à présent des effets de la guerre au milieu de la paix. En mon particulier je suys, de force, plus homme d'espée que de plume, et comme chef d'escouade je couche sur la dure, fais les rondes et patrouilles toutes les huictaines. Dieu vueille que l'eschange d'Apollon en Mars ne me soit malencontreux, et qu'enfin rendu à ma première liberté, je rende à mes amys et à mon affection les fruits de mon premier, seul et agréable mestier. Or quelque vie que je meine, je demeureray en éternité, Monsieur, vostre très humble et obéissant serviteur.

BESLY.

De Fontenay, ce 8 novembre 1621.

(En *P.-S.*) Je m'oubliois de vous dire pour nouvelles qui concernent M^r de L'oménie (*sic*), que peu s'en a fallu que M^r de La Chategneraye n'ayt passé à une meilleure vie, par une longue maladie qui le détient encores [1]. Je vous prie d'asseurer mondit seigneur que je le serviray de bon cœur, s'il luy survient affaire en ce pays cy, estant son très humble serviteur.

---

1. Charles de Vivonne, baron de la Chataigneraie et seigneur d'Oulmes, gravement malade au mois de novembre 1621 et mort peu de temps après, sans postérité, avait pour unique héritière sa nièce, Andrée de Vivonne, fille d'André, seigneur de la Béraudière, mort en 1616, et de Marie-Antoinette de Loménie, fille d'Antoine, secrétaire d'Etat.

LXIV. — A MONSIEUR DUCHESNE, GÉOGRAPHE DU ROI.

Monsieur, je ne tiens point à courtoisie entre gens de nostre profession, de refuser son amy en chose qu'on a moyen de le contenter, et mesme d'en tirer de la satisfaction, quand on a affaire à un personnage tel que vous estes, qui ne voulez point desrober ou dissimuler la peyne d'autruy. Vous jugerez tousjours qu'un dessein general n'est pas si chatouilleux qu'un particulier : ce qui me faict d'autant plus esmerveiller du sujet de plainte qu'on vous a baillé. Quant à la genealogie de la Maison de Sanzay, je suys bien aise que ce que je vous en ay envoyé vous ayt aucunement agréé; car encores que je n'aye pas icy mes Memoires que j'ay cy devant refugié à Poictiers, si est ce que depuys j'ay recueilly ce que j'ay peu d'ailleurs, et outre ay encore depuys quelques jours un livre d'un signalé personnage, qui m'est venu fort à propos en cette occasion. Je vous fais aussi part du parsus que desirez : vous remarquerez que les crochetz et cottes hors le corps sont de moy, et croy que si celuy à qui ce travail est deu, eut estimé le contentement qu'on a en la cotte de tems, il n'eust pas oublié de les remarquer en leur lieu. C'est un defaut qui est impossible de rhabiller, si ce n'est par v^{re} soin et diligence incomparable. Je suys,

Monsieur,

V^{re} très humble, etc.

BESLY.

A Fontenay, ce 21 novemb. 1621.

LXV. — A MONSIEUR DUPUY, ADVOCAT EN PARLEMENT, RUE DES POICTEVINS, AU LOGIS DU PRÉSIDENT DE THOU, A PARIS.

Monsieur, nous n'avons heu icy moindre appréhension que vous avez heu de delà, de la nouvelle qui ha couru que

le siége de Montauban estoit levé[1]. Mesmes elle nous ha
d'autant plus troublé que nous sommes plus exposez aux
malheurs qui eussent peu s'en ensuyvre. Mais grâces à Dieu
il n'en va pas ainsi, nostre bon roy ayant laissé des forces
bastantes pour reserrer les rebelles et les consommer par la
faim, et pour retenir aussi tout le pays en obéissance. Ceux
de dedans ont esté battus et tuez bon nombre en une sortie,
et quelques troupes du comté de Foix[2] qui s'estoient sous-
levées ont été exterminées par le glaive. C'est ce qu'un de
nos esleus arrivé de court en cette ville mardi dernier nous
a appris. M[r] le duc d'Espernon persévère au blocus de La
Rochelle aveq un génie si puissant et formidable que ceux de
dedans n'osent sortir de leurs portes ; ce qui nous vient bien
à propos pour nostre petite bicoque qui autrement courroit
péril, car les blocqués estant en grand nombre et s'estans
randus maistres de la mer et d'Oléron et ayant desjà consumé
les melleurs de leurs vivres, viendroient fort volontiers nous
faire ressentir l'insolence de leurs triomphes. Depuys mes
dernières, ayans trouvé un pauvre serviteur chargé d'une
missive d'un sien maistre à un amy de dehors, laquelle ils
n'entendoient pas à cause qu'elle estoit escrite d'affaires particulières en termes couppés comme entre gens qui s'entendent, ils le firent pendre sans autre conviction, se saisirent
de plusieurs gens d'honneur qu'ils mirent en des cachots,
les fers aux pieds, entre autres un nommé du Plomb, quoy
que l'un de leurs capitaines, lequel je congnois. La Goute, cy
devant advocat du Roy, eut bien de la peine à se garentir de
la furie, ce qu'il feit s'estant jetté entre les bras de l'assemblée. Bref cette beste à plusieurs testes continura bien à faire
des maux, si promptement elle ne trouve son Hercul. Les
prisonniers sont eslargis, et là dessus jugez quelle seurté il y

---

1. Le siége de Montauban avait été levé au mois de novembre.
2. Frédéric de Foix, comte de Fleix, maréchal de camp, grand-séné-
chal de Guyenne en 1616.

ha là dedans pour des gens de bien et des serviteurs du Roy.
Le trait est commun, et comme je croy véritable, qu'ils ont
enfoncé quelques vaisseaux en mer chargés de cailloux, pour
cuider gaster le hâvre de Brouage. La fortune leur a rit un
petit, et fera, possible, jusques vers le printems, tandis qu'ils
auront tout loysir de manger le reste de leurs provisions.
J'ayme la paix de mon naturel et par raison, mais certes
ayant vescu si longtems parmi les insolences insupportables
de ces gens là, je prens patience au milieu de la confusion
de nos troubles, sur l'espérance que j'ay que le Seigneur bé-
nira la juste cause du Roy et convertira la provision de nostre liberté en une pleine maintenüe. En suyte il se présentera
quelques sujets de vous aller reveoir de delà et de revisiter
encores les librairies. Si d'avanture mesme je ne suys forcé
plutost d'y faire un voyage pour le procez de mon filz, et
possible, pour le réglement de mon office aveq le filz de mon
collègue, si de fortune vous ne m'estes derechef aydant à
m'establir en repos par l'authorité de Monsieur le Procureur-
Général. Il n'est guaires milleur que le père, et croy que ses
actions passées sont assez suffisantes de le faire rebuter.
Mais je ne désirerois point en venir là, et me suffiroit que
nous vescussions ensemble suyvant le concordat d'entre son
père et moy. Si tost qu'il ira de delà pour sa reception, je
vous en escriray ledit reglement, à fin d'essayer de le faire
accorder entre nous, quoy qu'il ne me soit advantageux que
pour la paix. Tandis, je vous supplie de prendre occasion
d'en dire un petit mot à mondit Seigneur le Procureur général, et l'asseurer de mon affection à son service. Si vous
voyez aussi M* Rigaut, vous luy direz s'il vous plaist que j'ay
trouvé que son roman d'Alexandre est attribué par un Ms.
à un certain Aesopus, et la traduction latine à M. Valerius [1].

1. Le roman d'Alexandre, trad. en lat. par Julius Valerius (et nom *M.*),
et publié pour la 1re fois par Ang. Mai en 1817, est tiré d'un texte grec

Je serois bien aise que cella luy peust servir, et sur ce après vous avoir affectueusement baisé les mains je me soubscriray en éternité, Monsieur, vostre très humble et obéissant serviteur.

BESLY.

De Fontenay, ce 4 décembre 1621.

Cette lettre est bien datée. C'est par erreur que le copiste a voulu la reporter à l'année 1622. — Besly ne pouvait pas parler du bruit qui a couru de la levée du siége de Montauban (nov. 1621), un an après cet événement. De plus, en décembre 1622, d'Epernon avait cessé, depuis longtemps, de bloquer La Rochelle. Enfin, les démêlés de Besly avec Julien Colardeau, le fils, étaient terminés dès le 14 mars 1622. — Cette lettre a été inscrite par M. Marchegay sous la fausse date du 4 déc. 1622.

LXVI. — A MONSIEUR DUPUY, ADVOCAT EN PARLEMENT, RUE DES POICTEVINS, AU LOGIS DU PRÉSIDENT DE THOU, A PARIS.

Monsieur, nous sommes touts esmerveillez des bruits qui courent depuys le décès de M^r le Connestable [1], que la paix estoit arrestée [2], les conditions estranges et honteuses, et nous d'icy et semblables languissans soubz un joug très rigoureux, réduits à une dernière infortune et au naufrage de nostre liberté. Les affaires possible changeront de visage et d'événement tout ensemble, soubz la bonne conduitte de ceux qui tiendront les resnes de l'Estat. Nous qui sommes soubz le tranchant du rasouër, avons occasion de bien espérer, tandis que M^r le duc d'Espernon se tient ferme dans La Jarrie [3], et arreste le torrent des Rochellois. On nous a

attribué à un certain Esope, plus connu sous le nom de *Pseudo-Callisthène*.

1. Charles d'Albert, duc de Luynes, mort le 15 déc. 1621.
2. Le traité de Montpellier.
3. A 3 lieues de La Rochelle.

voulu faire croire que M^r de La Valette[1] depuys deux jours avoit changé les gardes de Marans, chasteau, tourz, fortz et avenües par terre et par eau. Et d'autant que la chose me semble raisonnable, je me le persuade volontiers. Après Monhurt[2] rendu, si on ha peu, on n'ha pas voulu assiéger Royan révolté depuys peu au grand désavantage de Mrs de Bourdeaux, car c'est la clef de la rivière pour le commerce. Oléron et Arvert ont suyvi la fortune de Ré aveq Mornac, et sont aujourdhuy sous la violence. Nous avons couru en cette ville un extrême péril, mais le bon Dieu a heu pityé de nous et a l'entreprise esté descouverte, de sorte que nous sommes eschappez pour le coup. C'estoit un malheur commun et publiq dont je devois porter ma part. Il s'en présente un qui m'est tout particulier et auquel personne ne participera. J'ay esté etonné ayant veu cette sepmaine que Mr Julien Collardeau, filz du procureur de Roy[3] mon collègue, ayt présenté son arrest pour informer de sa vie et meurs pour entrer en l'office de son père : et me trompois en ce que j'estimois que tels arrests ne s'octroyoient qu'aux présens. Mr Cailler qui s'en va de delà vous fera entendre ce qui s'est passé entre le résignataire et moy par son entremise. S'il ne veut me traiter doucement et entretenir le concordat de son père fait avec moy, il me desplaira fort de m'opposer à sa réception, au moins si M^r le procureur général en trouve

---

1. Bernard de Nogaret, duc de la Valette, fils du duc d'Epernon.
2. Monheurt (Lot-et-Garonne).
3. On lit dans l'histoire littéraire du Poitou, de Dreux du Radier : « L'office de procureur du Roi à Fontenay s'étant trouvé vacant, Julien « Colardeau, quoique fort jeune encore, en fut pourvu en 1590. Il en fit « les fonctions pendant 30 ans, c'est-à-dire jusqu'en 1620, qu'il le ré- « signa à son fils ». — Erreur. Julien Colardeau se fixa d'abord à Paris, où il établit, rue de la Harpe, un cabinet de consultations. Il devint ensuite fermier des francs-fiefs, et enfin procureur du Roi en 1616. (*V.* L. du 3 oct. 1616.) Il n'exerça ces fonctions que pendant cinq ans, puisqu'il les avait résignées à son fils avant le 4 décembre 1621. (*V.* L. LXV.)

les moyens suffisans. Ma plus grande ambition est d'obéir à mondit seigneur, et au parsus de vivre en paix loing de trouble et de procez. Je vous envoyeray au premier jour, ou à mondit sieur Cailler, copie de ce concordat, à fin d'essayer à me tirer d'inquiétude et du labyrinthe où je prévois que ce jeune homme pourroit m'embrouiller. Tandis, je vous supplie me tenir en bonnes grâces de mondit seigneur le procureur-général et ès vostres et me croire comme je suys inviolablement, Monsieur, vostre très humble et obéissant serviteur.

BESLY.

De Fontenay, ce 3 de janvier 1622.

LXVII. — A MONSIEUR DUPUY, ADVOCAT EN PARLEMENT, RUE DES POICTEVINS, AU LOGIS DU PRÉSIDENT DE THOU, A PARIS.

Monsieur, vous avez maintenant le Roy et la Cour à Paris, de sorte qu'il ne tiendra qu'à vous si dorénavant je ne participe aux nouvelles de paix ou de guerre qui courront là, en eschange de celles de ce pays dont je me suys obligé envers vous. Monsieur le duc d'Espernon quitte cejourd'huy La Jarrie, qui estoit son retranchement le plus proche de la Rochelle. Forcé à cella par la peste et la faim. Et encores que dès cy-devant il eust dès-jà retiré une partie de son petit camp qu'il a mis en garnison à Marans, (où il est maistre absolu), à Mauzé, à Surgères et quelques autres gros bourgs d'alentour, il ha encores néantmoins plus de trois mille hommes de pied auprès de luy. Il s'achemine en Saintonge pour essayer de reprendre Saujeon, dont Mr de Soubize s'est emparé la sepmaine dernière, à la faveur de deux pièces de canons, trois mille hommes de pied, et de deux à trois cents chevaux. La place n'est pas de résistance et tient-on que dans peu de jours elle sera réduite en la subjection du Roy.

M^r comte de La Rochefoucaut, aujourd'huy gouverneur de Poictou, part jeudi prochain de cette ville aveq ses forces qui peuvent estre de deux cents hommes de cheval et deux à trois mil hommes de pied, pour aller joindre M^r le duc d'Espernon.

Mr de S. Luc avoit son régiment dans Pont-l'abbé. Mr de Soubize la mesme sepmaine l'en a chassé et s'en est saisi aveq perte quasi égale de trente cinq à quarante hommes de chaque part. Ledit sieur s'est aussi rendu maistre de Dercie où il ha esté commis un meurtre de sang froid sur bon nombre de personnes, scelon ce que j'appris hier d'un gentilhomme venant de La Jarrie, auquel je feis ouvrir la porte de la ville sur les huit heures du soir. J'appris du mesme que sabmedi dernier les nostres recouvrèrent quantité de bestes à cornes, jusques à trante deux couples, que quelques habitans de La Rochelle avoient fourragé dans le pays pour les mener dans leur ville : mais au lieu de cella il en a demeuré XXII despouillés de leur vie et de leur proye, et un pris vif, qui fut pendu hier matin, parce que les nouvelles vindrent, qu'on avoit fait défences là dedans de ne plus y mener de prisonniers, c'est-à dire de ne pardonner à personne, ce que je trouve très barbare, s'il est vray. Les espris de deça s'aigrissent tous les jours, et ne voy rien qui tende à la paix.

Deux des galères de l'armée du Roy sont arrivées à Blavet aveq un merveilleux équipage de gens et de munitions de guerre, et les Ollonnois se préparent pour le printems. Monsieur le duc d'Espernon a charge de blocquer Royan à fin d'empescher qu'ils ne se fortifient d'avantage. Cependant ceux de la place tiennent la rivière jusques à Bourdeaux, pillans et ravageans les costes, et du costé de la terre exercent toutes sortes d'hostilité en la Saintonge, ce qu'il faudra souffrir jusques à ce que le Roy se soit rendu maistre de la mer. Voylà ce que je sçay de moins vieux, mais je ne veux passer un bon mot de M^r d'Espernon au Roy sur le sujet de la guerre, et de Brouage : — « J'ay toujours tenu, Sire (luy dit-il), que les quatre évangélistes disent vérité, mais je suys en peine d'entendre S. Luc. »

J'oubliois aussi à vous dire que Messieurs de Poictiers ont obtenu le razement de Lezignem, comme aussi qu'on est après à ruiner Vezins à deux lieues de Maulevrier. Ainsi peu à peu le plat pays recouvrira *(sic)* son ancienne liberté.

Le publiq mis à part, je viens à mon fait. Je vous rends grâces de vos offres et ne doute point que ne les accompagniés d'effets. Mr Jardé mon procureur n'aura pas failly de vous veoir, je m'en assure, à fin de se mesnager par vostre advis en mon affaire. Mon but unique seroit la paix, s'il est possible, sinon, et que je ne la puisse mériter, me reste mon opposition que j'estime juste, mais de laquelle l'événement despend de la Cour et de Monsieur le procureur-général et du soin de mes amys. Je croy que Mr Cailler vous aura maintenant entretenu sur ce sujet et fait entendre ma procédure, où je me persuade n'avoir donné prise de blasme sur moy, pour le moins l'ay-je voulu ainsi faire. J'attends de vos nouvelles, à fin de m'arrester à vostre conseil et à vostre résolution, parce que je pourray sçavoir de vous jusques à quel point mon espérance peut aller. Tandis, ne pensez pas que je veuille me prévaloir de cette occasion pour en tirer des avantages qui ne m'appartiennent point. Pour le justifier je vous envoye une copie du concordat fait entre le procureur du Roy qui a résigné et moy. Ce n'est en effet que les anciens réglementz de ce siège, sauf qu'en quelques choses il y a du retranchement à mon préjudice. Toutefois je l'aymay mieux ainsi que de playder et en rendray tousjours grâces à Monseigneur le Procureur-général, qui prit bien la peine d'en escrire sur vostre prière. Et néantmoins vous diray qu'en cella je n'avois qu'obligé mon collègue de parolle. Mondit seigneur scait bien ce qu'il vaut. Et crains le vieux mot « de put œuf put oisel. » Cessant la rigueur de la saison et mon petit corps cacochyme, j'eusse volontiers pris le vol jusques

de delà : et si le tems s'accommode, je verray ce que j'auray
à faire après vostre advis. Je vous prie et conjure derechef
des fruits de vostre amityé en cette occasion, principalement
envers mondit seigneur le Procureur-Général, qui chérit et
honore méritoirement vostre vertu. Finissant sur ce beau
mot comme de bon présage, je me souscriray inviolablement, Monsieur, vostre très humble et très obéissant serviteur.

BESLY.

De Fontenay-le-Comte, le dernier de janvier 1622.

LXVIII. — A MONSIEUR DUPUY, ADVOCAT EN PARLEMENT,
RUE DES POICTEVINS, AU LOGIS DU PRÉSIDENT DE THOU, A
PARIS.

Monsieur, j'ay reçeu vostre lettre et en mesme tems celle
de mon procureur et l'expédition qui a esté faite sur mon
affaire, dont je loue Dieu et en remercie mes amys, mais vous
particulièrement qui avez esté le premier ressort de son succez. Suyvant vostre advis, j'escris un mot de remercîment à
Mr le Procureur-Général, lequel je vous supplie me faire la
faveur de (le) présenter, et par mesme moyen vouloir prendre
la peine de m'excuser envers luy si je suys mauvais rhétori-
cien, car c'est matière où je n'ay guaire jamais employé d'estude, mais bien à apprendre de servir d'un net et franc cœur
ceux qui m'obligent et qui m'ayment. Quant aux nouvelles
de ce pays, le voyage de Mrs d'Espernon et de La Rochefoucaut en Saintonge a esté tel que je l'avois conjecturé par mes
dernières, car Mr de Soubize qui s'estoit rendu maistre de
Saujeon, Darcie, Pont-l'Abbé, Sablonceau et Mornac se retira
à leur venüe, aveq perte des mesmes places qui ont incontinent esté reprises et mises en l'obéissance du Roy. Aussi
n'avoit-il pas intention de les garder, mais comme le progrès

a monstré, il taschoit de divertir les troupes de Poictou, à fin
d'y prendre quelqu'avantage. De fait, il y ha douze jours
qu'il feit descente à S. Benoist[1], et au mesme tems ayant
donné le signal à ceux du pays, lesquels estoient de son intelligence et non encore descouvers, ils levèrent le masque
au bruit des canons de ses navires qu'il feit deslacher. Parmi
ceux là sont le sieur de Loudrière[2] frère utérin du feu sieur
de La Boulay[3], gouverneur de La Rochelle et seneschal
d'Aulnis, le sieur de La Cressonnière[4], cy-devant gouverneur
de Maillezais, le sieur de Chaligné[5], beau-frère du sieur de
Bessay qui préside à l'assemblée, et plusieurs autres auxquels
tous Sa Ma[té]. avoit pardonné à Saint Jean d'Angeli. Ledit
sieur de Loudrière est celuy qui se desclaira le premier, feit
une assemblée à Maroeuil[6] et rompit les ponts qui sont là sur
la rivière de Lay, où est l'un des principaux passages en bas
Poictou. On croyoit qu'ils deussent assiéger le chasteau de
Thalmond-sur-Jard[7], qui est la place de défence plus proche
de St Benoist, mais au lieu de cella ils tournèrent teste vers
les Sables d'Aulonne trois lieues au delà Thalmond. Le sieur
comte de La Rochefoucaut, adverti en diligence, se meit soudain au retour et donna de toutes partz advis à ses amys, et
pendant qu'il estoit après à dresser sa partie et à les assembler
en cette ville, l'ennemi passa vers la Chaume d'Aulonne qui
est un hourg séparé des Sables par un estroit canal sujet au
flux et reflux de la mer. Le chasteau du lieu est fort, et y
avoit pour la garde en tout quatre compaignies du régiment
au sieur de S. Vivien. Ils furent forcez jeudi et vendredi der-

---

1. Saint-Benoît, arr. des Sables-d'Olonne (Vendée).
2. N. de Tallansac, s[r] de Loudrière, fils de René et de Marie du Fou,
femme en secondes noces de Charles Eschallard.
3. Philippe Eschallard, s[gr] de la Boulaye, mort en 1616.
4. Henri II Bastard, s[r] de la Cressonnière.
5. De Chaligné, beau-frère de (Jonas) de Bessay, devait être un Eschallard.
6. Mareuil-sur-le-Lay (Vendée).
7. Talmond-sur-Jard (Vendée).

niers aveq meurtre des deux partz. Au mesme tems arrivèrent
de fausses lettres portant advis de la prise des Sables, lesquelles nous esmeurent à une telle pityé que cette ville sembloit envelopée en la mesme calamité. Le lendemain qui fut
le jour de sabmedi, nous apprismes le contraire qui donna
courage de haster le secours. Ledit sieur comte partit hier
matin de cette ville accompagné du sieur comte de Buries [1],
six cents maistres qui disent plus de mille ou douze cents
chevaux et plus de trois mille hommes de pied, et furent au
rendez-vous à Ste Hermine [2], quatre lieues d'icy, pour arriver
demain à Thalmond en intention de forcer l'ennemi, qui est
composé de cinq à six cents chevaux, scelon qu'on tient, et
de trois à quatre mil soldats. Ils battent les Sables de six
pièces de canon sur terre à la Chaume, et de quarante par
mer, car ils sont forts de navires. Mr d'Espernon s'achemine
et l'attendons pour le plus tard plus prochain aveq huit
cents maistres, cinq mil hommes de pied et cinq pièces de
canon. Le parsus *caliginosa nocte premit Deus*. Jugés combien le pauvre peuple a de charges à supporter, et l'affliction
en laquelle nous sommes tous plongez icy, et la crainte qui
nous gesne de l'advenir. Je vous diray une autre fois la suite
de l'histoire : tandis, je demeure, Monsieur, vostre plus
humble affectionné et obligé serviteur.

BESLY.

De Fontenay-le-Comte, le 28 février 1622.

LXIX. — A MONSIEUR DUCHESNE, GÉOGRAPHE DU ROI.

Monsieur, j'ai différé jusques icy vous escrire sur le sujet
de vos dernieres, sur l'espérance que M. de St Florent m'a-

---

1. Le comte de Bury, fils de Charles, marquis de Rostaing.
2. Sainte-Hermine (Vendée).

voit donnée qu'il feroit apporter de deçà la genealogie de la
Maison de la Rochefoucauld aveq les pièces justificatives,
mais voyant que les troubles de ce pays augmentent de jour
en jour et rendent les chemins plus difficiles, j'ay pensé devoir vous en bailler advis. Au demeurant, M^r l'abbé de la
Reau [1] qui est de la mesme maison et qui a pris la peine de
digerer et disposer tout cela, m'a asseuré qu'il n'a peu monter
plus haut que l'an 1250, c'est à dire jusques à Guy qui feust
marié à la Rochechouart, lequel par un tiltre fait mention de
son père et de son ayeul, sans qu'il en exprime les noms,
mais bien le lieu de leur sepulture. Il est fort memoratif des
degrez et des alliances, de sorte que si desirez vous esclaircir
de quelcun, en attendant les preuves, s'il vous plaist prendre la peine de m'en bailler advis, j'auray le soin d'en faire
la diligence et vous en rendre certain. Je luy ay cotté l'extrait de la charte de St Florent de Saumur, où un puisné de
cette race est qualifié de vicomte de Chastellerault, mais par
ce que mes memoires sont à Poictiers, je ne luy en ay peu
dire autre chose, sinon que cela tombe soubz le regne de
Philippe I. Vous me ferez plaisir de renvoyer s'il vous plaist
copie dud. extrait de charte et vous en supplie. Je luy ay
aussi parlé d'une charte, je ne scay si c'est de Boise ou
St Amand [2] où il est fait mention de *Fulcaudus nobilissimus
miles* et de sa femme, laquelle a soubsigné la fondation des
Nonains hors la ville de Saintes sous le tiltre de *Finandus de
Hupe* [3]. Si avez retiré la piece pour Arménie, vous m'obligerez
de m'en faire part. Je suys,

    Monsieur,

               V^{re} très humble, etc.

               BESLY.

A Fontenay, ce 14 mars 1622.

---

1. François II de la Rochefoucaud, abbé de La Reau.
2. Saint-Amand de Boisse, abbaye du diocèse d'Angoulême.
3. Erreur de copiste. *Lisez*, Fulcaudus de Rupe.

LXX. — A MONSIEUR DUPUY, ADVOCAT EN PARLEMENT, RUE DES POICTEVINS, AU LOGIS DU PRÉSIDENT DE THOU, A PARIS.

Monsieur, je n'ay pas seulement sçeu, mais aussi de vostre grâce j'ay veu et heu comme le concordat a esté signé, dont je vous remercie de cœur et d'affection autant que je croy qu'y avez apporté du vostre, c'est-à-dire tout ce qui se peut, et soit dit cecy pour supplément à mes précédentes que je vous ay escrites et à Monsieur le procureur général dont la parole et l'asseurance me tiendra tousjours lieu d'un arrest, de quoy vos dernières me serviront de gage. Au demeurant, vostre sommation jointe à la sienne touchant mon histoire m'a esté très agréable, comme procédant de personnes qui font cas de moy, et de qui l'authorité m'est en singulière recommandation. Et pleust à Dieu qu'il feust en mon pouvoir d'y satisfaire ! Car par ce moyen j'aurois trouvé une occasion de vous complaire, un sujet de rendre quelque service à mon pays, et matière de contentement à mon esprit qui commance à s'enuyer parmi les tranchées d'un si long enfantement. Pensez je vous supplie que c'est d'un homme marié, chargé d'enfans, les uns dans les universitez, les autres d'âge pour les sevrer, et à mettre à part, qui d'ailleurs est dans les entraves d'un office, en une ville où nuit et jour on n'oit que le son des tambours et des allarmes, et en laquelle tenant quelque rang, il est obligé par honneur et par devoir à porter une non petite part de la fatigue publique, et bien souvent au delà de ses propres forces. Adjouxtez de luy-mesmes, que tous ses mémoires et papiers sont à vingt lieues de son estude, où la crainte de péril les a fait réfugier il y ha plus d'un an. Direz-vous que ces excuses là ne sont point de mise ? Néantmoins je ne veux pas nier que les livres me plaisent encores, et qu'après l'amitié de mon petit mesnage, c'est quasi toute ma consolation. Le temps qui me

reste je l'employe volontiers à lire, à extraire et à méditer.
Et vous diray à ce propos et du dernier point de vostre lettre et de la mienne dernière, qu'ayant pris à tasche ces jours
icy la lecture des histoires de Polybius, je me suys apperçeu
que c'est de son xii livre que P. Nigidius [1] avoit emprunté
son discours sur la différence d'entre mentir et dire mensonge, dont A. Gellius a fait un chap. en ses *Nuits attiques*, et
l'ay pris pour garend à fin de mériter excuse de mes nouvelles touchant les Sables, car il[s] estoient pris dès lors que je
vous escrivi, mesme sans coup frapper, les habitans ayant
composé de leur reddition le 24 de février, moyennant
vingt mil escus, leurs armes, munitions de guerre et navire[s]
perdus, le reste sauvé. Ce qu'on nous cella icy à dessein,
de peur de refroidir la noblesse et les troupes qui estoient
prestz de partir pour le secours. Mr de Soubize se fortifie à
la Chaume et dégraisse toute la coste sans ozer s'avancer du
costé de la terre, parce qu'il y est trop foible en comparaison
de M^r de La Rochefoucaut, dont l'armée à présent est au plus
près, de deux mil chevaux et quatre mil hommes de pied ;
Mr de Brassac [2] et de S. Luc s'estantz joints à luy, dont le
premier passa mardi en cette ville accompagné de quatre
cornettes de cavallerie, entre lesquelles sont la compagnie de
chevaux-légers de M^r le duc de Guyse et celle de M^r le duc
de Nemours [3] ; l'autre passa vendredi aveq une compagnie
de carabins, et le jour d'hier son régiment et celuy de La
Rinville, chascun d'environ cinq cens hommes.

Mareuil se rendit le 9 du courant, sous composition de
neutralité, sauf le bon plaisir du Roy. Notez que le chasteau
est fort bon et situé en lieu advantageux entre le grand et
petit Lay, de sorte qu'il n'y avoit moyen de s'en rendre
maistre sans canon et perte d'hommes. Nous n'avions que

1. Publius Nigidius Figulus. *Fragmenta.*
2. Jean de Galard, comte de Brassac, lieutenant général en Poitou.
3. Henri de Savoie, duc de Nemours.

deux pièces de campagne, le Roy ayant emmené deux très belles pièces de batterie et plusieurs autres moindres qui estoient de longue main icy. Cependant nos gens ne pouvoient laisser cette place derrière eux, parce que c'est le passage de la rivière et la clef du reste du bas Poictou jusques à la mer.

Au commancement du mois, le siége estant là, Mr de la Rochefoucaut, ayant résolu de rafraischir le château de Thalmont de nombres d'hommes capables de soustenir au cas que l'ennemy entreprist de le forcer, comme il faisoit mine, despescha la compagnie de chevaux-légers du sieur des Roches-Baritaud [1] pour y jetter cinquante mousquetaires. Le mesme jour le sieur de Loudrière sortit de Mareuil accompagné de quatre cens chevaux pour se retirer auprès Mr de Soubize aux Sables et y laissa quatre cens hommes de pied. C'est tout ce qu'il y avoit peu amasser de forces pour son parti. Les nostres et eux avoient mesmes brisées à faire, avant qu'approcher de Talmond; aussi à deux lieues ou moins près de là, ayant sçeu des nouvelles les uns des autres, ils se préparèrent au combat, quoy que fort inégal de quatre contre un. L'événement fut tel qu'il demeura sur la place dix huict ou vingt gentils hommes de nom du costé du sieur de Loudrière, entre lesquels sont le sieur de la Cressonnière, l'un des frères du baron de la Grève [2], et le sieur des Begaudières et le jeune Marmande [3]. Le baron du Petit-Chasteau [4] estropié, et plusieurs autres blessez et aucuns depuys morts de blessures au camp de l'ennemy. Des nostres il n'y ha qu'un seul gentilhomme de marque appellé le vic. de l'Eschasserie qui a esté tué mort sur le lieu et quelques au-

1. Philippe de Châteaubriand, marquis des Roches-Baritaut, lieutenant du Roi en Poitou.
2. Le baron de la Grève, en 1622, était André de Châtillon.
3. Le baron de Marmande, en 1622, était Urbain Gillier.
4. René III Bastard, baron du Petit-Château, fils de Henri Ier de la Cressonnière et frère de Henri II.

tres. Le sieur des Roches, parmi l'ardeur du combat s'estant opiniastré, fut arresté prisonnier en extrême péril de sa vie, car une multitude l'ayant environné, le sieur des Chaumes à qui il avoit gagé sa foy, eut toutes les peines du monde à le sauver, après nombre infinis de coups reçeus dans sa cuirasse. Le sieur de Montorgueil [1], son lieutenant, ayant rallié ceux qu'il avoit peu de sa troupe et voyant son chef à dix, et un plus gros des ennemys assez esloigné, donne à force dedans, y trouve ce qu'il cherchoit, de sorte que le sieur des Chaumes [2] fut fait prisonnier de celuy qu'il pensoit emmener, lequel ne luy donna pas seullement la vie sauve, mais aussi sa pleine liberté; et se retirèrent de compagnie en la maison du sieur de La Vergne Graiseau, pour se faire penser de leurs playes. Cependant le sieur de Montorgueil et les nostres gaignèrent Thalmond et y poussèrent partie du bagage de l'ennemi. Voylà possible le plus glorieux combat dont l'on ayt ouy parler depuys celui de Saveuse. Les uns et les autres se vantent de la victoire; les nostres pour avoir mené leur entreprise à chef, joint la perte notable reçeue par l'ennemy : l'ennemy pour avoir rallié ses gens et estre retourné sur le champ. Mais certes si Dieu luy donnoit deux ou trois pareilles victoires, il pourroit bien dire qu'il seroit perdu. Si M[r] d'Espernon fust venu comme on s'attendoit, Mr de Soubize n'eust point attendu, non plus qu'en Saintonge. Tout despend du canon, si ce n'est qu'au bruit qui court de l'armée navale du Roy, il retourne au secours de La Rochelle. C'est ce que je puis vous escrire touchant ce qui se passe de deça, vous priant d'en faire part à M[r] le Procureur-Général et l'asseurer de mon très affectionné service. Tandis, je de-

---

1. N. Charuyau de Montorgueil.
2. Jacques Bodin, s[r] des Chaumes.

meure, Monsieur, vostre plus humble, obéissant et obligé
serviteur.

BESLY.

De Fontenay-le-Comte, 14 mars 1622.

LXXI.— A MONSIEUR DUPUY, ADVOCAT EN PARLEMENT, RUE DES
POICTEVINS, AU LOGIS DU PRÉSIDENT DE THOU, A PARIS.

Monsieur, nos maux croissent tous les jours contre l'espérance que nous avions conçeüe de l'armée de M[r] le comte
de La Rochefoucaut, car toute la cavallerie a pris congé de
sorte qu'il y ha esté contraint de se retirer icy, aveq la
meilleure part de l'infanterie, le reste d'icelle ayant esté
mise à Mareuil suyvant la volonté du Roy, qui n'ha pas
voulu agréer la composition de la neutralité du lieu. C'est un
événement estrange, inespéré et non accoustumé, lequel en-
flera le cœur de l'ennemy et grossira sès troupes. On rejette
ce malheur sur les volontaires qu'on accuse de s'estre trop
tost ennuyez : eux au contraire se plaignent qu'on a mes-
prisé les occasions de les employer, et qu'on a témoigné de ne
vouloir se servir d'eux. Somme que voylà une troupe de
plus de cinq cens gentilzhommes qui s'est fondüe d'elle-
mesme, sans avoir rendu aucun effet.

Le sieur de Soubize est encore au delà le Lay, dont on a
gasté les gués aux Moustiers[1] et à Trizay[2]. On nous dit que
deux régimens nous viennent de Saintonge. Dieu veuille que
ce ne soit point le secours françois! Nous attendons des munitions de Poictiers, et des canons de Machecoul. Mais il faut
trouver moyen de joindre ces deux extrémitez. Mr de Brassac
est parti cejourd'huy en intention de retourner. Mr de S. Luc

1. Les Moutiers-sur-le-Lay (Vendée).
2. Trizay (Vendée).

s'est aussi mis à chemin et a laissé icy son régiment. Tout cella regarde le général de la province et envelope la fortune de nostre petite ville qui est entreprise de tous costés. Nous avons surpris des lettres de trahison et tenons des prisonniers auxquels nous sommes après à faire le procez. C'est tout ce que je puis vous escrire de l'estat présent de ce pays, priant Dieu qu'il vous conserve et me fasse digne de me.....

Je suys, Monsieur, vostre très humble et obligé serviteur.

BESLY.

De Fontenay-le-Comte, le 29 mars 1622.

LXXII.— A MONSIEUR DUPUY, ADVOCAT EN PARLEMENT, RUE DES POICTEVINS, AU LOGIS DU PRÉSIDENT DE THOU, A PARIS.

> « Qui ne peut mettre au chef d'un sainct une chandelle,
> Au moins la mette aux pieds ; et qui aux pieds sacrés
> Ne la peut mettre, au moins il la mette aux degrés. »

Monsieur, cette imitation de Properce se peut très à propos adapter à nostre ville, car tous tant que nous sommes devons bien loüer Dieu de ce que le sieur de Soubize a tellement sçeu mal user de l'occasion, qu'il ne s'est point emparé de nos personnes et de nos biens, ce qu'il eust fait sans coup frapper s'il eust suyvi le débris du camp catholique et se fust chaudement présenté à nos portes. Mais s'estant endormi ou plutost enseveli dans les délices de Capoue dans le Paradis du Bas-Poictou, et à Luçon, il nous a donné loysir de nous recognoistre, nous fortifier et le mépriser. Tandis, M[r] le comte de La Rochefoucaut s'estant retiré à Niort et ayant heu moyen de rappeller de Saintonge le regiment de Lauzières [1], à présent d'Estissac [2], et du Chastelier, et les

---

1. Charles de Thémines, s[gr] de Lauzières, mortellement blessé devant Monheur, le 4 décembre 1621.
2. Benjamin de la Rochefoucauld, baron d'Estissac, mestre-de-camp.

joindre à celuy du comte de Burie, qu'on appelle des Verds, de la Bergerie, La Rinville et de S. Vivien qu'il avoit laissé icy et à Mareuil, partit de cette ville le 8 de ce mois, fut coucher à Mareuil, et hier à Thalmond à deux lieues des Sables pour empescher de ce costé là, la retraite du sieur de Soubize. Le Roy est à Nantes, qui a donné son rendez-vous à Thalmond, et croit-on qu'il donnera ordre de clorre les passages des marestz de Monts [1]. Le sieur de Soubize quitta Luçon vendredi dernier, n'ayant heu loysir d'en envoyer les despouilles à la Rochelle, comme il ha fait d'ailleurs, les siens s'estans contentez de rompre les chapelles et le dedans de l'église cathédrale, au lieu qu'ils ont bruslé les églises des autres endroicts où ils ont passé, les abbayes de Jard [2] et Moureilles [3], et force maisons catholiques. Il campa hier aux Essards. Ses forces sont de quatre à cinc mil hommes de pied et de cinc à six cens chevaux, en tout bon et mauvais, c'est à dire quelque deux à trois mil hommes de combat à ce qu'on nous asseure. Il n'y ha point de portes pour luy que les Sables, empeschez par le gouverneur du pays, les marais de Monts bouschez par le Roy, la rivière de Loyre fermée de toutes parts, Coulon [4] et La Ronde [5] pour couler en Aunis par la Sèvre dont les basteaux sont enlevez, et le duc d'Espernon au guet. Somme que c'est une victoire preste selon le jugement des hommes et conséquemment la ruine de l'armée navalle des Rochellois et possible de la ville mesme, où il n'est resté que les habitans pour toute défense.

Je ne faudray à la première occasion de vous bailler advis de ce qui se sera passé; priant Dieu qu'il vous conserve, je

---

1. Monts, c^{on} de Saint-Jean-de-Mont (Vendée).
2. Abbaye de Notre-Dame de Jard, c^{on} de Talmont (Vendée).
3. Abbaye de Notre-Dame de Moureilles, c^{on} de Champagné-les-Marais (Vendée).
4. Coulon, c^{on} de Niort (Deux-Sèvres).
5. La Ronde, c^{on} de Courçon (Char.-Inf.).

demeure, Monsieur, vostre plus humble et obligé serviteur.

BESLY.

De Fontenay, ce xie d'avril 1622.

LXXIII. — A MONSIEUR DUCHESNE, GÉOGRAPHE DU ROI.

Monsieur, vous m'avez attristé et resjouy tout ensemble ; mais la tristesse cède à la resjouissance d'autant que le bien est à preferer au mal ; demeurez donc sain, puisqu'il plaist à Dieu et ne gouspillez point la fleur de v^{re} age par des peines et travaux extraordinaires. Si je valois quelque chose je vous proposerois ma personne pour exemple. Pouvant dire au vray que la trop grande assiduité après les lettres m'a tellement moulu, qu'il ne me reste quasi plus que de la cendre qui n'est pas pour conserver longtemps sa chaleur. *Tard du retour les Grecs se repentirent.* Au surplus j'ay veu aveq contentement v^{re} memoire touchant la maison de la Rochefoucauld. Au second degré Ademarus doibt estre l'aisné, et mourut devant son frère. Il est qualifié *Donzellus* par la charte de la fondation du prieuré de St-Florent de la Roche, sur quoy j'ay formé un petit discours. J'ay tiltre soubsigné de Hugo vic. Castri Airaldi de l'an 1407 ; mais sans cottation de famille. Je feray apporter mes mémoires de Poictiers pour esclaircir cette branche. Je fays grand doute du quatriesme degré. Quand au 7e, je ne doute point que Aimery ne fust aisné de Guy et Geoffroy ses frères, eut *Letice* à femme et testamenta l'an 1244, comme il se veoid au thresor de la maison. Il y a trouble au neuf et dixiesme qu'avez reservé en suite, et ne puys demeurer d'accord des mariages aveq le memoire vulgaire, auquel est conforme celuy qu'on m'a mis en main. Vous m'obligerez fort de me communiquer ce qu'aurez remarqué en suite, afin de voir si nous conviendrons, et veux bien confesser que des extraits d'arrests sont

fautifs, ce qui est arrivé par le moyen des mauvaises instructions données aux advocats qui vacquèrent aux plaidoyers.
Je vous supplie d'avoir memoire de l'histoire de Thoulouse.

Je suys,

Monsieur,

V^{re} très humble, etc.

BESLY.

De Fontenay, ce 20 juin 1622.

LXXIV. — A MONSIEUR DUPUY, ADVOCAT EN PARLEMENT, RUE DES
POICTEVINS, AU LOGIS DU PRÉSIDENT DE THOU, A PARIS.

Monsieur, vous m'avez fort obligé ès extraitz qu'avez
pris la peine de m'envoyer en continuant de me faire gouster
les fruits d'une vraye et sincère amityé. J'avois desjà celuy que
Mr de Cordes [1] vous a fourni et néantmoins la raison veut
que j'en fasse comme je fais autant d'estat que si je ne l'eusse
point heu. Pour l'autre de Rabanus [2], rien ne me pouvoit
estre plus à propos touchant un point de mon observation
de la clause R. X°. (*Regnante Christo.*) De quel tems peut
être le règlement de consanguinité au septiesme degré en cas
de mariage, avant le concile de Latran sous Innocent III et
de la maniere de compter ces degrés. Vous m'obligerez beaucoup de la missive entière, car je ne cognois point ce Theodorus archiepiscopus [3], et me doute que ce soit l'un des
pères Grecs, dont le calcul a tousjours esté différend d'aveq

---

1. Jean Decordez, chanoine de Limoges, M. 1642. — Publia en 1615
Hincmari, Rhem. Archiep., Opuscula et Epistolæ. — Il possédait une bibliothèque importante que le card. Mazarin acheta 24,000 livres.
2. Rabanus Maurus (Magnentius). *Epistola ad Ludovïcum* (*pium*)
regem invictissimum.
3. *Theodorus archiepiscopus.* — Sans doute Théodore, archevêque de
Césarée au vi^e siècle.

celuy de nos églises. C'est de quoy je voudrois m'esclaircir, et veoir s'il n'y ha point de quoy ayder à d'autres circonstances de mon sujet, qui est un peu chatouilleux et ne faudra point d'estre abbayé et possible mordu et deschiré par tout plein de sortes de gens nez au monde plutost pour calomnier la vérité que pour la défendre et la maintenir. Au parsus, Monsieur, je me hazarday de vous faire dernièrement une autre prière qui m'est d'une très grande importance, comme de cinq ou six mil escus touchant le procèz [1] au rapport de Mr Molé.[2] en la deuxième des enquestes. Vous sçavez la peine que je pris et l'employ que je feis et de monsieur le procureur G. et de vous, et de mes autres amys, à fin que ledit sieur voulust rapporter le fonds et principal, ce qu'il ne voulut pas faire, comme aussi il me promit de me donner le loysir d'aller solliciter mon affaire lorsqu'il en seroit tems. Le malheur a voulu que partie adverse a pris l'occasion de mon indisposition, qui ne me peut permettre de faire le voyage sans péril de ma vie. J'implore de rechef vostre secours en cette occurrence pour gaigner cette grâce en ma faveur de remettre après la St Martin. L'intervalle est petit de soy, mais bien grand pour le recouvrement de ma santé. Si nous avions un amy envers M[r] ou Madame de Champigny je ne fais point de doute que mon dessein ne réussist. Tant y a ha que je vous prie et conjure de rechef de me tesmoigner en ce sujet et vostre amityé et vostre crédit et puissance, à fin de destourner une si dangereuse tempeste de dessus mon chef qui en seroit accablé. Je demeure à l'infini, Monsieur, vostre très humble et obligé serviteur.

BESLY.

Du xiii juillet 1622.

---

1. Procès du fils de Besly, au sujet du prieuré d'Ardin : procès qui n'était pas terminé en 1626, et dont nous ne connaissons ni le motif, ni le dénouement.
2. Jean Molé, s[r] de Champlastreux.

LXXV. — A MONSIEUR DUPUY, ADVQCAT EN PARLEMENT, RUE DES POICTEVINS, AU LOGIS DU PRÉSIDENT DE THOU, A PARIS.

Monsieur, il y ha aujourd'huy quinze jours que je suys de retour en cette ville, sans que durant un si long chemin j'aye reçeu autre incommodité qu'un léger étourdiment de teste causé de l'extrême ardeur du soleil. C'est un mal qui sera plutost guéri que les playes publiques de ce pays, les quelles rengrègent tous les jours, soit par les nouvelles recrües qui se joignent au camp de M. le comte de Soissons, soit pour le grandissime nombre des malades qu'on renvoye de là dans ces cartiers, et infectent nostre air, soit pour la crainte générale dont les cœurs sont transis, au bruit qui court qu'une flotte d'Anglois de trois à quatre mil, conduits par le sieur de Soubize, doibt bientost faire descente en Bas Poictou.

L'alarme en a esté telle que Mr de Brassac lieutenant de Roy, sur l'avis certain qu'il avoit heu, a pourveu le mieux qu'il ha esté possible à la seurté de la coste, et nous a chargé de travailler à nos fortifications, pour ce que cette petite bicoque est très nécessaire aux desseins de l'ennemi qui agist cependant par secrettes assemblées des siens, afin de tendre à souslèvement.

Néantmoins je suys de l'advis de ceux qui, comme ils ne méprisent rien de ce qu'on doibt craindre, ne s'impriment pas la crainte du premier coup, s'ils ne sont forcez par les discours de la raison et considérations des assaillis et assaillans. Je m'arreste d'autant moins à ce bruit là qu'on nous vient d'assurer que Monsieur le duc de Guyse est arrivé à Nantes depuys trois jours ayant M^r le comte de la Rochefoucaut aveq luy. Les galères du Roy sont là aveq la grande galiote de Malte et cinquante grands vaisseaux dont l'armée navale est composée. Le tems est encore propice et la mer assez calme et bonace pour rendre quelque bon effet ; que si l'occasion se néglige, le malheur qui pourra s'en ensuyvre ne scauroit suffisamment s'exprimer.

La division continue en La Rochelle jusques là que l'assemblée a privé le sieur de Favas de la lieutenance de maire : à quoy la maison de ville et les francs bourgeois se sont opposez et le maintiennent en ses authoritez et honneurs. L'assemblée a passé plus outre et blessé l'honneur du sieur de Favas, l'accusant de trahison, contre le parti et la ville. On dit qu'elle est poussée par le sieur de La Noüe qui est ennemi ouvert de l'autre, qui tient le haut bout du conseil, tandis que celluy-cy est perpétuellement aux sorties et actions de guerre, suyvant l'inclination de sa nature et de son âge, sans que toutefois il soit assisté de beaucoup de bonne fortune et qu'il signale ses entreprises d'exécutions notables.

Le seigneur Pompée a tellement travaillé à son fort qu'il l'a mis en estat pour incommoder grandement la ville, et a si bien sçeu choisir le lieu et assiete que ceux de dedans ne peuvent l'offencer ou fort peu. Et cependant ils sont exposez à la furie du canon contre lequel ils ne peuvent remédier. C'est ce que je puis vous escrire des nouvelles de deça, tandis que sommes aux escoutes pour sçavoir que deviendra l'armée du comte de Mansfeld [1] qui vous menace de delà, et par un contre coup ordinaire des guerres civiles, se fait sentir jusques icy. Je vous supplie de faire part de ces nouvelles à Monsieur le Procureur-Général si jugez qu'elles en vaillent la peine, et en tout cas faites moy l'honneur s'il vous plaist de faire ressouvenir de l'otroi (octroi) de la commission dont je luy parlay dernièrement et qu'il m'accorda pour le bien publiq de nostre siége. Mr Jardé procureur en a la charge, et au demeurant faites estat de moy comme de celuy qui ne vous est pas moins acquis qu'obligé, et qui de-

---

1. Ernest de Mansfeld, mort en 1626.

meure inviolablement, Monsieur, vostre très humble et très obéissant serviteur.

Besly.

De Fontenay, ce 15 aoust 1622.

(Sans suscription.)

LXXVI. — A monsieur dupuy, advocat en parlement, rue des poictevins, au logis du président de thou, a paris.

Monsieur, le blocus de La Rochelle qui succédoit assez bien nous faisoit aucunement respirer. Le jour d'hier les Rochelois surprindrent le rocher de la Dive et passèrent au fil de l'espée ce peu de gens qui estoient là, tellement que nous voilà jettez en de nouveaux malheurs, qui seront la naissance de beaucoup d'autres, si Dieu n'y met la main et le conseil du Roy. Ils sont après pour forcer l'Aiguillon [1] où le baron de Chapelaine [2] a tousjours fait un grand devoir et pourra faire perdre cœur aux ennemis s'il est secouru. On attend icy ce jourd'huy M. le comte de La Rochefoucaut d'un voyage qu'il a fait à Poictiers ; le pis est qu'en tout le Poictou qui est de soixante lieues de longueur, il n'y ha qu'un seul régiment encores mal rempli et mal armé, comme de gens qui en plusieurs mois n'ont fait que deux monstres (revues). On faisoit estat que dans vendredi prochain l'armée du Roy devoit venir là à la rade : comme aussi de tous les ports de deçà, c'est le seul où les galères puissent se (retirer) durant l'hyver. De cecy jugez l'importance d'un tel accident.

Ces jours passés M. du Plessis [3] ayant heu affaire de moy en chose de mon mestier, je fu bien aise d'embrasser

---

1. L'Aiguillon-sur-Mer, con de Luçon (Vendée).
2. Henri de l'Argentière, baron de Chapelaine.
3. Philippe de Mornay, ser du Plessis-Marly.

l'occasion à fin de pouvoir connoistre un personnage si célèbre parmi le monde. Je l'ay entretenu deux jours avec un contentement indicible et qui m'a esté plus agréable, d'autant qu'il chérist la mémoire de feu M. le conseiller [1] vostre père et qu'il vous honore. J'ay par mesme moyen cogneu M. de Ville-Arnoul [2] son gendre, lequel est compa-priote et amy de M. Saumaise [3], mais de qui il se plaint et l'accuse de ne luy avoir tenu promesse, et fait sçavoir de ses nouvelles, ce qu'il pourra s'il veut se servir de moy pour adresse. Il estime beaucoup aveq moy M. l'abbé [4], témoignant en cecy et en tout ce que j'ay peu comprendre de luy, qu'il est luy mesme vertueux et digne qu'on en fasse estime. J'ay veu lettres de M. le connestable [5], par où il se promet la paix : le Roy s'en estant confié en luy. Le comte de Mans-feld s'est obligé de servir les Estats durant trois mois, qui est bien loing de ce que m'escriviez. La recommandation dont je vous ay prié par mes dernières est d'importance pour cette ville, et conséquemment pour moy-mesme qui suys et veux demeurer en éternité, Monsieur, vostre très affectionné et obligé serviteur.

BESLY.

De Fontenay-le-Comte, ce xiie de septembre 1622.

LXXVII. — A MONSIEUR DUPUY, ADVOCAT EN PARLEMENT, RUE DES POICTEVINS, AU LOGIS DU PRÉSIDENT DE THOU, A PARIS.

Monsieur, nous perdons nostre *esme*, ou si voulez un mot plus commun, nous perdons le jugement touchant nostre

---

1. Claude Dupuy, cons. au parlement, mort en 1594.
2. Jean de Jeaucourt, Sr de Ville-Arnoul, époux de Marthe de Mornay.
3. Claude de Saumaise.
4. M. l'Abbé Christophe Dupuy, frère aîné de Pierre.
5. François de Bonne, duc de Lesdiguières, connétable en 1622.

armée navale. Lorsque le vent est autre que Nord ou Nord-Ouëst, qui sont seuls capables de sortir nos grands vaisseaux du port Louys et les pousser deçà, nous nous flattons en cette excuse. Au rebours, quand il a soufflé vingt heures, qui est tout le tems nécessaire, et que nous ne voyons rames ne voiles, nous ne faisons plus que nous entregarder, muets de pensées et de paroles. Cependant nouvelles nous viennent à toutes heures que l'armée est aux Sables d'Ollonne, ou à l'Aiguillon ou près de là : et en mesme instant de nouveaux messages desmentent les premiers. Mais il n'est pas expédient que les grands desseins et les secrettes entreprises soient divulguées : il suffit d'apprendre par l'exécution, les causes et les mouvements. Voylà ma dernière consolation. On ha désigné un second fort devant La Rochelle : on ha logé le régiment de Champagne dans le fort Loüys, et ha-t'on envoyé commissions sur les villes clauses et gros bourgs de ce pays, Saintonge et Angoumois, pour contribuer de grosses munitions de bled, farines, *huytres* (huiles), chairs, bois, etc., qui est un tesmoignage qu'on prend pour fondement le premier siège. Je viens d'apprendre tout présentement d'un des hommes du seigneur Pompée que son maistre vient de recevoir lettres de M^r le comte de Soissons portant que le Bas-Languedoc est dans l'obéissance du Roy par la composition de Mr de Rohan. Les Rochelois par le moyen des portes qu'ils ont libres tiennent le chemin de Poictiers en crainte et prennent souvent des prisonniers. Ils font le mesme du costé de Saintonge et d'Angoumois, de sorte que nostre liberté en est diminuée, et pour mon particulier je ne m'emancipe guaires hors nostre banlieue. C'est ce que je puis vous escrire pour ce coup et suys, Monsieur, vostre très humble et obligé serviteur.

BESLY.

De Fontenay, ce 24 octobre 1622.

LXXVIII. — A MONSIEUR DUPUY, ADVOCAT EN PARLEMENT, RUE DES POICTEVINS, AU LOGIS DU PRÉSIDENT DE THOU, A PARIS.

Monsieur, vous avez maintenant de delà M. Caillier qui vous dira plus de nouvelles de ce pays que je ne sçaurois vous en escrire. Je vous diray seulement, parce que m'y avez obligé, que nos députez sont de retour de la court aveq la response et asseurance, mais verbale, de ce que nous désirions. C'est à dire que nous nous devons assurer que le Roy nous maintiendra en l'arrest qu'il nous octroya sur nostre requesté à Niort, que dorénavant nous n'aurons autre gouverneur que catholique. Voylà qui s'accorde fort bien aveq le contenu de vos dernières et précédentes. Reste l'effet et l'accomplissement que nous attendrons en grande impatience. Mais ce pesant joug levé de dessus nos testes, qui nous garantira de celuy qui nous menasse? De quoy deviendra ce contract solennel de l'an 1553 d'entre le Roy Henry II et les Estats des pays lors sujets au quart et demi[1] qui furent amortis pour xi cents et tant de mil livres? Encore que ce malheur regarde plusieurs provinces, si est-il plus sensible icy et en nos isles que Dieu a béni de la production de cette manne ou cinquiesme élément. J'appréhende les exemples merveilleux en pareils et semblables sujets, lesquels ont esté recueillis par Hadrianus Junius, en ses *Animadversiones*. Alors avons quelque espérance en la bonté et pityé du Roy, quand il aura ouy nos remonstrances, car il est bon et juste, et fera tousjours bien si on le conseille bien. J'ay crainte que mes lettres vous ennuyent pour sentir trop les lamentations de Hiérémie, et finiray par vous dire que

_____

[1] Sur le sel.

je suys, Monsieur, vostre très humble et affectionné serviteur.

BESLY.

De Fontenay, ce 5 de janvier 1623.

LXXIX. — A MONSIEUR DUPUY, ADVOCAT EN PARLEMENT, RUE DES POICTEVINS, AU LOGIS DU PRÉSIDENT DE THOU, A PARIS.

Monsieur, vous vous esmerveillerez par avanture et non sans raison de ce que j'ay laissé escouler un si long tems sans vous escrire. Je m'estois proposé d'aller de delà pour la définition de l'affaire que j'y laissay dernièrement, et par ce moyen avoir le bonheur de vous porter moy-mesme de mes nouvelles, et vous rendre l'honneur que je vous dois. Voylà les seules excuses de mon trop long silence. Tandis, la rigueur de l'hyver m'a surpris, et si je ne suys fort pressé, j'essayeray de tenir en l'estuy ce peu qui me reste de santé jusques au prochain printems. Mais je ne puis plus supporter de me veoir privé de vos lettres ne pouvant jouyr de vostre présence. Que faites-vous donc maintenant? Quelles sont vos occupations littéraires? Qu'i a-t-il de rare en l'Université? Aurons-nous paix ou guerre? Bref ce qu'il vous plaira, pourveu que je recognoisse vostre main; vous me direz que je suys un rude créancier de vouloir exiger sans pityé ce que je pense m'estre deu, sans payer mes debtes. Je vous diray donc que j'attends bien tost dans ce pays Mr vostre frère qui doit faire compagnie à Mr de Chartres [1], aux nopces de Mr son nepveu aveq madamoiselle de Vignoles, dont les préparatifs se font au chasteau de Coulonges, *apud colonias regales*. Jugez la magnificence par la rencontre du nom du lieu de l'assemblée. Quoy plus? J'entre par intervalle dans

---

1. Eléonor d'Estampes de Valençay, évêque de Chartres.

mon estude, je jette lés yeux à demi clos sur mes livres, et passe le jour sans beaucoup me travailler l'esprit. Mr Cramoisi m'a envoyé depuys trois sepmaines, la nouvelle histoire de Tolose [1]. Bon Dieu, combien y a-t-il à redire! O la mauvaise rencontre que c'est, hormis l'ordre de ses comtes! Je suys las de lire, d'escrire et d'annoter comme vous jugerez bien tost qu'il m'en ha deu prendre ainsi. Je vous supplie me tenir ès bonnes grâces de M^r le Procureur-Général et ès vostres, et me croire comme je suys véritablement, Monsieur, vostre affectionné et obligé serviteur.

BESLY.

De Fon]^{ay} le Comte [le 1 de janv]ier de l'an 1624.

LXXX. — A MONSIEUR DUPUY, ADVOCAT EN PARLEMENT, RUE DES POICTEVINS, AU LOGIS DU PRÉSIDENT DE THOU, A PARIS.

Monsieur, alorsque je ne songeois rien moins qu'à la guerre, je m'y suys trouvé insensiblement envelopé. Car la sepmaine passée Mr de Soubize et Mr de Loudriere [2], beaufrère de Mr de Chastillon, se sont rendus maistres de l'isle de Rhé par le moyen de huict vaisseaux de guerre, la plus part sortis du havre de La Rochelle. Ce bruit véritable a mis en grand effroy cette ville et le reste de Bas–Poictou, où le Roy n'ha aucunes forces, non plus qu'en Saintonge. Ces gens là sont en lieu propre pour dresser tel gros (*rassemblement*) qu'il leur plaira et qu'ils pourront à leur aise et sans estre incommodez, pour puys après faire descente telle part qu'ils jugeront utile pour leur parti. Ces jours derniers M^r de

---

1. Par Guill. Catel.
2. De Loudrière avait épousé Françoise de Coligny, sœur de Gaspard, c^{te} de Chastillon.

Torax (Toiras) [1] a passé par cette ville, et est maintenant au fort Louys. Monsr de Brassac lieutenant de Roy en l'absence de M^r le comte de La Roche, nous est venu veoir et incontinent retiré à Niort, où ceux de la religion font la meilleure part. M^r de La Noue est dans le pays et se sont veus icy, et nous a ledit sieur de Brassac cuidé persuader que ledit sieur de La Noue serviroit le Roy, d'où il faudroit conclure que tout le parti de la Religion ne seroit pas de la ligue. *Sed non ego credulus illi.* Il est bien à craindre que ces émotions gastent les affaires du Roy ès pays estrangers, et que l'Espagnol y contribüe du Sablon du Pérou, et les financiers aussi [2]. Cependant nous qui sommes icy sous le rasouër, sommes en danger de souffrir bien du mal, si Dieu comme au passé ne combat pour le Roy. Mes papiers et mémoires me font pityé, et mes pauvres livres que j'ay tant pris de peine à lire, relire, et annoter. Vous jugerez aisément que parmi une telle brouillerie je n'ay point heu loysir de penser à vos villes de protection, et si j'en ay quelque chose, ce ne peut estre que du commun sous la première et seconde lignée. Mais assurez-vous que je ne puis rien avoir en ce sujet ne autre qui ne soit plus vostre que mien. Il me faudroit un mémoire plus particulier de vostre dessein sur lequel je peusse conduire ma vizée. Il m'estoit né un sujet pour faire un court voyage de delà, quoy qu'en hyver, et non trop bien de ma personne. Que peut il y avoir de malaisé que

---

1 Jean du Caylard de Saint-Bonnet, s^r de Toiras, maréchal de France en 1630.

2. L'éditeur des *Extraits des lettres de Besly, de* 1621 *à* 1626, déjà cité, a écrit : « l'Espagnol y contribue, *du Sablon, du Péron,* et les financiers aussi. » Et, au bas de la page, on lit cette singulière note : *Allusion à des personnages et faits sur lesquels nous n'avons pas de renseignements précis, et qui semblent concerner l'administration des finances.* Nous croyons sans peine qu'on n'a pas découvert des *renseignements précis* sur ces fantastiques personnages. L'or du Perou transformé en MM. du Sablon et du Péron ! Ceci nous rappelle involontairement le singe de La Fontaine, qui avait pris le Pirée pour un nom d'homme.

le soin et l'avancement des siens ne fasse trouver facile ? Ce tems me fait plus de peur que tout le reste. Dans dix ou douze jours je prendray résolution d'aller ou de ne bouger. Tandis, je vous prie ne laisser pas de me faire sçavoir de vos nouvelles, ce me sera consolation soit [icy] soit sur chemin. Le premier m'est plus croyable. Je ne veux pas vous parler de mon billet de peur que ce soit à contre tems. Je prie Dieu qu'il vous conserve heureusement et tous ceux que vous aymez. C'est , Monsieur , vostre très humble et obligé serviteur.

BESLY.

[De Fontenay, ce 12 janv]ier 1624.

LXXXI. — A MONSIEUR DUCHESNE, GÉOGRAPHE DU ROY, AU COLLÉGE DE LA MERCI, DERRIÈRE LE MONT S^T HILAIRE, A PARIS.

Monsieur, je vous remercie de bon cœur de l'exemplaire venant de vostre main que je prends à tesmoignage de l'amityé que me portez dont l'honneur m'est fort agreable, et au dessus le ressentiment que je puys faire de sa valeur. Neantmoins, je ne suys pas du tout insensible, et quelque foible que soit ma muse, elle a voulu s'esgayer en ce sonnet que je vous envoye. Vous me ferez plaisir, s'il vous contente de le faire mettre devant l'exemplaire que me promettez et devant celuy que retiendrez pour vous, afin qu'il serve de preuve de la bonne correspondance qui a tousjours esté entre nous. Je suys,

Monsieur,

V^re très humble etc.

BESLY.

De Fontenay le Cte, ce 21 février 1624 [1].

---

1. Faussement datée de 1614 par le copiste.

12

A André du Chesne, géographe du Roy, sur son histoire
de la Maison de Montmorency.

SONNET [1].

Ton beau livre Duchesne est ma théogonie,
Cet azur emaillé de la plaine des cieux,
Où des Montmorancis les braves demi-dieux
Reluisent infinis en leur gloire infinie.
    Que le charme est puissant d'une douce harmonie,
Quand le lut est pincé d'un pouce ingénieux !
Le Grec nous pipe ainsi, ozant feindre à nos yeux
Des mortels accomplis une idée accomplie.
    Qu'est-ce d'Hercule, Thesé, Minos, Jason et Mars,
Que tes Henris, Mathieux, Annes, Charles, Bouchars,
Mareschaux, Admiraux, Ducs, Pairs et Connestables.
    Adieu donq Hésiode et semblables sonneurs.
Un plus digne escrivain succède à vos honneurs :
Par luy la vérité triomphe de vos fables.

I. Besly P. conseiller et advocat du Roy
au siège de Fontenay le Comte.

LXXXII. — A MONSIEUR DUPUY , ADVOCAT EN PARLEMENT ,
RUE DES POICTEVINS , AU LOGIS DU PRÉSIDENT DE THOU , A
PARIS.

Monsieur, monsieur du Vignaut et moy avons du deplaysir,
que le bois de la Dive vous ayt esté moins salutaire que
n'avions désiré et espéré, et qu'il l'est quasi universellement
de deçà. Il semble que les Anges tutélaires de chascune province ayent soin particulier de faire naistre au milieu de ses
habitans des remèdes idoines à l'habitude de leurs corps, et

---

1. Imprimé dans la *Revue nobiliaire* (du libraire Dumoulin), an. 1867,
p. 61.

contraires aux humeurs des autres contrées. Toutefois l'usage de tant de drogues estranges enseigne une autre philosophie. Pour moy, j'impute v^re indisposition à trop d'assiduité et travail d'esprit et de corps, et cuiderois que la meilleure panacée consisteroit en un long et tranquille repos. Ayez donq de l'affection pour vous mesme autant que vos amis en ont, et dont l'effet ne leur manquera point, si vous ne vous manquez point. J'ay receu les trois divers traitez [1] qu'il vous à pleu m'envoyer de la part de Mr Godefroy, et vous en remercie tout deux et de bon cœur.

Je me suys resjouy que l'extrait que je vous envoyay du Ms. que j'ay intitulé *Chronique de Maillezay*, luy ayt servi en un endroit, car c'est ce que je desire passionnement de pouvoir estre utile à mes amys. Nous ne demeurons pas bien d'accord luy et moy sur quelques points de Lorraine : entre autres je ne luy concederois pas volontiers qu'on puisse appeller Charles de France fils puysné de Louys d'outremer, duc de la Basse-Lorraine. Item, le lieu où il met en opposition que la Maison de Lorraine et celle de France sont issues par femme du sang de Charlemagne : je m'apperçois assez de sa visée, mais la contretouche se trouveroit bien importante.

Item comment se peut accorder qu'il fait en mesme tems Godefroy d'Ardenne et Frederic de Luxembourg, ducs de la Basse-Lorraine, et ailleurs il dit que iceluy Godefroy fut restably à la Duché apres le decez de Frederic?

Je passe le reste que j'ay plus particulierement desmeslé dans la table généalogique que je vous ay autrefois fait veoir à Paris en la compagnie de Mr de Perescq, et depose cecy en v^re sein pour en deviser aveq ledit sieur que j'honore gran-

---

1. *Histoire d'Artus III, comte de Richemond;* 1622. — *Véritable origine de la Maison d'Autriche;* 1624. — *Généalogie des ducs de Lorraine;* 1624.

dement. S'il ha besoin du lieu, du mois et du jour que Albert II
F. de Rapoton, surnommé Albert I, comte de Namur, fut
occis, je le luy envoyeray quand il luy plaira, et toute autre
chose qui pourroit despendre de moy, sachant assez qu'il
me peut faire part d'un million de belles raretez que j'ignore.

Quant à la prière que me faites de la part de Mr de Lomenie, je m'en sens glorieux, car rien ne me scauroit arriver
de plus agreable que l'occasion de vous servir tous deux.
Mais je crains bien que pour un thresor vous trouviez des
charbons. D'autant que je sçay assez que le Père Sirmond,
vous mesmes le premier, et plusieurs autres qui avez veu
tout ce qui peut estre tombé en mes mains, avez tous mis
le crayon sur ce tableau et que je ne puis y apporter nouvelle
ligne ny couleur. Au pis aller je n'estimeray pas ma peine
perdue, puysque c'est pour satisfaire à la volonté de deux
personnages dont le nom m'est venerable et saint. Je verray
donc dans mes memoires, et au premier voyage je vous feray
sçavoir de mes nouvelles, Dieu aydant. Tandis je prierai Dieu
qu'il vous conserve en perpetuelle santé et felicité, et après
vous avoir affectueusement baisé les mains, et de mondit
s^r Lomenie, je me souscriray,

Monsieur,

V^{re} très humble et obligé serviteur.

Besly.

De Fontenay le Cte, ce 5 de may 1624.

LXXXIII. — a monsieur dupuy, advocat en parlement,
rue des poictevins, au logis du président de thou, a
paris.

Monsieur, ayant esté absent la pluspart de cette sepmaine,
je n'ay peu vous envoyer par ce messager de nostre bois de la

Dive. Ce sera pour le prochain voyage, Dieu aydant, si d'avanture quelque malheur n'empesche la bonne volonté des amys
que j'ay sur le lieu, lesquelz ne me manqueront pas volontiers.
Au reste n'estimez pas que ce bois là pour estre sec en soit
moins puissant et vertueux ; car Mr du Vignau m'à faict
croire qu'un brin gardé deux ans en son estude â rendu le
mesme effect sur sa personne que s'il eust esté cueilli du
jour. Tant y ha que j'auray soin de vous en faire tenir autant
qu'il vous plaira. Je vous ay cy-devant remercié (comme
aussi j'ay faict Mr Godefroy) des trois traictés. Je trouve par
autheurs du tems que Ferri, comte de Bitche, a esté duc de
Lorraine, occasion que je l'ay mis non seulement en ce rang,
mais aussi pour le troisiesme du nom de la mesme famille, et
son bisayeul Thierri pour le second du nom, non pas que le
Thierri, qualifié duc en la généalogie des comtes de Habs-
bourg, de l'abbaye de Muri, l'aye esté par effet, quoyque de
la mesme race, et quoyque Guilleman [1] ayt voulu dire. Vous
en advertirez, s'il vous plaist, ledict s^r, estant, ce me semble,
un point d'importance. Je vous assure que plus je pense à
l'origine de cette maison, plus je la reconnoy ancienne et
illustre, et mériteroit bien la plume dudict s^r Godefroy. En
mon particulier *mihi cano et musis*, et demeure en éternité,

Monsieur,

Vostre très humble et obligé-serviteur.

BESLY.

Fontenay, ce 3 juin 1614 [2] (1624).

---

1. François Guilliman. *De verâ origine Conradi Salici.*
2. Date fausse : Lisez 1624.

LXXXIV. — A MONSIEUR DUPUY, ADVOCAT EN PARLEMENT, RUE DES POICTEVINS, AU LOGIS DU PRÉSIDENT DE THOU, A PARIS.

Monsieur, j'ay veu le mémoire de M. Godefroy et vous en envoye un autre que j'ay dressé pour playsir, non pour le contredire, ny m'atacher à luy. Si prenant la peine de jetter l'œil dessus, vous jugez qu'il en puysse prendre le moindre ombrage d'ofence, *vellem non dictum, vellem non factum;* jettez-le au feu, je vous en prie ; car je l'honore et desire me conserver en son amityé; mais, entre amys, la conférence n'est point mauvaise, et seroit quasi besoin que ceux qui se meslent d'escrire eussent perpétuellement quelque vespérisseur [1] à dos. Quant à ce sujet, il est chatouilleux, et puis dire que vostre conseil, lorsque je vous fei revoir ma table généalogique, *m'a depuys retenu de la publier;* et un seigneur notable qui se sert de moy et qui est bien veu de cette maison, me dissuada de la présenter en cette ville au seigneur qui y ha le principal intérest en ce royaume, tant les opinions préoccupées ont de puissance sur nos âmes. Le P. Sirmond qui a le premier mis la clef dans cette difficulté, *en ayant faict proposer la vérité au chef de la famille, se résolut au silence jusques à une saison plus opportune* [2]. Ceux qui renvoyent à Wassebourg et à Rozières sont aveuglez d'ignorance ou de passion, ou des deux ensemble, et croy qu'il ne sera point mal à propos de les y laisser. Je vous renvoye aussi vostre ms. des chansons de Tibaut, R. de Navarre, et autres princes. Il mérite d'être conservé, comme il sera en vos mains. Je l'ay couru sans en avoir fait ce que je m'estois

---

1. Critique.
2. Les passages soulignés l'on été par Godefroy qui a écrit en marge : « Faux. Il n'en a rien sceu que par moy, et ay descouvert ceste origine au Discours de l'origine des Rois de Portugal, imprimé dès l'an 1610. »

proposé ; mais je ne suys pas des plus diligens, ce que je di aveq honte, et ay mieux aymé le vous rendre que m'en excuser encor pour quelque tems, puys qu'estes pressé de le communiquer ailleurs. Je vous en remercie de bon cœur. Nous avons esté en grand'peine ces jours icy pour l'établissement des pères jésuites qui n'ont peu faute de fonds. Le père Coton nous ha presché l'octave de la Fête-Dieu aveq un méritoire aplaudissement et un fruit inestimable pour l'église catholique. Je suys marri du départ de M^r le président Nicolaï, puysqu'il touche de si près M. le procureur général [1]. Qu'y pourroit-on faire? *Serius ocyus.* Vous m'obligerez de me ramentevoir aux bonnes grâces de mond. s^r, à tems et à heure, comme vous sçaurez trop mieux choisir. Vous et Mr de Poictiers m'obligez trop de bien penser de moy. C'est votre sens à tous deux et de mes autres amys, mais qui, comme je croy, réussiroit contrairement. A tant, je me souscripray en éternité, après vous avoir affectueusement baisé les mains et de M^r vostre frère,

Vostre très humble et obligé serviteur.

Besly.

De Fon^{ay}, ce xvii juin 1624.

LXXXV. — A monsieur dupuy, advocat en parlement, rue des poictevins, au logis du président de thou, a paris.

Monsieur, je m'asseure qu'avez receu v^{re} Ms. des chansons de Tibaut Roy de Navarre, car j'en chargeay n^{re} precedent messager. Je vous en remercie derechef.

Quant au Memoire des chancelliers, je ne puis vous en deguiser la vérité : toutes les fois que je prends ma plume,

---

1. Renée Nicolaï, sœur du président, avait épousé Mathieu Molé.

elle me rebute, d'autant qu'à peine pourrois-je remarquer aucune chose de nouveau en ce sujet, veu que plusieurs y ont mis la main pour vous complaire. Ce me seroit desplaysir de ne me satisfaire pas, mais un pur crevecœur que Mr de Lomenie et vous fussiez deçeus et decheus de v^{re} esperance. Obligez moy donc tous deux, s'il vous plaist, d'user de moy en occasion plus extraordinaire : sinon, j'obeïray, mais à la charge que vous vous souviendrez de mes excuses, et du vieux mot : *inque tuis culpis da sibi tu veniam*.

Vous aurez aussi receu le memoire responsif à celuy de Mr Godefroy, dont je me repens, de peur qu'il ne le recoive de la mesme candeur que je l'ay esbauché. J'excepte de mon repentir le dernier article, qui ne gist qu'en une simple cottation d'autheurs, scelon qu'il avoit desiré, à quoy se peut adjouxter un lieu d'Herman [1] compris sous l'an MXLVIII, pour verifier que l'extraict du calendrier de n^{re} Dame de Verdun, doibt estre expliqué d'Albert II, comte de Namur, duc de la haute Lorraine, car Herman qui est très exact, raconte les affaires de cette année là scelon l'ordre des mois.

J'oublliois que j'ay mal cité l'annotation du père Gilles Boucher [2], au lieu de celle d'un Chapeauville [3], ce qu'il aura bien corrigé. Encores ne puis-je me tant commander que je ne trouve un peu estrange qu'il die que des l'an MCCXIII, les ducs de la haute Lorraine portoient les Allerions en leurs armoiries, et le tire d'un passage de Guillaume le Breton : si par Allerions pris corruptement à la mode de n^{re} siecle, il entend les Aiglettes, la conjecture sera probable ; autrement et proprement, je ne le penserois pas sans autre instruction.

J'ay en main les affaires de Guyenne ès années 1621 et

---

1. Hermannus Contractus, moine allemand, mort en 1054. *Chronicon.*
2. *Chronologie de l'Eglise de Liège.*
3. Chanoine de l'Eglise de Liége. Joan. Chapeavilli, *Gesta pontificum Leodiensium* : 3 vol. in-fol. ; 1612, 1616, 1618.

1622, par Mr de Vignoles ¹. Il ne se veoit point une piece si
hardie, ny de ce tems, ny possible du passé. Bon Dieu, que
la nature est forte quand elle est une fois cultivée de l'expérience des affaires ! Si vous aviez veu cet ouvrage, vous
vous armeriez de pied en cap, et courriez à la guerre quelque
attrempé homme de paix que vous soyez. Atant, je demeure
en éternité,

M^r,

V^{re} plus affectionné et obéissant serviteur.

BESLY.

Ce 1 juillet 1624.

LXXXVI. — A MONSIEUR DUPUY, ADVOCAT EN PARLEMENT,
RUE DES POICTEVINS, AU LOGIS DU PRÉSIDENT DE THOU,
A PARIS.

Monsieur, monsieur Cailler m'a donné vos dernières du
xiii de ce mois par lesquelles je vous croy tousjours aveq
Mr de Loménie en vostre première insistance des chanceliers. Vous me faites une nouvelle ouverture par interprétation de vos intentions, laquelle de vérité me peut descharger
de soin et de peine, mais je ne scay si la suyvant j'accepte
une chose honneste et qui tire mon honneur d'intérest.
Toutefois je feray mieux de prendre vostre parole comme
elle sonne, sans y rien rechercher qui puisse me jetter en
aucun doute sur ce qui en doibt advenir. Le seneschal de
La Chastegneraye qui vient nouvellement de Paris, vint naguaires céans m'entretenir sur ce sujet, prenant prétexte
des commandements qu'il disoit avoir de mondit sieur de

---

1. *Mémoires des choses passées en Guyenne, ès années 1621 et 1622,
tirés du cabinet de M. Vignole-la-Hire, par de Mazan. Niort,* 1624.

Loménie. Je suys marri de vous vendre si cher une chose de néant et que vous foulerez au pied quand vous en serez les maistres, venant trop tard à vous repentir. J'y travailleray donq par devoir et par affection. Il n'est pas besoin que M. Godefroy se donne peine de mes mémoires. Vous sçavez comme je suys tumultuairement sur le champ sans travail et sans dessein fors de complaire à mes amys. Ma plume est dediée pour cella, et le coup lasché je n'y pense plus, voire je ne m'en souviens plus. Néantmoins je prendray à playsir et tiendray à honneur et obliguation ce dont il luy plaira m'instruire sur ce sujet et de pareil cœur et innocence que je m'y suis comporté. Quant aux lettres du cardinal d'Ossac (d'Ossat) je vous remercie de vostre advis, sur lequel j'ay escrit à Mr Cramoisi pour m'en faire tenir un exemplaire. L'on travaille après les posthumes de Mr du Plessis [1] et pour cet effet on ha fait mettre les presses de Sauveur à La Forest-sur-Saivre où ledit sieur est décédé, à sept ou huit grandes lieues de cette ville, en lieu rebours et esloigné de commu-nications. Tout ce que j'en ay peu apprendre par un homme du lieu pour qui j'estois arbitre ces jours derniers, est qu'il y aura quatre volumes d[ont] l'un est desjà fait et travaille-l'on aux autres. Du sujet rien du tout, ce que je scauray néant-moins par mes amys quand mesme je devrois en escrire à M^r de La Tabourière (Tabarière) [2] l'un des gendres, et du tout je ne faudray de vous bailler advis. Tandis je demeure, Monsieur, vostre très humble et obéissant serviteur. BESLY. — De Fontenay ce 28 juillet 1624. — J'oubliois de vous dire que la sepmaine précédente les agens de Mr de Valencey se trouvèrent à Coulonges pour la recherche de la fille de

---

1. *Mémoires* de Philippe de Mornay. *La Forest, Sauveur*, 1624-1625 ; 2 vol. in-4°. Les deux derniers vol. (3e et 4e) furent impr. à *Amsterdam*, 1651-1652.

2. Jacques des Nouhes, s^gr de la Tabarière, avait épousé Anne de Mornay, qui se maria en secondes noces, vers 1640, avec le maréchal de la Force.

Mr de Vignoles où j'eu l'honneur d'estre appellé. Si l'affaire
réussit [1], j'espère que M[r] vostre frère s'y trouvera aveq
Mr de Chartres, et qu'il ne sera pas sans la curiosité de visiter nostre petite ville.

BESLY.

De Fontenay, ce 28 juillet 1624.

LXXXVII. — A MONSIEUR JACQUES DUPUY, ADVOCAT EN PAR-
LEMENT, RUE DES POICTEVINS, AU LOGIS DU PRÉSIDENT DE
THOU, A PARIS.

Monsieur, au mesme instant que j'ay receu la vostre par
l'extraord[re], j'ay aussi receu par l'ordinaire celle que Mr Cramoisi m'â escrite, et envoyé le livre de Mirœus [2] mentionné
par la vostre. L'inscription, à mon advis assez mal taillée,
m'â fait presumer sinistrement du reste ; et plus encore ces
jactances de la dédicace, *variorum apud nos principatuum
origines, multa antiquitatis Belgicœ, cùm sacrœ, tùm politicœ
arcana abdita*, et le demeurant des theologiens, juriscon-
sultes, historiens. Mais cecy comment se pourroit-il supporter ? *God. Bullionium cum tribus fratribus etc... Lotharingia
denique superior et inferior suos quæque duces, velut ab orco
revocatos hic agnoscent, atque ex iis non paucos etiam loquentes
audient.* Il n'ha donné qu'une seule charte de Godefroy de
Buillon, qui fait son LXVII chap., et si encores il y ha plus de
XL ans que Mr René Choppin l'avoit publié, *de Jurisd. Andeg.
lib.* I, *cap.* XXXVIII, *pag.* 268. Là tant s'en faut qu'il nomme

---

1. Cette affaire ne réussit pas. Jean d'Estampes de Valençay, neveu de
l'évêque de Chartres, Eléonor d'Estampes, se maria en 1627 avec Catherine d'Elbène ; et Susanne, dame de Coulonges et de Benet, fille de Bertrand de Vignoles la-Hire, épousa également, en 1627, Hector de Gelas
de Voisins, marquis d'Ambres et vicomte de Lautrec.
2. Mirœus (Aubert Le Mire). *Annales rerum Belgicarum.* 1624.

trois de ses frères, qu'il ne fait mention sinon de deux, Balduin et Eustache, qui sont aussi exprimés par deux autres tiltres de leur mère, *ch.* lxviii et lxx, et le mesme Eustache, *chap.* lxxv, rememore ses mesmes frères Godefroy et Balduin ; quant à Guillaume dont Mirœus à voulu chafourrer son papier, il l'ha forgé en son esprit sur le vaudeville commun, et puys reposez-vous sur la conscience de cet homme-là. Il ne produit pas un tiltre des ducs de Mosellane : puys il ne s'accorde pas aveq celuy qui constituë son liv *chap.*, où il s'est mis à discourir à perte de veuë de chose qu'il n'entend point. Bien est vray que le duc Gerard, qui est dit frère d'Olderic sousigné entre les tesmoins, estoit duc de la haute Lorraine, et Symon aussi present à la charte du *chap.* lxxxvii. Mais quoy ? est-ce le premier lieu où nous en trouvions de la preuve ? Item c'est tout, et qui est fort digne d'un si grand cri de haro. Voyla de quoy est composé ce beau *antiquitatis Belgicœ thesaurus.* L'epître au lecteur n'est pas moins fallote, *magnorum ac piorum virorum hortatu, ex cœnobiorum urbiumque Archivis, privatis item ac publicis bibliothecis, ingenti labore ac sumptu, à multis retrò annis hœc eruere cœpi.* Et toutefois en courant ce beau livre qui fut en moins du demi jour que je le receu, j'y remarquay que le tiers des pieces, ou davantage, a esté mis au jour par autres devant Mirœus.

Or s'il est bien vain d'un costé, il n'est pas moins hardi preneur, pour ne dire impudent, de l'autre. Car aveq quelle effronterie â-t-il transcript les belles notes du P. Sirmond ? celles du P. Bouchier en son petit *Chronicon ?* Des Douza [1] père et fils ? et des autres ?

Le datte de la charte lv monstre sa negligence veu qu'il à marqué l'année de defectuosité, mlx..., quoyque l'indiction, le regne de l'Empereur et du siège de l'Euesque luy fissent

---

1. Dousa (Jean). *Annales Hollandiæ.* 1601 et 1617.

leçon. Là il triomphe pour dire qui estoit Adelbert, mais il
n'ha point eu de langue touchant Thierri de qui Adelbert se
dit *cognatione et ordine successor.* Vrayment il estoit bien empesché à declairer qu'ils estoient freres.

Quelques uns oseroient l'accuser d'ignorance en cette
note sur le xlvii tiltre : *(Indictione II) sic in autographo diserte legitur* (dit-il) *adeoque calculus indictionum à veteribus
usurpatus, uno anno differt à calculo quo nunc utimur, id in
isto diplomate, itemque in superiore, et aliis alibi non semel
observavimus.* La charte precedente porte *anno* mxlvi, *Indict.* xiiii, en quoy tout va bien s'il veut considerer que les
actes ont esté arrestés, l'un après le xxiiii septembre et l'autre
devant.

Je suys bien seur qu'il ne sçauroit expliquer ce qu'il veut
dire en sa note sur les mots *anno* mxlvii, du chap. xlviii,
p. 161, où il cherche un nœu dans un jonc. Que ne concilioit il les dattes de la charte xlix ?

Comme il y ha de la lourderie en ces points là, il y ha de
quoy rire en sa note sur les mots *nummo auri Bisantii* à la
pièce lxxviii, pag. 253 ; il interprète là *aurum bisantium*
pour *Bisontinum, ita dictum à Vesontione Sequanorum Metropoli, quam Itali Bisanzon, Galli Besanzon nuncupant.* O le
subtil docteur et qui à bien leu les autheurs de la guerre
sainte, et la vie de S. Louys, dont la rançon fut payée en
bezants, qu'on envoya, je croy, de Bezançon.

Mais ne merite-t-il pas une grande louange d'avoir le premier remarqué que Beranger fils puysné du comte Everard,
*posteà rex Italiæ ac demùm Imp. fuit, quod hactenùs à nemine
notatum,* dit-il en une note sur le xxi chap., p. 101.

Jugez la malignité de cet esprit : il ha leu la Bourgougne
de Mr Duchesne, puysqu'ailleurs il la cite, et toutefois il luy
à volé cette observation, qu'il tient de moy, qui puys dire
sans vanité avoir le premier rendu cet honneur à la France,
par le moyen d'une charte de Beranger mesme pour S. Martin
de Tours, où il appelle Charlem. *Proavum suum.* J'ay com-

muniqué la charte à Mr Duchesne, et mon invention tirée de là, et au testament du comte Everard que Vander Haær [1] a mis en lumière longtems y ha en ses chastelains de l'Isle, d'où Mirœus l'â desrobé, et le donne icy pour chose nouvelle, et nous propose icy son opinion toute nuë, sans l'assister de la moindre preuve qui soit, n'ayant ozé citer le tiltre de S. Martin, pour ce qu'il se fust trop descouvert. S'il eust veu le chartulaire *Piscariense* qui est en la Bibliothèque du Roy, et le *Chronicon Turonense* que Fauchet allegue si souvent sous le nom du chanoine de Tours, entendu deux ou trois epîtres de Jehan VIII PP. et quelques lieux des Annales de Fulde, où il est fait mention de Beranger, il eust bien fait d'autre levée de boucliers sur ce sujet. Enfin vous pourrez estre memoratif qu'en la première observation que desirastes de moy pour Mons. Possevin, j'ai tranché en trois mots la difficulté de cette genealogie, que Mirœus n'ha peu apprendre du seul testament d'Everard, mais par les autres pièces que Vander Haær â publiées, où la contesse Gisle nomme le Roy Charles le Chauve *germanum suum*, les conjoignant aveq ma charte, il n'y ha rien plus clair en l'histoire.

Neantmoins cet autre flamend me pardonnera, s'il luy plaist, si je ne puys lui accorder que la contesse Gisle fust fille de l'Imperatrix Judict et de Louys Debonnaire : autrement le datte du testament seroit corrompu, ou Gisle auroit heu ses sept enfans avant qu'elle eust l'age de xiiii ans. Elle estoit donc du premier lit de l'Empereur.

C'est trop de ce point, que je laisseray pour vous entretenir d'un autre qui vous fera veoir que Mirœus a la plus mauvaise visée du monde. Il ha formé son xxiii chap. d'une charte qu'il ha emprunté des Annales de Hollande de Douza ; Jean Beeka [2] l'avoit attribué à Louys R. de Germanie, frère

1. Florent Vander Haër. *Les Chastelains de Lille.* 1611.
2. Jean de Beka, chanoine d'Utrecht. *Chronicon episcoporum Ultrajectensium et comitum Hollandiæ.* 1612.

de Charles le Chauve; Guillaume Heda [1] survenu depuys l'avoit mieux aimé donner à Louys, Emp., F. de Lothaire, ou à Louys F. d'Arnulphe Emp. Douza se fondant sur ce que la charte fait mention que la femme du Roy donateur portoit le nom d'Emme, s'est rangé du parti de Beeka; car la femme de Louys R. de Germanie, frère du Chauve, s'appelloit ainsi, et celle de Louys F. d'Arnulphe se nommoit Luitgardis : il devoit adjoutter que la femme de Louys, Emp. filz de Lothaire I avoit nom Angilberge. Mirœus, le dernier de tous et en tout, s'est présenté enfin pour interposer là dessus un jugement admirable, car il la donne à deux, puysqu'il ha mis cet argument d'entrée, *Ludovicus Germaniæ R. Theoderico comiti donat Vasdam, id est Wasiam,* et â clos ses annotations de telz mots : *Ceterùm istud Ludovici diploma mihi suspectum est, quod ipsi titulus Augusti aut Imp. non tribuatur.* C'est là jeu des Bohemes, il est dedans, il est dehors. Voyla un trait bien digne d'un esprit aigu comme une boule, et tranchant comme plomb.

Je vous asseure, Monsieur, quoy que je m'entende fort peu en telles choses, ꝛque je n'heu pas plutost jetté l'œil sur la clause, *Gezo cancellarius ad vicem domni Vthelrici archiepiscopi summique cancellarii recognovit et subscripsit. Datum anno Domini* dccclxviii, *idus Aprilis, regnante domino Lothowico, anno* xiv, *Indict.* xiv, que je jugeay veritablement que la charte estoit de nostre Lothaire R. de France, F. de Louys d'outremer, et qu'en l'original d'icelle le nom du Roy ayant esté designé par la lettre singulière L ou la marque HL, le copiste l'avoit mal interpreté Ludowicus pour Lotharius. Aussi voyez-vous que la femme du R. Lothaire avoit nom Emme, que l'an dcccclxviii (comme il faut corriger) convient aveq l'an du regne xxv qui est noté par Douza, que le

---

1. Guillaume Heda, prévôt d'Arnheim. *De episcopis Ultrajectensibus.*

grand chancelier de France d'alors s'appelloit Oudri *Odalricus*, en thiois *Vthelricus*, qui estoit Archevesque de Rheims, et puis . monstrer que Gezo, notaire secretaire, à fait d'autres despesches au lieu du souverain chancelier sous ce Roy. L'indiction est fautive et doibt y avoir xi. Je laisse d'autres considerations de crainte de vous ennuyer ; mais je n'ay pas voulu souffrir qu'on desrobast à l'un de nos Roys cet acte de piété et charité envers l'église.

En somme, l'histoire que m'avez faite autrefois, que nostre homme se vantoit de faire des livres en attachant ses esguiletes, et ses escrits me font croire qu'il disoit vray, et qu'ils serviront aussi pour les faire destacher.

Je fais estat de ses tiltres, et de ses copies, à quoy il devroit se tenir et s'abstenir de composer et commanter, en quoy il ne fait rien qui vaille.

Pour exemple, outre les precedants et plusieurs autres, comment pourroit il garentir sa note sur le iii chap. pag. 19, où il tient que S. Bertin mourut l'an DCLIV, et une sienne autre sur le chap. iv, pag. 23, où il le fait sousigner une charte de l'an DCLXI ?

Voyla de quoy j'ay bien voulu deviser aveq vous, en attendant que je donne à Mᵣ de Lomenie le contentement que je pourray, et non celuy que par aventure il espere de moy, et que moy et toute la France devons rendre à ses merites et en ce sujet et en toutes autres occasions, dont je vous prie l'assurer de ma part.

Je fay response à Mᵣ Godefroy, et suys fort resjouy que mon observation lui ayt esté agreable.

J'atends un memoire des tiltres ou inscriptions des posthumes de Mᵣ du Plessis, dont j'ay escrit à Mᵣ de la Tabarière, son gendre, ayant pris l'occasion d'une affaire de laquelle il a voulu avoir mon advis. Je ne perdray point tems à vous communiquer ce que je sçaurai à ce propos. Car je veux témoigner en tout, comme je suys obligé de me dire, après

m'estre recommandé à vostre bonne grâce, et de M^r vostre
frère,

       Monsieur,

               V^{re} très humble et affectionné serviteur,

                            Besly.

De Fontenay, ce xxv aoust 1624.

LXXXVIII. — a monsieur dupuy, advocat en parlement,
rue des poictevins, au logis du président de thou, a
paris.

Monsieur, ayant composé deux livres de diverses leçons
des comtes de Tholose que je me suys résolu de publier
aveq nombre d'autres en une décade, après avoir bien con-
testé en moy-mesme un grand long tems, enfin je me suys
voulu hazarder de vous requérir humblement une pareille
courtoisie qu'entre plusieurs j'ay autrefois receu de vous.
C'est qu'il vous pleust me faire tant de faveur, d'honneur et
de bien, de me faire veoir l'extrait de l'inventaire de Tolose [1]. S'il vous plaist m'accorder ma requeste, vous pouvez
vous asseurer que je sçauray bien user et non abuser de
vostre courtoisie. Et au reste que j'accompliray la promesse
que je vous ay faite plusieurs fois de vous dédier l'un de cette
dizaine, afin d'honorer de vostre nom, mon nom et mon
ouvrage. Je vous promets aussi que je renvoyray l'extrait
dans quinze jours, après que je l'auray receu. J'ay traité de
telle sorte cette matière de Tholose qu'on n'y pourra remarquer un seul trait de passion ne qui puisse offencer, ayant
parlé aveq tout respec et discretion possibles. Mr Cramoisi

---

1. L'inventaire des titres de Toulouse forme 2 vol. in-fol. *Mss.* —
(Fonds Dupuy, vol. 518 et 634.)

m'a escrit et fait escrire pour avoir ma copie [1]. Je vous prie, supplie et conjure derechef de ne rejetter ma prière. La prière est fille de Jupiter, ce dit nostre poëte après Homère. A tant je demeure en éternité, Monsieur, vostre très humble et obligé serviteur.

BESLY.

De Fontenay, ce xxv aoust 1624.

LXXXIX. — A MONSIEUR DUPUY, ADVOCAT EN PARLEMENT, RUE DES POICTEVINS, AU LOGIS DU PRÉSIDENT DE THOU, A PARIS.

Monsieur, j'ay escrit à Poictiers à fin de retirer du roulier ordinaire le pacquet où est le livre de l'inventaire dont je vous avois prié. Incontinent que je l'auray reçeu, je ne manqueray de vous en bailler advis, et faire diligence de le vous renvoyer seurement. Cependant je ne sçaurois assez vous remercier de cette vostre insigne courtoisie entre les autres faveurs qu'il vous a pleu me faire, et qu'ainsi vous continuez et augmentez tous les jours. Lorsque j'auray reçeu la vostre qui accompagne le pacquet, je satisferay à chaque point d'icelle, et n'obmettray aucune occasion de témoigner que je suys véritablement, Monsieur, vostre très humble et obéissant serviteur.

BESLY.

De Fontenay, ce xxiii septembre 1624.

Je vous supplie donner à Mr de Loménie le mémoire cy enclos et l'assurer de mon très humble service en cette occasion et toutes autres.

---

1. Malgré ses belles résolutions, Besly n'a point publié l'histoire des Comtes de Toulouse.

Je croy que vous aurez sçeu comme le pauvre M. Arnaud [1], gouverneur du fort Louys, décéda le 17 de ce mois à Terre-neufve où il estoit venu changer d'air. Il sera malaisé qu'un plus vigilant et prudent serviteur du Roy succède en sa charge.

XC. — A MONSIEUR DUPUY, ADVOCAT EN PARLEMENT, RUE DES POICTEVINS, AU LOGIS DU PRÉSIDENT DE THOU, A PARIS.

Monsieur, je n'ay encores reçeu le volume et pacquet que vous avez fait délivrer au messager de Poictiers le viiie du passé, quoy que par deux diverses fois j'en aye escrit à Poictiers. Mais j'estime qu'il aura esté mis dans la tonne qu'on met dans la charrette, et arrive plus tard que le messager. J'espère en recevoir certaines nouvelles dans jeudi prochain, Dieu aydant. De quoy je ne faudray vous bailler advis. J'ay appris cette sepmaine qu'au moyen de certaine déclaration du Roy, portant deffense de publier l'Histoire ou mémoires des dernières guerres, quoy que la prohibition soit générale et non particulière, les héritiers de feu M. du Plessis ont fait cesser l'impression de ses posthumes. Je m'en esclairciray nettement dans nostre foire de Saint-Venant qui tiendra en cette ville au commencement de la sepmaine prochaine. L'on travaille aussi à l'impression des affaires de Guyenne de Mr de Vignoles, et crains bien qu'on n'y fasse comme on doibt, car il s'en est voulu fier à un imprimeur de babioles [2] dont il se mescontente fort, scelon qu'il m'escrivit le jour d'hier. Mais la pierre en est jettée, et bien loin

---

1. Pierre Arnaut, mestre-de-camp, surnommé du Fort, parce qu'il proposa de construire le fort Louis, pour incommoder les Rochelais. Il en fut nommé capitaine.
2. L'imprimeur (de babioles) se nommait Jean Moussat.

de moy et en la ville de Niord [1], *in quo nomine inest obscœnum*. Je suys après à tournevirer mes mémoires pour le contentement de Mr de Loménie et le vostre qui m'est en singulière recommandation, outre que je suys plus particulièrement
que personne du monde, vostre très humble et obligé
serviteur.

BESLY.

De Fontenay, ce 7 8bre 1624.

XCI. — A MONSIEUR DUPUY, ADVOCAT EN PARLEMENT, RUE
DES POICTEVINS, AU LOGIS DU PRÉSIDENT DE THOU, A
PARIS.

Monsieur, tout va bien, Dieu merci, car je receu le xv du
courant le volume de l'inventaire qu'il vous a pleu me
prester. Je m'assurois bien tous jours qu'il n'en pouvoit arriver d'inconvénient excepté vostre soupçon et la perte de
tems à recouvrer cette debte au terme préfix. Vous n'avez
pas peu adjouxté aux précédentes obligations que vous avez
sur moy, mais rien du tout au vœu de mon affection à vostre
service, laquelle de longue main estoit montée à son dernier
sommet. Les tracas et confusion de nostre foire ne m'ont
pas empesché de courir le livre d'un bout à l'autre aveq
beaucoup de contentement et de déplaisir tout ensemble,
m'estant enfin trouvé comme un Ixion, lequel au lieu d'une
vraye Junon n'embrassa que des nües, si ce n'est que par
les effets de vostre courtoisie mes nües soient converties en

---

1. Les inquiétudes incessantes que les Protestants causaient à Besly,
lui inspiraient peu d'affection pour la ville de Niort, dont la majorité des
habitants, ainsi que le gouverneur, professaient le Calvinisme. Il profite
de l'occasion pour écrire *Niord* au lieu de Niort, afin de citer la malicieuse
étymologie *Nid ord*, sous-entendue dans la phrase latine, *in quo nomine
inest obscœnum*..

Junon. Vous m'avez autrefois presté de vostre grâce un volume de mémoires de feu Mr Pithou, cotté B. et intitulé
Titres anciens meslez. J'y rencontray un extrait d'un tiltre de
Guillaume comte de Tholose l'an 1080, en marge duquel
ledit sieur a remarqué qu'il l'avoit tiré du III registre des anciens titres de Mr du Tillet. A cette occasion ayant recouru
au chap. de la branche de Tholose où il en est fait mention,
et collationné le fragment aveq le discours, je m'apperçeu
que le françois nommoit *trisayeul* celuy que le latin appelle
proavus. Et parce que ce comte Guillaume de Tholose estoit
beau-père de Guillaume IX duc de Guyenne, et que le mot
proavus estoit une clef pour ouvrir le passage des degrez des
comtes de Tholose, d'où Mr Catel est tombé tout à plat, j'ay
tousjour heu désir de confronter l'extrait aveq son original,
à fin de m'en pouvoir ayder en l'une et l'autre histoire de ces
deux grands seigneurs. Oseray-je vous importuner d'une
copie entière de la charte ? C'est la I du sac VIII.

Je crains bien fort de vous estre importun, vous suppliant
de m'escrire quel ordre il me faudroit tenir pour vous descharger de soin en cecy, sauf l'honneur et la faveur que dai-
gneriez me faire d'ayder à vostre bon point et commodité
des pièces dont j'aurois besoin ; si vous aviez agréable, monsieur, qu'un clerc que je contenterois à son mot et au vostre
peut transcrire en quelque petit coin de vostre maison, je
vous envoyrois un petit extrait sur lequel vous ne pourriez
troubler le train de vos affaires que par un seul voyage de
l'aller et du retour, l'un pour retirer de leur lieu, et l'autre
pour remettre. Si je pouvois moy-mesme, mais l'importance de ma santé et de l'intérest de ma famille ne me le
permettent pas sans autre sujet de rencontre. *Troye ne vaut
pas tant, ny Francus, ny Hector,* ce dit le poëte.

J'attends vostre conseil et résolution là dessus, et tandis, je
m'expédiray pour vous renvoyer seurement cette bonne part
d'un si grand thrésor. Si quelqu'autre fois le messagèr de
cette ville ne peut se charger de chose venant de vostre part,

et qu'il faille prendre la voye de Poictiers, vous ferez s'il vous plaist l'adresse :

A Monsieur Besly, procureur au Présidial de Poitiers, lequel aura soin de me le faire promptement tenir, comme l'un de mes bons parens et amys. L'imprimeur des Posthumes de Mr du Plessis me vint veoir le xvi de ce mois et m'apporta le tiltre du premier volume aveq l'indice de son contenu. Ce premier est parachevé et le verrez plutost que moy qui n'ay peu gaigner cet adventage que d'en retirer un exemplaire. La déclaration qui fut dernièrement faite par le Roy touchant la publication des mémoires d'Estat a rompu le cours du reste. On ha envoyé je ne sçay combien de bales à Paris tant pour le débit que pour prendre langue de ce qui sera de faire. J'ay veu le contrat pour l'impression de trois autres pour raison de quoy ce pauvre homme est en grand peine, ne sachant pas guaires bien, s'il s'engage plus avant en frais, et que cette déclaration le regarde, comment il pourra se retirer bagues sauves.

Quant au mémoire des chancelliers, je vous assure que je m'y trouve fort empesché, mais puys que vous m'avez engagé en ce mauvais gué je m'esverturay d'en sortir aveq mon honneur, le moins souillé qu'il me sera possible, car je ne scaurois vous desnier aucune chose quelque péril de réputation qu'il y ayt, lequel je crains plus pour vous que pour moy. *Qualem commendes etiam atque etiam aspice ne mox inculiant aliena tibi peccata pudorem.* Je fais response à Mr de Lomenie qui m'a escrit une lettre si courtoisie (*sic*) que j'en suys et seray honteux toute ma vie. Vous m'avez valu cette précieuse cognoissance, dont le gain excède tout prix. Dieu veuille que le moyen que vous avez tenu pour me l'acquérir n'ayt pareille puissance pour me la faire perdre, ce qui adviendra indubitablement si je ne respons à l'espérance que luy avez donnée de moy. Mais en tout cas ce ne sera pas vostre faute mais mon malheur.

Les mémoires de Mr de Vignoles sont parachevez d'im-

primer aveq mon extrême déplaisir, d'autant qu'on m'a donné
advis qu'on y a mis une epistre liminaire sous mon nom, ce
qui est une pure imposture, et suys résolu si ledit sieur ne
fait changer cella d'en prendre l'imprimeur à partie, car elle
contient chose que je ne voudrois en façon du monde
avoüer. C'est une plainte d'ingratitude touchant ses services,
et croy qu'il ha esté mal conseillé sur ce point. Je luy ay
escrit pour mon intérest, estimant que pour l'honneur qu'il
me fait de m'aymer, il fera supprimer mon nom, si tout à fait
il ne supprime cette préface. Je ne vous en envoye point
d'exemplaire, parce que je n'en ay point heu ne veu. J'en
recouvriray un s'il m'est possible et le recevrez à la première
occasion. Je prie Dieu qu'il vous tienne en parfaite santé et
prospérité et toute vostre maisonnée, et me fasse capable
d'estre tousjours avoüé, Monsieur, vostre plus humble
obligé et très affectionné serviteur.

BESLY.

De Fontenay-le-Comte, le xxi 8bre 1624.

XCII. — A MONSIEUR DUPUY, ADVOCAT EN PARLEMENT, RUE
DES POICTEVINS, AU LOGIS DU PRÉSIDENT DE THOU, A PARIS.

Monsieur, je vous ay donné advis par le dernier voyage
de nostre messager, comme j'avois reçeu le livre que m'aviez
envoyé, et par celuy-cy vous le recevrez Dieu aydant, car je
l'en ay chargé, et luy ay recommandé tout ce qui s'est peut
(sic), si je ne l'ay fait autant qu'il s'est dheu. Vous voyez
combien je suys de bon compte, ne l'ayant retenu qu'autant
de jours que je vous avois escrit. J'ay heu du desplaysir
extrême pour la crainte qu'en avez heu, sachant bien d'ailleurs qu'il n'en pouvoit arriver de mal ny de perte. Que si
l'infortune nous en eust réduit là, faites moy l'honneur de
croire que je vous en eusse rendu satisfait jusques à la der-

nière maaille, et tiré de tout intérèst; mais jusques icy Dieu merci, nous n'avons point veu qu'il se soit perdu aucune chose par la voye de Poictiers ou de cette ville, bien que parfois il se soit rencontré quelque retardement. Autrement je me fusse bien empesché d'employer un amy que je tiens si cher , pour luy rendre du deplaisir en m'obligeant d'une obligation incomparable, et dont je suys bien certain qu'il ne voudroit se lascher qu'envers peu de personnes. Mais aussi pouvezvous vous assurer que j'en ay un tel ressentiment, que je n'en voudrois cedder à aucun autre qui auroit reçeu tant de grâce et faveur, comme vous m'en avez faite et pouvez faire : de quoy je n'abuseray jamais.

Vous aurez veu maintenant le premier volume des Posthumes de M\u02b3 du Plessis, vous ayant adverti que l'édition en a esté portée à Paris à la diligence d'un libraire qui a tout pris, sans qu'il en ayt esté distribué un seul exemplaire dans le pays. Et puysque cette déclaration du Rcy ne regardoit que les lettres de M\u02b3 le cardinal d'Ossat, on continuera l'impression des autres, pour le moins de trois volumes, car je vous assure de rechef que j'ay veu le contract que les secrétaires du défunct en ont fait aveq l'imprimeur, lequel me l'a communiqué luy mesmes. Je ne manqueray de vous envoyer au prochain voyage *des affaires de Guyenne* de Mons. de Vignoles, car tel est le tiltre de son livre, ou plutost livret, puysqu'il ne contient que ce qu'il a fait durant 1621 et 1622, et ne contient que ce qui s'est passé à Nérac, Caumont, Mouravel [1], la Force et Tonneins. C'est une simple narration des choses sans autres incidens de l'estat ny des causes et mouvements. Bref c'est une saillie d'un capitaine qui sçait bien faire et bien dire tout ensemble comme vous jugerez. Je n'ay encores point heu de contentement sur ma plainte qu'on ayt ainsi usurpé mon nom au pied de la préface, laquelle je ne voudrois avouer, ne quant à son sens, ne quant à son

---

1. Peut-être Miraval (Aude).

style, où mesmes des incongruitez se rencontrent. Bien prend à l'imprimeur d'avoir un si bon garand que Mr de Vignoles à qui je porte tout honneur et respect, comme l'amityé qu'il me porte m'y oblige, cessant quoy je l'eusse mis en procez et en cella forcé mon naturel.

Quant à vos chanceliers, si je n'avois qu'à copier et à laisser deviner, vous n'auriez heu la peine de m'en pincer l'oreille tant de fois que j'en ay honte. Et me picques un peu contre vous de la fin de vostre lettre, car qu'est ce à dire je vous prie, que vous avez d'autres visées dans nostre histoire ? Pouvez vous, ou devez vous imaginer que j'entre en défiance de vostre franchise ? et que d'ailleurs j'aye rien de particulier que je ne vous en feisse le maistre souverain et absolu ? Vous n'avez jusques icy désiré aucune chose de moy à quoy je n'aye pris plaisir et honneur et que je n'aye essayé de vous complaire, et je feray tousjours non moins, sinon plus que tout autre et par obligation et par inclination. Vous n'ignorez pas néantmoins qu'on ne doibt se promettre de ses amys au dessus de leur pouvoir, ny forcer ny violenter leur capacité, avancer ou avorter leur pensée. Vous avez je croy prou d'expérience comme en chose que sçay aucunement, ma plume n'est point chiche d'en barbouiller le papier à la première rencontre, sans se faire prier ne courtizer. Et de cella il y ha divers tesmoignages dans les escris de mez amys. Par ainsi je pense avoir quelque occasion de me plaindre de vous, si ce n'est que veuillez que je me plaigne de moy-mesme, et de ma tardiveté d'esprit, qui pour s'estre monstré trop lent à respondre à la vivacité du vostre, m'en fait porter la peine et la pénitence si justement, ou au contraire je m'en rapporte à vous de qui j'appelle de cholère et irrité, à vous-mesmes sans fiel et bien rassis. Et demeure quand ores vous ne le voudriez pas, Monsieur, vostre très humble et obligé serviteur.

BESLY.

A Fontenay-le-Comte, le 4 novembre 1624.

XCIII. — A MONSIEUR DUPUY, ADVOCAT EN PARLEMENT, RUE DES POICTEVINS, AU LOGIS DU PRÉSIDENT DE THOU, A PARIS.

Monsieur, vos dernières du 2 du courant m'ont esté très agréables, comme tout ce qui me vient de vostre part, et particulièrement pour deux considérations : l'une parce que vous m'avez relevé d'une fascheuse anxiété d'esprit, touchant les chanceliers, m'ayant prescript un ordre sans ordre et comme tumultuaire dont je n'eusse ozé me servir, cessant l'absoluë liberté que m'en avez donnée. Je vous en envoye donc un indice, depuys le grand Clovis, scelon que je les ay peu recueillir des livres imprimez et manuscrits et des chartes. Si chascun de ceux qu'avez employé sur ce sujet en contribuent, autant je penserois qu'on pourroit en bastir un corps parfait. J'entends qu'on y contribuë non seulement les noms mais aussi quelque chose au fonds, comme je cuide avoir fait par de petits *nota* qui comprenent beaucoup s'ils estoient expliquez, quoy que d'ailleurs j'estime que c'est une besoigne fort rude et revesche, et qui demande des outils bien acérez et tranchants, car j'y trouve des neuds pires que gordiens. Mais possible je dois en accuser la foiblesse de mon esprit. Je n'ay pas voulu veoir le Feron [1] ne m'ayder de son labeur, tant en tout la témérité me desplaist. Vous avez mémoire qu'un malotru d'Athènes proposa un jour un bon advis. On le refusa comme d'un lieu indigne, et feit-on mettre la mesme chose en avant par un homme de bien, de qui l'opinion fut embrassée comme utile à la chose publique. Néantmoins son premier chancelier a gaigné credit en la croyance du vulgaire, et Vignier [2] mesme ce grand débella-

---

1. Jean Le Féron. *Histoire des officiers de la Couronne.*
2. Nicolas Vignier. *Bibliothèque historiale.*

teur de monstres l'a inséré en sa Bibliothèque et luy ha fait l'honneur de le nommer, si ce n'est plutost pour en rejetter la foy sur la conscience d'un si vain hableur.

Comme vous m'avez hazardé envers Monsieur de Loménie c'est à vous maintenant à me tirer de péril, et à me mettre à couvert, car aussi m'escrit-il que m'envoyez un mémoire de méthode, l'ayant practiqué, je seray aucunement exempt de blasme. En tout cas je me console de vous avoir voulu complaire à tous deux. L'autre esjouïssance que vos lettres m'ont apporté, c'est que j'ay veu l'aigreur de vostre esprit espurée et radoucie envers moy sur le sujet de vostre v volume d'inventaire. Et puys pour un comble desmezuré de courtoisie, vous vous rendez profus et prodigue envers mon avidité. Je n'en abuseray pas néantmoins, et me contiendray dans ma peau et dans les bornes de la retenüe. Donques suyvant vos offres excessifs je vous envoye un billet des tiltres qui me seroient à propos. Il n'emporte quant à soy ne violence ne destin, mais au contraire il va recevoir la loy qu'il vous plaira luy imposer, et pour le nombre et pour le tems.

J'ay réservé le mémoire de Mr de Vignoles pour le prochain messager, voire si je deusse aller moy-mesmes jusques à Niort où l'on a renvoyé les exemplaires sur la plainte que j'en ay faite, sauf quelques uns qui ont eschapé dans le pays, de quoy j'ay bien du desplaysir, pour la supposition si extraordinaire qu'on a fait de mon nom. Sinon je vous baille la copie à la main que j'en ay retenüe, et cella sans plus de remise, renonçant dès à présent à tout bénéfice d'atermoyement.

Tout le monde icy est en une grande expectative et *arectis auribus adstant*, touchant le progrès et les effets de cette nouvelle chambre de justice contre les financiers. Mais dites moy, M^r, en reviendra-t-il quelque soulagement au peuple, lequel souspire sous le faix quasi insupportable? Si vous voyiez ce que nous voyons, ce que nous supportons sous les mauvais artifices de semblables ministres, très indignes serviteurs de nostre bon Roy, vous pourriez dire asseurément que nostre vie ne diffère guaire de ceux qui questent à la main et au bissac. Qu'a servi une pareille chambre sous le defunt Roy? Vous respondrez qu'il estoit trop clément et que luy et le R. Henry III ont vérifié par leur fin déplorable et calamiteuse à ce royaume que la trop grande clémence est un crime en la personne des Roys. Dieu gard le nostre, de qui nous devons espérer et attendre toutes choses bonnes et justes, autant qu'il est bon et juste luy-mesmes, pourveu que ses bonnes et justes intentions soient suyvies et exécutées, non destournées et perverties. Je vous supplie me faire cette faveur de me faire part des principales occurrences de ce grand coup d'Estat que je ne prise guaires moins que celuy de la Val-Teline, s'il reussist. On nous entretient icy d'une prophétie pour M^r le Connestable, qu'il doibt conquérir la Lombardie et après cent ans de vie il doibt couronner la fin par la conqueste du Royaume de Naples. Pleust à Dieu! Mais l'envie m'est aux talons qui m'escoute.

Quant aux livres de Mr du Plessis, La Forest-sur-Sevre est un chemin de nul lieu, et faudroit s'adresser aux oiseaux du ciel pour en apprendre des nouvelles. Je blasme fort la procédure des secrétaires du defunct, que la passion en leur religion a du tout aveuglez et n'ayant pris langue que d'elle-mesme. N'est-ce pas voirement passion ou folie de n'avoir trié et mis à part ce qui seroit mal pris et mal reçeu, d'aveq le demeurant qui pouvoit passer pour bon ou indifférent. O qu'il y ha d'enfans d'Epimethée [1]! encores moins de Prométhée! Vous m'obligerez de me bailler advis de ce qui sera résolu sur ce sujet. Tandis, je demeure, Monsieur, vostre très humble, affectionné et obligé serviteur.

BESLY.

De Fontenay, ce 17 nov. 1624.

---

[1]. Epiméthée avait formé les hommes imprudents et stupides ; et son frère, Prométhée, les hommes prudents et spirituels.

XCIV. — A MONSIEUR DUPUY, ADVOCAT EN PARLEMENT, RUE DES POICTEVINS, AU LOGIS DU PRÉSIDENT DE THOU, A PARIS.

MONSIEUR,

Je suis extremement comptant qu'ayez receu le livre que je vous ay renvoyé, et que l'ayez trouvé bien conditionné. Vous aurez pareillement heu par le dernier messager le memoire que demandiez touchant les chanceliers, de sorte qu'il vous est arrivé en l'un et en l'aultre tout le contraire de vostre esperance, et puisque Mʳ de Lomenie a si grande affection en cette suitte d'officiers, je me suis souvenu d'un que j'ay obmis du temps de Charles Martel, lequel est le seul que j'aye remarqué, car encores qu'il se trouve plusieurs chartes de luy, il en a pris comme des aultres Roys, les copistes les ayant transcriptes sans beaucoup se soucier du nom des chancelliers, ce que vous scavez trop mieux que je ne scauroys dire. Je dois mon memoire à Scobinger en ses Notes sur le recueil des antiquitez de Vadian [1], pag. 145, où, parlant de la fondation du monastere *Augiæ majoris* , il l'a rapporté à l'an 724. *Sexto anno Karoli Martelli, Landfrido duce Alemannorum, et Pertholdo comite Ourgavensi, et diplomate fundationis, cujus testes ipse Carolus Martellus, Carolomannus filius, Hupert maiordomus, Raldrammus Archicancellarius.* Bruschius [2] a publié la charte entière sauf l'an de Martel et les tesmoins et chancelier. Bien que Martel n'ayt esté Roy, sa puissance a esté par dessus celle des Roys et plusieurs l'ont pris pour Roy, tesmoin que Charles le Chauve est nommé en plusieurs endroicts pour troisiesme du nom. A raison de quoy je me persuade que ce *Raldrammus estoit grand chancelier de France.* Vous en jugerez.

---

1. Joachim Vadian. *De collegiis et monasteriis veteribus Germaniæ et Galliæ, cum additionibus Bartholomæi Scombengeri.*
2. Bruschius (Gaspar). *Histoire des évéchés d'Allemagne.*

Je m'attens aux coppies que m'avez promises et demeure en éternité, Monsieur, vostre, etc.

Besly.

De Fontenay, ce 3 décembre 1624.

XCV. — A monsieur dupuy, advocat en parlement, rue des poictevins, au logis du président de thou, a paris.

Monsieur, j'ay veu le livre dont m'escrivez sans que j'ay peu m'en accommoder pour les raisons que vous ne pouvez ignorer. Néantmoins je mettray ordre et me promets qu'en aurez un exemplaire. L'autheur est maintenant hors du royaume comme j'entends par bruict commun. Nous sommes icy en une merveilleuse inquiétude, menans une vie pleine de crainte et de soupçon de troubles et de guerre. Ce qui nous arrache des mains la plume et les livres et nous efface de l'esprit la volonté de penser en eux. Il est bien besoin pour le salut commun que Dieu continuë de faire des miracles, comme il ha (fait) jusques icy depuys le decez du deffunct Roy, dont il ayt l'âme, autrement je n'espère pas grande ressource pour mon repos et ma liberté, auxquels je me prépare de dire adieu, tel que celuy que disoit Jolas. Et puysque tout résonne du bruit des armes, ce ne sera du tout hors de saison si je vous prie de me faire part de l'escusson de Chasteau-Vieux, et de Moncade, dont les vicomtes de Béarn se disoient et tiltroient seigneurs, et des particularitez que sçavez des mesmes vicomtes pour me secourir en un petit mémoire que j'en ay dressé; vous obligerez en cella après mille autres sortes, Monsieur, vostre très humble et obéissant serviteur.

Besly.

De Fontenay-le-Comte, ce 6 décembre 1624.

XCVI. — A MONSIEUR DUPUY, ADVOCAT EN PARLEMENT, RUE
DES POICTEVINS, AU LOGIS DU PRÉSIDENT DE THOU, A
PARIS.

MONSIEUR,

Ma peine a trouvé son loyer puisqu'elle vous a donné
quelque contentement en mon memoire des chancelliers.
C'est plus que je n'ay esperé et que je n'ay deu attendre,
d'aultant que je ne me suis peu satisfaire en ce subject, n'ayant
point de lunettes pour y penetrer, tant toutes choses m'y sont
troubles. Je vouldrois de bon cœur comme je me suis des-
chargé sur vous de la partie que je vous ay envoiée, je puisse
aussy me delivrer la fantaisie des difficultez qui l'ont hurté
et brouillé par cette rencontre d'effort et de lutte. Je hay ces
esprits confidents et presomptueux, à qui toutes choses sont
faciles. Entre ceux-la ne tient pas le dernier rang un nommé
Favin [1], Advocat en la Cour, qui a faict trois traittez des
premiers officiers de la couronne. Il coupe et tranche tous les
nœuds aussy 'aisement qu'il feroit un coing de beurre de
Vannes. Tous les aultres escrivains luy sont deplorables igno-
rans. Pauvre homme qui a fourré ses yeux exempriles (*sic*)
dans un estuy, de peur de voir ses propres defaux ! Ses livres,
ses chapitres, ses pages en redondent. Si vous daignez jetter
la veue sur le chap. 4 du 2 livre, vous en recognoistrez plus
que je ne scaurois dire.

D'entrée il ordonne que de tous les officiers de la couronne soubz noz Roys de la seconde lignée, le seul chancellier avoit l'honneur de souverain, tiltre lequel emporte, dit-il,
le dessus de celluy de *maior* que le seul maire du palais por-

---

1. André Favyn. *Traité des premiers offices de la couronne de France*,
en 3 *livres*. 1613.

toit soubz la premiere lignée. Qu'est-ce que cela? Ignorance, malice ou flaterie? Notez qu'il a dedié son œuvre à feu M. le chancéllier de Silleri. Comme si *summus* en cet endroict là signiffioit aultre chose que *primus*, et qu'il ne fust pas dict *comparativè*, comme parlent les grammairiens, ayant esgard aux autres chanceliers qui estoient soubz luy. Adelard [1], dans la missive d'Hincmar [2] qu'il a pour fondement de tout le corps de son edifice, luy monstrera cela. Qu'il le lise d'un œil indifferend! Que diroit-il à un passage de Rhenanus [3] en la preface du livre intitulé *Missa divi Joan. Chrysostomi*, où il dit avoir veu des tiltres où sont escritz ces mots : *N. Cancellarius ad vicem Archicappellani recognovi?*

Je vous en ay envoié un pour S. Maur sur Loire, où il y a : *Ebroïnus Archicappellanus recognovi*. Goldast [4] luy maintiendra que *Archicancellarius* et *Archicapellanus* est tout un, quoy qu'il se trompe. Mais cet Archichappelain estoit-il moindre officier que le premier chancelier? Je croy que non, puisqu'il precede en ordre en cet Estat de France (*Epitome* dans Hincmar). Je scaurois volontiers de luy l'interpretation de la fin d'une charte pour St Martin de Tours de l'an 895. C'est la 68 de la pancharte noire, où sont ces mots : *Ego Archanaldus Gregis B. Martini levita et ejusdem Archisignatoris Ahilrici ac scholæ primicerii secundierius ad vicem Aarchani presbiteri, et ex pago Blesensi Dominici Cancellarii rogatus dictando scripsi.* Je le tiendray pour un grand maistre en l'art de la chancellerie de France de ce temps là, s'il en vient à bout, car je me persuade que les Clercs qui tenoient

---

1. Adélard, abbé de Corbie, petit-fils de Charles Martel. *Traité de l'état du Palais* (en lat.).

2. Hincmar, archevêque de Reims. *Opuscula, Epistolæ*, ed. à Jo. Decordes. 1615.

3. Beatus Rhenanus. *Præfatio ad divinam Missam S. Joannis Chrysostomi*.

4. Goldast ab Haiminsfeld (Melchior). *Rerum alamannicarum scriptores aliquot vetusti.* 1606.

lors la monarchie des sciences, regloient aussy l'estat des officiers de la Cour des Roys. Mais que pourriez vous attendre de bon d'un homme qui, traictant cette matière, asseure qu'il ne se trouve que les Roys de la première lignée signassent leurs chartes et patentes, et s'en rapportent à leurs referendaires, alleguant à ce propos le procès de Gilles, evesque de Reims, dans Grégoire qu'il n'a pas entendu, qui dit le mesme qu'il n'y avoit que les Princes qui tinssent les offices de la Couronne. Doncques ceulx de Montmorency, de Champaigne, de Senlis et les Chancelliers, estoient Princes. Je croy qu'il entend du sang de France. Qui semble dire *Data per manum N. ad vicem N. Cancellarii* vaut aultant que *D. vacante Cancellaria*. Courez son livre, ou bien ouvrez-le à l'adventure : vous le trouverez tout esgal.

Voyla où vostre Chancelerie m'a porté et en infinies autres difficultez que je desirerois que quelque bon esprit voulust entreprendre de discuter et esclaircir cette partye de nostre histoire politique.

Pour changer de propos, l'on m'a faict part du volume pour les universitez de France [1], auquel j'ay pris grand plaisir, pour voir que nostre commun amy y a travaillé avecq honneur. L'Advertissement d'un nommé Froment docteur Regent à Valence ne me semble pas la pire piece, et moins les remonstrances de feu M^r le President de Harlay au Roy Henri IV au nom de la Cour. *Sæpe sinistra cavâ predixit ab illice cornix.* Timée reprochait aux Grecs qu'ilz estoient tousjours enfans, et nous ne serons-nous jamais vieux ?

---

1. *Recueil de pièces pour les universités de France*, jointes en cause contre les Jésuites, demandeurs en cassation d'un arrêt du parlement de Toulouse, qui leur défend de prendre le nom, titre et qualité d'université, et de bailler aucun degré en aucune faculté : 1624 in-8°. *Avertissement pour les universités*, par Gaspard Froment, recteur de l'université de Valence, etc.

Il y eut arrêt du Conseil, le 27 septembre 1624, qui débouta les Jésuites de leurs prétentions.

Je suis en inquietude de scavoir l'evenement des livres de Mr du Plessis depuis la saisie. J'en ay enfin recouvert un exemplaire: En un mot je ne voy que la langue et le cœur d'un vray et fidelle François, bon serviteur du Roy et du Royaulme, non moins amateur de paix qu'il est sage et éloquent. Que nous eussions plusieurs escriptz semblables nous debvrions en valoir mieux en toutes choses.

Je vous envoye enfin les memoires de Mr de Vignoles. La lettre preparatoire n'est point de moy, je le vous asseure, et le vous ay desja escript aultres fois. Quant au quatrain je l'advoue quelque malotru qu'il soit.

Au demeurant je n'ay pas oublié à ce coup le memoire des tiltres dont j'aurois besoing. Il vous fera peur à cause de sa forme gigantalle. Mais vous n'êtes obligé à rien, maistre et seigneur de voz volontez et tel absolu des miennes. Neantmoins je vous prie vous souvenir non de voz offres, dont je suis trop retenu et discret pour en abuser jamais, mais des miennes, que j'observeray de bonne foy qui est de porter toutes sortes de fraiz et tirer vostre courtoisie hors de tout interest.

J'escriptz un mot à Monsieur Rigault auquel je vous supplie de le bailler à vostre premiere veue au palais.

Ce sera la fin après avoir prié Dieu qu'il vous conserve longuement en santé et prospérité et demeure, Monsieur, vostre, etc.

BESLY.

De Fontenay, ce 16 décembre 1624.

XCVII. — A MONSIEUR DUPUY, ADVOCAT EN PARLEMENT, RUE DES POICTEVINS, AU LOGIS DU PRÉSIDENT DE THOU, A PARIS.

MONSIEUR,

Puisque la derniere soubscription de charte que je vous ay envoiée vous a pleu et à M. de Lomenie, j'espere que celle cy que j'ay depuis rencontrée ne vous sera poinct desagreable. Je l'ay extraicte de Krantzius *lib.* ii *Saxon. cap.* xv *p.* 38 et de l'*Histoire Ecclesiast.* d'Adamus *cap.* ix *p.* 6. *Sign. Domini Karoli Regis invictissimi Hildebaldus Archiepiscopus Coloniensis et sacri palatii cappellanus recognovi. Data* ii *Id. Jul. anno dominicæ Incarnationis* dcclxxxviii *Indict.* xii (*Leg.* xi) *anno Domini Karoli* xxi. *Actum palatio Nemetensi fœliciter.* Elle me confirme en l'opinion que j'ay toujours eue que le grand chancellier n'estoit qu'adjoinct ou coadjuteur de l'Archichapelain, et que le comte du palais estoit chef de la justice. Hincmar, en son Abregé de l'Estat du palais dressé par Adelard, me semble dire cela mesme, si on veut le considerer de près, et joindre cette soubzcription et semblables, dont je vous en ay remarqué quelques-unes par mes precedentes.

En voicy une aultre tirée de la charte de l'erection de l'église de Hambourg en metropole, à laquelle l'eglise de Brem fut unie : *Sign. Hludovvici piiss. Imp. Hirminmarus notarius ad vicem Theodonis recognovi. Data Id. maii anno* xxi *imperii domini Hludovvici piiss. Aug. Indict.* xii. *Actum Aquisgrani in palatio Regio I. D. N. F. A. anno Domini Jesu Christi* dcccxxxiiii. Elle se trouve tome *Rer. Germanic. Septentrion.* [1] pag. 144 et en est faicte mention par le mesme Adamus [2] *Histor. Eccles. cap.* xvii. *p.* 9. Je ne vous remarque cette-cy que pour ayder à remplir vos années, car je vous en ay envoié d'autres soubscriptes de ce Theudo et du mesme commis.

Vous avez maintenant receu les memoires de M. de Vignoles, vous priant de m'excuser si le livre n'a une plus belle robbe et plus digne de vous. Nous n'avons point icy de relieurs. Je n'ose dire aussy que vous aurés aussy receu mon

---

1. Erpold. Lindenbrogii *Scriptores rerum Germanicarum septentrionalium.* 1609.
2. Adam de Brème, chanoine (xi⁰ siècle). *Historia ecclesiastica.*

memoire, car la hardiesse ou temerité me faict honte. Mais vous le chastierez comme il vous plaira, vous protestant que je n'entendz user de la courtoisie de mes amys hors des termes de la raison et de la discretion. Je vous remercie du tiltre i du sac viii de Tolose, dont je scauray bien faire mon proffict comme vous verrez, Dieu aydant.

Je suis bien ayse que les secretaires de feu M. du Plessis ayent eu main levée et deplaisant qu'on aye poché le livre de peur qu'ilz en soient refroidiz, qui ne me sembleroit pas un petit malheur à ceux qui ayment la verité des affaires et l'honneur du Roy et du Royaulme. J'auray soin de m'en esclaircir et de vous en informer.

Voz nouvelles de nostre mariage d'Angleterre, du progrez de nostre desseing de la Valteline, et du contre effect du siege de Breda m'ont grandement resjouy et vous supplie de continuer à me faire part des aultres occurrences du temps que jugerez le meriter. Je n'ay rien qui vaille la peine de vous estre escript. Nous faisons garde icy, et sans bruict, et la nuit seulement. Sur l'advis que Sa Ma^{té} a eu de quelques assemblées que Mrs de la Religion ont faictes en cette province et celle de Saintonge, Mr de Brassac a descendu à Niort et changé le lieutenant du chasteau et autres de la Religion y estans en garnison. On continue à creuser un canal du fort Louys à la mer, et tient on que c'est à l'effect d'un havre, de quoy chacun devise selon sa fantaisie ou inclination.

Je ne puis oublier que, ces jours derniers, une baleine s'est eschouée en la Manche de l'Abbaye d'Orbestier près les Sables d'Ollone, laquelle est sy monstrueuse que quatre bonnes charrettes de voz rouliers de Paris ne seroient capables d'en voiturer la langue. De l'ongle [jugez] du Lyon. Un nombre infini de personnes sont journellement à charpenter dessus à qui en emportera son lopin. La question est de scavoir si elle appartient au Roy, au comte des Ollonnes [1] qui se dit

---

1. Philippe de La Trimouille, marquis de Royan, comte d'Olonne.

Admiral en ses terres, ou à l'abbé d'Orbestier qui prétend le mesme droict, ou comme hault justicier de fondation royale, ou bien si elle est au premier occupant. Il y a prou de quoy disputer de tous costez et m'a remis en memoire la piece d'ambre gris, pour raison de laquelle feu M. le président Nemon [1] a prononcé un Arrest en robes rouges, imprimé dans ses œuvres.

Sur ce je prie Dieu qu'il vous conserve et suis, Monsieur, vostre, etc.

BESLY.

De Fontenay, ce 28 décembre 1624.

XCVIII. — A MONSIEUR DUPUY, ADVOCAT EN PARLEMENT, RUE DES POICTEVINS, AU LOGIS DU PRÉSIDENT DE THOU, A PARIS.

Monsieur, voyez un fort misérable tems veu les bruits sinistres qui courent de tous costez. Nous tenons la prise de Blavet [2] par Mr de Soubize et conséquemment la perte des navires du Roy. Vous pouvez aisément juger la suytte, et avons bon besoin de la protection extraordinaire de Dieu, aussi bien que par le passé, car il est à craindre qu'il y ayt de la *faciende* de Castille et des Malcontems.

Néantmoins la folie est si grande et la dépravation publique, qu'en mon particulier je me suys laissé aller jusques là à la fantaisie des miens, que mes deux gendres [3] sont allez de delà l'un en poste et l'autre à ses journées pour un office

---

1. André de Nesmond, premier président au Parlement de Bordeaux.
2. Blavet, ou Port-Louis, port et château, à une lieue de Lorient.
3. François Fradet, enquesteur au siége de Fontenay, mari de Jeanne Besly.
Jean Aleaume, sieur de la Chenullère, avocat en parlement, mari de Catherine Besly.

de conseiller de deux qui sont créez de nouveau au siège de cette ville. Quand je vous ay dit mes gendres je vous ay tout dit, pour user envers vous des plus fortes et violentes conjurations, pour vous prier de nous faire cette honneur (*sic*) de nous assister de vostre pouvoir scelon les occasions qui s'en offriront, et dont ils oseront vous requérir, je n'ose dire importuner, aveq moy. D'autant que l'amityé que vous m'avez témoignée jusques icy m'empesche de me servir de ces termes. A tant je priray Dieu qu'il vous tienne en parfaite santé et prospérité, et demeure, Monsieur, vostre très humble et obligé serviteur.

BESLY.

Janvier 1625.

Quant à la demesurée grandeur de la baleine je vous en ay fait le récit scelon le fait qui m'a esté proposé pour y bailler advis. Le tems ne permet pas de s'en informer par une descente sur les lieux, qui me servira d'excuse vallable envers vous.

Cette lettre n'est point citée dans les *Extraits des lettres de Besly*, publiés par M. Marchegay.

XCIX. — A MONSIEUR JACQUES DUPUY, ADVOCAT EN PARLEMENT.

Monsieur, vous vous surmontez en excès de courtoisie et me faites croire que les vertus n'ont point de degrez limitez. Je vous renvoye les quatre pièces originalles aveq un million de remerciments tant en ce regard qu'à cause des autres copies, pour lesquelles aussi j'ay en particulier une très grande obligation envers Monsieur vostre frère, ce que je scauray bien tesmoigner ès occasions, et luy en rendre grâces très humbles, comme ce que je fais icy. Je ne vous recommanderay point davantage mon mémoire, ce seroit superfluité et importunité, veu l'extrême soin qu'il vous plaist en prendre par dessus ce que je scaurois jamais meriter.

Au demeurant vostre missive m'a semblé prophétique à l'égard de Blavet, car à présent nous tenons que Mr de Soubize et les siens ne peuvent sortir du Hâvre à cause de l'adversité des vents et de la solicitude et artifices qu'on a apporté contre eux. M^r le mareschal de Praslain est tousjours à Marans, où il ha appellé les quatre compagnies qui tinrent garnizon à Mauzé. Le sieur du Chastelier, neveu de Mr de Beaumarchais, a son régiment de xii compagnies prest à batre aux champs pour le service du Roy. Ceux de La Rochelle ne furent jamais plus doux ou dissimulez. Mais on sçait véritablement qu'ils ont reçeu les corps de ceux qui ont laissé la vie à Blavet. Vous jugerez assez que cella signifie, et quelle obéïssance on peut attendre d'eux. Ainsi vous voyez que nous respirons, et si Dieu s'oppose à l'effet de cet inopiné dessein de mer, j'ay bonne espérance d'une pleine liberté que je ne penseray point diminuée par un siège de La Rochelle, dont j'ay tousjours heu grand soupçon. J'auray soin de vous faire part de nos occurrences scelon qu'elles se présenteront. Tandis, je supplie le créateur de vous donner parfaite santé et félicité, et demeure éternellement, Monsieur, vostre très humble et obligé serviteur.

BESLY.

A Fontenay, ce 10 février 1625.

Je m'asseure que mes gendres qui sont de delà vous auront rendu l'honneur et devoir dont eux et moy sommes tenuz, vous suppliant de les assister de vostre faveur et crédit.

C, — A MONSIEUR DUCHESNE, GÉOGRAPHE DU ROI.

Monsieur, je suys fort resiouy que travailliez fort et ferme après vostre histoire de Vergi, il ne me deplaist que je ne puisse en rien contribuer à vostre dessein et vous servir autant que j'ay d'affection. Je vous remercie du Memoire de S. Gal ; c'est un article imprimé dans les Annales d'Hepidannus que Goldastus nous a donné, je me suis souvenu que si vous daignez reveoir les vies de S. Hugues, Abbé de Cluny, vous y trouverez, ce me semble, des choses dignes de remarque à vostre sujet. Je vous prie me mander ce que c'est de cette *Gallia* dont M. Cramoisi m'a envoyé une affiche, car le livre de Chenu m'a quasi saoulé encore, qu'il m'ayt fait trop d'honneur de s'estre souvenu de moy. Je suys veritablement,

Monsieur,

V^{tre} très humble et obéis. servit.

BESLY.

De Fontenay, ce 24 février 1615 (date fausse).

C *bis.*

Monsieur, je me suis souvenu que si vous daignez revoir les vies de S. Hugues, Abbé de Cluny, si dejà ce n'est chose que vous ayez faicte, vous y trouverez, ce me semble, des choses dignes de remarque à v^{re} sujet. Je vous remercie du Memoire de S. Gal. C'est un article imprimé dans les Annales d'Hepidannus que Goldastus nous a donné. Mais v^{re} advertissement n'en vaut pas moins envers moy qui ay trop d'experience de v^{re} amityé et sincerité. Je vous prie me mander ce que c'est de cette *Gallia* dont M. Cramoisi m'a envoyé une affiche [1] ; car le livre de Chenu m'a quasi saoulé, encores qu'il m'ayt fait trop d'honneur de s'estre souvenu de moy. Je suys,

Monsieur ,

Vre très humble, etc.

BESLY.

De Fontenay, ce 24 févr. 1617 (date fausse).

Ces deux copies , avec des dates différentes , sont des extraits d'une seule et même lettre, dont les phrases ont été plus ou moins tronquées et transposées. La date exacte de cette lettre est 24 février 1625. En effet, J. Chenu avait publié, en 1621 , son *Histoire chronologique des archevéques et évéques de France* ; le *Gallia Christiana* de Claude Robert, annoncé en 1625 , parut en 1626 , et l'histoire généalogique de la Maison de Vergy fut imprimée en 1625.

CI. — A MONSIEUR (JACQUES) DUPUY , ADVOCAT EN PARLEMENT.

Monsieur, je vous remercie des 35 copies que j'ay retenues en don, et des dix originaux desquels je vous en renvoye neuf. Le dixième sera pour le premier prochain ordinaire. Dieu aydant, vous avez dheu recevoir les autres, y ha aujourdhuy quinze jours suyvant l'ordre que j'y ay mis. J'ay bien du regret de vous donner tant de peine et de perte de tems, qui vous doibt fort ennuyer, si le ressentiment qu'avez en vous-même de faire plaisir à un vray et sincère

---

1. Les nouvelles publications étaient annoncées, au dix-septième siècle, par des affiches que les imprimeurs adressaient à leurs clients. Les affiches, rarement employées depuis longtemps , ont été avantageusement remplacées par les Journaux.

amy ne vous en adoucist l'amertume, aveq la considération
de vous veoir bien tost au bout de ce labeur.

. Si vous sçaviez en quelles appréhensions nous sommes en
tout ce pays, vous pourriez vous estonner et possible me
blasmer de ce que j'ay loysir de penser encores aux livres et
aux histoires, et jugeriez qu'il seroit beaucoup plus à propos
de vacquer à establir quelque ordre de seurté à mes affaires
domestiques. Mr de Soubize a eschapé du havre de Blavet [1],
et est maintenant ès costes de Rhé, Oléron et La Palice.
La Rochelle fait bonne mine de vouloir demeurer dans l'o-
béissance et service du Roy, néantmoins l'on sçait assez que
les effets sont contraires aux apparences, et crains qu'elle
eschappe enfin pour ayder à redoubler nos malheurs. Car
si Sa Majesté ne se rend absoluë sur nostre mer, la charte [2]
vous en fera veoir la conséquence. Ce qui me conforte
grandement est que M[r] le Mareschal de Praslain est tousjours à Marans aveq forces bastantes pour le défendre. Et
Mr de Vignoles est dans ce pays. Ce sont deux vieux capitaines expérimentez et heureux en guerre, qui donneront
tousjours de la jalousie aux conspirateurs pour entreprendre
moins hardiment et témérairement dans le Poictou et Saintonge. M[r] le comte de La Rochefoucaut est parti d'icy la
sepmaine dernière pour assurer l'Aiguillon et de là les Sables
d'Ollonne, où il y ha cent ou six vingt voiles du pays, c'est à
dire de gens armez pour marchandise. Mais leur mauvais
ordre du passé me met en crainte pour l'advenir. A mesure
qu'il se passera chose digne de remarque, je ne faudray de
vous en faire part, et de vous tesmoigner partout ailleurs

---

1. La lettre de (janvier 1625) ayant été omise dans les *Extraits* publiés
par M. Marchegay, le lecteur apprend que M. de Soubise s'est échappé de
Blavet (le 6 février), avant d'avoir su que ce chef des protestants s'était
emparé de ce port au mois de janvier. La lettre du 10 février est transposée et placée (n° 26) après une lettre du 28 juillet. Le n° 27 contient
l'extrait d'une lettre du 30 juin, qui est également transposée.

2. *Charte*, au lieu de Carte (géographique).

que je suys de tout mon cœur, Monsieur, vostre très humble
et obéissant serviteur.

BESLY.

De Fontenay-le-Comte, ce 24 février 1625.

CII. — A MONSIEUR (JACQUES) DUPUY, ADVOCAT AU PAR-
LEMENT.

Monsieur, je vous renvoye neuf originaux, 1 de l'autre
précédent voyage et VIII du dernier, et néantmoins j'en ay
retenu 1 pour le prochain ordinaire, lequel s'est trouvé dans
le pacquet outre vostre nombre. Je vous en rends infinies
grâces, et à M^r vostre frère aussi, de la main duquel y ha
une copie du mesme tiltre dont m'en aviez envoyé une de la
main de Mr du Chesne. J'ay encore une prière à vous faire,
c'est d'une copie du testament du comte Alphonse de Poictiers, et de celuy de la comtesse Jeanne héritière de Tolose,
sa femme. Celuy-cy est cité par Surita sous l'an 1271, et me
met en peine, pour les prétensions de la maison d'Arragon
sur Tolose, quand sous l'an 1249 ayant cotté le décez du
dernier Raymon, et qu'il avoit laissé sa fille son héritière, il
adjouxte : *Nulla pactionis quæ cum apostolica sede inita fuit
mentione facta, ut sua jura integra atque salva Aragoniæ regibus reservare visus sit.* Vous m'obligerez de me faire part
de ce que vous sçaurez de cet incident. Nous tenons icy que
Mr de Soubize est descendu à la Tremblade, coste de Saintonge. Le rendez-vous des forces du Roy est assigné de delà,
et de fait M^r le comte de La Rochefoucaut a parti de cette
ville ce jourd'huy pour s'y rendre et joindre M^r le mareschal
de Praslain qui est à Saintes. Néantmoins, il court un bruit
de paix, sur ce qu'y ha aujourdhuy huict jours le s^r de
Montmartin agent de Messrs de la Religion arriva à la Rochelle, et fut communiquer aveq ledit sieur de Soubize en

Oléron, d'où retourné, il feit son rapport à Messrs de La Rochelle en compagnie du sieur du Verger d'Ollonne qui devoit porter l'intention dudit sieur de Soubize, ce qu'il ne peut au moyen d'une maladie extraordinaire qui le saisit en plein conseil comme il voulut parler. Ledit sieur de Montmartin partit incontinent pour la cour et en poste. Vous devez pénétrer plus avant que nous en la vérité, et le fruit de ces voyages estant plus près de la cour. L'on nous adjouste que le Roy d'Espagne est mort et enterré [1]. S'il est vray, il est malaisé que ses affaires ne prennent un autre pli, ou qu'il n'y ayt de la relasche. Tandis, celles du Roy en seront confortées. Nous n'avons rien autre chose qui soit digne de vous estre escrite, sinon la misère du plat pays qui est pirement traité que s'il estoit à la merci des ennemis estrangers. Tout ce malheur, sauf des personnes, retombe sur les villes, car ce sont nos biens qui sont pillez, rançonnez et bruslez. Point de discipline ; mais aussi n'y en peut-il pas avoir puys que le gendarme et le soldat ne sont payez.

A ce que je voy l'on ne tient en justice que les financiers absentz, et les présens sont réputez avoir les mains nettes ; on m'a dit que l'ordonnance des contumaces est réduite de cinq ans à six mois : mais on ne sçait si pour les financiers seulement ou pour tous criminels. Je vous prie m'esclaircir de l'un et l'autre de ces deux points. Je prie Dieu qu'il vous donne parfaite santé et prospérité et demeure éternellement, Monsieur, vostre très humble et obéïssant serviteur.

BESLY.

De Fontenay, ce 9 mars 1625.

---

1. Annonce un peu tardive. Le roi d'Espagne, Philippe III, mourut le 31 mars 1621.

CIII. — A MONSIEUR DUCHESNE, GÉOGRAPHE DU ROI.

Monsieur, vous m'avez beaucoup obligé de m'avoir envoyé ce bel extrait des gestes d'Innocent III [1] touchant Antioche. J'y ay appris que la mère de Rupin de Poictiers, niepce de Leon ou Levon R. d'Armenie, commanceoit par *A.* au lieu que je l'ay désigné par la lettre vague. Comme aussi que la femme de l'ayeul paternel de Rupin commenceoit par *J.* en ce tems là, qui me fait croire que c'est le nom de celle qu'il avoit prise au lieu de sa légitime épouse cottée en ma généalogie après Guillaume de Sur. Tout le reste va comme je l'ay publié quant aux degrez et à l'histoire, sauf qu'il appelle Raymons ceux que j'ay donnéz pour Boëmon 3, son filz de mesme nom, et Rupin filz du dernier, suyvant les preuves que j'en ay. Pour le dernier, l'extrait semble dire que l'ayeul le surnomma Raymon du nom de son père et du père du mesme ayeul : par ainsi il s'appelloit Rupin en mémoire de son ayeul maternel et Raymon en l'honneur de son bisayeul paternel. Au regard des autres, je n'oserois affirmer s'ils estoient de deux noms, ou s'il y ha erreur en mes autheurs, ou en l'extrait. Si je ne craignois vous importuner, je vous prirois volontiers de me faire part du reste du rescript d'Innocent, et de cette matière qui se trouve en ses gestes. Je n'ay point eu autre instruction de l'alliance d'Agnès de Monmorency en la maison de Thouars que celle de l'*histoire de Vitré*. Bien est vray qu'Aimeri VI vicomte propriétaire de Thouars (il n'y a point heu de Henry vicomte) a esté marié plus d'une fois, et que sa dernière femme fut Beatrix de Machecou, veufve de Guillaume de Mauléon frère de Raoul...

---

1. Innocentii III, *Epistolæ super negocio Terræ sanctæ* (publ. par Duchesne, *Scriptores coætanei, vol. IV*).

celui cy père de ce renommé Savari au tems de Philippe
Auguste. De ce mariage ne vint qu'une seule fille, nommée
Jeanne, dame de par sa mère de la Rochesurion et de Luçon,
et femme de Maurice de Belleville de la maison de Montagu
en ce pays de Poictou. Qui me fait dire qu'il n'en issit aucun
masle, c'est que Guy I, vicomte, filz d'Aimeri, eust participé
en ces seigneuries là. Mais de dire si ce Guy eut Agnès de
Monmorenci pour mère, c'est chose que je ne scay pas.
Aussi que le *Baus* [1], si j'ay bonne mémoire, n'en tire que
des filles : et par ainsi, cella estant vray, il faudroit sans
doute qu'Aimeri VI eust du moins épousé trois femmes. Me
semble vous avoir autrefois amplement escrit sur ce sujet,
qui me fera taire : me contentant de vous respondre préci-
sément sur le point de vostre missive, et sauf de vous faire
part de tout ce que desirerez de moy, s'il est en ma puissance.

Je me doutois bien du jugement que m'avez rendu de
l'œuvre de Chenu : occasion que je n'avois voulu receuoir
un second desplaysir en l'achapt. Il est ainsi coustumier de
faire quelque chose de bon. Au parsus l'amityé qui est entre
nous me donnera la liberté de vous repéter icy ce qu'autrefois je vous ay dit de bouche : c'est que ne perdiez point
l'occasion de vous servir du vieux [dicton : *Major*] *artis
intentio, ideo minor proventus*, c'est à dire de resserrer
l'ouvrage qu'avez en main, sans vous laisser emporter à des
digressions d'autres branches, lesquelles quoy qu'utiles à
vostre nom, pourroient vous tirer en longueur, et par ce
moyen vous ravir le fruit de vostre peine, et l'espérance de
vostre petit garçonnet. Enfin le tems vous donnera tous les
jours de nouveaux sujets de faire esclorre vos conceptions,
et par ainsi et comme on dit, pourrez faire d'une fille
deux gendres. Je m'asseure que prendrez en bonne part

---

1. Pierre Le Baud. *Histoire de Vitré.*

ma licence, qui vient d'un homme qui est et sera en éternité,

Monsieur,

V^re très-affectionné et obéissant serviteur.

BESLY.

Sans date (vers mars 1625).

CIV. — A MONSIEUR (JACQUES) DUPUY, ADVOCAT EN PARLEMENT.

Monsieur, je vous renvoye v^re cayer, et vous en remercie bien humblement. Quant à v^re memoire, j'ay confronté le sommaire et la bibliothèque de Vignier en cet endroict, où j'ay cogneu que les passages sont mal digerez et corrompus. Il a voulu dire que l'interdit dura depuys le 13 janvier 1199 (ou de 1200 à la mode romaine) jusques à la Chandeleur 1221 (sic pour 1201), ce qu'il ha pris de Rigord [1], lequel il entend par les mots *nostre chronique*, qui sont au sommaire et non en la bibliothéque, en laquelle neantmoins il ha mieux distribué sous l'année 1221 (sic p^r 1201) le faict de l'absolution. Ainsi l'interdit auroit duré plus de deux ans.

Mais ce *regnante Christo* au lieu de *regnante Philippo*, qu'il dit avoir esté apposé aux chartes pendant ce temps-là, ce qu'il cite de la chronique de Foix, est une pure fable. Il entend Bertrand Helie de Pamiés [2], et parce que Mr Catel l'allegue en semblable sujet pour le Roy Philippes I, il faudroit veoir si Vignier ne s'est point equivoqué, attribuant à Philippes Aug. ce que Helie a dit de l'autre. S'il est tombé en cette erreur, voyla v^re difficulté vidée : si au contraire, la solution est bien aisée, car il y ha tiltre au thresor, registre XXI, lettre XXII. Sous ce datte *hoc fuit factum* XI *die ad introitum mensis martii, regnante Philippo Francorum rege, Ramundo*

---

1. Rigord, moine de S. Denis. *Vie de Philippe-Auguste.*
2. Bertrand Hélie. *Historia Fuxensium comitum.*

Tolos. Comite, anno ab Incarnatione Domini mcc. led. s^r Catel a publié le mesme tiltre pag. 227, mais il ha laissé et obmis cette clause, ce qu'il ne devoit pas. Conséquemment celuy qui a escrit que cella s'observa principalement en Languedoc, est d'autant mieux refuté par cette charte, de ce qu'elle a esté faicte en pleine assemblée publique des consuls et commun conseil des habitans du pays. Le commencement de la charte est tel, obmis par led. s^r Catel : *hoc est commune stabilimentum quod fecerunt consules urbis Tholosæ et suburbii, cum communi consilio urbis Tholosæ et suburbii, scilicet, etc.* Si vous avez besoin de preuves semblables pour Philippe I, prenez, s'il vous plaist, la peine de m'envoyer le passage d'Helie, et m'advertissez si Vignier l'a bien ou mal cité, et· j'essayray de vous donner une entière satisfaction la dessus et sur la clause *regnante Christo*, de laquelle on n'ha parlé qu'en begayant en la page cottée 151. L'histoire du divorce de ces deux Roys aveq leurs femmes, n'ha point esté nettement traitée et seroit requis que quelcun y mist la main pour la conséquence en pareil cas.

Pour nouvelles, Mr de Soubize est tousiours en Oleron, et Mr de Loudriere en Rhé. Point de descente en Poictou, Saintonge ny ailleurs. L'armée du Roy en Saintonge, les bras croisez. La Rochelle non encore déclarée : on attend quels effets produira la nouvelle création du Maire. Le Baron de Castra, mis en liberté sous sa foy, et le s^r de Mahé aussi, lequel j'ay veu et doibt cejourd'huy estre à Paris. Je demeure éternellement,

   Monsieur,

     V^re très humble et obéissant serviteur,

       Besly.

De Fontenay, le 7 avril 1625.

Nous joignons à cette lettre la pièce suivante, qui en est une copie, avec des changements et des additions. Elle est extraite du vol. 688, fonds Dupuy.

J'ai confronté le sommaire et la bibliothèque de Vignier où j'ai conneu que les passages sont mal digérés et corrompus. Il a voulu dire que l'interdit dura depuis le 13 janvier 1199 (ou de 1200 à la mode romaine) jusques à la Chandeleur 1221 (*sic*), ce qu'il a pris de Rigord lequel il entend par les mots *nostre chronique* qui sont au sommaire et non en la bibliothèque, en laquelle neantmoins il a mieux distribué sous l'an 1221 le fait de l'absolution. Ainsi l'interdit auroit duré plus de deux ans. Mais ce *regnante Christo* au lieu de *regnante Philippo* qu'il dit auoir esté apposé aux chartres pendant ce temps-là, ce qu'il cite de la chronique de Foix, est une pure fable. Il entend Bertrand Helie de Pamiers (*Helias Appamiensis* qui a fait *Historiam Fuxensium Comitum, editam Tolosæ* 1540, 4·) et parce que Mr Guillaume Catel (qui a fait l'*Histoire des comtes de Tolose*, impr. à Tolose, 1623) l'allegue en semblable sujet (*liv.* 2, *p.* 151) pour le Roy Philippes I, il faudroit voir si Vignier ne s'est point equiuoqué, attribuant à Philippe Auguste ce que Helie a dit de l'autre. S'il est tombé en cet erreur, voila votre difficulté vidée : si au contraire, la solution est bien aisée ; car il y a titre au thrésor, registre 21 lettre 22, sous ce datte : *Hoc fuit factum* xi *die ad introitum mensis Martii, regnante Philippo Francorum rege, Raimundo Tolos. comite, anno ab incarnatione Domini* mcc. Le mesme Catel a publié le mesme titre, p. 227, mais il a laissé et obmis cette clause, ce qu'il ne deuoit pas. Consequemment celui qui a escrit que cela s'obseruoit principalement en Languedoc, est d'autant mieux refuté par cette charte de ce qu'elle a esté faite en pleine assemblée publique des consuls et commun conseil des habitans de la ville et fauxbourgs de Tolose ; et par sa date verifie l'usage du pays. Le commencement de la charte obmis par led. Catel est tel : *Hoc est commune stabilimentum quod fecerunt consules urbis Tholosæ et suburbii cum communi consilio urbis Tholosæ et suburbii, scilicet, etc.*

L'histoire du diuorce de ces deux Roys avec leurs femmes

n'a point esté nettement traittée et seroit requis que quelqu'un y mit la main pour la conséquence en pareil cas.

Les mots d'Helie de Pamiers sont au *l.* 1, *Histor. fux. com. p.* 10. — *Annus erat millesimus nonagesimus quintus, qui regnante propheta Jesu inscribebatur in Gallia, ob Philippi huius nominis primi Gallorum regis Anathema quo Claromontensi concilio Urbanus pontifex eum concusserat.*

Voiés Vignier au *sommaire de l'Hist. de France, p.* 269.

CV. — A MONSIEUR (JACQUES) DUPUY, ADVOCAT EN PARLEMENT.

Monsieur, il me desplaist d'avoir rencontré que ce qu'Helie de Pamiés a dit de Philippes I, que durant son excommunication on dattoit les actes publics par *Regnante propheta Jesu*, il (Vignier) l'ha détorqué à Philippes Aug., car je le tiens pour le premier d'entre nos antiquaires, *quem longè sequor et vestigia semper adoro.* Mais afin de satisfaire à la promesse dont je suys engagé à M^r v^{re} frère, et consequemment à vous qui m'estes un autre luy mesmes par les liens dont la nature et les graces du ciel vous ont unis pour me fayre plaisir et m'obliger en plusieurs sortes.; ayant voulu examiner une telle proposition, j'ay recognu qu'elle est fort esloignée de la vérité. Si Vignier n'ha d'autres autheurs que Helie, il l'ha allegué aveq trop de licence, sous l'an 1096 de sa *Bibliothèque*, d'autant que ce que cettuy-cy a avancé de l'an 1095 après le concile de Clermont, il l'ha estendu à tout le tems de l'excommunication du Roy Philippes. Comme aussi la nouvelle histoire de Tholose s'est trop esloignée dud. Helie, disant qu'on dattoit les actes publiqs des ans de nostre Seigneur Jesus Christ. Outre que cella est proféré trop généralement, comme Vignier, il falloit d'ailleurs retenir les termes de *Propheta Jesu*. Quant à l'ancien autheur qui a escrit en langage du pays les vies des comtes de Foix, que la

mesme histoire assure estre conforme à Helie, il seroit besoin
de le veoir pour en juger. Bien peut-on deviner qu'il entend
parler d'Arnaut Souerrer [1] qui composa son œuvre et en fit
présent l'an 1456, à Gaston XVI en nombre, comte de Foix,
comme il se recueille d'une sienne Missive que Olhagaray [2]
a publiée. Juret [3] en ses notes sur les epistres d'Ives de
Chartres, parle d'une vieille chronique de l'Abbaye de
St Denys qu'on alleguoit de son tems pour monstrer qu'ès
actes publics ecclésiastiques on mettoit *regnante Christo.*
Vous voyez comme tout cela s'accorde. Mais quand bien ils
seroient uniformes et quand ce seroient autheurs du tems,
les chartes du mesme tems les contredisent et les refutent. Il
est vray que le Roy fut excommunié, relaxé et reconcilié diverses fois, de sorte qu'il seroit à propos de cotter sajement
les ans, les mois et les jours que dura l'interdit et les distinguer d'aveq les intervalles qui en furent exempts, ce qui
demande du loysir, ne se trouvant qu'aucun aist pris la
peine d'en instruire la postérité. Toutefois on peut aucunement vaincre cette difficulté. D'autant que je puis fournir
des chartes, depuys le concile d'Auvergne jusques au decez
du Roy, ayant toutes le charactère de l'an de son règne, ou
du moins de son règne. Comme pareillement il m'est aisé
de monstrer qu'aveq la marque du règne, et de ce Roy et
d'autres, on mettoit aussi *regnante* ou *dominante Christo* et
semblables termes. Qui me fait douter que quelcun peu
versé en l'histoire, ayant rencontré quelque acte faict sous
le règne de Philippe I, durant son excommunication, auquel
cette formule *regnante Christo* estoit apposée, aveq l'an courant, obmis le nom du Roy et son règne, a pris sujet d'en
rapporter la cause à l'interdit, par un argument et autho-

---

1. Arnaut Souerrer. *Vies des comtes de Foix;* Manuscrit dont Bertrand
Hélie s'est servi pour composer son histoire latine des comtes de Foix.
2. Pierre Olhagaray. *Histoire de Foix et de Béarn.*
3. François Juret, chanoine de Langres. M. 1626.

rité qui ne vaut du tout rien en négative. Si v^re curiosité vous porte à en veoir les preuves, je ne manqueray de les vous envoyer.

Au demeurant, je vous remercie de v^re relation de l'armée d'Italie. Elle m'ha fort resiouy d'y veoir la prospérité des armes de sa Ma^té. Pour les nouvelles de ce pays, elles sont au mesme estat et n'est arrivé de changement depuys mes dernières, fors que le bruit populaire va plus à la guerre qu'à la paix, soit que l'appréhension de ce malheur nous incline, soit que nostre esprit devine en la pire part. Vous m'obligerez de me communiquer les occurrences du tems, comme de mon costé je seray curieux de faire le semblable. Je prie Dieu qu'il vous conserve, M^r v^re frère et Amys, et suys,

Monsieur ,

V^re très humble et obéissant
serviteur.

BESLY.

De Fontenay, ce 5 may 1625.

CVI. — A MONSIEUR JACQUES DUPUY, ADVOCAT EN PARLEMENT.

Monsieur, vous m'avez fort obligé de vos nouvelles, vous suppliant ne vous sentir importuné si j'ose supplier de vouloir continuer. Je ne puis vous respondre à l'égal et voudrois bien qu'il me fut possible ne pouvoir vous escrire autre chose, sinon la paix de ce pauvre pays qui est merveilleusement désolé partout où le soldat abborde. Mr de Soubize n'ha encores faict descente en Poictou et tient-on que son armée est ès costes de Rhé. Une heure on nous donne la paix, une autre la guerre par une espèce de torture lente qui nous minera enfin, si l'on n'en arreste le cours dans quelque tems.

Au reste à fin de vous complaire , j'ay recueilli tumultuairement, je ne scay quel petit escrit touchant la clause *regnante Christo*, lequel pourra par avanture servir de fondement à un autre mieux entendu et garni de livres et mémoires que moy pour bastir et faire quelque chose de milleur sur ce sujet, qui mériteroit bien d'estre un peu plus clairement expliqué que par le passé. Vous en ferez part s'il vous [plaist ?] à Monsieur vostre frère, si jugez au moins que ce brouillard en soit digne et mérite d'estre leu de luy tel que je le vous envoye, c'est-à-dire l'original et tout, car je ne l'ay ne copié ne mis au net, et n'en ay retenu de double, ce qui me servira aucunement d'excuse, si la précip[it]ation se doibt excuser. Je vous conjure de faire sçavoir de mes nouvelles à mondit sieur vostre frère à la première occasion que luy escrirez en Lorraine ou pays Messin, comme de celuy qui désire demeurer à tous deux, Monsieur, vostre très humble et très affectionné serviteur.

BESLY.

De Fontenay, ce 1ᵉʳ juin 1625.

J'ay fait vos recommandations à Mʳ nostre seneschal qui est de retour depuys quinze jours ençà. Il vous baise humblement les mains.

CVII. — A MONSIEUR JACQUES DUPUY, ADVOCAT EN PARLEMENT.

Monsieur, puysque mon petit brouillard touchant la clause *regnante Christo* vous a esté agréable, et à nos amys qui ont pris la péine de le lire, j'ay commancé à moins mal penser de moy que je n'avois de coustume, et à me faire croire que je pouvois en avoir atteint la vérité. Mais il seroit bien besoin que vous, ou l'un de ces Messieurs, du moindre desquels je ne sçaurois estre qu'un petit disciple, eussiez donné une heure de vostre loisir, pour mieux et plus nettement es-

claircir cette question, car vous avez un chascun et plus
d'expérience et de lecture et de mémoires. Si vous diray-je
néantmoins que depuys vos dernières, je me suys souvenu
d'une bonne demie douzaine d'exemples de la mesme clause,
conjointe aveq les ans des règnes des empereurs, Roys et
princes, lesquels s'accommodent à mon opinion, par un
usage de plus de mil ans, ce qui par avanture pourroit suffire quant à ce point, y joignant ce que je vous en ay envoyé. L'autre point que j'ay touché, que durant l'excommunication du Roi Philippes I, on dastoit les actes publiqs des
ans de son règne, mériteroit que je fusse mieux garni de
chartes que je ne suys pas, encores qu'envers les esprits
ingénus qui se contentent de raison, je cuide avoir remarqué
de quoy les satisfaire. Je serois bien ayse de revoir ce que
j'en ay ainsi barbouillé, et qu'il vous pleust y adjouster les
traits de vostre censure, et de vostre ayde et de nos amys,
en attendant le retour de M^r vostre frère, auquel tems je vous
renvoyray le tout au petit mieux digéré, s'il m'est possible.

Quant aux nouvelles je vous remercie de celles qu'il vous
a pleu me départir. M. de Soubize la sepmaine passée avoit
descendu en Médoc, d'où il est revenu ès costes de La Rochelle, Ré et Oléron. Son progrès a esté empesché au moyen
de ce que ce sien voyage avoit esté préveu, de sorte que
Mr de Torax (Toiras) s'y seroit trouvé en bonne compagnie, assisté de quelques forces de Bourdelois. Il y ha heu
quelque eschec de part et d'autre, et je croy non si gran,
que le premier bruit en a couru. Nous ne le sçavons pas encores au vray; tout le reste de la guerre est en incertitude,
sauf que la jonction des Rochelois est très vraye. Je prie
[Dieu] qu'il vous conserve, et demeure, Monsieur, vostre
très humble et obéissant serviteur.

BESLY.

De Fontenay, ce 30 juin 1625.

CVIII. — A MONSIEUR DUPUY L'AISNÉ, ADVOCAT EN PARLE-
MENT, RUE DES POICTEVINS, AU LOGIS DU PRÉSIDENT DE THOU,
A PARIS.

Monsieur, la plus agréable nouvelle que je pouvois recevoir de M^r vostre frère, c'estoit celle de vostre retour d'un si
long voyage, et ne s'y pouvoit rien adjouxter que ce qu'il y
ha adjouxté de vostre pleine et entière santé [1]. Je m'asseure
qu'il m'aura fait cet honneur de vous dire comme je me suys
continuellement souvenu de vous pendant vostre absence,
dont les lettres que je luy ay escrites font foy, et l'observation de la clause *regnante Christo*, dont m'aviez tiré l'oreille.
Mon opinion peut estre maintenüe par infinis autres exemples sur chescun des deux points que j'ay voulu establir pour
décider la difficulté. Ce qui est plus séant à vous et ces autres
Messieurs, qui estes sans comparaison mieux fournis de
mémoires et instructions que moy, si tant est que vous
m'approuviez. Vignier se fust bien passé de sallir tous ses
livres d'Histoire, de cette ordure qui a senti si bon au nez de
plusieurs mauvais François, — pour ne parler des estrangers
— entre lesquels le cardinal Bellarmin ne tient pas un petit
lieu.

Pour nouvelles, vous avez sceu comme le 18 [2] de ce mois
l'armée de La Rochelle embraza le vaisseau d'Alphonse
Dorps [3]. C'est une très grande perte, car c'estoit le plus beau.
Le chef se sauva, et la pluspart de ses gens. On crie icy à la
trahison, parce qu'il y avoit comme une treuve entre les

---

1. Au commencement de l'année 1625, Pierre Dupuy avait été envoyé
en mission dans la Lorraine et le pays Messin, avec Le Bret et de Lorme,
pour reconnaître les droits du Roi sur plusieurs localités usurpées par le
duc de Lorraine. Il ne revint à Paris qu'au mois de juillet.

2. Le samedi 19.

3. Alphonse Dorps était vice-amiral et Haustain amiral de Zélande.
Les Hollandais étaient alors alliés de Louis XIII.

deux armées. Mais le courrier de La Rochelle arrivé environ deux heures devant celuy du Roy aveq nouvelles de guerre, leur fit choisir ce parti advantageux. Pour moy je m'en rap - porte à tant d'exemples arrivez durant les parlements des places. L'admiral Hautain a destourné à Morbian pour s'en-master, comme ils parlent. Toutesfois les pensées sont di-verses là dessus. La *Petite-Vierge* et deux autres vaisseaux sont eschouëz à l'Aiguillon, et attendent les grandes marées pour se mettre à flot. Le bruit courut hier soir, que Mr de Soubize metoit du canon sur le rocher de la Dive pour les battre. L'apparence y est, si la vérité n'y est pas. Nous tenons pour certain que M^r l'admiral de Montmorency[1] est à Nantes aveq dix navires de Flessingues, et qu'on a esté contraint de con-gédier les rambarges d'Angleterre; quand ils ont heu leur compte, ils nous ont laissé sans le nostre. Je prie Dieu qu'il vous conserve heureusement et demeure en éternité, Mon-sieur, vostre très humble et affectionné serviteur.

BESLY.

28 juillet 1625.

CIX. — A MONSIEUR JACQUES DUPUY, ADVOCAT EN PARLEMENT.

Monsieur, puysque vous me faites cette faveur de sous-crire à mon opinion touchant la clause *regnante Christo*, vous m'eussiez obligé de m'en renvoyer l'escrit pour le re-voir, d'autant que, comme je vous ay mandé je n'en ay rien retenu sauf les lieux des autheurs qui servent à la construc-tion du bastiment, et si encores je suys incertain de ceux que j'ay mis sous le marteau, fort certain aussi combien ils ont besoin de l'esquierre. Je l'attendray donc s'il vous plaist

---

1. Henri II, duc de Montmorency, amiral en 1612, à l'âge de 17 ans, décapité en 1632.

par ce messager, et néantmoins pour confirmer l'usage d'allier les ans de nostre Seigneur aveq ceux des potentatz, je vous en envoye des exemples de beaucoup de royaumes.

Quant aux nouvelles j'en escris à M^r vostre frère tout ce que j'ay peu en apprendre, ce qui se résout en effet à l'accident advenu au vice-admiral de nos Hollandois, le sabmedi xix du courant, sur le midi. Le vaisseau estoit à l'ancre et fut abordé par un Rochelois qui couvroit deux *sorcières*, ce sont deux barques à feux, au moyen desquelles il fut bruslé. Le chef fut recueilli par des chaluppes des nostres et mené à Marans où il est encore aveq la plus part des siens, la perte des hommes ayant été médiocre et comme de trante scelon qu'on dit. On tient qu'à la mode des Estatz des Pays-Bas, qui pert son vaisseau pert quant et quant sa charge. C'est le droit de jeu à mon advis.

La meslée des deux armées eust peu engendrer quelque chose de plus grand, cessant un orage impétueux qui les sépara ; de sorte qu'elles changèrent de bord. Possible que le vieux mot pourra estre véritable, lequel porte qu'*à quelque chose un malheur est bon*, car ces bonnes gens seront irritez et ne se fieront plus. L'armée du Roy est de xxv grands vaisseaux, xix Ollonnois et dix de Flessingues que Mr de Monmorenci amène. Celle des adversaires n'en approche pas. J'oubliois de vous dire que cet infortuné capitaine a refusé les offres de M^r le Mareschal et des autres seigneurs de le secourir de commoditez, il se tient fier sur deux cents mil escus qu'il se dit avoir vaillant, sur ses amys et sur son crédit. Je demeure, Monsieur, vostre très humble serviteur.

BESLY.

De Fontenay, ce 28 juillet 1625.

CX. — A MONSIEUR DUPUY, ADVOCAT EN PARLEMENT, RUE DES POICTEVINS, AU LOGIS DU PRÉSIDENT DE THOU, A PARIS.

Monsieur, j'ay fait response à vos précédentes, et ne puis m'imaginer comme elle ayt esté divertie. Mr Cailler à receu la vostre, et croy qu'il vous escrira. Quant à mon dernier pacquet, je ne peu davantage, pour ce que des lors j'estois cheut en une quarte très importune, et à raison de laquelle mes médecins ont prononcé un très severe arrest contre moy, car ils m'ont interdit le commerce des livres et papiers. Après cella, je croy qu'il ne se peut rien de pis. Neantmoins un tres celebre medecin et empyrique m'à promis merveille, et qu'en peu de jours il me resusciteroit. Je l'atens d'heure à autre, jugez aveq quelle impatience, et pour mon bien particulier et pour le service de mes amys, dont le desir ne s'effacera de mon cœur pour quelque accident qui me survienne. Si mon esperance succede en bien, je suys resolu d'employer ce que Dieu me donnera de santé à reveoir mes brouillards, et les mettre au net et enfin me descharger de ces faix dorenavant trop pesants pour mes espaules qui s'afoiblissent tous les jours.

Je vous renvoyeray l'observation sur la clause *Regnante Christo*, qui m'a jetté en une large campagne, où j'ay plus besoin de mors que d'esperon. Le mal est que je n'ay personne pour moderer et regler mes diversions et bouillons de pensées : si faut-il demeurer dans la retenue.

Le mariage de l'Emper. Conrad le Salique, lequel à aussi esté accusé d'inceste, estant de mon sujet, m'à donné de la peine touchant les degrez de parenté et d'alliance. Ayant jetté l'œil sur ma grand table generale de Lorraine, tout m'à esté facile, d'autant que je le trouve issu en droite ligne d'Otton I, par son fils Lidulphe, père d'Otton, père d'Henry, père d'iceluy Conrad. Ce qui s'est opposé contre moy, c'â esté l'opinion de Mr Godefroy en sa Généalogie de Lorraine qui le fait descendre de Conrad D. de Lorraine et de Ludgarde fille d'Otton I, se fondant sur un seul passage d'Otton E. de Frisingen. Mais je vous assure que ce bon prélat s'est abusé pour estre un point d'histoire trop reculé de son tems. Car il n'est pas croyable au préjudice de ceux qui ont escrit au mesme siècle, cent cinquante et deux cens ans devant luy.

Quant au lieu corrompu de la Généalogie de S. Arnoul où il corrige *Hudicam* en *Ludicam* et l'interprete de cette Ludigarde, les termes de l'autheur sont contre luy, y ayant bien plus d'apparence en l'opinion de Guilliman qui remet Luitolfus ou Luitoldus pour Hudica ou Judica, ou bien Dudica comme porte le Ms. du Père Sirmond ! Tant y ha que Reinerus Reineccius qui n'est pas un esprit vulgaire, à le premier justifié cette descente sur Ditmar [1], quoy que Guilliman l'ayt dissimulé. Je l'ay aussi avéré sur Witichind [2] et autres plus proches en suytte dont j'ayderay à Mr Godefroy s'il en á besoin pour une seconde édition, afin de ne laisser point cette prise sur luy. D'autant que qui allegue un autheur, en respond. Je vous prie l'assurer de mon amytié et de mon service.

Au parsus je vous remercie de v[re] extrait qui servira. Plust à Dieu que je peusse en recouvrer plusieurs semblables, de diverses autres provinces d'outre Seine, pour d'autant plus monstrer l'obeissance que le Roy Philippes I avoit de ses sujets !

Vous me devez aussi les testamens d'Alphonse et de sa femme comte et comtesse de Poitou et Tolose ; car je tire en

---

1. Dithmar, évêque de Mersbourg (xie siècle). *Chronique de l'histoire d'Allemagne de* 976 *à* 1018, publ. par Reinier Reineccius, en 1577.

2. Witikind, moine Saxon (xe siècle). *Annales de gestis Othonum.*

necessité les simples promesses et courtoisies de mes amys, jusques à ce qu'ils s'en departent ; ce que je prends en gré, parce que je veux tousjours despendre d'eux ; et de vous principalement,

> Monsieur,

> > De qui je suys en éternité
> > Le très humble et obligé serviteur.

> > > BESLY.

De Fon^ay, ce 20 octob. 1625.

Les Rochelois font leur vandanges aveq la mesme facilité qu'ils ont fait leurs moissons.

CXI. — A MONSIEUR DUPUY, ADVOCAT EN PARLEMENT, RUE DES POICTEVINS, AU LOGIS DU PRÉSIDENT DE THOU, A PARIS.

Monsieur, pour response aux vostres du deuziesme du courant, je n'ay point douté que pour l'amitié que faictes l'honneur de me porter, que vous compatiriés avec moy de l'affliction en laquelle je suis tombé, de quoy je vous rends graces. Mon mal est moindre, Dieu mercy, et me suis tres bien trouué de mon médecin diquel je vous ay escript, qui est tres methodic, et ay conceu tres grande esperance de sortir bien tost de ceste chartre.

Il seroit malaisé que je pusse voir ne Witichind, ne Dit-mar, y ayant cinquante deux iours que je suis detenu au lit. Neantmoins je suis fort certain qu'il trouuera dans Witichind au troisiesme liure que Ludolphe filz du premier lit d'Othon premier, Empereur, laissa un filz du nom de son pere, c'est à dire du nom d'Othon qui est cet Othon qui fut pere de Hetzel ou Henry pere de Conrad le Salique, qui est un passage singulier non remarqué par François Guillimand en son

.traicté de verâ origine et stemmate Conradi Salici, qui a esté veu et cité par Mr Godefroy. Ce qui me faict d'autant plus esmerueiller de ce que le dict sieur fasse doute que le dict Conrad le Salique soit issu dudict Ludolphe par son fils Othon duc d'Allemagne, car les passages dans ces autheurs qu'il cite sont si formels et expres que rien ne se peut daduantage.

Et quand au lieu d'Othon de Frizingen, il peut prendre garde qu'il a emprunté, corrumpu et mal entendu de Gwippo (Wippo) dont aussy le passage a esté copié par Conrad Abbé de Huspercq [1] et par Godefroy de Viterbe et plusieurs autres autheurs que j'ay cotté en ma grande table de Lorraine. Je croy que mondict sieur Godefroy se contentera de cela, sinon *secum nolim contendere verbis,* je vous prie qu'il excuse ma franchise et me tienne tousiours en ses bonnes graces que je veux cherement conseruer.

Vous jugeres asses que tous liures m'estans contraires et interdits, je n'ay pas peu faire touchant la clause *Regnante Christo* ce que j'en ay en l'esprit et que je meneray à son point lorsqu'il aura pleu à Dieu me prester ma première santé. Ce qui me reste durant ceste indisposition c'est la liberté du cerueau qui se donne la licence de songer, penser et tracasser à mes petites veilles litteraires, ayant grand regret de n'auoir mieux distribué le temps pour les rendre en estat de la presse.

J'ay pensé et quasy resolu de communiquer au publiq comme pour gage de mes autres ouvrages un volume intitulé *Boccage Royal d'observations historiques.* Ma difficulté sur le titre qui ne doit estre fantastique, insolent ni extraordinaire, mais voulant exprimer le latin *Sylua* ou *Syluæ,* je n'ay point trouué de mot plus propre, simple et significatif du corps du

---

1. Conrad, abbé de Usperg (dioc. d'Augsbourg), en 1240. *Chronique d'Allemagne,* jusqu'en 1229.

liure en general et de la substance de chescun traicté en particulier que celuy la. Je me suis conformé à Ronsard lequel a ainsi intitulé un des tomes de ses œuures composé à l'exemple des Sylues de Stace et a adiouté le mot Royal, parce que ce sont tous discours addressés aux Roys, Princes et grands seigneurs de cour; comme aussi tous les liures de mon boccage sout de matiere royale.

Car le premier est pour monstrer que Robert le Fort, Duc et Marquis d'entre Seine et Loire, qui mourut l'an huit cens soixante sept, duquel le Roy regnant est yssu en ligne masculine, estoit prince du sang de la maison de France. Là je traicte de ses parens et enfans, de leurs mariages et alliances et tout cela justifié par de si belles et rares pièces que l'ourage eust merité du deffunct Roy Henry troisiesme qui a recherché et employé tant d'esprits sur ce subiect contre les factions de la Ligue.

Le second est de la vraye origine des Roys de la Bourgogne transiurane qui seruira pour les droicts du Roy sur ces païs la.

Le troisiesme est de la vraye origine de Hugues Roi d'Italie, ayeul de Emme femme du Roy Louys cinquiesme, en faueur du sieur Posseuin d'Italie nostre amy commun contre Gaspar Scioppius, où entre autres choses j'ay redressé une bonne partie de la Genealogie de Hieronymo Falleto, car je ne desire pas que ce discours perisse, aussi qu'il regarde les droicts du royaume de Lorraine.

Un autre, de la vraye origine de la comtesse Mathilde, cette fameuse princesse qui a manié comme à baguette l'eglise et l'empire et a engraissé l'eglise du patrimoine de S. Pierre. Ce traicté concerne aussy en partie le Royaume de Lorraine et monstre l'origine de ce nom de Mathilde, pour auoir deriué en toutes les grandes maisons de l'Europe, tout ainsy qu'au premier traité cy dessus, je fais voir que la femme de Robert premier Roy de France filz de Robert le

Fort a decoulé en toutes les maisons royales et principales de l'Europe.

Un autre est intitulé le Supputateur où de la maniere de conter les ans des regnes de nos Roys depuis Charlesmagne, où entre autre point se cognoissent les droicts du Roy sur les Allemagnes et l'Italie.

Un autre est l'excommunication du Roy Philippe premier dont vous scauez partie du subiect, mais il y est traicté en outre des mariages du Roy Robert second, Henry premier, d'iceluy Philippes et de la plus part des Roys et Princes de la chrestienté depuis Charlemagne et particulierement que la Royne Berte mère de Charlemagne estoit Françoise de nation : et y a une singulière obseruation sur les Roynes et Princesses qui ont porté ce nom là.

Un autre est une edition nouvelle de la Genealogie de S. Arnoul, laquelle sera composée de l'edition de Mr Pithou, à part; puis de l'edition du manuscript du Père Sirmond, et enfin de la mienne, laquelle sera de deux caractheres, le premier representera le Manuscript du Pere Sirmond, le second de Mr Pithou, et dans le texte, entre des marques sera inseré ce que j'ay redressé et remply, et des notes pour remarquer les fautes qui procedent de l'autheur. Sur lequel liure j'ay faict briefues notes pour l'explication et adiouté la version francoise de la dicte Genealogie. Le tout vous est dedié, et à M^r vostre frère pour tesmoignage de nostre amitié.

J'ay quelque dessein y adiouter la Genealogie de la maison de Louuain, ou Braban sur le manuscript. Mais il y a des scrupules, sur lesquelz je veux penser et me conseiller plus à loisir.

Un autre est intitulé le Faussaire, ou des suppositions et falsités que des Rosiers [1] a commis en l'histoire. En quoy j'ay besoing d'un petit discours sur l'arrest donné contre luy au

---

1. François de Rosières. *Stemmata Lotharingiæ ducum.*

conseil priué du Roy, sa Majesté présante, lequel j'ay perdu pour auoir presté, vous priant m'en faire recouurer un pour quelque temps [1] ; mais je suis trop long à vous importuner, vous suppliant me dire franchement vostre aduis sur le tiltre dudict ouurage.

Pour nouuelles, les Rochelois prennent plus de liberté que jamais et ces jours derniers sont venus auec quatre cens Mousquetaires à Andillé le Marois à une lieue de Marans pour enleuer la compagnée de Mr de Saint Luc, mais elle en a esté quitte pour tous les cheuaulx et le bagage et deux morts, parce que leur retraite fut au château et que le jour surprit les assaillans qu'on dict auoir achepté ce pillage par la mort de nombres des leurs dont ils emportèrent les corps. C'est tout, apres vous auoir tres affectueusement baisé les mains et de M^r vostre frère, je demeure,

Monsieur,

Vostre très humble et obéissant serviteur.

BESLY.

A Fontenay, ce 15° novembre 1625.

(Cette lettre n'est point écrite de la main de Besly. Sa signature presque indéchiffrable dénote un homme dont la main tremble et qui écrit étant couché et sans voir.)

---

1. Besly ne mit point son projet à exécution, et bientôt il n'y pensa plus.

« Monsieur Besly ne se peut résoudre à faire imprimer, combien que je l'en ay fort sollicité », écrivait quelque temps après Henry Chasteigner, évêque de Poitiers, à Dupuy.

CXII. — A MONSIEUR DUPUY L'AISNÉ, ADVOCAT EN PARLEMENT, RUE DES POICTEVINS, AU LOGIS DU PRÉSIDENT DE THOU, A PARIS.

Monsieur, je pensois vous escrire de ma main pour vous tesmoigner que je commence à me fortifier, Dieu mercy ! mais un frisson qui vient de me saisir me l'a arraché. Ma fiebvre pour s'estre attachée à un homme de Pallais a voulu monstrer qu'elle a pris de la pratique, car ayant tout-à-fait quitté son train et sa règle ordinaire durant quatre accès, elle a anticipé d'un jour. J'espère Dieu aydant que nous en aurons encore la raison. L'intitulation dont je vous escript me déplaist pour estre tirée d'un exemple poétique. Je préfererois vollontiers celle-cy : « Tant de livres de recherches, sur la très chrestienne et royale maison de France, par un tel ». Si ce n'estoit que Monsieur Pasquier a préocupé le mot de *recherche*, ce qui me feroit dire de luy ce qu'il a dict des anciens qui l'ont précédé : *Dii male perdant antiquos mea qui preripuere mihi*, car il a puisé cette diction du jargon du Palais, d'où se pouvoit l'emprunter comme il a faict. Et quand tout est dict, je l'aime mieux que le terme d'*observation* qui sent trop l'escole et son latin, et que d'autres en ont aussi usé devant moy, de sorte que de tout costé je me trouverois subject à la lime des censeurs. Vous m'en escrirés s'il vous plaist vostre advis. Je me reserve après ma guérison à revoir mes mémoires où il faudra que le pauvre skelette à qui, comme une hostie, ne reste rien plus que le cœur et la langue, d'autant que ce bon fils dont vous m'escrivez a pris l'essort depuis quatorze mois sans m'avoir depuis allené [1]. Aussy bien je n'en eusse peu tirer que nul ou bien petit sou-

---

1. Haléner, s'approcher d'assez près d'une personne pour sentir son haleine.

lagement. Tant y a que je feray ce que je pourray, et comme vous me faites honneur d'accepter ma nouvelle édition de la généalogie de Sainct Arnoul, je m'asseure que vous me conseillerés pas d'oublier ne Monsieur de Loménie, ne Monsieur le Procureur-Général. Quand à ce dernier j'ay assez de quoy, mais au regard du premier je me trouve en perplexité, ne scachant pas bien quel subject luy seroit complaisant, si ce n'estoit celuy des chancelliers : aussy que le faix est un peu trop pesant pour mes foibles espaules, sur tout si je n'estois secouru de mémoires et instructions autres que les miennes, vous priant pareillement me dire vostre opinion en cecy. J'attens à vostre commodité copie des testamens d'Alphonse et sa femme, compte (*sic*) de Toulouse et Poictou.

Pour les nouvelles, Monsieur de La Rochefoucaud est de retour à Surgères, où est aussi Monsieur le mareschal de Praslin. Il ne s'est encore rien faict de ce costé là, et semble au vulgaire qu'on se joue du temps. Mais ce seroit audace de vouloir entreprendre de contreroller le conseil du Roy.

S'il s'est passé quelqu'incident de Messieurs de l'assemblée ecclésiastique, vous m'obligeriés s'il vous plaisoit me l'esclaircir, parce que je n'en ay rien peu apprendre que par confusion. Et à tant après, avoir prié Dieu qu'il vous conserve, et toute la famille, je me soubscriray pour jamais, Monsieur, vostre très humble et obligé serviteur.

BESLY.

De Fontenay, ce 15me décembre 1625.

Monsieur, du Pallais nostre séneschal vous baise les mains. Monsieur l'ausmonnier de Luçon ne scauroit guères bien dire ce qu'il est, tousjours languissant, descoloré et défiguré, tantost sans fiebvre, tantost avec fiebvre. Il s'en vient icy au premier jour pour changer d'air, et vous fera scavoir de ses nouvelles.

CXIII. — A MONSIEUR DUPUY, ADVOCAT EN PARLEMENT, RUE
DES POICTEVINS, AU LOGIS DU PRÉSIDENT DE THOU, A
PARIS.

Monsieur, v^re profond silence jusques à ce troisiesme ordinaire sans response aux miennes, me met en peine de v^re
santé. Obligez moy donc s'il vous plaist de me donner repos
de ce costé, et occasion de mieux gouster la douceur de la
saison, et du beau jour qui s'alonge, et jà plus tardif se plonge
dans les ondes de la mer, me donnant un petit plus de vigueur que de coustume, graces à ce bon Dieu *qui vastas
aperit syrtes et temperat œquor.* Car ma quarte m'a remis la
rigueur des frissons : et elle mesme prend peu congé de son
hoste qu'elle a tyranisé six mois, clouë au lit, comme il est
encores, impuissant de forces comme un enfant de deux ou
trois ans, sauf que je commance à me faire lire des livres de
plaisir et de recréation.

En quoy j'ay nentmoins esté trompé dès l'entrée, car le
second tome de l'histoire generale de France de Mr du Pleix
m'ayant esté envoyé, la nouveauté me convia de le veoir. De
combien j'ay esté deceu, il seroit malaisé de l'exprimer. Quelcun qui aymeroit la verité et la liberté de la censure, assu-
reroit volontiers que c'est l'une des plus insignes effronteries
qui se practiqua jamais par un homme de qualité et d'honneur envers ses semblables. C'est la plus part une pure copié
des escrits de Vignier, mais aveq ceste impudence que les
impertinences dont l'histoire françoise estoit corrompuë, que
ce brave defaiseur de monstres â ostées par un labeur incomparable, cestuy-cy s'est attribuë tout l'honneur. Pensez
aveq quelle raison il ha osé prendre un privilege pour faire
imprimer un inventaire des erreurs de de Serres [1], luy le-

---

1. Jean de Serres. *Inventaire de l'histoire de France.*

quel quand il se depart de la Compagnie de Vignier, se fait
veoir du tout parfait abécédaire en n^re histoire, tombant partout où le mesme Vignier a choppé, ou plutost où il y ha
faute à la transcription, ou manque de temps pour la revi-
sion et discussion de tant de passages de divers autheurs
qu'il digeroit, les tournant en chyle et substance. On pourroit cotter plus d'une centaine d'erreurs d'ignorance et de
robrie dans les seules vies de Hugues Capet, Robert et Philippes 1.

A ce propos je suys un petit en cholere contre luy de ce
qu'il m'a desrobé ceste mienne observation que la Provence
se trouve nommée Aquitania par quelques autheurs du moyen
age, *ab aquis sextiis, pag.* 19, et en feis l'ouverture et la
preuve à feu Mr Duvair, garde des sceaux, présent M^r de
Peresc, et depuys l'ay publié dans mon petit discours de la
Guyenne dès l'an 1607. Ce n'ha pas esté assez, car il ha copié et volé dix huict ou vingt lignes du mesme discours p. 123,
touchant le nom d'Aquitaine et Guyenne.

Mais pour cognoistre combien il est novice en l'histoire,
et qu'il escrit *quicquid in buccam* sans ingénier, en la mesme
page 19, bien qu'il se fust servi de mon interprétation d'A-
quitania pour Provence, toutefois voulant expliquer un lieu
de Glaber [1] où il dit qu'apres le mariage du Roy Robert aveq
Constance d'Arles, il se fit un grand concours d'Auvergnats
et d'Aquitains, qu'il dechifre là fort rudement, ce pauvre esprit ne s'est pas avisé qu'en cet endroit les Aquitains sont
encores les Provençaux, et qu'il y est fait mention des Auvergnats, d'autant que la comtesse d'Auvergne estoit fille de
la Royne.

Bref le public se passeroit utilement de ce beau livre lequel
on peut autrement alleguer sous le nom de Dupleix en son

---

1. Glaber (Rodolphe), bénédictin (xie siècle). *Chronique*, de 900 à
1046. (Pithou : *Historiæ Francorum.*)

histoire de Vignier, comme Vignier cite Belleforest en sa cosmographie de Munster.

Mais c'est trop vous tenir dans les ordures et les baliures. Au demeurant, que dois je esperer touchant l'importunité que j'ay faicte à Mons. de Lomenie, et dont je peux avoir abusé de v^re amityé? Je prie Dieu qu'il vous conserve et tout ce que vous aymez, et m'aymez tousjours, bien assuré que je suys,

Monsieur,

V^re très humble et obligé serviteur.

Besly.

A Fontenay, ce   mars 1626.

(Lorsque Besly a écrit cette lettre, il était malade, au lit. Aussi l'écriture est-elle mauvaise, et tellement mauvaise que les dates sont douteuses et quelques mots fort difficiles à déchiffrer.)

CXIV. — A monsieur dupuy, advocat en parlement, rue des poictevins, au logis du président de thou, a paris.

Monsieur, j'attends de vos nouvelles aveq une tres grande impatience; tandis je vous diray que pour tromper l'importunité de ma maladie qui me tient attaché au lit, j'ay couru les *Antiquitez de S. Denys* [1] qu'on ha publié ces derniers jours. Bon Dieu, que de faussetez! mais rien ne m'ha tant despleu qu'une charte qu'on à supposé de Charlemagne, pag. 725 et suyvantes, par laquelle il releve le Royaume de cette Abbaye-là : de laquelle on le fait aussi se declairer serf et tous ses successeurs Roys estre esclavez d'icelle sous la capitation ou redevage de quatre besantz annuels *in oblatione submittendo ac tangendo caput.* Cella me semble horrible et

---

1. Histoire de l'abbaye de Saint-Denis en France, avec les antiquités d'icelle..., par Jacques Doublet, religieux de ladite abbaye. *Paris*, 1625.

insupportable. Si j'avois l'honneur d'estre Procureur Général du Roy cent ou six vingts ans, ce beau livre seroit tantost saisi et condamné, du moins ce faux instrument rayé et retranché du corps comme un membre pourri et gangrené. L'Archevesque Turpin que Frodoard monstre avoir de long tems prédécédé Charlemagne y ha signé, Nescius Archevesque de Tolose pareillement, quelque cinq cens ans devant que le pape Jehan XXII eust erigé cette ville là en Archevesché. Je vous supplie assurer M^r le Procureur Général de mon fidelle service.

Et pour mon affaire de Mr de Lomenie, *succedite phœbus mente dedit né volucres dispersit in auras*[1]. Je vous supplie, tirez moy s'il vous plaist d'incertitude, comme les Parlements, *an bene vel male.*

Un jeune advocat de Niort a donné cent pistoles pour les provisions qu'il a obtenues par le moyen de Madame des Fontaines Chalandray et M^r son mary[2]; de quoy il ha bien de l'inquiétude, craignant qu'il n'y ait gaires d'assurance en son tiltre, et ay appris qu'il en ha senti de mauvais vent. Je prie le createur qu'il vous conserve, et vous prie de m'excuser envers mondit Mr de Lomenie, auquel je n'ose escrire de peur l'importuner à contretems. Je suys inviolablement,

> Monsieur,
>
> > V^re très humble et obligé serviteur,
> >
> > Besly.

A Fontenay le Comte, le 6 avril 1626.

---

1. Il est assez difficile de reconnaître dans cette citation les deux vers de Virgile (*Aneis l.* xi), que Besly a tronqués pour les besoins de sa cause :

> « Audiit, et voti Phœbus succedere partem.
> Mente dedit, partem volucres dispersit in auras. »

2. Heliette de Vivonne, femme de Louis de Montberon, seigneur de Fontaine-Chalandray. — Le jeune avocat de Niort se nommait Pelletier et avait été pourvu de l'office de sénéchal d'Oulmes.

CXV. — A MONSIEUR DUPUY, ADVOCAT EN PARLEMENT, RUE DES POICTEVINS, AU LOGIS DU PRÉSIDENT DE THOU, A PARIS.

Monsieur, vos dernieres m'ont infiniment resjouy pour les divers points qu'elles contiennent; principalement pour l'assurance qu'elles me baillent d'une milleure disposition de vostre personne.

Quant au discours sur la clause *Regnante X°*, j'ay tousjours heu un extresme regret au cœur de n'avoir peu y remettre la main, et le reveoir afin de vous apporter ce petit contentement, comme je desirerois en toutes occasions, en consideration de vostre valeur,. et des merites qu'avez sur moy. Mon indisposition clinique y ha desja sept mois trouvera lieu envers vous d'excuse ou de pardon; j'en ay bien l'œconomie dans la teste, mais l'usage des livres et la liberté de cheminer m'estants interdits, il ne me reste que le desplaisir de ne pouvoir satisfaire à mon affection. Si Dieu me faict la grace de prendre de la vigueur durant le voyage de cet ordinaire, je l'employray tres volontiers en cette besongne, à tout le moins pour amender les inadvertances et defauts de la premiere esbaucheure, et la rendre moins desagréable à vostre veüe et de ceux qu'il vous plaira en rendre participans, apres que vous luy aurez donné la polisseure necessaire pour eliminer la honte de son ouvrier.

Si vous daignez subir la peine de veoir dans le cayer des annotations sur du Tillet qu'autrefois je vous prestay estant à Paris, titre des noms et surnoms des François, vous trouverez que j'ay remarqué qu'il y ha erreur ou inversion de chifre au datte de la charte que ce grand homme là cite de la fondation de l'abbaye du Bourg Dieux en Berry : et qu'au lieu de 921, il faut corriger 912. Car j'ay veu l'original, et en ay copie, sous la datte, *Actum Biturica civitate*

IIII NN. sept. anno XX regnante Carolo rege, ce qui se doibt entendre de Charles le Simple et non de Charles le Chauve, car Choppin a mal interprété à son accoustumée. Toutefois je n'ay point veu le tiltre d'Eudes Avoyer de cette abbaye là, et ne puys juger au vray de quel tems il est au dessous de la fondation, d'autant qu'il y ha heu plusieurs seigneurs de Chasteau Roux de ce nom, en l'honneur du premier Eudes fondateur, dont j'ay les preuves en main. Je penserois néantmoins qu'il seroit de son petit fils, ou d'un autre qui vivoit sous les regnes de Robert et Henry et qui est nommé dans une lettre de Fulbert evesque de Chartres, où Masson [1] ou l'imprimeur ont publié *Odo de dolis,* pour *Dolis.* J'ay copie de plusieurs chartres de luy dont je suys obligé à n^{re} commun amy, M^r l'Abbé.

Davantage, j'ay esté curieux de reveoir mon extrait des Mémoires de Mr Pithou que me feistes l'honneur de me prester lors de mon dernier voyage à Paris, sous le titre de divers tiltres meslez B, lesquels il a aussi emprunté de du Tillet, mais je n'y ay point rencontré celuy de *regnante* X°. Je diray mon opinion de l'interpretation que led. Sr du Tillet luy baille.

Vous m'avez autrefois envoyé extrait d'une charte pour Anjou, vous m'obligeriez de m'en faire part pour la seconde : par ce qu'il est, comme aussi des preuves par chartes et livres, que le Roy Philippe I faisoit fonction de Roy durant son excommunication ; pour autant que je voudrois discuter ce point aveq les autres, quoy que l'on en puisse (tirer) une puissante illation.

J'ay pareillement oublié le lieu de Belleforest [2]. Bref, j e

---

1. Papire Masson publia en 1595 les *OEuvres* de Fulbert, évêque de Chartres ; M. 1029.
2. François de Belleforest. *Les grandes Annales de France.* 1579 et 1617.

n'espargneray point les forces telles quelles de mon esprit
pour essayer de vous complaire en cette occurrence.

Au demeurant je vous rends infinies graces du soin qu'il
vous à pleu avoir touchant mon affaire envers Mʳ de Lomenie qui est trop puissant pour ne la faire reussir, s'il luy
plaist me tant honorer que de la prendre à cœur. Mesmes
je croy qu'il est offencé en la forme qu'on à tenu pour les
provisions expediées à son desceu en faveur de celuy qui
exerce maintenant, tant y ha que j'attends de vos nouvelles
sur ce sujet aveq fort grande impatience, tandis je demeure
en éternité,

Monsieur ,

Vʳᵉ très humble et obligé serviteur.

BESLY.

Fontenay, ce 19 avril 1626.

CXVI. — A MONSIEUR DUPUY L'AISNÉ, ADVOCAT EN PARLE-
MENT, RUE DES POICTEVINS, AU LOGIS DU PRÉSIDENT DE THOU,
A PARIS.

Monsieur, la datte en forme des lettres de provision de
séneschal d'Oulmes pour mon filz du xi fevrier dernier,
me faict assez cognoistre qu'elles seroient encores à délivrer
sans le soin qu'il vous a pleu prendre de cette affaire, quelque résolution que M. de Loménie ayt heu de me gratifier
par dessus mon mérite; car on ha cuidé éluder son affection
par la longueur du tems et m'oster le courage et la persévé-
rance [1]. Cependant le premier pourveu incombe en la possession de la charge de plus de trois mois. Mais puys que

---

1. Procès interminable. Nous en entendrons parler jusqu'en 1628,
sans en connaître ni le début, ni le dénouement.

M. de Loménie m'ha faict tant d'honneur et de faveur, et ha faict tant d'estat de vostre prière, mon esprit me porte à essayer tous moyens loysibles à me conserver en ce droict qui me semble juste et infaillible.

Tandis, je vous rends icy infinies grâces, bien marry que je n'y ay peu adjouxter l'observation sur la clause *Regnante Christo*. Je l'ay bien trouvée toute telle que me l'avez cy-devant renvoyée, c'est à dire marque imparfaite et indigne de vostre veüe, et de toute autre moins aigüe et pénétrante, occasion que je l'ay encores retenu, attendant que ma foiblesse venant à me quitter et faire place à de nouvelles forces, je puisse prendre congé du lit pour veoir et fueilleter mes mémoires et mes livres, et par ce moyen redresser ce petit discours à fin de vous contenter, s'il m'est possible, autant que j'y ay de bonne volonté et que je vous suys obligé. Si j'avois nombre de tesmoignages par chartes ou autheurs comme ce Roy a tousjours usé des fonctions royales nonobstant son excommunication, ce point là aveq les autres dont j'ay des preuves supernuméraires, rendroient mon observation plus illustre et plausible, quoy que si je ne me trompe elle est si nette et véritable, que les plus refractaires calomniateurs n'oseroient entreprendre de la calomnier. Je prie Dieu qu'il vous conserve en ses grâces, et moy ès vostres qui demeure à jamais, Monsieur,

Vostre très humble et obligé serviteur.

Besly.

De Fontenay, ce 11 may 1626.

CXVII. — A MONSIEUR DUPUY L'AISNÉ, ADVOCAT EN PARLEMENT, RUE DES POICTEVINS, AU LOGIS DU PRÉSIDENT DE THOU, A PARIS.

Monsieur, j'ay grand honte de vous estre si importun, mais quoy ? puys que vous m'avez faict l'honneur d'entreprendre l'affaire de juge d'Oulmes, et que l'aviez réduite à un tel point qu'il sembloit que le parsus ne restoit plus qu'en exécucion et exercice, et que là dessus je ne scay quel mauvais daimon s'est faict de la partie pour m'oster le fruict de mon espérance, n'est-il pas bien la raison que je luy oppose vostre bon génie pour le vaincre et le terrasser ? En effet mon filz ayant esté reçeu, installé, et presté le sermant au siège de cette ville le 7 du courant, Pelletier pourveu par autre le second jour d'après, c'est à-dire le 9 en interjetta appel qu'il feit au mesme tems signifier. Et par ce moyen il ha lié les mains à mon filz. Si l'honneur et la civilité ne m'eussent retenu pour déférer à Mr de Loménie tout ce qu'il luy plaira en cette occurrence, attendu qu'il s'agist de l'effet de sa pure et franche courtoisie, il y eust lieu pareil appel de la réception et installation de Pelletier. Et ainsi il est resté aux parties de faire dire l'un contre l'autre que l'un exerceroit pendant procèz sans préjudice de leurs droits au principal. Néantmoins j'ay mieux aymé faillir à faire moins qu'à faire trop et offencer mondit seigneur de la volonté duquel je veux entièrement despendre, vous suppliant humblement de la tirer de luy, à fin de disputer ou quitter. J'envoye les actes nécessaires, sauf qu'il ne m'ha pas esté possible de retirer copie des provisions de Pelletier, n'ayant esté régistrées ny au greffe de cette ville, ny au greffe d'Oulmes. Mais elles sont dattées par l'acte de publication qu'il en feit faire judiciairent audit Oulmes le 23 février dernier, par lequel acte aussi est référé l'acte de sa réception au siège de cette ville du 17 dudit mois. J'en escris amplement à Mr de Fains, afin que suyvant l'intention de Mr de Loménie il fasse dresser les actes requis comme d'estre appellant et autrement. Je fourniray aux frais qu'il sera besoin. Il verra le conseil de Madlle de La Chastegneray [1] par lequel il faudra

---

1. Mlle de la Chasteigneraie était Andrée de Vivonne, fille d'André, seigneur de la Béraudière, et de Marie-Antoinette de Loménie, héritière

se gouverner. Pelletier ne tend qu'a retirer ses pistoles, ce que je n'empesche point pour le Roi.

Au demeurant j'ay commencé à sortir du lit, mais si foible qu'il ne se peut rien plus. Toutefois j'espère que par le prochain messager vous aurez vostre observation sur la clause *regnante Christo,* qui vous sera non moins belle matière pour corriger et retrancher que pour adjouxter. Je prie nostre Sauveur qu'il vous conserve et suys, Monsieur,

Vostre très humble et obligé serviteur.

BESLY.

De Fontenay, le 18 may 1626.

(En P.-S.) Je vous supplie Monsieur me vouloir excuser envers Mr de Loménie de ce que je ne luy escris point, c'est la honte et le déplaisir qui m'ont fait cheoir la plume des mains. Mais rien ne pourra m'arracher la résolution de le veoir *(sic)* toute ma vie.

CXVIII. — A MONSIEUR DUPUY, ADVOCAT EN PARLEMENT, RUE DES POICTEVINS, AU LOGIS DU PRÉSIDENT DE THOU, A PARIS.

Monsieur, je m'estois persuadé avoir assez de tems et de force pour vous envoyer mon observation sur la clause *Regnante X°* : l'un et l'autre m'à manqué, et me met en demeure envers vous, laquelle je purgeray, Dieu aydant, par le premier ordinaire : et feray comme les bons payeurs qui ne laissent pas perdre un jour à leurs créanciers.

La copie de la charte de Fouques Rechin m'ha esté fort agréable, et vous en remercie bien humblement, comme je

---

de la baronnie de la Chastaigneraie et de la seigneurie d'Oulmes. Elle était encore mineure en 1626.

fais aussi des autres mémoires, dont je m'ayderay aux occasions.

Quant à Mr Duchesne, il m'à fait une admirable response : qu'il ne falloit que les chartes et les historiens pour verifier que le Roy Philippes I faisoit la function de Roy nonobstant son excommunication. Mais ces chartes et ces historiens là, c'est ce que je cherchois et que je cherche : et dont il y ha grand disette, à cause du peu de tems que l'excommunication à duré.

Si le P. Sirmon estoit homme autant facile à se communiquer, comme il desire qu'on se porte en son endroict, je pourrois esperer de luy l'acte de reconciliation du Roy Philippe, et l'en prirois volontiers. Aux termes où je suys, je laisse au vieil philosophe à demander l'aumosne aux statues pour apprendre la practique de la patience et à estre refusé.

Au demeurant, je ne sçay que penser de ce qu'il dit que cette reconciliation fut faicte par un Évesque d'Arras. Car Guillaume de Malmesbury tesmoigne autrement. Or de toute cette besongne plus au long aurez un discours de mon observation.

Cependant je vous recommande mon affaire auprès de Mons. de Lomenie, vous suppliant l'assurer de mon très humble service. Je prie Dieu qu'il vous conserve heureusement et demeure en éternité.

Monsieur,

V^{re} très humble et obligé serviteur.

Besly.

(Sans date : vers juin 1626.)

Je m'oubliois de vous remercier du catalogue des livres, lequel j'ay leu aveq plaisir pour sa naïfveté et l'affection qu'il monstre d'un cœur emynemment françois.

CXIX. — A MONSIEUR DUPUY L'AISNÉ, ADVOCAT EN PARLEMENT, RUE DES POICTEVINS, AU LOGIS DU PRÉSIDENT DE THOU, A PARIS.

Monsieur, je m'estois promis de vous envoyer par ce messager mon observation sur la clause *Regnante Christo*. Mon indisposition m'a trompé et forcé au contraire, dont je suys très marri comme n'ayant rien plus cher que de pouvoir vous complaire. J'adjouxteray qu'il m'a fallu combattre et vaincre bon nombre de difficultés auxquelles je n'avois onques pensé; ce qui arrive d'ordinaire à quiconque entreprend une matière toute nouvelle et non encores remuée par autruy. Se peut faire que tout autre plus versé et consommé aux antiquitez que je ne suys pas, en seroit sorti plus à son aise, et en moindre tems. Toutefois je ne me repens point de la peine que j'en ay prise : c'est chose qui me touche seul et non autruy. En tout cas, il me suffira de vous avoir obéi, qui est mon unique contentement, si d'avanture la fortune et le bonheur ne se font de la partie, et ne vous font prendre goust en chose ou il y ha peu ou point du tout de saveur. Mais de tout cella vous en jugerez tout à loysir et bien tost, Dieu aydant. Cependant j'aurois bon besoin d'un passage de Rabanus Maurus archevesque de Mayence, *in epistola ad Humbertum episcopum quota generatione licitum sit matrimonium*, et vous supplie que je le puisse avoir par vostre moyen, à fin de veoir sa résolution là dessus, et apprendre quel estoit de ce tems là l'usage des François sur les degrés de consanguinité en fait de mariage. Je me promets cette faveur de vostre amitié.

Au demeurant dois-je attendre qu'on fasse valoir les provisions d'Oulmes ? J'ay bien honte de porter tousjours un mesme sac à une mesme porte, et de me rendre ainsi importun. Mais quoy ? la pierre en est jettée, et ce qui me reste de faire, c'est de me monstrer si officieux que l'aigreur de ce mal aye moins d'amertume. Je prie Dieu qu'il vous conserve heureusement, et M\ de Loménie aussi, et suys, Monsieur, vostre très humble et obligé serviteur.

BESLY.

De Fontenay, le 19 juin 1626

La date a été rognée par la reliure ; il reste les chiffres 26.

CXX. — A MONSIEUR DUPUY L'AISNÉ, ADVOCAT EN PARLEMENT, RUE DES POICTEVINS, AU LOGIS DU PRÉSIDENT DE THOU, A PARIS.

Monsieur, je n'ay point mémoire, non plus que force personnes beaucoup plus vieux que moy, d'avoir jamais veu une suytte d'hiver, printemps et esté semblable à cette dernière ; une indisposition d'air et de saisons si variable et corrompüe, une malignité de maladies si vivace, incorrigible et indomptable, qu'il semble le seul tombeau estre capable d'en veoir la fin. Si j'estois seul, ou le milliesme en ces cartiers qui en sentissent le malheur, j'en attribuerois la cause à nous-mesmes, à moy le premier qui ne garde pas trop bon régime ; la gangrène estant universelle et populaire je croy que c'est une puissance extraordinaire qui agist. Je ne puis m'avaindre [1] et pour une bonne heure j'en ay bien une et demie de mauvaise, principalement depuys ce beau point d'estoille fixe du huitiesme de ce mois qu'il ne s'est passé un seul jour sans tonnerre, orage, impétuosité de vents et de pluyes. Adjouxtez le chagrin d'esprit et des affaires domestiques qui n'ha pas un petit pouvoir sur le tempéramment du corps.

---

1. S'aveindre, vieux mot, qui a la même signification que *se ravoir* (L. n° 128), style fam., *reprendre ses forces.*

J'ay sçeu par ce dernier messager que Mr Molé est sollicité de rapporter et juger le procèz du prieuré d'Ardin qui nous donna tant de peine à mon dernier voyage, et dont il ne voulut jamais rapporter le fonds, mais un incident de subrogation pour mon filz, ce qui ne luy réussit pas bien. Vous aviez travaillé de vostre grâce pour le faire dilayer et m'attendre à cause d'une maladie que j'avois. Et pour cet effet aviez pris la peine de le faire prier par M^r le Procureur-Général et par un conseiller de sa chambre qui est vostre allié. Que dois-je faire, Monsieur ? M'en rapporteray-je à la fortune en danger de tout perdre, ou si j'oseray vous accabler d'ordinaires importunitez et par ce moyen aux despens de ma honte et de vostre amityé dont j'abuse, me garentir du naufrage ? Excusez mon infirmité, je vous supplie, car j'irois moy-mesmes faire ma sollicitation, et serois fort aise de cette occasion pour avoir l'honneur de vous baiser les mains, et scelon le tems vacquer à esclorre nos petites barbouilleries de livres. Si par vostre moyen je puys respiter cette affaire jusques à la St Martin, j'espère tant de la grâce de Dieu, que j'auray prou de force pour faire le voyage. Je ne vous diray rien davantage, car vous estes plus puissant en fait que je ne seray jamais en paroles. Je demeure en éternité, Monsieur, vostre très humble et obligé serviteur.

BESLY.

A Fontenay, ce 29 juin (1626).

CXXI. — A MONSIEUR DUPUY L'AISNÉ, ADVOCAT EN PARLE-
MENT, RUE DES POICTEVINS, AU LOGIS DU PRÉSIDENT DE
THOU, A PARIS.

Monsieur, vous m'avez bien fort obligé de l'épistre entiere d'Hincmarus dont je vous remercie autant qu'il se peut. Je vous diray sur ce pas que d'autant plus que je veux m'esclaircir de mes doutes, je me trouve à mesure plus envelopé de ténèbres et d'obscurité. En un mot je voy que les derniers ont comme à gage poussé plus avant la vérité au fonds du puy d'Héraclite. Au reste vous avez juste raison, non de penser, mais de croire que vous serez non des premiers, mais le premier qui verrez et serez juge absolu de l'observation. Elle fust achevée y ha long tems, si deux particularitez ne l'eussent empesché : l'une la disette des livres, l'autre non moins pressante, l'inquiétude que j'ay à raison de ce beau procez au rapport de Mr Molé, laquelle me tire à toute heure l'oreille. Vous m'escrivez que ledit sieur ne fera rien qu'aveq advis précédent, mais cet advis doibt-il emporter un tems raisonnable pour pouvoir aller de delà ? ou s'il est à entendre du jour au lendemain, ou semblable tems limité ? C'est là le grief qui me tient en transe en un sujet si fort important. De grâce M^r permettez que je vous conjure icy à fin de m'impétrer le délay de la St Martin que mes petites forces pourront souffrir le train du cheval ou du carosse.

Mon filz a esté inthimé à la requeste de Pelletier sa partie pour le fait d'Hommes [1]. Mr de Fains me feroit playsir de trancher net s'il luy plaist ou non prendre la cause, car s'il n'ha point de droict il n'est pas raisonnable que mon filz s'engage mal à propos, aussi que tout son droit est tout fondé sur les provisions dudit sieur, lequel s'il n'entre en cause et la prend sur soy il faudroit quitter la partie. Je vous supplie de vostre bon advis là dessus et me faire l'honneur de me croire comme je suys en vérité, M^r, vostre très humble et obligé serviteur.

BESLY.

A Fontenay, ce 10 aoust 1626.

---

1. D'Oulmes.

CXXII. — A MONSIEUR DUPUY L'AISNÉ, ADVOCAT EN PARLEMENT, RUE DES POICTEVINS, AU LOGIS DU PRÉSIDENT DE THOU, A PARIS.

Monsieur, je rougis de honte de la paresse de mon observation, mais aussi pensez s'il vous plaist que le 24 du courant il y aura un an jour par jour que je suys tombé en l'indisposition qui me tient encores dans le tourment et la gesne. De vérité la quarte m'a quitté d'assez longue main quant à son accez de frisson et de chaleur, pleust à Dieu qu'il en fust ainsi de la foiblesse qu'elle m'a laissé sur les joinctures des espaules, bras et jambes! Je ne serois pas icy sur les excuses : voire j'aurois devancé vostre affection et mon devoir, et vous aurois relevé de peine d'en escrire tant de fois, de quoy je vous demande pardon. Et vous le demande aussi par anticipation de tems touchant une si mauvaise besogne que je suys résolu de licencier pour se rendre en vos mains toute telle qu'elle est, lourde, confuse et informe. Vous pourrez luy donner l'âme et l'esprit.

Mon procureur m'a escrit que la partie adverse de mon filz a encores l'instance, et qu'il aura advis quand il sera tems de la retirer ; ce qui emporte sans doute le lendemain de la St Martin.

Mr de Fains m'a fait l'honneur de venir céans l'un des jours de cette sepmaine et sur la multiplicité de ses affaires, nous avons remis à communiquer lors de son loysir dans quelques mois qu'il séjournera dans ce pays et la Saintonge.

Je suys bien ayse que Mr du Chesne ayt profité en son voyage de Rheims en Champagne. Je n'ose plus l'importuner, et tout ensemble me veux grand mal d'estre trop sensible. Néantmoins je n'ay et scay chose quelque (si d'avanture ce n'est outrecuidance à moy d'ainsi parler) qu'il ne puysse justement dire estre sienne. Quant au père Sirmond il semble pratiquer le mot de St Hiérosme *Bos lassus alliàs figit pedem.*

L'ancre entortillée de dauphin est une belle devise. Il m'apprend et aux autres novices mes semblables, comme il se faut comporter en matière d'escris. Faites moy l'honneur de m'avouer, Monsieur, comme je suys vostre très humble et obligé serviteur.

BESLY.

5 septembre 1626.

CXXIII.— A MONSIEUR DUPUY L'AISNÉ, ADVOCAT EN PARLEMENT, RUE DES POICTEVINS, AU LOGIS DU PRÉSIDENT DE THOU, A PARIS.

Monsieur, *Janus adest, anni festæ venere calendæ,* et m'advertissent de mon devoir en me souvenant d'un si bon et si véritable amy, comme vous m'estes, et à qui quand je n'aurois mille et mille obligations, je devrois tout respec et honneur, en considération de vos rares mérites. Je voudrois bien qu'il me fust possible de tenir le lieu de ma lettre et vous souhaiter en personne bon jour et bon an *volis V, multis XX (sic).* La rigueur de la saison et ma chétifve disposition m'envient ce bonheur et me privent de l'agréable entretien de tant et tant de particularitez que nous aurions à nous contredire. Les livres et le tems nous seroient une matière réciproque et commune, et puysque vous m'aymez, mes affaires propres ne seroient elles pas aussi aucunement vostres ?

Toutefois ce seroit bien refver de parler de livres en ce tems qui leur est si contraire, mais plutost ce seroit estre bien endormi de n'en parler point en ce tems qui nous donne la liberté d'en déplorer la misère, sur le point d'un autre tems qui en effacera, qui en raclera la mémoire. Plusieurs nouveaux Nostradamus nous menacent d'un nombre de malheurs en ce pays. Chescun est assez devin pour cella, tant la barbarie est énorme des gens de guerre au milieu de la paix et que sera-ce donc en la licence de la guerre? Jugez quelle amertume c'est à un homme comme moy qui ayme naturellement une vie paisible et à qui mesmes la moindre affaire du monde est une condemnation d'exil. A la première secousse me voylà hors de mon élément, tesmoin le procez pour le seneschal d'Oulmes, dont je crains fort l'événement, n'ayant peu jusques à présent me munir d'aucun secours ou remède. J'ay eu l'honneur de voir Mr de Fains, mais une seule fois, environ une demie heure à son arrivée en ceste ville, d'où il partit à l'instant, et depuys n'hay appris de ses nouvelles, sinon par une sienne du 6 de ce mois dont je vous envoy la copie. Je luy escris sur ce sujet, vous priant me tenir ès grâces de Mons. de Loménie et ès siennes, et que ma cause estant au roole je cours risque de honte et de perte si je ne suys garenti. Je prie Dieu qu'il vous conserve et suys en éternité, Monsieur, vostre très humble et obligé serviteur.

BESLY.

A Fontenay, ce 27 décembre 1626.

CXXIV. — A MONSIEUR DUPUY L'AISNÉ, ADVOCAT EN PARLEMENT, RUE DES POICTEVINS, AU LOGIS DU PRÉSIDENT DE THOU, A PARIS.

Monsieur, les bonnes gens de mon village disent qu'*un homme quelque vieux qu'il soit est tousjours assez jeune pour avoir la tigne.* C'est ce qui me console un petit en mon poil gris, que je coure risque de perte et de honte en une affaire qui me semble infiniment plus facile à garentir que plusieurs autres dont je suys sorti bagues sauves. Qu'y ferois-je? les remèdes ne sont pas en ma puissance, ils despendent d'autruy. Mons. de Loménie a seul faict la playe, il la peut guérir. Et ne penseray jamais qu'il veuille souffrir que sa courtoisie et son bienfaict me soient rendus inutiles, et moins qu'ils me soient préjudiciables et vergougneux. Notez que les provisions portent qu'elles ont esté délivrées par le commandement de mondit seigneur et de madame la marquise de Mirebeau [1]. Voyez comment je pourrois me maintenir si j'estois abandonné de Monsieur de Fains qui s'est ainsi mis à couvert sous leur authorité, laquelle je ne voudrois pour rien du monde estre blessée ny offensée. Ledit sieur de Fains par les siennes du xvi décembre dernier me parle des conditions sur lesquelles les tuteurs ont esté nommez, et d'un résultat de Messieurs du conseil de la tutelle, sur lequel Mr de Fontaines Chalandray (qui a pourveu Pelletier) fonde ses raisons, comme verrez par la copie que je vous envoye. Ce me sont énigmes, en un mot ce me seroit un grand bien si j'estois résolu si je dois faire force sur mes provisions, ou si je dois acquiescer de peur de pis. Le mal est que Pelletier appellant de la réception de mon filz a fait mettre la cause au roole; si monsieur de Fontaines ne l'a peu pourveoir, il n'ha point d'intérest que Mr de Fains ayt pourveu mon filz par le commandement de Mons. de Loménie et de madame la mar-

---

1. On voit figurer dans le conseil de tutelle de Mlle de la Chasteigneraie, Andrée de Vivonne; la marquise de Mirebeau, Marie-Antoinette de Loménie, mère d'Andrée, mariée en secondes noces avec Jacques Chabot, marquis de Mirebeau; Antoine de Loménie, secrétaire d'Etat, grand-père d'Andrée; et Héliette de Vivonne, tante d'Andrée, femme de Louis de Montberon, seigneur de Fontaine-Chalandray.
Les provisions de l'office de sénéchal d'Oulmes avaient été délivrées au fils de J. Besly par M. de Fains, dont nous ignorons la qualité, au nom de M. de Loménie et de la marquise de Mirebeau, le 11 février 1626. Pelletier, *le jeune avocat de Niort*, avait été nommé par M. et Mme de Fontaine-Chalandray le 17 février. Ainsi, les membres du conseil de tutelle étaient en désaccord. Il s'agissait de savoir lequel, de M. de Fains ou de M. de Fontaine-Chalandray, avait le droit de nomination audit office. Tel était l'état du procès, dont le dénouement nous est inconnu. Ce qui prouve une lacune regrettable dans les lettres de Besly, tant pour le procès du prieuré d'Ardin, que pour celui de l'office de sénéchal d'Oulmes, qui s'est prolongé au delà du 26 juin 1628.

quise de Mirebeau, et que mon filz ayt esté reçeu en cette charge, et ainsi il seroit non recevable en son appel. Mais mon filz ne peut pas disputer le droict de Monsieur de Fains, contre Mr de Fontaines. La question donques despend de sçavoir si Mr de Fains a peu ou non. S'il ne l'ha peu je vous supplie m'en bailler advis, à fin que je me tire de la presse le moins mal que je pourray. S'il l'ha peu, comme je n'en feray jamais doute, puys qu'il s'est authorizé du nom de Monsieur de Loménie, je vous supplie derechef que Mr de Fains intervienne en la cause comme appellé en sommation, afin de maintenir ce qu'il ha fait, et faire veoir à la cour que Pelletier est non recevable en son appel, et d'ailleurs mal fondé à vouloir me tondre et escorcher. Je n'ose en importuner mondit seigneur de Loménie et me suys persuadé que pour la syncère amityé que me portez, et le libre accez qu'avez auprès de luy, vous me ferez cet honneur de me faire sçavoir la résolution de mon doubte, car il ne sera pas temps d'y pourvoir, lorsque la cause viendra à tour de roole. Je ne désire pas que le mot *sero sapiant Phryges* puisse estre vérifié en moy, et qu'on me tienne pour enfant d'Epiméthée vuide de sens et de prévoyance, et sujet à un tardif repentir.

Quant à la clause *regnante Christo*, je n'ay point oublié la parole que je vous en ay donné, car vous m'êtes inviolable, *inviolabile numen*. Imputez s'il vous plaist ma tardiveté à la foiblesse des forces de mon corps et de mon esprit et y adjouxtez la disette des livres et des preuves dont je devrois estre muni. Au fort si vous insistez davantage je feray un epitome de mon dessein et le vous envoyray tout tel qu'il pourra estre.

Messieurs nos notables feroient un grand coup, si en démolissant nos places ils pouvoient fortifier les cœurs des Rochelois, en l'obéissance qu'ils doivent au Roy, comme ses bons et fidèles subjets.

Pour finir si Mons. de Loménie est encore sur les mémoires des chanceliers, j'ay trouvé je ne sçay quoy touchant un de cette qualité du surnom de Grat (Giac) que je luy envoyeray très volontiers aveq la preuve que Mr Germain de Vivonne quatrisayeul de Mlle de la Chastegneraie estoit filz de Mr Regnaut de Vivonne seigneur des Essars, de Faye et Aubigné et de dame Marie de Mathas, qui a esté la croix de tous ceux qui se sont meslez de la généalogie de cette illustre maison. Mon petit service sera trop bien employé s'il luy est agréable, et demeure, Monsieur, vostre très humble et obligé serviteur.

BESLY.

A Fontenay, ce 25 janvier 1627.

CXXV. — A MONSIEUR DUPUY L'AISNÉ, ADVOCAT EN PARLEMENT, RUE DES POICTEVINS, AU LOGIS DU PRÉSIDENT DE THOU, A PARIS.

Monsieur, vous n'aurez autre discours de moy pour ce coup sinon pour vous remercier d'affection de tant de peine que je vous baille, et pour m'acquitter aussi, touchant Germain de Vivonne pour Mr de Loménie. Je seray trop satisfaict si le mémoire luy en est agréable, comme aussi celuy touchant le chancelier de Grat (Giac), et vous conjure d'entretenir mondit seigneur en la bonne opinion qu'il ha peu concevoir de moy par vostre moyen, et au désir qu'il ha de maintenir les provisions de Monsieur de Fains, duquel s'il vous plaist lorsqu'il sera de retour me donnerez advis.

J'ay honte de ma promesse jusques icy sans effet pour la clause *regnante Christo*, mais vous vous souvenez du mot de l'eschole, *sat citò si sat bene*. Je prie Dieu qu'il vous conserve et suys, M^r, vostre très humble et obligé serviteur.

BESLY.

(P.-S.) Extrait de l'inventaire des tiltres de Rochechouard :

« Pierre de Grat (Giac) sieur de Jausserant, chevalier, chancelier de France, et Mre Louys de (ce mot a été corrigé par Dupuy qui d'ailleurs a laissé la faute dans les noms précédents) Gyac, chevalier, son filz, dont il ha le bail, vendent à Messire Aymeri de Rochechouart, chevalier, chambellan du Roy, et à Madame Jeanne d'Angle sa femme, pour 2800 lib. la ville de Vouillhé, et le fief Béchet assis à Melle, lesquelles choses M^r le duc de Berri et d'Auvergne avoit données audit Louys. Contract du 10 may 1385. »

L'histoire du Roy Charles VII sous l'an 1424, porte qu'il se feit accord du Roy, du connestable, et de la Royne de Sicile, pourveu que le sire de Grat (Giac) demourroit au gouvernement du Roy, en la place du président de Provence qui se partit de la cour, et onques puis n'y entra, duquel président le Bastard d'Orléans [1] (Jean conte de Dunois) estoit gendre.

Fontenay-le-Comte, xxi février 1627.

CXXVI. — A MONSIEUR DUPUY L'AISNÉ, ADVOCAT EN PARLEMENT, RUE DES POICTEVINS, AU LOGIS DU PRÉSIDENT DE THOU, A PARIS.

Monsieur, la vostre du 6 du courant m'a fort resjouy sur l'assurance que me baillez que M. de Loménie et Madame de Mirebeau aveq Mr de Fains prendront la cause de mon filz, lequel autrement seroit déferré tout à plat, tout son droict estant appuyé sur le leur. J'escris audit sieur de Fains sur ce sujet, et luy mande l'advis qu'il vous a pleu m'escrire de cette résolution, et la recharge que m'en a faite Mr Jardé procureur de mon filz, lequel a esté veu par

---

1. Jean, bâtard d'Orléans, comte de Dunois, épousa en premières noces, avant 1425, Marie Louvet, fille de Jean Louvet, président en la chambre des comptes et aides de Provence.

ledit sieur, vous suppliant nous vouloir continuer vostre bonne assistance.

Je ne doute point qu'en mon tiltre et en toute cette histoire de Charles VII il ne faille lire Gyac pour Grat, et à ce propos je vous envoye un autre extraict du mesme inventaire de Rochechouart, où il est parlé de ce de Gyac qui fut chancelier de France, si d'avanture cella peut servir à vostre dessein, bien marri qu'il ne se présente chose meilleure.

Quant à la clause *regnante Christo*, je penserois qu'il ne seroit point hors de propos de vérifier *regnante Philippo*, non seulement durant tout le règne de ce roy, depuys 1094 jusques à la fin, mais aussi par tous les mois de chascune année. C'est chose qui ne gist qu'en rencontre de chartes, aussi bien que la clause *regnante Christo*, en tous siècles et dominations depuys le christianisme, touchant quoy je ne puys me contenter de ce que j'ay, bien que plusieurs par avanture s'arresteroient à la provision que j'en ay faicte. J'avois différé de vous dire, qu'un prélat que vous connaissez très bien et lequel j'honore grandement m'a jetté un serpent dans le sein, qui me rongera jusques à ce que j'aye trouvé moyen de l'étoufer ou de m'en desgager honnestement, pour redonner la liberté à mon esprit et à ma plume qui est un peu volontaire. Mr Cailler est tousjours à Luçon où il gouverne à souhait M[r] son évesque [1], et se jette sur les jardinages et les bastiments, et croy que pendant ces occupations, il n'est pas que n'ayez place en ses pensées, car il vous honore trop, comme je fais en mon particulier pour infinies raisons, qui me font estre, Monsieur, vostre très humble et obligé serviteur.

BESLY.

A Fontenay-le-Comte, le 22 mars 1627.

---

1. Armand-Jean du Plessis-Richelieu.

CXXVII. — A MONSIEUR DUPUY L'AISNÉ, ADVOCAT EN PARLE-
MENT, RUE DES POICTEVINS, AU LOGIS DU PRÉSIDENT DE
THOU, A PARIS.

Monsieur, je sçavois fort bien que vous devineriez sans
peine le prélat mentionné par mes dernières. *O quantum est
in rebus inane,* à propos de moy !

Vous estes trop mon créancier, et suys trop vostre debteur, *solvere lentus,* et à mon grandissime regret insolvable
vitio fortunæ, non meo, puysque mes facultez, *conturbatæ res,*
ne peuvent respondre ny à vostre obligation, ny à mon affection. Estant si fort indulgent comme vous m'estes, je ne
craindray point de vous envoyer ce peu de chétifs et foibles
deniers dont j'ay peu finer, sauf à parfaire de vostre riche
trésor ce qui defaudra du principal et intérests de la somme,
à la charge de quittance en bonne et dheüe forme, de la
clause *regnante Christo.*

La cause de mon filz, la mienne, est au roole de Poictou
et doibt estre plaidée au prochain mois de may, tellement
qu'on doibt se tenir prests d'un advocat, mais qui n'oseroit
parler, si nous ne sommes maintenus de Mons. de Loménie
et de Mr de Fains, de quoy vous me donnez toute assurance,
comme aussi ledit sieur de Fains me l'a escrit. Ce que je
désire de vous en particulier seroit qu'il vous pleust prendre
la peine d'en parler à Mons. le Procureur-Général. On m'ha
dit que Mons. Bugnion (Bignon) [1] est advocat général par
le décez de Mons. Servin : s'il est ainsi, comme je le souhaite
et en prie Dieu, faites moy s'il vous plaist l'honneur de me
ramentevoir en ses grâces. Cecy est une cause de communication et croy qu'elle se vuidera par l'advis de Messieurs les
gens du Roy sans autre playdoirie. En tout cas je m'appuie

---

1. Jérôme Bignon, avocat général en 1626.

sur vostre assistance pour faire valoir la cause et les personnes. J'escris à Mʳ Jardé mon procureur pour vous rendre ce
pacquet, et prendre l'ordre qu'il vous plaira luy prescrire.
A tant croyez moy de tout mon cœur, Monsieur, vostre
très humble et obligé serviteur.

BESLY.

A Fontenay, ce xviii avril 1627.

CXXVIII. — A MONSIEUR DUPUY L'AISNÉ, ADVOCAT EN PARLEMENT,
RUE DES POICTEVINS, AU LOGIS DU PRÉSIDENT DE THOU, A
PARIS.

Monsieur, la longueur du temps qui s'est passée depuys
que je ne vous ay escrit vous a dheu estre un fort certain
tesmoignage de quelque sinistre accident qui me seroit survenu. Car je fay trop d'estat de l'honneur de vostre amityé
et de me tenir en devoir de la cultiver que de m'oublier
ainsi. Je vous diray donc que cette importune quarte de près
de deux années a enfin dégénéré en une tierce qui ne m'a
pas peu tourmenté et faict encores en me consommant à
machoires lentes entre la maladie et la santé. Là dessus ces
derniers mouvements de guerre (je ne sçay si civile ou
estrangère) dans nos costes, à nos portes et foyers, m'ont
hurté l'esprit d'un si rude coup d'appréhension que le dernier mal s'est rendu pire que le premier.

J'essaye à me ravoir le mieux que je puis et me fortifie de
tous remèdes anodins qui peuvent me tomber en l'imagina-
tion jusques à ce que le tems, souverain médecin, apporte
la guérizon nécessaire. Tandis, je croupis de corps et d'esprit comme un tronc ou une souche inutile coupée de sa
racine sans force ne vigueur. Toutes choses me desplaisent,
jusques aux livres mesmes, mes anciennes et plus chères
délices, pour lesquelz j'ay autrefois entré en querelle contre

la nature, qu'elle ne m'avoit pourveu d'un corps athlétique
ou correspondant à quelque grand colosse, à fin de supporter
les peines et travaux que méritoit l'avidité passionnée que
j'ay tousjours heüe de lire, apprendre et escrire. Et puis
esmerveillez-vous si j'ay laissé de vous faire sçavoir de mes
nouvelles durant un tel intervalle de tems! Si j'ay intermis
nostre clause qui dort les yeux fermez sur le coissin aveq le
stemma de ce vertueux prélat, plus capable d'en venir à bout
que tout autre luy-mesme qu'il y sçauroit employer : et pour
ce qu'il le peut, et pour ce que c'est pour luy, et pour ce
qu'il ha le loysir d'y pouvoir estre tout entier. A ce propos
faites moy cette faveur de croire que je ne préferay jamais la
considération d'aucune personne à la vostre, vous suppliant
d'imputer, s'il vous plaist, à mon indisposition tout le vice
que pourriez avoir à me reprocher en cet endroict, lequel je
purgeray, j'expiray incontinent que je me seray remis en ma
bonne posture, et fait capable de me réconcilier aveq les
muses qui me pardonnent, je m'en assure; et croy aussi que
n'oseriez et ne voudriez pas les en desdire et les vous baille
pour caution de mes promesses.

Je ne doute si à tant de malheurs qui me courent sus,
j'oseray vous envoyer la copie d'une requeste d'intervention
de Mʳ de Fontaines Chalandray en cette belle cause de mon
filz pour l'office de seneschal d'Oulmes du xxxi juillet dernier. Prenez la peine je vous prie de jetter l'œil dessus :
elle est fondée sur deux moyens, lesquels s'ils sont véritables, j'ay trouvé des chardons au lieu d'un trésor. C'est tousjours ce que j'ay dit dès le commancement, que s'il n'y
avoit remède pour me faire jouyr de la gratification de Mons.
de Loménie, il eust esté bon de me le déclairer. Mais au
contraire vous estes tesmoin, et le meilleur tesmoin combien
on m'a donné d'asseurance. Or me voylà tout à fait aux
prises, et si je ne suys garenti je suys en danger inévitable
d'estre condamné aux despens envers Mʳ le comte de Fontaines et Pelletier qu'il a pourveu. Obligez moy encores un

coup, Monsieur, que je sois résolu tout-à-fait à ce coup de
ce que je dois espérer de recours et secours en cette affaire,
à fin de l'intervention qu'on m'a tousjours fait espérer jusques icy sans effet, et de me résoudre de ce que j'ay à faire,
car je ne désire pas me comporter autrement que comme il
plaira à Monsieur de Loménie, de qui je seray toute ma vie
très humble serviteur. Aussi je le supplie de toute affection
me vouloir tant obliger s'il luy plaist que son bienfaict ne me
tourne à préjudice sans qu'il y aille de ma coulpe, moy qui
me suys confié comme je fais en sa puissance et authorité.
Je prie Dieu qu'il vous conserve, et demeure en éternité,
Monsieur, vostre très humble et obligé serviteur.

BESLY.

A Fontenay-le-Comte, ce 22 aoust 1627.

CXXIX. — A MONSIEUR DUCHESNE, GÉOGRAPHE DU ROI.

Monsieur, à la vérité j'ay trouvé bien estrange que vous
ayez employé Mʳ de Poictiers pour avoir de moy une pièce
dont vous estimez avoir besoin, attendu que je ne vous ay
onques refusé de chose aucune qui ayt esté en mon petit
pouvoir, toutes les fois que l'occasion s'en est presentée;
comme aussi je ne vous ay point espargné lors que j'ay pensé
que vostre bon secours m'estoit necessaire; comme le commerce de gens qui font estat de manier les livres le desire.
C'est de quoy je me suys plaint à Mʳ de Poitiers sur la
prière qu'il m'a faite de vostre part. Et de rechef, ces jours
derniers j'en ay touché un mot à Mʳ Du Puy, et vous ay
menacé de vous prevenir et de vous envoyer la copie au long
du titre qui monstre que la royne Alienor, héritière de
Guyenne, donna Benon à Raoul de Mauléon en eschange de
la Rochelle, le jour de Noel l'an MCXCIX. Cependant vostre
lettre du VIII du courant m'est venue et a esté la très bien
receue, comme de celuy de qui je tiens l'amityé chere, que

j'honore et à qui je me sens obligé ; et à qui accordant ce
qui m'est demandé, ce ne sera que réitérer ce que j'ay fait
avant d'en estre requis. Mais je metz cette condition en
mon marché que vous agirez dorenavant aveq moy à cœur
desboutonné et que vous vous souviendrez tousjours du vieux
mot : qu'*entre amys toutes choses sont communes.* Vous trouverez donc ce titre là enclos en ce pacquet, pour y asseoir
tel jugement que vous trouverez bon pour vostre dessein ;
mais de vous esclaircir à quel titre ou prétexte la royne
Alienor et son second mary s'estoient emparés de la Rochelle, c'est un point que j'ignore moy mesme, excepté que
la Royne en estoit en possession, du chef et comme héritière
de son père, Guillaume IX° et dernier du nom, comte de
Poictou et duc de Guyenne. Ce qui se justiffie nettement par
le titre de la fondation de l'église de St Berthelemi de cette
ville ; là où il est rapporté que le comte s'estoit saisi, *clandes-
tina obsidione,* sur Isembert de Chastelaillon du chasteau de
Chastelaillon. Et puys il est dit que le roy Louys le Jeune
constitua à Ebles de Mauleon et à Geofroy de Rochefort :
*dominium totius terræ, retenta ab eo dumtaxat munitione Castri
Jullii cum medietate redituum Rochellæ;* et que ces deux seigneurs *erant consanguinei et videbantur esse de gente et familia ipsius Isemberti.* Ce qui suyt au titre justifie que les
mesmes deux seigneurs tenoient la Rochelle à domaines sous
le roy Louys VII et sa femme la royne Alienor, fille du comte de
Poictou qui s'en estoit emparé, sous des causes qui ne sont
parvenues jusques à ce temps, soit pour reprise de fief, soit
à titre de force, qui a plus d'apparence, attendu les termes
de la charte : *Comes invidiæ stimulo agitatus.* Et on peut en
demeurer là jusques à plus grande certitude. Cependant, la
mesme charte nous advertist que ceux du nom de Chastelaillon estoient seigneurs d'ancienneté de *Castrum Julii* que
les autres chartes énoncent par *Castrum Allonis* [1], *cum ad-*

---

1. Al. Alionis.

jacenti patria, qui est la Rochelle. Lesquels cet Isembert *jure paterno possederat ;* occasion que la royne Alienor en donna eschange non seulement à Raoul de Mauleon qui en eut Benon ; mai aussi à Aimeri, seigneur de Rochefort, à qui elle donna [1] le bourg Saint Aignan, *cum suo honore,* et les fours banniers de S. Jean d'Angely, et toute la terre que Hugues de Thouars avoit au fief de Besnon, par titre de lan MCCIII, excepté 50 liv. de rente dhues aux religieuses de Fontevrault, et 30 liv. à *Guillaume,* sire de Mauzé [2]. Vous voyez que ce titre a relation à l'autre de MCXCIX. Je ne doute point aussi que cet Aimeri de Rochefort ne fust du lignage et héritier de Geofroy de Rochefort à qui le Roy Louys VII avoit restitué la Rochelle en partie, et en partie à Raoul de Mauleon ; s'estant reservé Chastelaillon et la moitié de la monnoye de la Rochelle. Et croy qu'environ ce tems là on restitua pareillement Chastelaillon aux autres héritiers, sinon qu'on l'eust desjà fait dès cy devant, car j'ay veu charte de l'an MCCXI, XI novembre, par laquelle Guillaume l'Archevesque, seigneur de Partenay et de Chastelaillon, confirme aux religieux de St Martin d'Aix, prieuré et abbaye fondez par ses prédécesseurs, toutes les choses qu'ils leur avoient données ; cette seigneurie qui à titre de principauté a toujours esté possédée par les Archevesque jusques à ce qu'elle ayt passé en la maison de Longueville par la démission d'Artus comte de Richemont à qui le roy Charles en avoit fait don au titre que vous scavez [3], de cette seigneurie, le tems que Guillaume, dernier duc de Guyenne, s'empara de la Rochelle sur Isembert de Chastelaillon, dernier du nom ; cest

1. *Propter vim quam illa et filii sui faciebant ei in Villa Rupella.*
2. Pour jouir des choses susd. jusques à ce que assiete luy feust faite de 59 mil solz. Je croy CCL liv. de revenue en terre ; car sol pour escu seroit XV mil francs de rente, somme excessive pour ce tems là.
3. Toutefois y a titre de l'an 1245 où Raoul de Mauléon prend qualité de s^r de Chastelaillon, mais il n'estoit légitime, ou bien la terre alloit en partage. (Trois notes de Besly).

chose hors de ma cognoissance. Mais puys qu'il décéda
l'an 1137, cella doibt estre advenu quelques années devant
et non pas beaucoup, attendu qu'il vint seulement à la duché
l'an MCXXVI que son pere décéda. C'est donc l'une de ses actions durant les XI à XII ans de sa principauté. Si on ne peut
approcher de plus près, on n'est pas trop esloigné du but.
Un memoire dressé sous le regne du roy Henry le Grand,
porte que ce Duc, environ l'an MCXL octroya à la Rochelle
droicts de communes, marques de privilège de ville, pouvoir
d'avoir murailles, fossés et forteresses et d'establir les maire,
eschevins et pairs. L'auteur ne se souvenoit pas de l'an du
trespas de ce Duc, et par mesme moyen tesmoigne que le
titre sur lequel il s'est fondé estoit sans datte, comme il s'en
trouve nombre infini de ces siècles là. Je n'ay point veu
celuy cy et ne sçay mesme s'il est ès archives de la Maison de
Ville de la Rochelle. Feu Mr de Durande, qui estoit le plus
celebre advocat du lieu et qui avoit eu la garde mesme et
charge d'en faire l'inventaire qu'il m'avoit promis, m'ayant
autrefois asseuré q'uil ne s'y veoyt rien de plus ancien que
quelques privileges de la royne Alienor ; qui est pour venir
au second point de vostre lettre, mon mémoire adjouxte que
les priviléges concedez par le Duc furent confirmez par ceste
Royne et Louys le Pieux, son premier mari, sans autre cotte
de tems, qui m'a fait douter, qu'il peut y avoir de la divi-
nation. Puys il dit en suyte qu'ils furent aussi confirmez par
Henry, roy d'Angleterre, son second mari, environ l'an 1159.
Cet *environ* m'est encor suspec, ou du moins que la charte
où il a puisé n'est pas dattée. La charte de Jean Sans Terre,
anno I. regni, de la concession et confirmation des privileges de ladicte ville, mentionne les libertez et coustumes *quas
habuerunt tempore Henrici patris.* Il s'ensuyt donc qu'ils en
avoient, quant ce n'eust esté que le privilege du roy Richard, comte de Poictou, depuys roy d'Angleterre, sans datte
d'année ; mais qui est confirmé par le comte Alfonse, frere
du roy St Louys ; qui confirme aussi ceux de la royne

Aliénor, dont je n'ay pris copie et ay marque seulement : Confirmat regina Alienor sub eadem forma; qui se rapporte à Richard; ce que vous pourrez vérifier sur l'original qui est au Thresor des Chartes. Mais, d'autant que la confirmation du susdit comte Alfonse rapporte celle du roy St Louys de l'an MCCXXVII. et celle-cy celle du roy Louys VIII. de Montpensier de l'an MCCXXIIII. et celle-cy celles de Richard comte de Poictou, de la royne Alienor et trois de Jean Sans Terre, ann. I, II et VII. je me suys aisément persuadé que les Rochellois n'en avoient point d'autres en leurs Archives, parce qu'ils n'eussent pas-été moins soigneux de les faire confirmer par le comte Alfonse que de luy présenter ces autres qui eussent été postérieures et moins dignes, si on veut faire cas de l'antiquité. C'est ce que je puis respondre, quant à ce point de vostre lettre. Mon mémoire commence par dire que l'an DCCCCXXX. la Rochelle n'estoit pas grand chose, ains comme un bourg seulement, fors pour son assiète, pour estre sur une petite colline et en lieu haut dont elle prit son nom; et que dès ce tems là les Rochelois estoient desja cognus et aymez de leurs voysins, auxquels ils servoient de rempart contre les Danois et Saxons qui couroient ceste coste de mer. Mesmes pour temoigner de leur puissance et industrie en guerres navales,. ils prindrent et retiennent jusques aujourd'huy pour armoiries un petit bateau plat aveq un simple voyle, pour toutes armes. Parquoy, le duc de Guyenne, pour les gratifier, leur octroya les privilèges dont j'ay parlé, environ l'an MCXL. où il y a erreur : tellement qu'au compte de cet autheur, la Rochelle auroit esté seulement close entre MCXXVI et MCXXXVII. Certainement, elle l'estoit bien du moins en ce temps là, comme il se justifie de la fondation de St Barthelemi, ès mots : *postulaverunt campum Guillelmi le Syre, qui erat villæ et portæ contiguus;* et ceux-ci : *quia grave erat eis propter viæ longitudinem adire parrochialem ecclesiam Stæ Mariæ de Connia in superiori parte ipsius villæ contiguam;* comme aussi le lieu estoit dès lors grandement fréquenté de dedans et dehors du royaume, occasion qu'on fonda cette église de St Barthelemi, le requérant *multitudo hominum, tum indigenarum quam advenarum ex diversis orbis partibus illuc illuc per terram, et mare applicantium.* A ce propos tombe l'advis d'Helie Vinet [1], qui n'estoit pas un mauvais juge des choses antiques, disant que la Rochelle ne monstroit point de son temps de bastiment de cinq cens ans. Quant au discours de Popelinière, je ne voy point qu'on en doive faire compte. Au demeurant, je tiendrois à grande obligation si quelcun m'expliquoit la parenté de Raoul de Mauleon à Geofroy de Rochefort pour pacienter *(sic)* à ceux de Chastelaillon, et encores leur alliance aveq des Archevesques; ceux cy et ceux de Rochefort portoient bien aveq différence, des burelles, comme Lezignem, mais le lyon de Mauléon n'y revient pas; s'ils ne sont issus d'un puysné qui ayt pris le nom et les armes de son appanage pour Chastelaillon; je n'en ay point veu d'escu; aussi qu'il y ha près de cinq cens ans que le nom est fini, ayant une fort ancienne origine; car dès l'an DCCCCLXXV. Gilbert I. de ceste famille fut créé evesque de Poictiers, et frere d'Ebles, s^r de Chastelaillon; si l'on remonte à leur pere, vous voyez où cella va. Jusques icy je n'ay rencontré aucune mention de ceux de Mauleon avant l'an mil, quoy qu'ils ayent esté nos grands seigneurs, mesmes tenu cette ville que ce Raoul dernier, filz naturel du renommé Savary aussi dernier, quitta au comte Alfonse, frère de saint Louys, l'an 1245. Et vous avez veu un titre parmi ceux de l'Absie, au sac cotté II. où Guillaume de Mauleon se qualifie seigneur de Fontenay; et deux aussi, l'un sous RRR. (1239.) et l'autre sous ZZZ. (1243.) du sac A. où Eustache de Mauléon se dit vicomtesse de Chasteleraut; ce qui monstre leurs grandes alliances. C'est celle là qui fut femme de Geofroy de Lezignem, sei-

---

1. Elie Vinet. *L'antiquité de Saintes et de Barbezieux.*

gneur de Vouvent, vicomte de Chasteleraud ; laquelle, par erreur, j'avois estimée estre de la maison des Chabots ; tant il est facile de choper parmi ces ténèbres. Mais je m'esgare hors les termes de vostre lettre, sur laquelle je suys marri de ne pouvoir vous rendre plus de contentement, qui correspond à l'affection que j'en ay heu en cecy et que j'auray toute ma vie autant que je suys,

Monsieur,

> Vostre très humble et obeissant serviteur.
>
> BESLY.

A Fontenay, ce 18 février 1628.

Relisant ma lettre que j'ay barbouillée d'escritures et additions que verrez ; et excuserez bien toutes ces petites incivilitez sachant comme vous faites ma manière d'escrire et paresse à transcrire.

Je vous prie de mes affectionnées recommandations à M. Cramoisi et de l'assurer que j'ay bien bonne envie de le revoir dans quelque tems, si Dieu favorise mon courage d'une meilleure santé.

CXXX. — A MONSIEUR DUCHESNE, GÉOGRAPHE DU ROY, AU COLLÉGE DE LA MERCI, DERRIÈRE LE MONT S^T-HILAIRE, A PARIS.

(Baillée à M. Cramoisy, libraire, aux Cigoignes, ruhe St-Jacques.)

Monsieur, je suys fort aise que vous vous trompiez à mon advantage, et que l'opinion anticipée qu'avez de moy, et l'affection que me portez, vous soient lunettes de Flandres, qui vous font grossir ce qui part de moy, et quoy qu'à mon petit jugement ce ne soit rien qui vaille, vous le recevez néantmoins comme chose de prix et de valeur. Tel qu'il est, je suys marri qu'il ne respond à mon désir, et à l'estat que je fais de vous, et de tout ce qui me vient de vostre courtoisie. Je mets en ce rang la copie de la charte qu'il vous à pleu m'envoyer, et l'estime tout autant que si je n'en eusse desjà heu la semblable. Choppin l'a fait imprimer au premier livre *de Sacra politia*, excepté que, scelon sa coustume, il en ha retranchées quelques particularitez qui servent à l'histoire. Bouchet avoit veu l'original, et en fait mention en la III partie de ses *Annales*. Vous n'estes point inutile, et enfin vous vérifierez le sonnet que me feistes l'honneur de prendre en gré pour vostre histoire de Chastillon, et vous vous trouverez estre un océan inepuysable pour les vrays estimateurs des bons livres, et particulièrement pour moy qui suys en possession d'en estre estrené de vostre propre motif et à vos despens, comme encores me donnez espérance de vostre Traité des Ducs de Bourgongne et Dauphins de Viennois [1]. Assurez vous qu'il ne peut tomber en main de personne qui juge plus favorablement, mais equitablement de l'excellence de vos ouvrages.

Nous avons icy l'assemblée de Messieurs les ecclesiastiques, et ay ceans Mr l'abbé de Grignan [2]; de cette ancienne maison de Provence, dont je me sens fort honoré, et qui vous cognoist de réputation; mais qui non? Je suys en inquietude de sçavoir si Mr de Sirmond a publié ses Synodes de l'eglise Gallicane : et quels livres d'histoire, ou d'autre mérite, ont paru depuys que je ne suys allé de là. J'ay ce jourd'huy receu lettres de Mr Ménard [3] d'Angers; mais le porteur ne m'ha peu éclaircir en façon du monde de ses estudes.

---

1. André Duchesne publia en 1628 la seconde partie de l'histoire des ducs de Bourgogne, et l'histoire des Comtes d'Albon et Dauphins de Viennois.
2 François-Adhémar de Grignan, abbé d'Aiguebelle.
3. Claude Ménard, d'Angers, prêtre. *Historia Andegavensis. Ms.*

Je m'oubliois de vous faire ressouvenir que vulgairement
on appelle la Rochelle la ville Blanche, sans que j'en aye peu
sçavoir la raison, non plus qu'on sçait pourquoy on dit Arles
le Blanc : bien dit-on qu'Angers se nomme la ville Noire, à
cause de ses maisons couvertes d'ardoise. Je tascheray de
recouvrer un serment que les Rochellois maintenent avoir
esté fait à genoux par le Roy Louys XI, quand il prit possession de leur ville. Le papier me laisse en volonté de demeurer
éternellement,

      Monsieur,

            Vostre tres humble et obeissant
            serviteur.

                    BESLY.

De Fontenay, ce 1er may 1628.

CXXXI. — A MONSIEUR DUPUY L'AISNÉ, ADVOCAT EN PARLE-
MENT, RUE DES POICTEVINS, AU LOGIS DU PRÉSIDENT DE THOU,
A PARIS.

Monsieur, si monsieur vostre frère m'eust voulu faire
l'honneur de me croire, il ne se fust pas retiré si promptement de cette ville, comme il ha fait. Et si Dieu m'eust ouy
vous eussiez esté le maistre de la compagnie, et malgré le
mauvais tems qui court, nous l'eussions changé en un meilleur, au moins quant à nostre particulier contentement.
Meshuy il nous faut remettre l'occasion après la paix, c'est à
dire après la réduction de la Rochelle au service du Roy dans
la fin de juin [1], si les pronostiques ont lieu. Le bonheur de
l'un me seroit commun avec tout le monde, l'autre me seroit très particulier et ardemment désiré.

J'ay sçeu au vray le mariage de Mr le prince de Marcil-

---

1. La Rochelle ne se soumit au Roi que le 28 octobre.

lac [1], et heu l'honneur de prendre congé de luy, et de M^r l'abbé de La Réaux, lorsqu'ils partirent d'icy à ce dessein, et ay fort bonne mémoire des déclarations et offres que de leurs graces ils me firent au delà tout mien mérite pour maintenir mon filz en la possession de la libéralité de Mr de Loménie et de Mad. la marquise de Mirebeau, touchant la justice d'Oulmeś. Et croy fermement que s'il vous plaist prendre la poine, comme m'escrivez, d'en dire vostre advis à Mr de Fains, ou user d'autre expédient, l'affaire pourra réussir, ce que je désirerois principalement pour éviter le reproche d'avoir entrepris un édifice que je n'ay peu parachever.

Je reçeu n'ha pas longtems l'une des vostres à laquelle je ne manquay de faire responce, car m'estant frotté à vostre robe, j'ay un peu quitté de la rusticité de mon village, si ce n'est à refuzer les courtoisies de mes amys, lesquelles à la vérité j'accepte volontiers aveq les deux mains sans m'excuser d'aucunes, comme encores je fay icy vostre offre libéral du chapitre de la branche d'Antioche, à fin de me corriger, et ceux qui m'ont trompé. *Dies diei eructat verbum, et nox nocti indicat scientiam.* Quant à la clause je ne vous décevray point, et ne veux commancer par vous à faire faillite pour mes dettes, sur quoy j'appelle M^r vostre frère à tesmoin. Mais je pense vous cognoistre, et que vous avez les yeux si bons, qu'il seroit du tout impossible de vous faire passer du plom pour de l'or. Autre chose seroit si preniez résolution de recevoir toutes choses d'un mauvais payeur jusques à de la paille et de la bourrée. A tant je prie Dieu, qu'il vous conserve et demeure en éternité, Monsieur, vostre très humble et obligé serviteur.

BESLY.

A Fontenay-le-Comte, ce 1 de may 1628.

---

1. François VI de la Rochefoucauld, prince de Marsillac, puis duc de la Rochefoucauld, épousa, le 20 janvier 1628, Andrée de Vivonne, dame de la Chasteigneraie et d'Oulmes, petite-fille d'Antoine de Loménie.

CXXXII. — A MONSIEUR DUCHESNE , GÉOGRAPHE DU ROI ,
AU COLLÉGE DE LA MERCI , DERRIÈRE LE MONT Sᵀ-HILAIRE ,
A PARIS.

Monsieur, j'ay pris une telle part en vostre intérest, que
j'ay bien heu de la peine à retenir ma main de ma plume de
vous trasser une épitre apolegitique pour servir de préface
à vostre livre, non sans exemple de nos devanciers. *Par pari*:
vous avez l'*outil* au poing, la douleur encore vivante. Souvenez-vous du mot, *le courroux fait la langue*. Non pas que
j'estime qu'il fust honneste d'imiter les harangeres , et se
desbonder en iujures. Mais il y ha je ne scay quelle maniere
de se tenir sur le résolu, et la modestie, et cependant, parer
aux coups, et tout d'un tems porter de bonne grace le fleu-
ret dans l'estomac. *Qui se fait brebis, le loup le mange.*
Mʳ de Ronsard suyvit la voye d'action contre du Beslay : et
encores Mʳ Pasquier contre du Haillan, ce que je tiens de
luy mesmes. Vous voyez maintenant comme j'avois bien
préveu le malheur qui vous arriveroit, lors que je vous disois
que Saphon [1] avoit repris Pindare, de ce qu'en un sien can-
tique il n'avoit pas semé les fables aveq la main , mais à
pleine poche : et qu'ainsi vous mettiez au poing des larrons
la clef de vos thrésors. Qu'il vous falloit dresser un volume
à part, de ce que vous surchargiez les autres. Et qui empeschera que ne le faciez encores, et que vous vous remettiez
en possession de vostre héritage ? Tous les gens d'honneur
vous presteront l'espaule, et le publiq playdera vostre cause
et l'emporterez de toutes voix. J'ay fait entendre vostre
plainte à Mons. l'archevesque de Rouen [2], grand amateur

1. Erreur. — Au lieu de *Saphon* , lisez Corinne. Cette femme poëte,
rivale de Pindare, lui enleva cinq fois le prix dans les jeux de la Grèce.
2. François de Harlay, primat de Normandie.

des gens de lettres : il en ha heu compassion, s'est fort enquis de vostre demeure, et de vostre employ d'apresent.
Mais, Bon Dieu, de quelle contenance ces gens-là ont-ils peu
supporter vos souspirs et vos reproches ? Quelles declara-
tions n'ont-ils deu faire, quelles satisfactions d'honneur, de
parole, et par esprit ! Il me tarde que je ne voye par vostre
livre si vous avez autant de cœur que vous avez bonne espée :
et vous asseurer que si j'avois aussi bonne espée que j'ay
beaucoup de cœur, j'entreprendrois volontiers en vostre
cause de protéger la mienne ; et temoignerois par veritables efforts que je suys, et veux demeurer toute ma vie,

Monsieur,

Vostre très humble et affectionné
serviteur.

Besly.

De Fontenay, ce 28 may 1628.

CXXXIII. — A Monsieur Duchesne, géographe du Roy,
au collége de la Merci, derrière le mont St-Hilaire,
a Paris.

Monsieur, vous avez prudemment avisé, ce me semble,
de vous contenter d'une préface qui monstre vostre ressentiment modeste, et qui sera toujours approuvé de tous gens
d'honneur. Néantmoins me ressouvenant des mémoires de
Champagne de feu Mons.' Pithou, au pied desquels il ha mis
ce vers de Virgile *sic vos non vobis*, pour noter tacitement
ceux qui depuys son escrit s'en estoient servis sans le nommer, j'estime qu'il ne seroit point hors de raison si en la
premiere page de vostre livre au dessous du titre, vous mettiez ces deux vers de Phœdrus, pris de la fable 52 :

Apes in alta quercu fecerant favos.
Hos fuci inertes esse dicebant suos.

Car outre l'allusion à vostre nom qui s'y rencontre heureusement, la touche est autant vive qu'on puisse dire : et si quelcun prend peine de lire le lieu entier, il cognoistra un secret, lequel neantmoins sera tousjours assez clair aux personnes intelligentes et sans qu'aucun puisse vous en attaquer, ny s'en plaindre ouvertement, ny autrement.

M^r le Président de Marka m'ha fait l'honneur de venir expressément de l'armée jusques icy, où nous avons coulé doucement près de deux jours, tant à veoir mes petits brouillards, qu'en autres plaisirs.

J'ay derechef entretenu Mons. l'archevesque de Rouën de vos peines et labeurs très meritoires, aveq une grande demonstration de vous vouloir du bien. Il est parti de cette ville vers vendredi dernier pour son retour, à cause que M^{rs} du clergé ont arresté leur affaire aveq le roy. Je m'asseure que le voyant de delà, vous serez favorablement recueilli de luy. Je vous rends graces des nouvelles de tant de beaux ouvrages nouvellement publiez et à publier. Sur quoy je vous escriray plus au long au prochain voyage, Dieu aydant. Car je suys à present dans les negoces publiques jusques au col. Mais en quelque estat que ce puisse estre, je désire demeurer, s'il vous plaist,

Monsieur,

Vostre très humble et obéissant serviteur.

BESLY.

De Fontenay, ce 26 juin 1628.

CXXXIV. — A MONSIEUR DUCHESNE, GÉOGRAPHE DU ROY, AU COLLÉGE DE LA MERCI, DERRIÈRE LE MONT S^T-HILAIRE, A PARIS.

(Baillé à M. Cramoisy, libraire, ruhe St-Jacques.)

Monsieur, je n'ay jamais fait d'estat de ces petits indices qu'on met par manière d'acquit au devant des ouvrages, pour recognoissance de ceux de qui on ha emprunté les inventions ou les discours. Car ce sont pièces destachées, qu'on en peut tirer à toutes heures, mesmement après la mort de ceux qui sont les plus interessez, lesquels enfin demeurent sans aucune satisfaction : voire sont en danger d'estre accusez d'expilation et de larçin. Pline l'aisné est le seul que j'aye veu le plus conscientieux des escrivains qui ont escrit après les autres sur mesme argument. Dautant que son indice n'est pas exemptile et destaché, attendu qu'il a voulu qu'il servist de premier livre à ce sien grand corps d'histoire, et en fust le premier membre. Voyez, je vous prie, sa préface, et tout ensemble admirez la candeur de ce grand homme là, et le front de la plus part de nos nouveaux copistes. O que le jugement du Bibliothecaire du Roy Ptolemée est digne de louange, qui seul contre l'advis des autres juges, déclara un particulier victorieux sur les autres escrivains ! Aussi monstra-t-il sur le champ que ces autres là n'avoient fait que transcrire d'autruy, au lieu que celuy-là estoit le compositeur et l'inventeur de son livre. Mais c'est ce que bien peu de personnes sont capables de descouvrir ces fourbes, et arracher ces masques du visage du fraudeur des Rusez tant célébré dans nos romans. *Interea patitur justus,* tandis la corneille a l'advantage et le loysir de se braver des plumes du paon, comme il advint à Politian, qui pour avant-propos de sa lecture d'Homère à ses auditeurs, recita en latin la vie de cet excellent poëte escrite par Herodote, comme si ce fust chose de son invention, en un tems que le livre n'avoit ny esté traduit, ny imprimé en sa langue : et esté veu de fort peu de gens doctes, tels que Jean Lascaris et quelques uns de semblable étoffe. Auxquels cet Italien feit une response courtisane, qu'ils n'entendoient pas leur mestier, qu'il se falloit prevaloir du tems et de l'occasion, et que si cinq ou six comme eux, venoient à se plaindre de luy, ils seroient blasmez d'envie et de calomnie. *Ainsi va le monde.* Néantmoins *qui se fait brebis le loup le mange.* J'atends aveq impatience vostre Bourgongne pour en orner mon estude, comme j'ay desjà fait de tant de vos autres chefs-dœuvres.

A tant je prie Dieu qu'il vous conserve et suys,

Monsieur,

Vostre très humble serviteur.

BESLY.

A Fontenay, ce 24 juillet 1628.

CXXXV. — A MONSIEUR DUPUY L'AISNÉ, ADVOCAT EN PARLEMENT; RUE DES POICTEVINS, AU LOGIS DU PRÉSIDENT DE THOU, A PARIS.

Monsieur, la présante sera seulement pour accompagner le contract qui a esté fait entre Messieurs les députez du Roy et Messieurs du clergé ; leur assemblée est finie de vendredi dernier et se sont séparez[1]. Vous verrez le contract qui vous fera plus sçavant de tout que je ne sçaurois faire.

Monsieur le président de Macka (Marca) m'a fait l'honneur de venir exprès de l'armée jusques icy pour visiter mon estude, où il a esté bien deçeu de son espérance, ayant trouvé force charbons de terre au lieu d'un thrésor. Il m'ha promis monts et merveilles, comme aussi je ne luy ay rien cellé de tout ce qui estoit en ma petite puissance. Partant de céans, il m'asseura qu'il escriroit à Mons. de Loménie, qui ne se laissera pas tromper aux avantages que sa plume voudroit me donner. Mais une chose scays-je bien au vray, que je ne voudroy cedder à personne en affection à son service. Je

---

1. Les députés du clergé, réunis à Poitiers le 6 février 1628, puis à Niort et enfin à Fontenay le 27 avril, accordèrent au Roi, par contrat du 17 juin, trois millions de livres pour aider à la prise de la Rochelle. Les séances continuèrent encore jusqu'au vendredi 23. Le 24, une messe solennelle fut célébrée dans l'église de Notre-Dame de Fontenay, et l'assemblée se sépara.

vous supplie luy vouloir ramentevoir mon affaire d'Oulmes
et à Mr de Fains qui est de présent à Paris, scélon que j'ay
appris depuys trois jours de Mr de Saint Florent, de la maison
de M^r le duc de La Rochefoucaut. J'ay escrit cette sepmaine
audit seigneur duc sur ce sujet, et espère qu'il y contribuera
sa bonne volonté et les effets possibles comme j'en heu les
paroles de Mons. le prince de Marcillac quand il partit d'icy
pour Bourgongne, et de M^r l'abbé de La Reau que ledit sieur
de Fains congnoist particulièrement : peu de chose donne
grand'peine qui me poize, non pour moy mais pour vous et
tant de gens de qualité et d'honneur à qui j'en fay importunité. A tant je prie Dieu qu'il vous conserve heureusement,
et suys en éternité, Monsieur, vostre très humble et obligé
serviteur.

BESLY.

De Fontenay, ce 26 juin 1628.

CXXXVI. — A MONSIEUR DUCHESNE, GÉOGRAPHE DU ROI.

Monsieur, enfin j'ay receu vostre histoire des Ducs de
Bourgongne, des Dauphins de Viennois et des comtes de
Valentinois, d'un royal sujet, par un excellent ouvrier,
composé dans un juste volume, de charactères choisis, et
d'une relieure non commune. Ce m'est un temoignage bien
exprès que ne m'avez pas oublié. Car outre le présent qui
est de merite, vous me l'avez rendu plus cher et precieux,
non seulement par la missive dont l'avez accompagné, toute
pleine d'affection et d'amityé, mais principalement en l'honneur que je reçoy de m'y veoir dignement placé au rang de
plusieurs autres qui valent mieux que moy, sous la faveur
desquel j'espère de passer à la montre, et de compagnie
aveq eux franchir la carrière des siecles à venir, et puys que
nos copistes, ces venerables quintils, aillent se mettre à un

semblable essay, et *immisceant se pavonum formoso gregi, ea
lege ne gloriari alienis libeat bonis !*

Pag. 9. lisant la mort de Regnaut comte de Nevers, je me
suys ressouvenu de défunt Mᵣ Loisel, ce bon vieillard si
sçavant et si homme de bien, tout ensemble, et comme pour
ravir l'occasion de faire veoir l'amityé singuliere qu'il me
portoit, conjointe à une candeur non pareille, il ha voulu
charger ses mémoires de Beauvais, que je l'avoy adverti d'un
lieu de Glaber Rodulphus[1] quoy qu'il eust le Ms. pour
l'imprimer, et qu'il l'eust leu et releu diverses fois. A son
exemple vous aurez agreable que je vous remarque dans le
mesme Glaber le trespas de ce comte là, liv. IIII, chap. dernier. Pag. 14. je desireroy qu'eussiez adjouxté touchant nostre
Aldearde, que par elle se doit interpréter la lettre CXXVII de
S. Bernard escrite sous le nom de vostre Hugues II. D. de
Bourgongne à Guillaume IX. D. de Guyenne, son cousin remué
de germain, ès mots *carne propinquus* et *cognate charissime.*
Item que les lettres de Grégoire VII. PP. du divorce de Guillaume VII. D. de Guyenne et de sa femme, s'entendent de
ceste Duchesse, pag. XXVI et XXVII. Item que Pierre le Baud
en son *Hist. de Vitré, chap.* XXIIII de mon exempl. Ms. dit
précisement que Juhel de Mayenne avoit epousé une des
filles du Duc de Bourgongne. Toutesfois Guillaume de Malmesbury [2] au v de son hist. d'Anglet., fait de race italienne
la femme de Bertrand de Toulouse et qu'elle estoit niepce
de la comtesse Mahaut : *duxisse Mathildis Marchizæ neptem
ex Longobardiâ natam, ut illius affinitate illas provinciæ par-
tes tutaretur.* Passage que Catel a corrompu et non entendu,
bien que Vignier l'eust sainement interpreté. A cella battent
quelques autheurs de la guerre sainte de Bongars, où se veoid

---

1. Glaber (Rodolphe), bénédictin du XIᵉ siècle. *Chronicon* (900-1046).
(Duchesne. t. IV.)

2. Guillaume Somerset de Malmesbury, bénédictin. *De rebus gestis
regum Anglorum* (449-1127).

que ceux de Gennes touchoient d'alliance au comte Bertrand, et ailleurs, qu'ils furent le secourir d'une armée navale au siege de Tripoli. Voyez donc si la mère d'Alix n'estoit point italienne, sur quoy j'ay tout plein disputé en mon hist. des comtes de Thoulouze, et le montray dernierement à Mʳ de Marca, président au parlement de Pau, lequel estoit venü exprès du camp de la Rochelle pour me visiter ceans : et luy justifiay aussi que le comte Bertrand estoit issu filz legitime du mariage de Sanche d'Arragon, tant s'en faut qu'il fust bastard, comme tient l'opinion vulgaire sous couleur qu'en Malmesbury il est dit *ex una pellicum natus*. Ces bonnes gens de moines parloient ainsi d'un mariage rompu pour lignage. Il y ha titre au trésor du Roy du xⅡ juillet mxcvi. *De Gurpitione vel dimissione totius honoris B. Egidii tàm in villâ quàm extrâ, quam fecit Bertrannus Comes et uxor ejus Adelaitz precipiente domino Raimundo comite.* J'ay aussi le traité de leur mariage, ou de constitution de dot, extrait du registre xix au thresor, lequel ayant conferé aveq celuy que Catel â publié j'y ay trouvé force differences, entre autres, sa copie ne contient pas la donation du comté de Cahors et de son dioceze, en quoy l'avez suyvi et parce que ce point est d'importance, je vous supplie humblement de m'esclaircir de vostre obmission.

Pag. xxi. Dautant que vostre D. Hugues I et sa femme Yoland eussent esté du tiers au quart, si elle eust esté fille de Guillaume Comte de Nevers et que de ce tems là les mariages n'estoient permis qu'apres le septiesme degré, je douterois que *Parens* en la charte latine ayt esté mise pour *Pater* abusivement signifiant *Socer ;* et se peut faire qu'il est mis pour parent en nʳᵉ langue, comme ces deux seigneurs l'estoient. Je suys tres certain qu'avez veu cella mieux que moy, et que c'est un trait d'indulgence envers vʳᵉ conjecture. Mais prenez garde que quelcun en veuille faire le Bragard à vos despens, comme on ha desjà fait. Il n'eust pas esté mauvais de cotter le scrupule.

Pag. xxix. J'estime que la lettre cxxi de S. Bernard se doit rapporter à la femme de vostre Duc Hugues II.

Mais je m'abstiendray d'etaller icy davantage mon ignorance, après que je vous auray remercié de l'honneste mention que faites de moy dès l'entrée de vos comtes de Valentinois : et souhaiteroy pour fortifier ma conjecture de leur origine et de leur nom de famille qu'ils ont conservé aveq une si constante ambition, et de la descente des Dauphins de Viennois, que je pense de mesme souche, vous eussiez adjouxté un lieu d'Aimarus Falco en son hist. de S. Anthoine où un seigneur nommé Josselin, ou Gaucelin, *de stirpe Pictaviensium comitum* feit amener de Constantinople le corps de ce saint dans la province de Vienne, et que son filz Guigues, ou Guy, le translata au Mont St Didier, à la prière du PP. Urbain II, ce que Baronius en ses Annales à rapporté sous l'an mlxxxix. Cet Aimarus doit avoir emprunté ce point de quelque relation du tems, ou de l'acte de la translation mesme. Je ne l'ay peu rencontrer, et par ce que vous le citez à autre propos qui me fait soupçonner qu'il est en vos mains, je vous supplie me tant obliger que de me faire un extrait de ses propres termes, afin que je les puisse considerer aveq loisir, et de m'en escrire vostre sentiment.

Si N. publie son traité de la Rochelle, il ne produira rien de si ancien que nos trois ou quatre pièces, et faites prudemment de vous retenir cependant pour aiguiser vos forces. Je ne sçay si je vous ay adverti que Mr Reveau [1] travaille sur mesme sujet, et qu'il m'en à fait escrire par des gens de qualité, à qui je defère beaucoup : neantmoins je me suys excusé sur ce que m'aviez prevenu. Il y aura demain trois sepmaines que je vei les restes de Chastelaillon, qui est encores remarquable par une haute tour, qui ressent bien son

---

1. Georgii Revelli, *de Rupellâ ter obsessâ, deditâ demùm, captâ, subactâ, libri tres. Amsterd.*, 1649 ; *in-8.*

antiquité seigneuriale et qui ne pouvoit estre annéantie que par une puissance majeure, telle que la Rochelle qui est née et s'est bastie de ses ruines.

Excusez ma verve dont je ne suys pas maistre quand elle me prend et à laquelle je lasche volontiers la bride lorsque je devise aveq vous, qui scavez voiler ces defaux sous l'ombre d'une vraye et sincère amityé. A tant, je prie Dieu qu'il vous conserve heureusement, et v^re petit quercule dont je vous demande des nouvelles.

Monsieur,

V^re très humble et affectionné serviteur.

BESLY.

De Fontenay-le-Cte, ce 7 aoust 1628.

CXXXVII. — A MONSIEUR DUCHESNE, GÉOGRAPHE DU ROY, AU COLLÈGE DE LA MERCI, DERRIÈRE LE MONT St-HILAIRE, A PARIS.

Monsieur, je n'ay point attendu vostre permission pour m'escrimer d'estoc et de taille contre vostre histoire de Bourgongne comme avez desjà peu juger de mes dernieres. Mais c'est à condition tacite, voire expresse, que pourrez user de pareille liberté pour censurer les censeurs, et de passer la plume et ganivet dessus et à travers l'acte de la censure. Tout jeu osté, et pour parler sérieusement, si j'avoy quelque voix au chapitre des historiens, et des gens de lettres, je diroy hardiment que vostre ouvrage doibt tenir le premier lieu en ce genre d'escrire, et ne penseroy pas que je deusse en demander ne excuse ny pardon à personne qui voulust s'en formalizer. Car en tout cas chascun â son opinion libre.

La maladie de M^r Du Puy m'afflige bien fort. Vous me ferez playsir de m'advertir, s'il vous plaist, de l'estat de sa santé, sur la premiere occasion qui se présentera. Le Père Sirmond ne se haste pas volontiers en chose d'importance, mesmement qui ne le regarde pas seul, et qui ha de grands respecs au long et au large. Je verray volontiers ce 3ᵉ volume d'Histoire de France [1], et le 4ᵉ encore, auxquels celle de Mʳ le Président de Thou n'aura pas nui, non plus qu'aux autres, la Bibliothèque de Vignier, et les antiquitez de Fauchet. Mʳ l'evesque de Leon, du nom de Rieux [2], m'ayant fait l'honneur ces jours icy de venir visiter ma librairie, me dit que l'origine de sa maison venoit d'un puysné de Bourgongne, et qu'ils en avoient la preuve dans leurs archives, laquelle il m'a promise afin de vous l'envoyer. Un bruit fascheux qui â couru de deça du décez de Mʳ de Rouën, m'avoit tiré des larmes des yeux, mais je me suys assuré du contraire par vostre missive : dont je louë Dieu, et le prie de nous conserver longuement un si grand et excellent prélat pour l'honneur et le bien de ce Royaume. A tant je demeure,

Monsieur,

Vostre très humble et obeissant serviteur

Besly.

(P.-S.) Ceux que j'ay peu voir, qui ont parlé de l'origine de la belle-mère du Roy Philippe I, ne m'ont point satisfait. Je vous prie m'en mander au long vostre opinion. Il y ha quelques histoires de prix que je n'ay leuës : possible que ce que je cherche sera là. En tout cas si ne m'en dise des nouvelles, je suis taillé de croupir en mon ignorance.

Sans date. (Vers le 28 août 1628.)

---

1. Le 3ᵉ vol. de l'histoire de France, de Dupleix ne parut qu'en 1630, et le 4ᵉ vol. en 1635.
2. René de Rieux, évêque de Léon.

CXXXVIII. — A MONSIEUR DUCHESNE, GÉOGRAPHE DU ROI.

Monsieur, la preface de v^re histoire de Bourgongne m'a-
voit appris l'occasion que vous aviez heuë de la revoir et la
rędonner au public , et les termes dont vous usez m'estoient
autant cogneus en leur interieur, que si vous mesmes m'en
eussiez fait le commentaire. Cet ouvrage , collationné au
contrefait, justifiera prou la première main et le pinceau originaire à quiconque sera capable de ce mestier , puysque
moy qui n'y suys qu'un simple et grossier apprentif , me
suys apperceu de la fourbe , qui sera tousjours blasmée de
tout homme vertueux et plein de candeur. Il n'est pas besoin
que vous cherchiez des excuses sur la precipitation : car il y
auroit danger que l'envie les convertist en crime d'ambition
et de vanité, non pas moy qui scay v^re ingenuité et vostre
franchize. Continuez seulement à travailler avèq si peu de
soin comme voulez nous faire croire, et moy et mes semblables confesserons vous en estre fort obligez. Au demeurant
je n'ay rien à contredire aux autres points de vostre lettre ,
après vous avoir rémémoré que le docteur Cujas parlant en
quelque lieu du mot *Parens* , comme nous le prenons en
France, l'appelle *Verbum militare* : et que le grand Polugra-
photate de cette ville, Mr Tiraqueau, est digne d'estre leu tit.
de retrait lignager § 1, au mot le *Parent* glo. 8. n. 1. Je veux
encore vous consulter de deux particularitez , l'une quelle
peut estre vostre opinion de ce que Chapeaville en l'annot.
sur le chap. xxvii de Gilles d'Oirval *tom.* 2 des évesques de
Liége, rapporte de Bruistemius, que l'an mcxxxi, Charles ,
Pierre et Hugues, filz du duc de Bourgongne estoient chanoines de l'église S. Lambert de Liége, docteurs ès loix, l'un
prieur de S. Denys, l'autre de S. Pierre et le tiers de S. Bar-
thelemy : si cella est vray, et s'il l'est, de quel duc il faut
l'entendre, si de Hugues II, ou d'un autre. La seconde, com-

ment se doibt interpréter une charte de l'an 1224, du Roy Philippe Aug. de son regne le xlij, où il tesmoigne que la veufve de Raoul seigneur d'Issoudun, lors vivante, estoit de son sang et lignage, *sanguinis nostri, quæ fuit filia præstantissimi quondam comitis Alverniensis consanguinei nostri :* si cella regarde Mahaut F. d'Eudes II D. et femme de Robert père de Guy comte d'Auvergne, ou la fille dud. Eudes III et femme de Raoul II, comte d'Eu ou Yoland de Dreux II, femme d'iceluy Raoul. Vous voyez de quelle conséquence est ce point pour la maison de France, celle d'Auvergne et celle de Lezignem. Possible que Mr Justel en pourra sçavoir des nouvelles; sinon, ce luy sera occasion d'y penser, vous priant de l'en advertir, et de l'assurer de mon service, et que si pour ayder à ses couches des comtes d'Auvergne, il ha besoin des titres que j'ay, je les luy accorderay très volontiers, tant pour la particulière consideration de sa personne, que pour celle du publicq, qui est trop longtemps frustré de son ouvrage. Je vous remercie du passage d'Aimarus Falco, lequel je recongnoy estre fort differend de ce que le cardinal Baronius en ha extrait et transcript dans ses Annales ecclesiastiques, puysqu'il fait Guy estre filz de Josselin de Poictiers qui deceda *sine liberis*, scelon Aimar. Mais quelles estoient *pervetusta nobilitatis et armorum insignia, quæ suprà portam horreorum conventus Monasterii*, dont il parle, *ad B. Mariæ templum, nonnullisque aliis in locis visuntur*, qui luy ont donné argument de croire que Josselin fust issu des comtes de Poictiers ? Voyla comment souventefois le langage ecliptique des autheurs qui pensent que ce qu'ils sçavent doibt estre cognu à tout le monde, met les lecteurs en peine de deviner ce qu'ils veulent dire, qui est un vice de tous les siecles très digne de correction et d'amendement. Cependant je vous prie de remarquer les mots, *Jocelino sine liberis defuncto, hereditas illius ad Guigonem Desiderium nobilitate insignem omni jure propinquitatis delata est.* Je voudrois bien que ce Falco se fust mieux exprimé, et qu'il nous eust informé

des fondemens de son discours. C'est trop vous importuner
à un coup et vous ennuyer de mes questions d'escolier : à tant
je supplie le créateur de vous conserver heureusement et toute
vostre compagnie, et demeure de tout mon cœur,

Monsieur,

V^{re} très humble et affectionné serviteur.

BESLY.

A Fontenay le Comte, ce 4 septembre 1628.

CXXXIX. — A MONSIEUR DUCHESNE, GÉOGRAPHE DU ROY,
AU COLLÉGE DE LA MERCI, DERRIÈRE LE MONT S^T-HILAIRE,
A PARIS.

(Soit baillée à M. Cramoisy, libraire, ruhe St-Jacques.)

Monsieur, la vostre du XII de novembre me surprit en un
tel estat le XX du mesme mois, que je n'eus point moyen de
la recognoistre. Car je ne me recognoissois pas moymesme,
tant j'étois affligé d'une griefve maladie qui à cuidé m'emporter. Tandis le messager s'en alla sans response, dont je
suys bien marri, et vous supplie vouloir m'en excuser. Vous
sçavez assez que mon naturel n'est point d'estre discourtois,
et combien j'ay accoustumé de faire estat de l'honneur que
je reçois en la correspondance de mes amys. Comme il m'ha
heu amandé, gràces à Dieu, j'ay cogneu vostre main et
vostre cœur, mais aveq de l'amertume, craignant que ce
rheume qui vous à retiré des champs à la ville, ne se soit
empiré et vous ayt incommodé. Dieu veuille qu'il en soit autrement. Au demeurant vous ne vous lassez point d'avoir un
soin extraordinaire de moy, me faisant bien paroistre que
vous me jugez, croyez et tenez pour tel que je vous suis,
c'est à scavoir vray, franc et cordial amy.

L'autheur me semble avoir gaigné le point qu'il a entrepris, qui est de monstrer que les privilèges [1] dont il parle, n'ont point esté traitez ne conditions faites de subjects aveq leur Prince souverain, mais simples et nues graces et concessions qui leur ont esté accordées, pour en jouyr sous le bon plaisir d'iceluy [2]. Je voudrois fort qu'eussiez pris la peine d'en publier ce qu'en avez recueilly par forme d'histoire et penserois que ma petite glosse *de Castro Jullii* ne seroit pas mal receuë en traitant en passant de l'antique maison de Chastelaillon fondateurs de l'abbaye d'Aix, maintenant prieuré de Cluni. D'Aix il en est fait mention en la vie du débonnaire, si je ne me trompe, où le président Fauchet n'ha peu deviner ce que c'estoit : ce qui luy est bien à pardonner en chose de fait. Puys vous pourriez notter plusieurs belles particularitez de la maison de Mauleon, pour tomber dans celle de Thouars où tous ces vieux droits de La Rochelle resideroient, si le temps ne les avoit prescrits. Mais cette Amabilis Dame de Ré, mère du dernier Raoul de Mauleon, combien se rencontreroit-elle à propos en ce sujet. Item il seroit besoin du tout de traiter du sit de la ville : si en Poictou ou en Saintonge ; et pourquoy, réputé le Poictou estant du diocèse de Xaintes et non de Poictiers, et à ce propos faire une digression des comtez de Xaintonge et de Poictiers et concilier doucement cette difficulté.

Mais je ne m'appercoy pas que je veux faire icy le pedagogue et le maistre en ars devant les Docteurs. Vous devine-

---

1. De La Rochelle.

2. Auguste Galland. *Discours au Roi sur la naissance, ancien estat, progrez et accroissement de la ville de La Rochelle, pour monstrer que ladite ville est naturellement soumise à la souveraineté du royaume ; que la propriété d'icelle et tous droits qui en dépendent, appartiennent aux Rois, à titre légitime ; et que les prérogatives et privilèges accordés aux habitans, sont concessions gratuites et bienfaits ; pour, en outre, convaincre de mensonge le manifeste publié sous le nom de La Rochelle, en ce qu'il suppose le Roi Louis XI avoir par serment confirmé lesdits privilèges, et à genoux devant le Maire de La Rochelle.* 1629. in-8 de 160 pages.

rez aisémént pàr là que je suys en mauvaise disposition de corps qui trouble les facultez de l'esprit tel que le mal le laisse jouër. Je me tais donq, sauf que je vous baille courage, et tous bons records qui me sont possibles. Sinon, je pourray quelque jour en publier mon petit sentiment, qui ne deplaira pas, je m'en asseure, et ceux du pays. Mr Reveau advocat du Roy et conseiller par réunion au siège de la Rochelle, homme d'honneur et de sçavoir, lequel m'entretint long-tems hier à mon chevet de lit, faisant semblant d'approuver mon opinion. C'est trop de cella.

Enfin le Père Sirmond à donc laissé la bride sur le col à ses conciles. O qu'il ha fait vieillir de gens et de diverses pen-sées, et qu'il s'est prépare d'aboyents, non pas moy à qui l'esprit fin et délié de cet homme est en un respec singulier. Je vous prie et conjure de faire en sorte aveq Mr Cramoisi que j'en aye un exemplaire du blanc et du grand, qui soit bien relié.

Vous m'avez cy devant escrit de l'histoire de Languedoc[1] et de je ne sçay quel livre de Mirœus, obligez moy de ce que je puisse avoir ce qui en vaut la peine, et s'il y ha quelques livres d'antiquitez.

Je n'escris point pour ce coup à Mr Justel, mes forces ne me l'ayant permis. Je le contentray de mes petits reliefs et de bon cœur; mais de pouvoir satisfaire à ce qu'il demande, je me cuidrois estre un grand habille homme d'en accomplir le dixiesme.

J'ay aussi receu une nouvelle lettre de M. le Président de Marka. Je prise grandement son avidité, mais je vous asseure qu'encores faut-il excuser l'estomac de ses amys et leur lais-ser du loysir pour cuire et digérer quelque chose pour eux mesmes. Pardonnez s'il vous plaist à ma loquacité, ou des

---

1. Nous ne connaissons que le *Discours sur l'antiquité et l'excellence du Languedoc, par Jacques Cassan*, 1617, qui puisse donner lieu à cette note.

le commancement jugeant de l'importunité, repetiez la lettre pour la reveoir à cent ans et un jour. A tant, après avoir prié Nostre Seigneur qu'il vous redonne vostre premiere santé et vous y conserve, et à moy l'honneur de vos bonnes grâces, je me souscriray de tout mon cœur,

Monsieur,

Vostre très humble et obeissant
serviteur.

BESLY.

(Décembre 1628.)

Je pense m'estre oublié de vous avoir remercié de vostre exemplaire, en tout cas le remerciment ne sera pas mauvais pour estre repété; mais quoy, toutes mes lettres ne sont quasi autre chose, tant vous abondez en nouveaux fruits, et moy en stérilité. Un contraire est toujours mieux veu par son contraire.

CXL. — A MONSIEUR DUCHESNE, GÉOGRAPHE DU ROI.

Monsieur, puisque vostre inclinacion jusques à present ne regarde la Rochelle, je me tairoy sur ce sujet jusques à ce que je puisse vous y servir selon ma petite capacité, non pour vous prescrire aucune regle ny ordre dont je prendray tousjours leçon de vous. Je vous ay escrit d'un certain Guy comte d'Auvergne, proche parent du Roy Philippe Aug., suyvant une charte de l'histoire de Berry; vous m'escryvistes qu'il falloit possible *Niverniensis* pour *Alverniensis* : vostre conjecture est confirmée tres veritable en termes exprès d'une charte du thresor. Je vous recommande les synodes du P. Sirmond, vous suppliant prendre le soin de les faire justifier, car c'est pityé du nombre des livres transposés et imparfaicts que Mr Cramoisi m'a envoyé : je lui escris.

Mandez-moi, s'il vous plaist, le prix commun ; car aussi je le trouve un petit cheret. C'est grand cas que ne puissions rencontrer *Parisiensis* et le Sigebert de Mirœus [1]. Je me res-jouy que vous vous prépariez, ou soyez sur le point, ou que desja vous ayez estreiné le publiq de quelque nouvel ou-vrage, digne frère de ses aisnez. Tenez-moy en vos bonnes grâces et maintenant que Dieu et le Roy nous ont donné la paix, venez veoir la Rochelle en son deuil, laquelle vous n'avez voulu veoir dans sa pompe. V^{re} reposée est marquée ceans pour plus de tems que ne voudrez accepter : vous asseurant que je suys veritablement et sans feinte,

Monsieur,

V^{re} tres humble, etc.

BESLY.

De Fontenay, ce 8 janv. 1629.

CXLI. — A MONSIEUR DUPUY L'AISNÉ, ADVOCAT EN PARLE-MENT, RUE DES POICTEVINS, AU LOGIS DU PRÉSIDENT DE THOU, A PARIS.

Monsieur, je penserois commettre un trop grand crime si à ce commancement d'année je ne vous souhaitois toutes choses heureuses durant son cours, et à moy l'honneur de vostre amityé et de vos grâces, dont les fruictz qui se recueil-lent par le commerce des lettres m'ont esté enviez depuys vostre dernière maladie d'iotérie. Mons. Du Chesne m'ad-vertit de cet accident qui me fut grandement sensible, et me persuade tant de ma piété, que je pense mes oraisons n'avoir pas peu servir à vous remettre. Dieu soit béni qui vous a

---

1. Sigebert, moine de Gemblours (XIIe siècle). Chronique, en latin, de l'an 381 à l'an 1112, publ. par Mirœus (Aubert Le Mire), en 1608.

donné guérizon et de ce qu'il me tire par la main d'une griefve indisposition qui m'a conduit jusques sur le bord du tombeau, depuys deux mois en çà. *Le vin ne vaut plus rien quand il est venu à la lie :* ny la santé des hommes lorsqu'ils ont attaint les bornes de cinquante ans. Il faut tenir ses bottes prestes, et tout son équipage comme pour desloger de ce monde, et se mettre au chemin d'où personne ne retourne plus. O que ceux qui ne sont privez de sens ont de regret d'avoir mal dispensé les heures. Le remède reste de doubler le soin et le travail ; et d'imiter le pèlerin qui void approcher la soirée, estant encores esloigné de son hostelage. Vous jugerez incontinent que c'est icy mon portraict au naturel que je me taste, me sonde, me juge et condamne de paresse et de nonchalance, que je voy et congnoys le bien, et suy le mal. Mais patience on dit bien vray que *la fin couronne l'œuvre.* Voylà où je finis ce propos aveq vous qui estes intelligent.

Au demeurant il me desplaist que je n'ay rien de milleur que le panégyrique au Roy sur la prise de La Rochelle [1], de la façon de mon collègue procureur du Roy, de l'impression de cette ville en très beau papier et de beaux charactères, mais qui ceddent à la dignité du sujet et au mérite de l'ouvrage, comme la lecture vous fera confesser. J'y trouve bien un peu à redire, sur tout le pénultième vers de la 54e stance ou strophe. Il falloit une strophe après la 43e pour lier aveq la 44e, etc. A tant je prie Dieu qu'il vous conserve, et suys en éternité, Monsieur, vostre très humble et obligé serviteur.

BESLY.

A Fontenay, ce 8 janvier 1629.

---

1. Julien II Colardeau, procureur du Roi à Fontenay. *La prise de La Rochelle*, poëme, 1629.

CXLII. — A MONSIEUR DUCHESNE, GÉOGRAPHE DU ROY.

Monsieur, le traicté que vous allez mettre sous la presse des maisons de Lembourg et de Luxembourg, se verra pour confirmer et augmenter v^{re} réputation envers le publiq, et à moy en particulier pour corriger et amender ce que j'auray mal conceu en ma grand table de Lorraine. Ce m'est un singulier contentement que ce que j'ay traicté en gros, possible trop concisement, obscurement et erronement, soit manié avec plus de dexterité de lecture, de jugement et de vérité par livres et discours exprès, comme Mr Godefroy a desjà fait d'une branche [1], quelques autres d'autres et vous aujourd'huy de celle dont vous m'escrivez, car outre que nous avons tous puisé en mesme fontayne, je veux estre veu celuy qui en a moins profité et à qui l'on puisse attribuer la vanité d'avoir pour le moins eu l'invention de rediger le tout en une seule table pour le plaisir des curieux et de ceux qui n'ont pas le loisir de lire les livres entiers et les preuves par passages d'autheurs et par chartes, où bien souvent il y a plus d'os que de chair ne de mouelle. Neantmoins vous avez veu que je me suis obligé à des cottations assez exactes pour ne dire superstitieuses. Je me resjouiray que v^{re} nom y paroisse, comme la lune entre les estoiles ; car je ne voudrois ceder à aucun que ce soit de tous ceux qui vous honnorent, pour demeurer toute ma vie,

Monsieur,

Vostre très humble, etc.

BESLY.

De Fontenay, le 4 février 1619 [2] (1629).

---

1. Théodore Godefroy. *Généalogie des ducs de Lorraine.* 1624.
2. Date fausse. Lisez : 1629.

CXLIII. — A MONSIEUR DUPUY L'AISNÉ, ADVOCAT EN PARLE-
MENT, RUE DES POICTEVINS, AU LOGIS DU PRÉSIDENT DE THOU,
A PARIS.

Monsieur, vous n'avez rien perdu à ne pas recevoir mes
lettres, sauf le papier qui eust pu servir à quelques envelo-
pures. Bien au contraire de celles qui ne m'ont esté rendues
venant de vostre part qui m'eussent esté très chères et dignes
d'estre conservées. J'attends de jour à autre les conciles du
Père Sirmond, et en suis tellement passionné, que si les chemins fussent personnes et créatures sensibles et raisonna-
bles, j'intenterois action contre eux, pour avoir mes dom-
mages et intérestz pour raison du retardement qu'ils m'appor-
tent en la jouissance de mon désir, et possible au fruit de
mon attente. Car ce personnage là me semble estre doué de
si belles et rares parties, qu'on n'en doibt que bien espérer,
c'est à dire ingenuité grande et intégrité de conscience ès
pièces qu'il aura données. Pleust à Dieu que son habit fust
de la vielle Sorbonne ! Je m'assure qu'il eust publié beaucoup
de choses singulières pour la valeur et honneur de nostre
église Gallicane. Mais nous devons attendre cella des héritiers de défunts Messieurs de Pithou, Pierre et François, nos
plus curieux antiquaires, et cependant rendre grâces à cet
esprit l'un des plus rares de nostre tems et des plus esloigné
de la lie du vulgaire. Je me réserve à deviser plus ouvertement aveq vous sur ce sujet, lorsque j'auray parcouru l'ouvrage. Tandis faites moy s'il vous plaist l'honneur de me
tenir, comme je suys à perpétuité, Monsieur, vostre très
humble et obligé serviteur.

BESLY.

A Fontenay, ce 17 mars 1629.

CXLIV. — A MONSIEUR DUCHESNE, GÉOGRAPHE DU ROY.

Monsieur, je ne doute point que ne soyez tousjours fort empesché, soit que soyez aux champs ou en ville, quand je viens à penser que vous estes continuellement en gehenne d'esprit, et ne faut pas s'estonner si peu d'autres d'entre ceux qui font profession des lettres, jettent leurs productions en lumière, considerez que Pallas la sage femme des sçavants, est ordinairement autour de vous pour favoriser vos couches. Mais quelles sont ces considerations qui vous ont fait retarder ce qu'avez destiné publier de Lembourg et de Luxembourg? Pensez que par les lois, les filles qui sont d'âge peuvent prendre parti sans conseils de leurs pères, à qui le regret enfin demeure de n'avoir pas sceu les colloquer selon les occasions; encores le publiq n'aura pas sujet de se plaindre de vous, puys qu'en acquittement d'une promesse d'or en escuz au soleil, vous estes resolu de payer en or de ducatz; car bien que les comtes de Guynes et seigneurs de Coucy soient de moindre tiltre, si est ce que leur histoire qu'estes sur le point de publier ne mérite pas moins au fonds, elle ne peut estre receue qu'aveq grand aplaudissement de ceux qui s'y entendent, puys que prenez le soin de l'esclaircir et de la polir : faites donc promptement et descouvrez l'erreur de l'Alouette [1] pour l'origine des seigneurs de Coucy et le renvoyez bien loin avec son Bernard le Danois. Je croy que cet homme là autrement curieux, n'avoit jamais veu, ou mal leu la vie de Louis le Gros par Suger [2]; mais après vos derniers traicts, il ne se trouvera plus de pinceau qui ose

1. François de l'Alouette, bailli du comte de Vertus. *Histoire de la Maison de Couci*, 1557.
2. Publiée par Pierre Pithou. en 1596.

s'advanturer en ce sujet. Je prie Dieu qu'il vous conserve et suys,

Monsieur,

Vostre très humble, etc.

BESLY.

A Fontenay, ce 17 mars 1629.

CXLV. — A MONSIEUR DUPUY, ADVOCAT EN PARLEMENT, RUE DES POICTEVINS, AU LOGIS DU PRÉSIDENT DE THOU, A PARIS.

Monsieur, encores que le s^r Cramoisy m'ayt envoyé dez y ha longtems les conciles du Père Sirmond [1], toutesfois je les ay receus depuys huict jours seulement : et en ay parcouru les indices, les notes et quelques endroicts par cy par là, comme en choses nouvelles, en attendant un plus grand loysir. L'ouvrage me plaist infiniment, et me sent bien son homme judicieux, poli et délié, et qui eust peu davantage. Mais je ne doute point qu'il n'ait ses raisons prestes et de bon alloy pour payer; et particulierement de s'estre arresté comme au milieu de la carriere, sur la rencontre du regne de Hües Capet.

J'eusse volontiers desiré qu'il se fust un peu estandu touchant la revelation du PP. Estienne II ou III, pourquoy il s'est departi de la datte qui est dans Reginon [2] sous l'an 753, si c'est qu'elle repugne aux affaires du tems : et pourquoy il l'a plutost colloquée sous 754, suyvant Eghinard [3]; que sous 755, comme il faudroit si l'onction de Pepin est de juin

---

1. Jacques Sirmond, Jésuite. *Antiqua Concilia Galliæ*, 1629.
2. Reginon, abbé de Prum, au ixe siècle. *Chronicon.*
3. Eginhart, mort en 839. *Annales regum Francorum Pipini, Karoli, Ludovici.* 1521.

ou d'aoust en l'indiction VII, puys que scelon Anastaze [1], le
Pape pour venir en France, partit de Rome en novembre
sous cette indiction là. Mais rien ne se veoid de plus fautif
que les notes numerales dans les livres anciens. Autre chose
est de l'ordre des affaires, dont l'on ne se peut esloigner
sans choquer la verité et pervertir l'histoire. Et toutesfois
Anastaze met la maladie du Pape après l'onction de Pepin,
au rebours de Reginon : et ne devoit point celer à la posterité le miracle de la guerison de Sa Sainteté, ou du moins
n'en point parler si froidement, comme il ha fait, si c'est ce
qu'il entend par les mots *subito alio die sanus repertus est* :
et non plus Eghinard s'en taire, s'il est autheur des annales
de Pepin, comme le P. Sirmond l'asseure, et me tireroit
aisement en son opinion. L'escrivain des antiquitez de
S. Denys à bonne grace en la traduction de cette epistre,
comme il l'appelle après Reginon, et auquel il dit que le PP.
l'â envoyée par un non leger anachronisme : au contraire
la copie qui se list parmi les conciles à son adresse à Hilduin, je croy abbé de S. Denys pres d'un siecle apres. Le
Pere Sirmond bien plus discret qu'eux et que les autres qui
s'en sont meslez, ne luy â donné aucune adresse et ne luy à
pas laissé le tiltre d'Epistre, mais celuy de *revelatio*, dont il ha
pris fondement, ce me semble, en la lettre de l'Empereur
Louys le Debonnaire à cet abbé Hilduin *in Areopageticis*,
où il est fort nettement exprimé que *per divinam et memora-
bilem revelationem jussu ipsius Martyris altare dedicatum est.*
Et d'autant que l'Empereur enjoint à Hilduin *ut gesta quæ
eidem (revelationi) subnexa sunt subjungat*, quelcun, non
sans apparence, pourroit penser que cella regarde ce qui
suyt en Reginon depuys les mots : *Gesta sunt hæc* jusques
aux mots, *his interpositis ad chronica redeamus.* Voire que

---

1. Anastase, dit le Bibliothécaire, vivait au ixe siècle. *Liber pontifi-
calis.*

cette clause fait partie de l'escrit : de sorte que le tout
estant tracé d'une mesme main, c'est pour néant qu'on à
voulu changer *unxi et consecravi* ou *consignavi* en *unxit et
consecravit* ou *consignavit.* Aussi que desja sous l'an 752
Reginon, quoy qu'erronnement, avoit rapporté l'onction de
Pepin et de ses enfans : et eust esté hors de propos de le
repeter comme venant de luy. Non pas que je voulusse garentir bonne la datte de 753, quand ce ne seroit que pour
les soupçons de Vignier qui â paravanture donné occasion à
Baronius [1] et à Binius [2] de retrancher la clause *Gesta sunt
hæc.* Ils ont esté suyvis du P. Sirmond, qui nous eust peu
relever de tout ce trouble s'il luy eust pleu d'en prendre la
peine.

Pour moy, quoy que ce soit, j'exalte son ouvrage ; *præ-
clara sunt etiam quæ non intellexi,* et dont il ne s'est pas
voulu ouvrir davantage : l'obscurité naist de mon insuffi-
sance et de mon petit esprit, de qui la pointe n'ha jamais esté
guaires affilée : à l'hazard capable de poindre, non de penetrer et percer. Cecy, à la charge que vous vous rirez de
mon long babil à rechercher un nœu dans un jonc, et
comme mon amy, vous supporterez mon imperfection.

Au demeurant, je vous remercie des bonnes nouvelles de
l'heureux succez des armes du Roy, tellement assistées de
Dieu, qu'il semble qu'il en veuille faire son homme particulier pour le faire servir des autres hommes ; cette conception
est d'une missive de Mr de Vignoles, m'envoyant copie d'une
lettre que Sa Ma[té] luy a escrite sur ce sujet, afin que je ne
m'attribuë point l'honneur d'avoir si bien rencontré. Nous
commençons à prendre courage, allegez que nous sommes du
joug de la Rochelle dont les fortz et les murs de la nouvelle
ville sont toutz razés, en esperance que les murs de l'autre

---

1. Cæsar Baronius. *Annales ecclesiastici,*
2. Séverin Bini, chanoine de Cologne. *Concilia* ; 1606, 1618. etc.

ancienne le seront dans le mois de juin, les preparatifs en estant fort avancez,˘sous l'ordre dud. s^r de Vignoles et les commandemens qu'il ha du Roy. Par ainsi nous aurons tout moyen de penser aux livres et, possible, de *tromper ceux qui reserrent toutes nos forces dans la Genealogie des Ducs de Guyenne*. A tant, je prie Dieu qu'il vous conserve heureusement et Messieurs vos frères et me fasse la grace de monstrer par les vrays effets que je suys et desire demeurer en éternité,

    Monsieur,

             Vostre très humble et obligé
               serviteur,

                      Besly.

A Fontenay le Cte, le 14 avril 1629.

CXLVI. — A MONSIEUR DUCHESNE, GÉOGRAPHE DU ROY.

Monsieur, si comme vous m'escrivez, je suis cause que vous efforcerez davantage v^{re} esprit pour v^{re} ouvrage de Guynes et de Coucy, le publiq m'aura cette obligation et vous aussi d'avoir rehaussé vostre reputation d'un degré de lustre plus éclatant ; car la gloire n'a point de bornes et se peut tousjours advancer, quoy qu'on dise vulgairement d'un œuvre excellent qu'il est à perfection. C'est chose qui ne peut estre veritable qu'à comparaison d'un autre, mais à l'esgard de l'esprit qui l'a produict, cela est fautif ; il reçoit tousjours plus ou moins selon qu'il se meust et s'esbranle, d'où vient aux livres le titre de *repetitæ lectionis primæ*, aut *secundæ editionis* et semblables ; parlant ainsi, n'est ce pas bien confesser que les secondes pensées vallent les mieux ? Et quand nous disons qu'un tel a fait son dernier effort en telle affaire, est ce pas recognoistre qu'il y a difference entre les efforts des puissances soit du corps soit de l'âme ? Je ne scay si par cette consideration, les conciles du P. Sirmond me plaisent mieux que ces autres livres qui me sont très chers et que j'admire. Pourquoy le Poëte ayant ozé dire *optimus malorum*, n'ozerions nous dire d'une chose très bonne qu'une autre est encore meilleure? Enfin pour changer de propos, j'ay receu ces conciles là dont je suys fort edifié. Je ne diray pas seulement qu'il est heureux en ce qu'il entreprend, mais que tout ce qu'il entreprend est au dessous de sa capacité. Criez contre luy, je vous prie, s'il ne nous veut donner que les seules lettres d'Avitus [1], il en a tout plein d'autres anciennes; ces petitz volumes sont d'ordinaire de peu de requeste; au contraire, trois ou quatre braves hommes de compagnie se font faire place pour entrer partout et y tenir rang. Ces petitz pygmées de livres me baillent de la peine et me font quelquefois perdre plus de tems que je ne voudrois à les chercher à mon estude : et pense que les autres hommes sont choleres et impatiens comme moy, et si vous en parlez à ce grand homme là, il ne desniera pas, à mon advis, qu'il ne luy en prenne de mesme; je vous prie de mes recommandations à ses grâces et demeure à vous et à luy,

Monsieur,

Vostre très humble, etc.

Besly.

De Fontenay, le 16 avril (1629).

CXLVII. — A MONSIEUR DUCHESNE, GÉOGRAPHE DU ROY.

Monsieur, vous m'avez fait venir envie de veoir ce nouveau commentaire de Mʳ Saumaise sur Solinus [2]; mais deux

---

1. Le P. Sirmond ne publia les lettres d'Avitus qu'en 1643.
2. Claude Saumaise. *Plinianæ exercitationes in C. Jul. Solini Polyhistora. Item Solini Polyhistor*, etc. 1629; 2 vol. in-fol.

gros volumes sur Solinus et tout cela sans parergues [1]; il me deplaist s'il y a baillé sujet aux Pères Petau et Sirmond de se picquer contre luy, car il aura troublé son repos et jetté une nouvelle pomme de discorde qui les portera desrechef à contester, replicquer etc.... Quant à nous, garantissons nous de ce mauvais pas, où le plus souvent tel qui ne pense pas chopper tombe tout à plat. Je suys,

Monsieur,

Vostre très humble, etc.

Besly.

De Fontenay, ce 12 mai (1629).

CXLVIII.— A monsieur dupuy l'aisné, advocat en parlement, rue des poictevins, au logis du président de thou, a paris.

Monsieur, je ne doute point que les pièces [2] cy devant divulguées n'ayent esté réimprimées entières, si elles ont entré au corps de l'ouvrage. Le doute demeureroit quant à celles qui ont esté publiées de nouveau, *nunc primùm*, de quoy les seuls manuscriptz pourroient estre juges et les recueils de feu Mr Pithou. Si par exprès on a laissé d'y en insérer, on en sera quitte en disant qu'on ne les a pas veu, et qu'il est libre à chacun qui en ha d'en gratifier le public. J'ay conféré de ces pièces nouvelles sur les copies d'aucunes que j'avois prises sur les ms., et partout recognu qu'on y ha procédé de bonne foy. Si lisant, je rencontre chose qui mérite d'estre annotée, je ne faudray de vous en faire part.

---

1. Vieux mot, qui signifie *additions à un ouvrage.*
2. Les pièces dont parle Besly nous sont inconnues.

Vos nouvelles d'Italie m'ont beaucoup resjouy, et les ay
bien fait valoir, pour dissipper un mauvais vent qui couroit
icy. Nous espérons bien du costé d'Angleterre, et m'a l'on
dit que le trafic sera bien tost ouvert. Et est fort malaisé que
ce peuple là se puisse passer de nos éléments. Par ce moyen
ce royaume estant libre, il ne restera plus rien pour la liberté
entière de mon esprit, sinon de résigner mes charges. Je dis
mes charges, parce que je fuz dernièrement forcé de prendre
provisions de la réunion d'un estat de conseiller à mon ancien d'advocat du Roy [1] (il existe aux estampes de la Bib.
Nationale un portrait de Besly où ses deux charges lui sont
attribuées. N. du C.) Bon Dieu ! officier par force. Je me
resjouis desjà du bonheur que ce me sera de ne despendre
plus que de moy et de mon estude, et de sortir saoul jusques
au col des affaires publiques, pour vivre le reste de mes
jours en repos, et en une agréable tranquillité [2]. Que je
garderay de bon cœur dans le tableau de mon naufrage, *me
tabula sacer !* J'auray lors d'autant plus de loysir de vous
entretenir et mes autres amys, sinon en présence sur le lieu,
au moins par lettres, pourveu que ce soit sans vous ennuyer
de mon long babil comme par avanture je pourrois faire
icy, si je continuois davantage. A tant je demeure, Monsieur,
vostre très humble serviteur.

BESLY.

A Fontenay, ce 12 may 1629.

---

1. Par acte du 15 juillet 1628, sur la demande de Jean Besly , avocat
du Roi à Fontenay, Jean Gaudin, lieutenant général en la sénéchaussée,
Jacob Demodon, lieutenant criminel, Pierre Fumé , assesseur civil, Pierre
Rampillon, assesseur criminel et premier conseiller , Jean Brunet et Pierre
Billaud, conseillers, Julien Colardeau, procureur du Roi, formant tout le
corps de la justice ordinaire du siège de Fontenay , la charge de sénéchal
vacante par la mort de François Brisson , lèvent l'opposition faite par ce
dernier, en son vivant, le 22 avril 1622 et 19 mai 1623, contre les lettres
d'ampliation et d'union à son office d'avocat du Roi, de la charge et qualité de conseiller audit siège.

2. Besly résigna ses charges en faveur de son fils, le 16 mai 1631 ;

CXLIX. — A MONSIEUR DUCHESNE, GÉOGRAPHE DU ROY.

Monsieur, il me tarde beaucoup que je n'aye jetté l'œil
sur ce nouveau commentaire duquel je souhaiterois volontiers que toutes les picquéures fussent rayées. Car à quoy
bon s'entregratigner ainsi : laissons ce mestier aux haren-
gères de petit Pont et faisons le nostre. Je vous ay escrit que
Castrum Julii estoit Chastel Aillon, *Castrum Allonis* ou *Alionis*.
Vous trouverez l'un expliqué par l'autre dans l'une des
chartes de Mr Galland pour la Rochelle, si vous corrigez
l'erreur d'impression où il y a Mallionis. Ce me seroit contentement que cela vous peust servir en v^{re} description de la
France. Je suys,

        Monsieur,

                    V^{re} très humble, etc.

                            BESLY.

De Fontenay, ce 10 juin 1629.

CL. — A MONSIEUR DUPUY, ADVOCAT EN PARLEMENT, RUE
DES POICTEVINS, AU LOGIS DU PRÉSIDENT DE THOU, A
PARIS.

Monsieur, on peut dire en g^{nal} que sciemment on ha
obmis d'inserer parmi les conciles du P. Sirmond les pieces
qui hurtent aucunement l'authorité que les PP. se donnent
sur le temporel de nos Roys : car aussi la response du Roy
et Emp. Charles le Chauve à la lettre d'Hadrian II ne s'y

---

révoqua cette résignation le 6 août suivant, pour cause de maladie pouvant entraîner la mort de son fils. Mais il les résigna de nouveau en 1632,
et obtint le titre de conseiller avocat du Roi, honoraire.

veoid point, encores que le cardinal Baronius ayt pris beaucoup de peine à l'excuser sur la passion d'Hincmar Arch. de Reims. Pourquoy aussi n'ha ton supprimé cette lettre là du PP. pour les submissions non petites qui y sont ?

Quelcun pourroit penser qu'il n'ha pas voulu entrer dans le regne de Hugues Capet de peur d'y rencontrer le synode de Reims et le discours hardi de Gerbert, depuys Pape Silvestre II. La pragmatique de S. Louys l'eust pareillement achoppé et n'eust pas esté traité plus doucement que Binius qui l'avoit coulé de bonne foi dans la bibliothéque des Pères. Et s'il eust fallu parler de n^{re} tems, l'absolution de nostre grand Henry IIII par nos Evesques l'eust fort empestré.

Quelque autre dont la liberté ne sera pas suffoquée, pourra peut estre bailler un volume de Paralipomenes, et ainsi nous aurons l'ouvrage entier et complet [1].

Au reste, je ne trouve point bonne son excuse, de n'avoir nommé en particulier aveq quelque ressentiment ceux qui l'ont si officieusement secouru de pieces. Se peut faire qu'aucuns plus severes l'imputeront à une espece d'ingratitude, contre son intention, et sa conversation gratieuse.

Le s^r Cramoisi m'a escrit qu'il imprime *Facundus* [2], autheur du siecle de Justinien; je ne cognois point cet escrivain et ne suys point memoratif d'en avoir jamais ouy parler, non pas au Père Sirmond mesme qui le donne.

Pour changer, nous avons sçeu l'effet de v^{re} prediction, que Privas seroit contraint de se rendre de gré ou de force dans la fin du passé. Dieu veuille continuer à benir les armes de n^{re} bon Roy, afin qu'après les avoir penduës au

---

1. Besly prévoyait la publication des *Concilia novissima Galliæ.....* *in editionibus præcedentibus omissa, ab Lud. Odespun de la Meschinière;* 1646, et des *Supplementa conciliorum antiquorum Galliæ, à P. Delalande;* 1666 : ouvrages qu'on joint ordinairement aux *Conciles* du P. Sirmond.

2. Sirmond. *Facundi, episcopi Hermianensis, libri XII, pro defensione trium Capitulorum Concilii Chalcedonensis.* 1629.

croq, il ayt les moyens de pouvoir soulager son pauvre peuple, et en cela exécuter ses bonnes intentions et ses promesses. Le papier me laisse, mais non jamais la resolution de demeurer en éternité,

Monsieur,

V^{re} très humble et obligé serviteur.

BESLY.

De Fontenay-le-Cte, le 10 juin 1629.

CLI. — A MONSIEUR DUCHESNE, GÉOGRAPHE DU ROI.

Monsieur, j'ay receu la Genealogie de S. Arnoul et trouve qu'elle parle de deux dames du nom de *Iusta* comme vous corrigez au lieu de *Muta*, ce qui confirme d'autant plus vostre opinion, joint ce nom frequent dans les histoires, possible pour *Judita*. Parce que vous avez travaillé sur la maison de Luxembourg, je vous ozerois prier de m'esclaircir de quelle maison d'Heriman [1] anti Empereur. Je suys,

Monsieur,

Vostre très humble, etc.

BESLY.

...... ce 10e (mars 1630)?

Cette lettre a précédé la lettre que nous datons du 28 avril 1630. Elle a été probablement écrite le 10 mars 1630.

Il est fâcheux que le copiste du présid. Bouhier ne nous ait donné que des extraits. La lettre entière fournirait peut-être le moyen de préciser la date.

---

1. Herman, comte de Luxembourg, anti-empereur en 1082.

CLII. — A MONSIEUR DUCHESNE, GÉOGRAPHE DU ROY.

MONSIEUR,

> O bienheureux celuy lequel durant sa vie,
> Au gré de tout le monde a surmonté l'envie.

Ces mots sont d'un grand homme pour un autre de mesme qualité, ou du siecle de nos pères : je les dois usurper à propos de vos ouvrages et ne puys me taire. La corruption de *Justa* en *Muta* me plairoit bien, si elle estoit assistée de la raison de l'étymologie, *ex ductu litterarum*, nonobstant que la copie de Mr Pithou et l'original en parchemin du P. Sirmond ayent *Muta*. Car je n'ay pas perdu une lettre en la collation. Je m'asseure que vous scavez bien fonder v^{re} opinion et la faire valoir. J'escris à Mr de Cordes tant pour me ramentevoir en ses graces que sur le sujet de la chronique de Gaufridus [1]. Il est homme courtois et plein d'honneur, et me persuade qu'en tout cas, si ce n'est pour l'amour de moy, il m'en fera part pour l'amour de vous. Je n'avois point ouï parler de ceste histoire des evesques de Perigueux [2]. Je me doute qu'il n'y aura pas grand chose de ce qui est ancien, outre le fragment extrait par Mr Pithou ; car aux Estats de 1614, j'eus fort bon accès aveq Mess. les deputez de ce pays là, lesquelz me firent perdre toute esperance. Neantmoins, *les derniers jours sont les témoins les plus sages*. J'escriray à Bourdeaux pour en recouvrer un couple d'exemplaires, s'il est possible, afin de vous en faire tenir un. Quelque mauvais autheur que ce soit, il est tousjours

---

1. Geoffroy de Montmouth, ou Geoffroy de Viterbe.
2. *Histoire des Evêques de Périgueux, par J. du Puis, recollet;* 1629.

agreable en sa nouveauté, *donec novitatem exuerit.* Je suys,

Monsieur,

V^re très humble, etc.

Besly.

De Fontenay, ce 28 avril (1630) [1].

CLIII. — A monsieur duchesne, géographe du roy, rue du cimetière, joignant l'église de S^t andré des arts, a paris.

Monsieur,

Les preuves publiques que vous avez rendues de vostre capacité, et qui sont cogneues et en admiration à tous ceux qui n'ignorent point l'histoire, ont peu suffire envers cet excelent prélat, l'une des grandes lumières de ce siecle, Mons. de Poictiers [2], de désirer que l'histoire de sa maison fust tracée de vostre pinceau, quand d'ailleurs il n'eust heu autre plus particuliere cognoissance de vous, ny aucune autre recommandation de moy, qui ne suys d'un tel poids qu'on doive deférer aucune chose à mon advis. Bien est vray que comme il est bénin et courtois, encores qu'il n'ayt point besoin de l'opinion d'autruy pour fortifier son jugement, il ne laisse pas de la demander, par une manière honneste qu'il tient pour obliger ses amys et serviteurs. Et si j'ay contribué envers luy pour le choix qu'il a fait de vostre personne, certainement c'est de la sorte que je viens de dire. Mais aussi ne puis-je pas dénier que si ce choix eust despendu

---

1. Cette lettre doit être datée du 28 avril 1630, puisque Besly n'avait pas entendu parler de l'histoire des évêques de Périgueux, impr. en 1629, et qu'il confirme l'exactitude de la correction de *Muta* en *Justa.*

2. Henri-Louis Chasteigner de la Roche-Posay, évêque de Poitiers.

de moy, je ne l'eusse jamais fait aÞtre, bien fort content qu'il
vous soit à gré. Estant fort certain qu'il ne vous tournera
pas à une petite louange, comme qui adjouxteroit quelque
rare fleur à un beau bouquet de fleurs toutes exquises.

Or ce n'est pas en ce seul sujet que les principes sont
malaisez, et s'y treuve des espines. S'il vous plaist de ra-
baisser vostre veuë, mè sembleroit que vostre chemin seroit
plus plein et facile, et n'auriez point besoin de suppléer un
degré au dessus de Tibaut cousin germain d'Aenor, cette
parenté me seroit au lieu de l'aiguille marine. Si pareillement
vous ne transposez Guitta et Jean, enfans de Thibaut I, de
sorte que Jean soit aisné de Guitta, vous serez forcé de confesser que Jean seigneur de Réaumur estoit frère de Tibaut I
et non son filz. Cette regle vulgaire des ans pour les degrez,
n'ha esté faite que pour valoir es choses incertaines, non
pour violer tyranniquement la nature, et abréger les ans de
ceux à qui elle a esté plus libérale de santé et de forces.
Toutesfois mes bézicles sont un peu troubles, pour les vouloir mettre à pair de vos yeux d'aigle et de Lynce, il vaudra
donc mieux les serrer en leur estuy, et vous laisser faire
scelon vostre compas et vous mesmes.

Au demeurant je vous rends graces de vostre exemplaire
de Guynes, Gand et Coucy [1], autant que si je l'avois reçeu.
Je croy qu'il sera perdu, tout ainsi que celuy de Luxembourg [2], que je n'ay point receu, comme pouviez assez juger
de ce que je ne vous en avois point baillé advis, comme je
n'eusse encores de celuy-cy, n'eust esté pour vous prier de
prendre garde à faire en sorte que les puissiez retirer de
celuy que vous en avez chargé. Je vous assure qu'il m'a pris
en volonté d'en mettre le messager en procez, sur vos let-

---

1. *Histoire généalogique des Maisons de Guines, d'Ardres, de Gand et
de Coucy.* 1631.

2. *Histoire généalogique des Maisons de Dreux, Bar-le-Duc, Luxembourg, Limbourg, etc.* 1631.

tres, mais j'ay estimé qu'on vous en feroit raison de delà. Je demeure de tousjours en éternité,

Monsieur,

Vostre très humble et obeissant
serviteur.

BESLY.

A Fontenay, ce 17 février 1632.

CLIV. — A MONSIEUR L'ÉVÊQUE DE POITIERS (HENRI-LOUIS CHASTEIGNER DE LA ROCHE-POSAY).

Monsieur, je n'ay rien que dire sur la première difficulté de Mr du Chesne touchant Guillaume Chasteigner, son père, et frère en l'enqueste de 1258. Si pour Guillelmus il y avoit Gilbertus, la conciliation en seroit facile. Car Guillaume père de Gilbert, Jehan et Aenor, à vescu du moins jusques en 1246. Et si je ne cognois point cette seigneurie *Augi*, si en Saintonge ou Poictou.

Mr du Chesne à raison, ce me semble, d'estimer que le droit que ceux du nom de Granges ont heu dans la seigneurie de Rexe, procède de ce que Tibaut de Granges epousa la fille de Pierre de Rexe, qui peut avoir esté frère d'Aimery père de la dame dont vous avez le testament. L'extrait du compte d'où cella est pris, est le plus à propos du monde pour faire veoir que Gilbert Chasteigner avoit de quoy mesnager en Saintonge, ce qui me confirme d'autant plus que c'est luy qui s'allia en la maison de Rexe. Le nom de Granges dure encores en Mr de Lombarde vers Rexe, lequel depuys quinze jours estans céans pour affaires, m'entretint fort sur cette seigneurie de Rexe, et me dit que ses predecesseurs faisoient hommage separé de leur portion à Frontenay. Mr de Monfernier porte mesme nom.

J'approuve fort l'opinion dud. s^r du Chesne de prendre

Tibaut Chasteigner mentionné au titre d'Aimeri Bodin, pour père de Tibaut' et Jean seigneur de Reaumur, ce qui pourra estre confirmé d'un autre titre du mesme chartulaire *donationum fol.* xviij. *Aimericus de Chantamerle et fratres ejus Petrus et Guido. quicquid habebant in molino de Chabirant : T. Aimerico Laiffard, Tebaudo Chastagner, Sebrando de la Mota. Enricus filius Petri Meschins, boscum quod frater ejus Aimericus de Cantamerula dederat, concessit ; Rainerio Abbate.* Ce qui se doibt entendre du commencement du regime de cet abbé, car il y ha des marques en l'autre chartulaire *chirographorum*, que cet Aimeri mourut vers ce tems là, *fol.* cxij. *Aimericus de Cantamerula in extremis positus* viij. *sol. de tallea, quos habebat in terris monachorum Absiæ, quæ sunt ultra Separam deversus Peloellam. Fecit in civitate Gasconiæ quæ vocatur Acs, ubi et defunctus est, Guillelmo et Aimerico et Petro de Asperomonte genero suo testibus.* Suyt, *Guillelmus de Cantamerula et fratres sui et mater eorum Theophania, pro anima patris sui noviter defuncti, quarteria* vij *blavii quæ habebant de Arbanno, in terris de Peloella* (Pelouaille) *et in terra Chamaillardi, et galinas, et qualibet ad illud arbannum pertinentia, hoc arbannum dederunt in perpetuum in mola de Cantamerula, presente Abbate Rainerio, Guillelmo Archiepiscopo, Guitto Marquer, Arberto Samin, Brientio, et pluribus aliis.* Ce Guillaume l'Archevesque, seigneur de Partenay, se qualifie second en un titre de 1169 *fol.* xxvij *chirographorum*, ou Hugues et Joscelin se disent ses enfans, et petits enfans de Guillaume.

Faut noter qu'ès donations de fiefs de ce tems-là, les tiltres en appartiennent à des gentilshommes, car alors les rousturiers n'estoient dispensez de tenir fiefs nobles. Par ainsi on en peut tirer de bonnes preuves pour la noblesse de ce pays, comme de cet Aimeri Bodin, dont le nom dure encores, comme en la personne du s^r de la Rollandière, et plusieurs autres de ma cognoissance.

L'*auxilia pro cruce*, qui appartient au tems du comte

Alphonse, ne donne point de peine aud. s^r du Chesne, touchant Tibaut Chasteigner; et sçaura trop mieux se desmesler, que, par aventure, quelques autres qui presumeroient plus d'eux qu'il ne fait pas de soy, qui ne veut rien determiner sans avoir bien pesé et communiqué. Voylà pourquoy je me fie bien fort en ses genealogies, estant les mieux adjustées qui se puissent veoir.

Je suys bien marri que je n'ay chose milleure au sujet de vostre lettre, estant pour toute ma vie,

    Monsieur,

        V^{re} très humble, obeissant et obligé serviteur.

                            Besly.

A Fon^{ay}, le 1 avril 1632.

CLV. — A MONSIEUR DUCHESNE, GÉOGRAPHE DU ROY.

Monsieur, vous m'obligerez de vous souvenir des épitaphes de la chronique de Hollande [1], et vous les recommande desrechef. Je ne puys pour le coup vous esclaircir sur la fondation de la Reau et me tiendray en devoir pour le faire. Monsieur de Poictiers m'a escrit touchant ce nouveau tiltre de partage des enfans de Gilbert et de vos conjectures auxquelles je m'arreste du tout et par tout. Lorsque desirerez avoir les diverses leçons de *Petrus Tudebodus*, sur le moindre mot vous en recevrez le contentement qu'en cette occasion

---

1. *La Grande Chronique de Hollande, jusqu'en* 1600, par J.-F. Le Petit; 1601. 2 vol. in-fol., fig.

et toutes autres vous devez vous asseurer que je suys pour toute ma vie,

Monsieur,

V^re très humble, etc.

BESLY.

De Fontenay, ce 24 avril 1632.

CLVI. — A MONSIEUR DE PEIRESC, CONSEILLER AU PARLEMENT DE PROVENCE.

Monsieur, Mr Dupuy m'a faict l'honneur de me communiquer vos l^res du 14 du passé à l'endroict où il est parlé du seel et de la charte du Roy Hugues Capet *data anno* 2, et à desiré de moy que ie vous escriuisse sur le subiect des particularitez que vous touchez. J'en ay embrassé l'occasion, que j'eusse volontiers recherchée auec toute l'ardeur qui se pourroit imaginer, afin de susciter v^re memoire à vous souuenir de moy, comme de ma part je n'ay point effacé de la mienne les obliga^ons que je vous ay. Donques, Monsieur, je vous diray que Mr Galland m'ayant magnifié cette charte et son seel, à propos d'un petit traicté que j'ay intulé *Hugues Capet*, je fus curieux d'en voir le *sumptum* dans son Reg^re, et d'en tirer des copies bien fidelles, sur lesquelles Mr Dupuy a prises celles qu'il vous a enuoyées. Si le Maistre de l'original eust esté en ville, asseurez-vous que vous eussiez eu occasion de contenter v^re curiosité sur tous vos pointz. Mais il est absent pour affaires, et fault attendre son retour qu'on me faict esperer en bref.

Cependant vous serez aduerty que *Mansiones* n'est pas un nom ny un lieu feint et imaginé, mais une seigneurie et paroisse prez ceste ville, laquelle on appelle *Maisons*. L'abbaye de S. Maur des Fossez en jouissoit autresfois par vertu de

cette charte; aujourd'huy elle est de la manse Archiepisco-
pale par union de l'eglise de S. Eloy, à qui elle appartient
par eschange, ou à quelque autre tiltre qui m'est in-
congneu.

Le style est de la chancellerie du temps, comme il se peut
justiffier par la collation d'autres pièces, la main et la plume
monstrent leur âage, selon que led. s^r Galland m'a fort asseuré ; vous scauez qu'il s'y congnoist et se retranche quant
à cela dans la scrupulosité quasi superstitieuse.

Le chancellier en 988 deuant et aprez estoit Regnaut F. de
Bouchard, c^{te} de Paris, Vendosme et Corbeil.

Anno 2 *regnante*, est fort bien. Car 12 k. jul. reuient au
20 de juin ; et le Roy Hugues auoit esté créé en may 987.

Robert est dict *consors regni Hugonis*, par une très bonne
marque, attendu qu'il fut associé au Royaulme en jan-
uier 988.

In comitatu Parisiensi, aultre bonne marque; d'aultant
qu'encores que depuis que Hugues l'abbé, frère de Robert
le Fort, duc et marquis de France, le comté de Paris eust été
posseddé successiuement par leurs heritiers, jusques à Capet,
lequel Vignier tient l'auoir réuni à la couronne, si est ce que
ce Bouchard en a esté comte, je croy à vie, ou par Gouuer-
nement, soubz les Roys Hugues et Robert, ainsy qu'il se
justiffie de chartes rapportées dans la vie du mesme Bouchard, escripte par un autheur contemporain. Il y en ha une
qui merite d'estre rememorée, où ce seigneur se dit *nutu Dei
et Regis gratia comes ;* au lieu qu'Eudes II, c^{te} de Chartres, en
une sienne l^{re} au Roy Robert, disoit *Dei gratiâ hereditabilis
sum*, ne voulant pas auoüer qu'il debuoit sa comté à la grace
du Roy. Depuis la mort de Bouchard, le tiltre de comte
esteint, Paris est demeuré vicomté jusques à present.

Le séel est en placard par un intersigne excellent, et qui
faict voir qu'il n'a point esté adiousté par le ministère des
Moynes des siècles subsequentz, parcequ'ilz l'eussent accommodé à l'usaige de leur temps, et mis sur lacz pendantz,

ce qui a commancé seulement soubz Louys VI surnommé le Gros.

La cire tesmoigne bien de sa vetusté, estant ferme et dure, ce qui se peut, au rapport dud. s^r Galland.

Le visage est ouuert et non de porfil. Car aussy, quelque chose que die M^r le président Fauchet, il se trouue des vi-sages non en profil de quelques Roys de la première et seconde race, dont led. s^r Galland m'a faict voir les empreintes.

Le Roy est figuré vieillard, comme il estoit lors, et qu'il se peut entendre du mariage de son père en la maison de Saxe, remarqué dans Frodoard.

La barbe longue, à la mode de nos anciens Roys (*promissa barba* dans Eghinard) et de la noblesse françoise qui se plaisoit à nourrir son poil, d'où tant de princes et grandz seigneurs dans l'histoire sont renommez du surnom de Barbu, ou à la Barbe. Faict à noter que la barbe est fourchüe, ce qui tient de l'antique.

Maiolus est qualiffié abbé de S. Maur, conformément à l'histoire, qui enseigne que cet abbé auoit lors comme la surintendance des abbayes de ce royaulme pour les réformer.

La boule, ou monde en la droicte monstre asseurement l'antiquité de la verité du scel; d'aultant qu'il ne se void rien de semblable dans les siecles au dessoubz pour la France, et me semble croyable que cela s'est faict à l'exemple des Empereurs d'Orient et d'Occident, pour signiffier que comme ilz estoient absoluz en leurs empires, de mesmes le Roy Hugues estoit seigneur entier et solidaire de son royaulme, pour exclurre la pretention de Charles duc de Lorraine qui ne mourut qu'en 991., ce dit Sigebert. Vous savez que *regnum* et *imperium* vont l'un pour l'aultre, tesmoins les tiltres de nos Roys dans Dutillet, et autres que j'ay veuz. Au reste *Orbis Romanus* pour l'estendue de l'empire romain se trouve dans Claudian, et ailleurs; *Orbis Lemovicinus*,

Orbis Cathurcinus, dans les chartulaires de Beaulieu et de Lymoges, pour une prouince.

Le sceptre et la main de justice en la senestre, est la plus ancienne preuue de ceste marque royale et françoise, au moins que je sache. Mais je ne scay, si l'interpretation que le ceremonial vulgaire baille de la main, est la vraye et originelle. Possible la main est le hieroglyphique d'authorité et de puissance : voyla pourquoy il est conioint avec le sceptre.

Enfin, pour conclure, cette charte est transcripte *totidem verbis* dans le vieux chartulaire de S. Maur, fol. xiii, qui n'est pas une petite note de sa bonté.

Il y â tout plein à philosopher sur cette effigie, à la considerer en toutes ses parties. Certes à mon sens elle est très digne qu'on en fasse estat ; occasion que je la feray mettre en teste de mon *Hugues Capet.*

Je ne trouue rien à redire en la charte, sauf au chiffre de l'indiction qui doibt estre i et non ii, si ce n'est erreur du secretaire *currente calamo,* ou qu'il aye tenu un autre compte. En tout cas en concurrence de l'an et de l'indiction, on tient pour l'an contre l'indiction comme Couarruuias a tres bien obserué ; et icy vous voyez combien de choses concourrent auec l'an.

Somme, tout s'accorde à la verité, et au temps en la charte et au seel, jusques aux vestementz qui sont representez en la coppie sur l'original.

Vray est que j'ay veu un monogramme differend en la pancharte noire de Tours. A quoy ie ne m'arreste point : par ce qu'aussy il y a quelques aultres pareils à celluy ci. Ce sont mes resueries la dessus, qui seront ce qu'il vous plaira et rien plus.

Au demeurant, j'avais baillé un Memoire à Mr du Chesne pour vous prier sur quelques particularitez en l'histoire d'Arles de *Saxius.* Vous m'obligerez beaucoup s'il vous

plaist m'y faire un mot de response et auec ce me soubz
scripreray,

      Monsieur,

                Vre très humble et obeissant
                serviteur.

                        BESLY.

Paris, le 8 mars 1633.

(C'est une copie. La lettre autographe se trouve dans la bibliothèque
de Carpentras, Mss. Peiresc, registre XLI, vol. 2.)

CHARTE DE HUGUES CAPET, DONT L'AUTHENTICITÉ EST
DISCUTÉE DANS LA LETTRE PRÉCÉDENTE.

(Copie de l'original, faite par Besly.)

In nomine sanctæ et individuæ Trinitatis. *Hugo gratiâ Dei
Rex*, quicquid locis divino cultui mancipatis largiendo confe-
rimus, profuturum nobis et ad beatitudinem æternam obti-
nendam, et ad præsentem vitam feliciùs transigendam,
omnino confidemus. Itaque noverit omnium sanctæ Dei
ecclesiæ fidelium nostrorumque præsentium et futurorum in-
dustria, quia pro absolutione peccatorum nostrorum ad
deprecationem venerabilis Abbatis Monasterii *Fossatensis*
nomine *Maioli* et Monachorum ejusdem congregationis quod
est dicatum in honore B. Virginis Mariæ, ac principis Aposto-
lorum Petri, considerantes eorum non modicas necessitates,
propter hoc complacuit *celsitudini nostræ* in quâdam villâ in
comitatu Parisiacensi sitâ, cui est vocabulum *Mansiones*,
mansum indominicatum, cum pratis et terris arabilibus,
cultis et incultis, et farinariis, pascuis, aquis, aquarumve
decursibus, cum mancipiis utriusque sexus desuper comma-
nentibus, sive cum omnibus appenditiis suis, videlicet *eccle-
sias duas*, quarum una est mater ecclesia in honore B. Remigii, et alia capella in honore Sti Germani, et omnem *vica-*

riam in ea potestate habendam, predicto Abbati et fratribus tradere atque delegare, unde etiam hoc celsitudinis nostræ præceptum preceptum (*sic*) fieri, prædictoque Abbati vel congregationi *tradere* dari jussimus, per quod memoratas res omnes ad supradicti monasterii fratrumque subsidium, justè legaliterque pertinentibus, omniumque rerum summa integritate tradimus atque delegamus, ut secundum eorum dispositionem, successorumque eorum administrationem, per futura tempora ordinentur, eisque pro sua opportunitate utantur, nostrum memoriale, conjugisque *nostræ* meæ seu filii nostri *Roberti* ac *consortis regni nostri*, æternaliter fundendo pro nobis preces, inibi habeatur. Et ut hæc auctoritatis nostræ largitio nostris futurisque temporibus diligentiùs conservetur, atque ab ipsis fratribus securiùs possideatur, *manu propriâ eam subterfirmavimus annulique nostri impressione* insigniri jussimus.

Reginaldus cancellarius scripsit.

Signum Hugonis gloriosissimi

Regis : anno ɪɪ regnante Hugone rege.

Datum xɪɪ kal. jul., indict. ɪɪ.

Acta publice Parisiacâ urbe anno incarnati Verbi ᴅᴄᴄᴄᴄʟxxxvɪɪɪ.

CLVII. — A MONSIEUR DUCHESNE, GÉOGRAPHE DU ROY.

Monsieur, si Mʳ de Terreneufve Rapin n'eust point eu la memoire de feu Mʳ Rapin son ayeul pour suffisante recommandation envers moy, si sa valeur propre et particulière n'eust eu la mesme efficace et si mesme je feusse né dans le fond de la Barbarie, ou de la Scythie, la grace et l'affection aveq laquelle vous me parlez en sa faveur, estoit capable de gaigner sur mon esprit au delà de tout ce que vous desirez de moy, de l'aymer, cherir, honorer et servir, pour faire veoir en quelque façon combien je fays estat de v^{re} amytié et merite.

J'ay moy mesme conferé aveq mon Ms. [1] le livre que Mr Bongars a fait imprimer en teste de son *Gesta Dei per Francos*, ce qui m'a donné sujet de recourir Robertus [2], Baldricus [3], Raymundus de Agiley [4], Guibertus [5] et Tyrensis [6]. Voyci entre autres choses ce que j'y ay appris : que mon Ms. a esté copié sur l'original, non sans quelques fautes ; que celuy de Mr Bongars a esté desguysé ou sur l'original ou sur une copie, soit pour cuider le rendre meilleur, soit pour le desrober ; que Robert, Baldric et Guibert ont esté interpretés de ce dernier qu'ils ont suyvi pas à pas n'ayant rien mis de ce qu'il avoit retranché, et ont fort peu adjousté de ce qu'ils avoient appris d'ailleurs. Mon autheur avoit veu l'escrit de Raymundus, car le voyage de Bulgarie de l'armée du comte de Thoulouze, l'un l'a pris de l'autre peu changé. Mais de cecy plus amplement et plus à propos quand je vous envoyeray ma copie. J'escris un mot à M^r l'Abbé et par occasion luy touche de Nicolaus Brayæ et le prie de vous ayder des Mss. qu'il pourra avoir. Je suys,

Monsieur,

V^{re} très humble, etc.

Besly.

De Fontenay, ce 3 septemb. 1633.

---

1. De Petrus Tudebodus.
2. Roberti monachi S^{ti} Remigii remensis, *Historia Hierosolymitana* (1095-1099).
3. Balderic, abbé de Bourgueil, puis évêque de Dol en Bretagne. *Historia Hierosolymitana* (1095-1099).
4. Raymundi de Agiles, canonici Podiensis, capellani comitis Sancti Ægidii, *Historia Francorum qui ceperunt Hierusalem* (1095-1099).
5. Guibert, abbé de Nogent-sous-Coucy. *Historia Hierosolymitana* (1095-1100).
6. Guillaume de Tyr.

CLVIII. — A MONSIEUR DUPUY, ADVOCAT EN PARLEMENT, RUE DES POICTEVINS, AU LOGIS DU PRÉSIDENT DE THOU, A PARIS.

Monsieur, monsieur de Terreneuve Rapin m'ha bien fort resjouy en deux choses très agréables, l'une de vostre santé qui m'est chère, et à tous les hommes de lettres et d'honneur, l'autre de la cognoissance de ce noble rejetton de feu M' Rapin, qui a tant mérité de moy en particulier, vivant et mourant. Je trouve bon que me l'ayez recommandé, non pas qu'il en ayt esté besoin en mon endroit qui suys obligé de l'aymer et servir, cessant ses vertus et sa valeur, quand il n'y iroit que de sa mémoire d'un si excellent ayeul, par ce que vous témoignez que le défunt ne vous estoit pas en petite estime, et qu'il vit bien avant dans vostre pensée, et que vous faites estat du petit filz. Car vostre jugement si net et solide sçait me persuader puissamment en quelque lieu qu'il se porte. Assurez vous donques s'il vous plaist qu'en l'occasion dont m'escrivez je desployray toute ma petite puissance et essayray de monstrer que vous règnez absolument sur mon esprit. Mondit sieur m'ayant fait l'honneur de me veoir sur le point de son voyage de delà, je l'ay prié de vous faire rendre la présente, tant pour le sujet cy-dessus, que pour vous rendre grâces du mémoire du gouvernement de Guyenne d'à présent duquel je me serviray du mieux que je pourray, puys qu'il n'ha pas esté possible de l'avoir en meilleure forme et mieux circonstancié.

Je travaille tous les jours plus ou moins à mon ancienne tasche, mais plus je considère ma besogne, moins elle me plaist, tant les matériaux me semblent vils et de mauvais employ. Vous sçavez que l'histoire consiste en faitz qu'on ne peut inventer sans reproche de fausseté et de fable, je n'y voy quasi rien que de la généalogie destituée de narration digne du public, et qui puisse profiter. C'est le gibier de ce siècle me direz vous ; eh bien, soit : il me faudra donc faire la moüe aveq les singes. Toutesfois, je vous diray encores une fois que j'aymerois mieux vivre dans les ouvrages d'autruy que dans les miens. Je vous envoie copie d'une des deux missives que feu M' du Plessis me donna, et que je vous avois promis, et à Mons. de Loménie ; l'autre sera pour le premier voyage, Dieu aydant. Tandis tenez moy tousjours en qualité, comme je suys, après vous avoir affectueusement baisé les mains et de Messieurs vos frères, Monsieur, vostre très humble et obeissant serviteur.

BESLY.

A Fontenay, ce 3 septembre 1633.

(En *P.-S.*) — Monsieur je vous supplie que M. de Thou et M. le procureur général sachent que je n'ay point oublié les singulières obligations qu'ils ont sur moy, et que je vi leur très humble serviteur.

CLIX. — A MONSIEUR DUCHESNE, GÉOGRAPHE DU ROY.

Monsieur, je vous envoye ma preface pour n'o bon homme de prestre [1]. Mais il faut faire trois choses, la premiere que vous la revoyez le plus rudement que vous pourrez à grands coups d'espoussettes : la seconde, que la fassiez veoir à M' l'Advocat general [2], en luy delivrant le pacquet qui s'adresse à luy, afin d'avoir son advis si elle sera digne du jour : la charge qu'il tient et les grandes affaires publiques ne peuvent compatir de le prier d'y mettre la main, mais son jugement qui sera au lieu d'un Millier : la troisiesme

---

1. Tudebodus.
2. Jérôme Bignon.

après l'avoir retiré dud. sieur, la bailler aveq ma missive à
M. l'Abbé. Je vous envoye l'original de la dicte missive, où
j'y satisfait à v^{re} desir touchant le *Nicolaus Braia*[1] et autres
autheurs qu'il pourra avoir. Quant aux nottes, ne mettez
rien de ce qui est en marge de la copie que je vous ay envoyée. Car si la preface est prisée bonne et raccommodée,
je vous bailleray les nottes en un corps à part, plus amples
et plus elabourées. Je suys,

Monsieur,

V^{re} très humble, etc.

BESLY.

Sans date (vers oct. 1633).

CLX. — A MONSIEUR DUPUY L'AISNÉ, ADVOCAT EN PARLE-
MENT, RUE DES POICTEVINS, AU LOGIS DU PRÉSIDENT DE THOU,
A PARIS.

Monsieur, je vous remerciay par celle que Mr de Terreneuve-Rapin vous aura rendu de ma part, du mémoire que
me feites l'honneur de m'envoyer, et qu'il me bailla luy-
mesmes. Il vous aura certifié je m'en assure, combien je fais
estat de vostre amityé, et de tout ce que vous affectionnez.
Vous aurez trouvé dans l'enclos une des lettres que feu
Mr du Plessis escrivit à M^r le connestable pour le fait de la
Paix en 1622, laquelle est l'une des deux que j'avois eues
dudit sieur en un voyage qu'il me feit l'honneur de m'en-
ployer peu avant son decez, et que je vous avois promise.
Je vous envoye à présent l'autre, afin que je demeure quitte
de ce costé là. Si le jugez à propos vous pourrez en faire part
à M. de Loménie; pour moy, je ne sçay si prévenu d'opi-

---

1. Nicolaus de Braiâ. *Gesta Ludovici VIII, carmine heroico.*

nion anticipée, mais cette dernière me semble non moins
sage et prudente qu'éloquente et persuasive. Je me veux mal
que je n'aye quelque chose digne de vostre docte curiosité,
pour servir à l'ornement de vostre cabinet si rare et exquis,
et qui peust tesmoigner combien je me sens vostre obligé
en attendant l'occasion de le faire veoir en publiq à quoy je
travaille selon les intervalles et les beaux jours de ma disposition, et la liberté que les affaires me laissent de réserve.

Le jour d'hier M. le comte de Parabère [1], gouverneur de
nostre Poictou, feit son entrée en cette ville où il fut accueilli
de tous les honneurs dheus à une si grande qualité. Les Maire
et eschevins à cheval luy furent au devant à demie lieue. Le
corps de l'Election le receut hors les fausbourgs des Loges.
Les officiers de Justice, où je faisois part, le haranguèrent à
trois ou quatre pas au dehors la barrière de La Porte, et
Mr nostre évesque et le clergé au milieu de la grand nef de
l'église de Nostre-Dame, qui est la principale.

Voylà toutes nos nouvelles, si j'adjouxte que les pluies
ont été si longues et continuelles que les laboureurs sont
fort en arrière de leur semaille, ce qui nous fait appréhender
pour l'année prochaine, si le maistre des saisons tout puissant, tout bon, tout sage n'y apporte le remède. Aimez moy
tousjours autant que je vous respecte et honore, et m'avouez
autant que je suys, Monsieur, vostre très humble et affectionné serviteur.

BESLY.

A Fontenay-le-Comte, le 4 de décembre 1633.

---

1. Henri de Baudéan, comte de Parabère.

CLXI — A MONSIEUR L'ÉVÊQUE DE POITIERS.

Monsieur, enfin j'ay trouvé dans mon inventaire des hommages de Vouvent et Mervent, qu'il y ha une seigneurie à St Sulpice, appelée la Court Barabin, laquelle est tenue par hommage dudit Vouvent, et dès l'an 1386, n'estoit plus en la possession des Barabins, ains en la main de Jean Aumosnier, escuyer, comme administrateur de Pierre son filz. Ce qui n'est pas eslongné du tems de l'heritiere de la Grenouillière en Nalliers, dont je vous ay ci devant envoyé le memoire.

Je vous envoye aussi l'extrait d'une fondation faicte en la chapelle d'Aziré, paroisse de Bennet, par Louys Chasteigner seigneur de Reaumur, le 17 octob. 1422. Vous jugerez volontiers qu'elle ne merite pas d'estre oubliée en l'histoire de vostre maison, et vous feray faire une copie du contract, si le desirez, car il est en la main d'un mien allié, lequel y ha dix ou douze ans, acquit de Monsieur de la Boucherie de St André, heritier de la branche de Reaumur, une sienne mestayrie en Aziré, appellée encores aujourd'huy la mestayrie de Reaumur.

Il seroit à desirer qu'à vostre exemple la noblesse de nostre..... (le reste manque).

(Ce fragment de lettre avait été envoyé à A. Duchesne par l'Ev. de Poitiers, et celui-ci avait préalablement coupé le bas de la lettre, qui ne se prolongeait point sur le verso du feuillet. C'est une lacune d'environ moitié. La date est par conséquent perdue; mais en rapprochant ce fragment d'une autre lettre du mois de juillet 1634, on est autorisé à lui assigner pour date vers 1634.)

CLXII. — A MONSIEUR DUCHESNE, GÉOGRAPHE DU ROY.

MONSIEUR,

La vostre très agréable du 2 du courant m'a esté rendue le 10, mais non encor l'exemplaire de l'Histoire [1]. En autre occasion semblable je vous prie de faire l'adresse à Mr Besly, procureur au presidial de Poictiers, et qu'elle soit chargée de ce que vous envoirez, afin qu'il n'en advienne pas comme de vostre Histoire de Dreux qui fut perdue, à mon grand regret et à vostre dommage, m'ayant fait l'honneur du depuys de m'en bailler une autre. Vous m'obligez trop de tant d'affection et d'amityé que je ne scaurois mériter que par les vifs ressentiments que j'en ay pour tousjours au profond du cœur. Il ne peut rien y avoir de bon en vostre œuvre que puissiez dire venir de moy, sinon le tesmoignage quoy que moindre que j'ay rendu de Mr de Poictiers et de vous par le Madrigal que je vous laissay, si d'aventure vous l'avez jugé digne de veoir le jour.

Je me resjouis que l'édition de vos Historiens s'avance et que nous vous serons bien tost redevables de ce que les nations estrangères n'auront plus rien à se prévaloir sur nous de cette espèce de gloire. Il me tarde beaucoup que je ne sache qu'elles sont les pièces de nouveau recouvrées capables de faire un 2[d] volume de la 2de Race; et entre autres celles que M[r] le cardinal Barberin vous a envoyées, qui doivent estre de prix, venant de si bonne main. Je regrette infiniment d'estre si peu fortuné de ne pouvoir contribuer aucune chose en un si vertueux dessein. Si vous n'avez adjouxté à l'acte de Tegan [2], de la dégradation du Débon-

---

1. De la Maison des Chasteigners.
2. Thegan. *Histoire de Louis le Débonnaire* (publiée par P. Pithou, dans son recueil des Historiens de France).

naire, celuy qui se trouve parmi les OEuvres d'Agobard [1], il mérite de n'estre pas oublié, non plus que deux autres siens traitez qui servent à l'Histoire du tems. J'ay aussi remarqué le jugement que feu M[r] le Chancelier de l'Hospital a fait de nos vieux Annalistes, lequel m'a semblé de non petit poids. Pour vous relever de peine, le voicy tiré : *E sermonibus, lib. I, ep. 3, ad Franciscum Turnonium, cardinalem. Nec minus oblector Francorum Annalia Regum Scripta legens, ullo sine fuco prorsus et arte : quam quæ magnifice græcis conscripta leguntur Historiis, ægre speciem retinentia veri.*

C'est le trait de Pline : *Historia quoquo modo conscripta, delectat.* Après vous avoir remercié tout aultant qu'il est possible et offert tout ce qui est de mon petit pouvoir, je me diray aveq vérité,

Monsieur,

Vostre très humble et obeissant serviteur.

BESLY.

..... 17 juillet 1634.

CLXIII. — A MONSIEUR DUCHESNE, GÉOGRAPHE DU ROY.

Monsieur, j'approuve fort v[re] resolution touchant Luitprand [2] et l'extraict de la chronique du Mont Cassin [3]. Me semble que v[re] indice ne comprend Gaufridus Malaterra parmy vos autheurs des Gestes des Normands. Les Espagnols n'ont point tant l'occasion que nous de le vendicquer en

---

1. Agobard, archevêque de Lyon, mort en 840. *OEuvres*, publiées par Papyre Masson, en 1606.

2. Luitprand, évêque de Crémone au xe siècle. *Rerum ab Europæ imperatoribus et regibus gestarum, libri sex, ab an.* 888 *ad an.* 928. (*Duchesne, t. III.*)

3. Par Léon, cardinal, évêque d'Ostie.

leurs collections, veu mesme qu'il est françois de nation. Je ne scay si à leur exemple et des Italiens aussi, vous vous serez resolu pour Cenalis [1], et ses semblables. Pourquoy non ? plus le corps que vous entreprenez sera parfaict de toutes ses parties, il en sera d'autant plus recommandable envers ceux qui en pourront juger droictement.

Mr de Poictiers est dans sa maison de Dissay, et laisse faire le procès aux esprits de Loudun [2], dont l'issue me tient en une merveilleuse inquiétude. Tandis, je demeure de tout mon cœur,

Monsieur,

V[tre] très humble etc.

BESLY.

De Fontenay, ce 14 août 1634.

CLXIV. — A MONSIEUR L'ÉVÊQUE DE POITIERS.

Monsieur, j'ay veu le Mémoire de la branche de Mr de Moncaut qu'il vous a pleu m'envoyer. Il ne pouvoit mieux faire que de recourir à vous pour l'ordre qu'il doit tenir en sa recherche, et cuide en mon particulier qu'il en tirera de la satisfaction, et que par ce moyen il se trouvera de quoy amplifier la seconde édition de l'histoire de votre maison. Je me suys apperceu d'une particularité notable y obmise, tirée d'un registre [3] des affaires d'Alfonse comte de Poictou, frère du Roy St Louys, de l'an 1261 ; combien que j'en eusse envoyé l'extraict, si ma mémoire ne me trompe et est tel :

---

1. Robert Ceneau. *Histoire de France*, 1557.
2. Urbain Grandier fut brûlé vif, le 18 août 1634, c'est-à-dire 4 jours après la date de cette lettre.
3. Enquêtes faites par ordre du comte Alphonse, en 1258 et 1261.

Die lunæ in octavis assumptionis B. Mariæ Virginis red-
didimus Theobaldo Chasteigner militi, Petro de Alemania,
et Gaufrido Vigerii valetis, terram suam d'Herison, quam
dominus comes tenebat pro defectu homagii et deverii, dùm
tamen faciant dictum homagium et deverium quæ debent
facere.

J'estime aussi que les mots *ex parte regis apud S. Maxentium*, en un autre extrait du mesme registre de l'an 1258,
où il est parlé de Guillaume Chasteigner et du rachapt de sa
terre d'Augé, doivent s'entendre qu'il tenoit le parti du Roy
et du comte de Poictou en la guerre contre le comte de la
Marche de l'an 1242 ; et non pas comme il est raporté
p. 544 ; car l'article immédiat au dessus est conceu en ces
termes :

Guillelmus Popars et Gaufridus de Montibus, xl. sol. de
levatis terræ suæ de Bois Ragon ad valorem octo librarum
nec fuerunt in guerra. — Le précédent est tel :

Gaufridus de Montibus et Hugo c sol. per pacem de levatis terræ suæ de Sivray et de Villa-nova ad valorem xx l.
prædicti duo fuerunt tempore guerræ apud S. Maxentium.

On restitue à ces deux derniers ce qu'on avoit mal levé de
leurs fruicts, parce qu'ils avoient tenu le parti du Roy à
S. Maixent, et aux deux autres, parce qu'ils n'avoient esté
contre le Roy. Il y ha titre *de hereditatibus de quibus comes
liberatur, quia fuerunt contrà ipsum*, où sont nommez xxxv.
que chevaliers qu'escuyers.

Je demeure éternellement, Monsieur, votre très humble,
très obéissant et obligé serviteur.

BESLY.

Fontenay, ce 10 juillet 1635.

(Scellée du cachet de ses armes.)

CLXV. — A MONSIEUR L'ÉVÊQUE DE POITIERS.

- Le commencement de cette lettre a été coupé et enlevé.

Après avoir fort considéré ce Mémoire d'Hutesse Chasteigner, me semble qu'elle a vescu y a plus de 300 ans, puys
qu'elle fut première femme de Gauvain Chenin l'aisné, qui
épousa en 2 nopces Jeanne l'Escuyer, car cette J. l'Escuyer
estoit décédée devant l'an 1377, auquel an Gauvain Chenin
le jeune son fils estoit desja chevalier, et Bouchart chevalier
sʳ de Pauleon, frère dudit Gauvain accorde que son dit frère
tiendra de luy l'isle de Bapaume, à haute justice moyenne et
basse, et a LX s. de devoir à mutation d'homme sans autre
foy ni hommage, et les autres biens qu'il luy a cy en arrières
delaissez à la Jarrie et à la Rochelle, aveq la dicte isle de
Bapaume, à cause de la succession de lad. dame J. l'Escuyer leur mère, il en servira les seigneurs féodaux ; par
tiltre de S. Georges estant à la Mesleraye, du 8 avril au dict
an 1377. Item le testament de lad. Escuyer est du mardi devant Nouel 1348, lequel j'ay veu à St-Georges, où il doit
estre : ce qui conclud ce que j'ay dit. Il me persuade que
cette Hutesse sort issue de Gilbert II, premier seigneur de
Rexe, vraysemblablement sœur de Simon. Atant, après avoir
prié nʳᵉ Seigneur qu'il vous conserve en sa sainte grace, je
me souscriray

Vʳᵉ très h., très obéiss. et obligé serviteur.

BESLY.

A Fontⁿʸ ce 13 de février 1636.

CLXVI. — A MONSIEUR L'ÉVÊQUE DE POITIERS.

Le commencement de cette lettre a été coupé.

Tandem, Mʳ du Langon m'a envoyé une copie des commé-
morations de son église, parmi lesquelles nous trouverons

Anthoine Chasteigner vallet, et D. Perrine Chasteigner, des quels nous n'avions encore ouy parler. Cette qualité de vallet fait veoir l'ancienneté. J'ay tousiours pensé à cause des confirmations des marois de l'Anglée par Jean et Gilbert Chasteigners pour l'abbaye de l'Absie, que les Chasteigners avoient droit en la seigneurie du Langon et sur la maison des Nohiers dépendant de l'Absie, et cuide que cette dame Ode qui donna lesdits marois, est la mesme Ode mentionnée en cette remenbrée. Il y a un Geofroy de Thorigné chevalier qui peut avoir esté le sr du Bois Nerbert qui vivoit avant l'an 1300, comme j'ay veu par les mémoires de ceste maison, par lesquelles j'ay seu aussi que René de Thorigné bisayeul de feu Mre de Bois Nerbert avoit épousé Jeanne Chenin, fille de M. Guy Chenin, chevalier, sr de l'Estang, et de dame Agnès Chabot, fille d'un seigneur de Jarnac, et de dame Marguerite de la Rochefoucaut. Ce Guy est celuy qui vendit Bapaume à M. Guy Chasteigner, et estoit issu de M. Gauvain Chenin qui avoit épousé Hutesse ou Eustache Chasteignier. Je vous envoye le vidimus desd. remenbrées de l'église du Langon; bien marri que je n'ay chose milleure pour vostre contentement, et pour temoigner que je suys sans exception,

Monsieur,

Vre très humble, très obéissant et obligé serviteur.

Besly.

26 juin 1636.

Mr, si vous désirez la descente dud. feu sr du Bois Nerbert depuys led. René son bisayeul, je la vous envoyeray.

CLXVII. — A MONSIEUR L'ÉVÊQUE DE POITIERS.

Monsieur, mon long silence dans lequel j'ay demeuré enseveli si long temps, sans vous rendre raison de mon devoir
à vostre service, procede de ce que j'ay esté distrait en divers lieux hors de ma maison. Maintenant que je suys de
retour, j'ay pensé devoir vous témoigner que vous m'avez
tousiours esté present devant les yeux et en mon cœur,
ayant perpétuellement cherché l'occasion de vous complaire :
qui ne peut estre en milleur sujet que celuy de vostre
histoire.

Je vous diray donc que par la communication que j'ay
euë des tiltres de la maison de Millepié et du Tremblay
Barlot, j'ay appris qu'il y ha quelque chose à corriger en la
table VI des descendants d'Arsent Chasteigner en ce qui regarde les seigneurs de Puy-Greffier du nom de Bouschet et
croy qu'il manque plusieurs degrez entre Hector qui vivoit
en 1318 et 1347 et François qui luy est donné pour filz. Car
j'ay veu un contract du 20 octobre 1448 entre Hector Bouschet chevalier, s^r du dit lieu et de Puy-Greffier, noble
homme Guyard Audebaut, s^gr de la Perroniere, et Gilles Rigaut escuyer, s^r de Millepié et autres. Cet Hector ne peut
pas estre celuy de 1318, l'intervalle est trop grand : il semble
qu'il ayt esté père de P. Bouschet, seigneur de la Chassée et
de Puygreffier, le 4 aoust 1456 et le 18 mars 1466, auquel
Gilles Rigaud chevalier fait hommage et rend adveu de
quatre borderies sises en la paroisse des Aubiers. François
Bouschet semble avoir esté filz de ce Pierre, ayant receu
l'hommage des mesmes lieux de François Rigaut, escuyer,
s^r de Millepié, filz de Gilles, le 4 juin 1481. Le mesme François Rigaut feit hommage à Charles du Bouschet l'an 1537,
et Jean R. au mesme Charles, le 5 juin 1546, lequel est qualifié s^r de Puygreffier, de la Forgerie, de Puy-Ogier, et de la

Chassée. Les baronnies de la Chassée et du fief l'Evesque appartiennent aujourd'huy à M. le Duc de Rouanais. Je vous prie aussi, Monsieur, de prendre garde à la table de la généalogie de la maison de Lezay, où vous trouverez que de Jean de Monfaucon et de Jeanne de Baussay, vint une Marguerite de Montfaucon qui fut femme de Pierre Chapron chevalier, dont y ha une belle postérité, qui pourroit servir pour une table des descendants d'Arsent Chasteigner, et pour l'illustration de vos Chaprons. C'est ce que j'avois à vous dire pour le présent, après vous avoir très humblement baisé les mains, et asseuré que je desire vivre et mourir

V^{re} très humble, très obeiss. et obligé serviteur.

BESLY.

A Fontenay, le 21 oct. 1636.

En marge : M^r, il faudroit veoir s'il n'y a point erreur au chiffre de 1318 et 1347, pour 1418 et 1447.

NOTE DE DUCHESNE. — Besly envoya à l'Ev. de Poitiers une table généalogique pour les Chapron et les Montfaucon.

CLXVIII. — A MONSIEUR DUPUY, ADVOCAT EN PARLEMENT, RUE DES POICTEVINS, AU LOGIS DU PRÉSIDENT DE THOU, A PARIS.

Monsieur, il me seroit malaisé de dire combien vos letres m'ont apporté de contentement. Premièrement, pour vostre santé, qui est la cause des causes, sans laquelle les hommes ne sont rien que calamité et misère. Puys après, par ce que vous continuez à m'aymer, ce que je mets aux premières lignes du compte de mon bonheur, quand je viens à considérer quel rang vous tenez parmi les gens de qualité et d'honneur : dont j'ose prendre quelque présomption à mon advantage et de m'estimer quelque chose, possible au delà

de ma valeur. Suyt, qu'enfin vous soyez résolu de donner
au publiq des fruits de vos longues veilles et travaux d'esprit, lesquels, je m'asseure temoigneront que vous êtes digne
filz d'un excellent père, qui s'est tracé une vie immortelle
en ses escrits et dans ceux des plus renommez personnages
de son siècle.

Mais je vous prie, qu'est-ce que vous adjouxtez au reste ?
Que vous desirez y joindre mon observation sur la clause
*Regnante X°. Non soleo, mi Brute (quod tibi notum esse arbitror)
temerè affirmare de altero.* Ne craignez-vous point de rougir
pour moy ? Et qu'on die que vostre amityé ayt anticipé
vostre jugement? Ou bien, ne voulez-vous point relever la
beauté de vostre escrit par la laydeur du mien ? Tout jeu mis
à part, je vous conjure au nom de toutes les muses, ou de
quitter cette affection, ou de permetre que je revoye cette
petite remarque, qui fut brassée bien soudainement pour
vostre satisfaction, parce que je ne puis rien vous desnier. *Vous
l'aurez dans les premiers jours, Dieu aydant, pour en faire ce
qu'il vous plaira, c'est à dire après que vous l'aurez corrigée ou
refondue.*

Notez que j'ay receu ce matin seulement les vostres dattées du xvi du courant, sous huict jours de tare. Nos Messagers, pour eviter les frais du voyage de Paris, se deschar-
gent sur ceux de la Rochelle qui passent à Niort. Ainsi quand
il vous plaira m'honorer de vos nouvelles, il faudra s'adresser
de delà au facteur des Messagers de cette ville. Aimez-moy
tousjours, et me conservez es graces de vos amys. Je
demeure,

> Monsieur,
>
> Votre très humble et très obéissant
> serviteur.
>
> BESLY.

De Fon^ay le Cte, ce 29 juillet 1637.

Près de la suscription de la lettre est écrit, sans doute, de la main de
M. Dupuy : *Responce à l'arbalestre.*

CLXIX. — A MONSIEUR L'ÉVÊQUE DE POITIERS.

Monsieur, j'ay retardé de vous escrire espérant m'informer de l'endroit où est la Bretonnière du tiltre dont je vous ay envoyé l'extrait : ce que je n'ay peu faire au vray pour encores. Attendant quoy, j'ay bien voulu vous bailler advis qu'il peut y avoir erreur aux memoires de la maison de Rezay, au cas qu'un factum que j'ay veu despuys vos dernieres, soit veritable. Car il est rapporté par iceluy que Louys de Rezay et Marie de Caradreux conjoints, laissèrent deux filles leurs heritieres es terres de la Jarrie, la Merlatiere et la Rasliere : lesquelles par contract de l'an 1532, partagèrent par moitié lesdites terres sans prerogative, sauf de l'hostel et prés clostures à l'aisnée, de qui la puysnée tiendroit sa moitié en parage perpétuel sous l'hommage qu'elle en fera aux Essarts. Mr de Bayecs qui représente l'aisnée a vendu ses droits à Mr de la Rabasteliere qui prétend aujourd'huy contre Mr du Chastelier Monbaut représentant la puisnée, que le parage soit fini, et qu'il luy doit hommage de sa moitié. La question gist en l'interpretation des motz *parage perpétuel*, de quoy ils m'ont fait l'honneur de m'en vouloir croire. Tellement que ce fait estant vray, il faudroit necessairement que Louys de Rezay eust esté père de Michelle qu'épousa Jean Chasteigner, dont est issu par degrez led. s^r de Bayecs. Je ne sçay pas la descente de Mr du Chastelier-Monbaut qui doibt estre sorti d'Anne de Rezay sœur de Michelle. Par le discours de vostre histoire pag. 552, il est fait mention d'un partage de 1532 (qui doibt estre le mesme) qui les fait filles de Guyon de Rezay et de Jacquette de Saincte-Flaive. Mais l'extrait de ce partage n'est inséré parmi les preuves, ce qui me jette en soupçon, veu que ces deux actes ne peuvent compatir. Le memoire m'a esté envoyé par Mr du Gué de Saincte-Flaive, beaufrère dud. s^r de la Rabastelière. Je pourray luy en escrire si desirez en avoir davantage d'eclaircissement. Car en quelques choses que ce soit, grandes ou petites, qu'il vous plaira me commander, je temoigneray tousjours de toute ma puissance, que je suys, et désire demeurer toute ma vie,

Monsieur,

V^re très humble, très obéissant et obligé serviteur.

Besly.

A Fontenay, ce 18 octob. 1637.

CLXX. — A MONSIEUR DUPUY, ADVOCAT EN PARLEMENT, RUE DES POICTEVINS, AU LOGIS DE M. PRÉSIDENT DE THOU, A PARIS.

Monsieur, vous m'avez fait jouyr d'un grand thrésor, en la cognoissance de Monsr Oihenard [1], estant si rare personnage comme il est, et qu'il se fait paroistre par son beau livre de la Gascougne, duquel je vous dois un exemplaire. Car d'où m'a-til peu cognoistre que par l'estat qu'il vous a pleu luy faire de moy ? Cet escrit m'a pleu par tout où je l'ay peu comprendre : mais rien n'a esté plus agreable que les louanges qu'il y ha parsemées de vous et de M^r v^re frère. Pour luy rendre temoignage du ressentiment que j'ay de sa courtoisie, je luy envoye un memoire que j'ay tiré d'un *Chronicon* Ms., servant à la descente de la maison de Navarre, en un endroit obscur et inconnu de tous. C'est bien peu de chose en soy, mais bien grande, si on pèze mon affection. Pour la clause *Regnante Christo*, je vous tiendray

---

1. Arnauld d'Oihenart. *Notitia utriusque Vasconiæ*. 1638.

parole, n'en doutez pas, je vous prie, et vous en assurez autant que je suys sans exception,

Monsieur,

V^{re} très humble et obligé serviteur.

BESLY.

Fon^{ay}, ce 25 janvier 1638.

CLXXI. — A MONSIEUR DUCHESNE, GÉOGRAPHE DU ROY.

Monsieur, dans vostre bibliothèque historiale [1], il n'est point fait mention de l'oraison funebre du grand Roy François par Mr Charpentier, laquelle merite n'estre obmise à cause des particularitez qu'elle contient.

J'ay tout plein de questions à vous faire dont je m'abstiendray fors d'une qui est de scavoir si vous avez quelque preuve que Raoul de Soissons ayt espousé la Reyne de Chypre, scelon que le declarez en l'histoire de Chastillon. Je n'en ay rien veu que ce qui est en Sanuto Torsello où il est dit qu'Alix Reyne de Chypre espousa Raoul frère *Comitis Assasseni*, après qu'elle fust separée de Bohemond Prince d'Antioche, lequel elle avoit espousé en secondes nopces. Or cette separation se feist l'an 1238. Elle estoit premierement veufve de Hugues I de Lezignem, Roy de Chypre, comme j'ay cotté à la Généalogie des Ducs de Guyenne : *le lignagne delà la mer* n'en dit rien. Ce livre est corrompu en beaucoup d'endroicts et contient force erreurs parmy infinies bonnes choses. Faictes moy je vous supplie, cette courtoisie dont je vous requiers et me tenez autant que je suys,

Monsieur,

V^{re} très humble, etc.

BESLY.

De Fontenay, ce 23 février 1638.

1, *Bibliothèque des Historiens de la France*. 1618.

CLXXII. — A MONSIEUR DUCHESNE, GÉOGRAPHE DU ROY.

Monsieur, Mr du Puy m'a envoyé un extrait d'histoire escrit de v^{re} main, lequel j'ay receu avec beaucoup de contentement, tant pour me venir de v^{re} part que j'honore infiniment, que pour le merite de cette piece qui contient des particularitez fort rares et la meilleure part jusques icy à moy inconnues. Je trouvois un *Carolus Minor rex Aquitanorum*, qui me gesnoit l'esprit et ne l'eusse jamais peu concevoir cessant ce fragment dont je vous remercie mille et mille fois.

Je vous demande de quoy est devenu ce troisiesme tome de vos historiens, dans lequel devoit entrer nostre Tudebodus : et s'il y a esperance que ce grand et merveilleux ouvrage de tant de belles parties puisse un jour se voir accompli, je crains que ce siecle n'y soit guaires favorable.

Si prenez resolution de bailler de compagnie ce petit discours barbare qui se trouve en suitte de l'histoire d'Ademarus Cabanensis [1] en l'exemplaire de M^r le President de Thou, je vous offre un petit *Glossarium* qui pourra servir pour l'entendre. Faictes moy l'honneur de me continuer v^{re} amityé, autant que je suys et desire demeurer,

Monsieur,

V^{re} très humble, etc.

BESLY.

De Fontenay, ce 25 janv. 1640.

---

1. Adémar de Chabanais, moine du XIe siècle. *Chronique de France, jusqu'en* 1029.

CLXXIII. — A MONSIEUR DUPUY, ADVOCAT EN PARLEMENT, RUE
DES POICTEVINS, AU LOGIS DU PRÉSIDENT DE THOU, A
PARIS.

Monsieur, cet extraict d'histoire qu'avez pris la peine de
m'envoyer de la part de Mr du Chesne, est fort remarquable,
et sert à esclaircir beaucoup d'obscuritez qui me troubloient
les yeux. Je vous en remercie très humblement, et vous prie de
me continuer vostre bonne affection en semblables occasions.

Le tems n'ha point effacé de ma memoire ce que je vous
ay promis de *Regnante X°* et serois desgagé de ma parole,
cessants quelques neuds où mon esprit n'ha encore peu
trouver sa satisfaction.

Uzant icy des droicts de n^re amityé et de la liberté que
m'avez tousjours donnée, je vous supplie me résoudre s'il
se trouve en quelque Isidore ! Ms. ou imprimé qu'il déduise
feudum à *fœdere*, selon que l'allegue Cujas en sa préface sur
les fiefs. J'ay pensé qu'il abuze d'un lieu dud. Isidore, c. I,
lib. XVII *Originum*. Vignier contre d'Argentré [2] n'ha ozé citer
Isidore, mais s'est servi du terme *on allegue*, pour renvoyer
l'estœuf à Cujas, si davanture il en fust venu querelle, ayant
à faire à partie comme il avoit.

Encores un mot et puys plus. Vous m'avez autrefois parlé
de *l'origine du mot Apennage*, ce que je n'ay point oublié et y
ay fort ravassé, et cuide l'avoir trouvé. Mais je suys en difficulté de sçavoir si ès titres du thresor cottez par du Tillet en
son inventaire sur le chap. de Messeign^rs filz de France, leurs
appennages et bienfaits, le mot d'appennage y est precisement exprimé, soit en latin ou en françois, et comme quoy,
et quel est le titre plus ancien. Vostre inventaire vuidera

1. Isidore de Séville. *Originum libri.*
2. Bertrand d'Argentré. *Histoire de Bretagne.*

incontinent ce point, et m'obligerez de plus en plus à demeurer, comme je suys en eternité,

Monsieur,

Vostre très humble et obeissant
serviteur.

Besly.

A Fontenay, ce 25 janvier 1640.

« En marge, vis-à-vis la question relative au mot *feudum*,
« est écrite une note de Dupuy, ainsi conçue : »

Cette allégation ne se trouve pas, il y a bien lib. 8, c. 2, *et inde*
fides vocata est ab eo quod sit illud quod inter utrosque placitum est
quasi inter Deum et hominem, hinc et fœdus.

CLXXIV. — A monsieur dupuy, advocat en parlement,
RUE DES POICTEVINS, AU LOGIS DU PRÉSIDENT DE THOU, A
PARIS.

Monsieur, vos paroles sont si persuasives qu'elles font ce
qu'elles veulent, et vous assure que je serois desjà quitte
pour la clause *Regnante X°*, si ma bonne fortune avoit autant
favorizé mon labeur en cet endroict, comme elle a fait à l'esgard du Roy Philippe-Auguste et de la Royne Ingiburge,
comme vous verrez par la table cy enclose de leur parentelle. Vous la recevrez, s'il vous plaist à condition inviolable, que la retiendrez sous la clef jusques à ce que de mon
gré elle puysse paroistre en publiq revestüe de la robe que
je luy ay taillée, et preste sauf quelques pièces qui restent à
y coudre, pourquoy faire je ne suys encore assez bien préparé de fil de soye et d'aiguille, et ay besoin de secours.
C'est grand pityé de demeurer ainsi confiné dans une prison
champestre, destitué de livres nécessaires, et sans personnes

de communication pour ayder à se conduire ès lieux sca-
breux et difficiles, qui se rencontrent plus souvent qu'on ne
veust. C'est pour perdre cœur à quiconque voudra se mesler
d'escrire et aymera son honneur, s'il se trouve de nature
timide et peu hazardeux comme moy.

Pour exemple, à propos de ce Roy, Dutillet dans son inventaire [1] allegue deux titres de son mariage aveq la fille du
Landgrave de Turinge, l'un en novembre 1216 et l'autre
en août 1212. Le premier ne peut estre vray, si Rigord dit
vray, escrivant que le Roy reprit tout à fait la Royne Ingiburge en 1213. Se veoid un autre accord de ce mariage en
novembre 1210, *Registre* vii, f° 84, dont je vous suys redevable. N'y auroit il point erreur au chiffre de 1216 pour 1210,
attendu que les deux sont d'un mesme mois ? Item en quoy
diffèrent les traitez de 1210 et 1212 ? Voyla d'une part un
personnage d'honneur qui ha eues en main les chartres du
Roy, et d'une autre part un historiographe et chapellain du
mesme Roy qui me dictent choses contraires, lequel suyvray-
je des deux ? Item les autheurs sont divers pour le lieu de
ces nopces royales, les uns les assignent à Arras, les autres
à Amyens, lesquels faut il croire ? Le mesme Dutillet allegue
la chartre du Douaire de la Royne en 1193. Les règles veulent qu'elle ayt précédé les espousailles, si le lieu où elle a esté
faicte y est désigné, voyla ce trouble vuidé : il n'y a point de
fil d'*Adriane* (Ariadne) à Fontenay le Comte pour me sortir
de ce labyrinte ; il est sans hyperbole à cent lieues de là en
vostre main.

Mais je crains bien de trop abuzer de vre amityé et bonté
en cecy, et ès appennages, et en *feudum,* encores que je ne
voye rien que facilité et allégresse ès dernières qu'il vous a
pleu m'escrire.

---

1. Note marginale, autographe de Dupuy : « Les registres 23, 26 et 27,
alléguez par du Tillet, ne sont plus ès trésor. L'on en a les récépissez
dudit du Tillet. »

Le testament de Louys VIII dont je dois une copie à feu Mr Savaron m'a prémierement fait douter des relations de Dutillet, ou plutost de ses aydes sur les appennages. Mais comme le mot d'appennage ne se trouve là, ceux aussi *pro parte hereditatis* ne s'y lisent point : ils y sont sous entendus tout ainsi que nommément ils sont exprimez par le tiltre que Dutillet qualifie *Acceptation faicte par Mr Robert de France frère du Roy St Loys, etc., en juin* 1237. Au moins si c'est la charte ou anticharte de mesme datte et substance que Wander Haër a publiée en ses *Chastelains de l'Isle,* l. 4, c. 4, p. 81.

Il seroit à desirer que voulussiez prendre la peine de nettoier d'erreurs cet excellentiss. recueil qui vaut un millier de gros volumes, puys qu'en vous à l'exclusion de tous autres, réside le pouvoir et la capacité d'en venir à bout. Si nous ne nous tenons à ces grands hommes qui ont heu charge et commendement des Roys de veoir et extraire leurs chartes et les rédiger en volumes par matières, que ferons-nous ? Nous sera-til loysible de douter de tout ? Je n'y voy point d'excuse vallable si le moyen manque de s'esclaircir sur les originaux, lorsque les livres du tems resistent aux extraits et vidimus.

Quant à l'origine du mot *fief,* c'est un autre discours ; car je ne suys point obligé de croire à Cujas de ce qu'il rapporte d'Isidore, que *feudum* est dit *à fœdere,* si je trouve qu'il abuza d'Isidore, encore que je ne manque pas d'exemples anciens où *fœdus, fœderis* et *fœderati* sont employez au lieu de *fedus, feodus, feulum, feodum, fœdati* et *feodati.* Je ne dois non plus m'arrester à Isidore si je puis confuter son opinion par autres raisons milleures que les siennes. Obertus de Orto, ne son compagnon Gerardus Lenoir [1], ne leurs sectateurs ne m'imposent point loy à tenir que *feudum* est dit *à fide* ou

---

1. Albert ab Orto et Gerard Lenoir, consuls de Milan en 1154. *Institutiones juris feudalis Longobardici.*

fidelitate, ne les autres que c'est une diction Lombarde ou des contrées du septentrion, si je monstre qu'il est forgé sur le françois, et cettuy-cy tiré du latin. Marc Freher [1] n'ha droict de me condanner à souscrire à son advis que la constitution qu'il ha publiée des fiefs, soit de Charles le Gras, si je preuve qu'il n'en est pas ainsi. Brief ce qui gist en arraisonnement est libre à chescun de l'accorder ou nier, selon que plus ou moins on a de moyen d'establir son opinion, et la faire valoir pour bonne. Quant aux tiltres qu'on rapporte du thrésor du Roy, le simple discours n'en sçauroit eluder la foy. L'inscription en faux y seroit necessaire afin de faire metre au greffe les scedes [2] originelles. Mais l'Arcenal aveq toutes ses artilleries ne pourroit en faire exécuter le jugement, s'il ne plaist à Messieurs les officiers qui ont la garde du thrésor : j'eusse dit Messrs les Arimaspes [3], si l'experience que j'ay de v[re] courtoisie extraordinaire, eust peu m'accuser du crime d'ingratitude, que j'eviterai toute ma vie, pour vous rendre graces infinies, et vous asseurer que je suys et veux vivre et mourir en la qualité de,

Monsieur,

Vostre très humble et obligé serviteur.

Besly.

A Fon[ay], ce 8 de mars 1640.

CLXXV. — A monsieur duchesne, géographe du roy.

Monsieur, celle-cy servira de response à deux des vostres, l'une du 23 janvier, l'autre du 12 fevrier derniers. J'ay receu

---

1. Marquard Freher. *Rerum Germanicarum scriptores*. 3 vol. in-f°.
2. Scedes, mot inusité, tiré du lat. *scheda, manuscrit*.
3. Arimaspes, peuple imaginaire de l'Asie, dont les Grecs avaient fait des Cyclopes, qui disputaient aux Griffons l'or du fleuve *Arimaspius*.

l'exemplaire de vostre histoire de la Maison de Bethune [1] qu'il vous à pleu m'envoyer, dont je vous remercie de tout mon cœur. Je ne doute point qu'elle ne responde à la bonté et excellence de vos autres ouvrages, et la verray en ceste qualité pour y apprendre et l'admirer.

Il m'a bien pleu de sçavoir que le III et IIII volumes de vostre grand œuvre [2] sont imprimez, et que dans le dernier nostre Tudebodus [3] soit inséré aveq ma préface qui n'en valloit pas la peine, si davanture elle n'ha esté polie d'autre milleure main. Mais je ne puis comprendre pourquoy vous les retenez de sortir au jour qu'aveq le v. qui possible ne sera de long tems parachevé. Quel crime ont merité ces deux d'estre condamnez aux ceps et à tenir prison, en attendant cette compagnie? Qu'ont de commun aveq eux une histoire des cardinaux françois [4] et celle de la maison de Roche-chouart? Ce ne sont pas ouvrages de deux jours, et vostre diligence ordinaire, et les éminents objets qu'avéz devant les yeux, ne vous permetront point de vous haster, pour re-tourner plutost à cette première tasche. Cependant le publiq sera privé du fruit de son espérance, principalement les vieux, comme moy, qui ne faisons plus que vivoter au jour la journée.

Quant à ce que vous desirez de moy touchant la maison de Rochechouart, il n'y ha rien que je veuille ou puisse vous desnier de ce qui despend de moy : mon regret est que je m'y trouve inutile. Il est vray qu'en 1621 je feis un extrait de l'inventaire des tiltres de cette maison là, lequel estoit du 20 d'octobre 1523. En quoy il n'y ha pas grand secours, tous

---

1. Publiée en 1639.

2. *Historiæ Francorum scriptores.*

3. Petri Tudebodi, Galli, Sacerdotis Sivracensis (Civray), *Historia de Hierosolymitano itinere, ab an. 1095 ad an. 1099; cum præfatione Jo. Besly, Pictav.* (Duchesne, t. IV.)

4. François Duchesne, fils d'André, ne publia en 1660 que les deux premiers volumes de cette *Histoire des Cardinaux français.*

les tiltres estans plus bas que 1300, excepté trois tiltres et trois epitaphes. Je vous conseillerois volontiers de vous adresser à Mr Adam afin d'avoir de luy cet inventaire, parce que mon extrait est fort concis. Si cette voye vous manque, il sera vostre, et le sera encores des à present s'il vous plaist. Comme aussi lorsque vous en serez-là, je vous feray part d'une genealogie un peu moins fautive que celle que ledit s^r Adam a publiée comme l'ordre que je luy avois donné. Voy-cy copie des trois épitaphes.

I. Anno Dⁿⁱ MCCXLV in die S. Aredii ob. Aymericus vicecomes de Rupecavardo maritus Margaritæ F. Guidonis vic. Lemovicensis.

II. Margarita bona, patriæ pretiosa, matrona fœlix, miseris dans plurima, una ad parvos humilis, ad magnos corde difficilis, prudens, discreta, generosa prole repleta, det ei Deus requiem. Ob. IX septemb. MCCLIX.

III. Nutrix pauperum, consolatrix viduarum, substentatrix afflictorum, D^{na} Joanna de Tonneio sup. Charantaunam, vicecomitissa de Rupecavardi, cum Angelis et sanctis recipiat portionem. Ob. anno Dⁿⁱ MCCLXIII, in crastina Epiphania.

Je suys marri que ie ne pris copie de ces trois tiltres : je vous les eusse envoyés : car ils estoient en fort mauvais estat, et eu bien de la peine à les desmesler audit s^r Adam. Le premier en latin est le testament dud. Aimeri datté in die S. Aredii MCCXLV. Le second aussi latin est un arbitrage de Guy de la Rochefoucaud portant partage des biens dud. Aimeri entre ses enfans, conformement aud. testament datté du jeudi après la circoncision MCCLVI. Le IIIe est le testament d'icelle Marguerite du 9 septemb. MCCLIX.

Puys que vous trouvez bon d'avoir mon glossaire sur la piece barbare jointe à Ademarus, je ne faudray de vous la faire tenir si tost que serez resolu de faire travailler sur le V volume où vous l'avez destiné.

Pour la chronique de Julius Florus [1] elle n'est nullement de vostre dessein, et afin de m'en purger envers vous, et que ce que j'en dis icy n'est pas une deffaite, j'ay mis en ce pacquet la copie du prologue qui contient la matière et la division de tout l'œuvre. Quant vous aurez leu cella, je m'assure que vous perdrez du tout l'opinion anticippée que vous en aurez eue.

L'autre *chronicon* du moyne de Maillezais ne vaut pas la peine d'estre mis sous la presse, comme vous verrez par la dissertation que je vous en ay faicte au bas de celle de Julius Florus, l'un et l'autre estants cousus ensemble en un mesme volume. Vous m'en escrirez, s'il vous plaist, vostre intention. Si elle valloit la dixiesme partie de la piece barbare cy dessus, je vous en parlerois autrement.

Je vous prie me mander vostre opinion d'un lieu de Roger de Hoveden [2] *part. post. pag.* 734 *sub anno* 1193, ou après avoir escrit que Philippes Auguste s'estoit fait separer d'Engiburge de Dannemar, il adjouste : *Sed idem rex Franciæ hoc fecit fieri, ut acciperet sibi in conjugem filiam comitis Palatini de Rheno in Alemania, avunculi supradicti Henrici Romanorum Imp. quæ cum regi Franciæ à patre et aliis parentibus suis esset concessa, refutavit eum et consilio matris suæ nupsit Henrico duci Saxoniæ nepoti Ricardi regis Angliæ.* J'entends assez qu'il parle là du mariage de Henri fils de Henri dit Lyon, duc de Saxe et Bavière, aveq Agnès fille de Conrad comte Palatin du Rhin qui estoit frère de l'Empereur Fréderic Barberousse. Mais je suys en doute que nostre Roy eust traité de ce mariage en ce tems, et en fust d'accord aveq ce comte Palatin et ses amys. Car l'epitaphe d'iceluy comte ès *Origines Palatines* de Freher, *cap.* x. *pag.* 9, porte qu'il estoit décédé *anno* MCXCII. VI *idus novemb.* Ledit Freher

---

1. Julius Florus. *Chronicon, potissimum de rebus aquitanicis, à Carolo Calvo ad an.* 1140. *Ms.*

2. Roger de Hoveden, Anglais. *Annales usque ad an.* 1202.

a notté un passage de Trithemius *in chron. Hirsaug.* [1] *fol.* 208
que j'ay cherché et trouvé là que ce Conrad comte Palatin
vivoit encores l'an 1195. Ainsi il y auroit faute en l'un ou
en l'autre endroit. Voyla qui me trouble; et au reste je ne
puis adjouster foy à cet Anglois partout partial, et aussi comme
ce traicté de mariage me sembleroit précipité et contre toute
apparence. Je vous prie de rechef m'en escrire vostre sentiment et ce que vous aurez appris dudit mariage, et du vray
tems que celuy du Roy fut cassé. Comme aussi qui estoit
cette comtesse Palatine. Car je n'ay point de tiltre qui me
l'enseigne. Vous m'obligerez bien fort, qui sera tout et trop
pour un coup, et en demeureray là pour vous assurer que je
suys. (La lettre finit là. Besly a oublié de signer et de dater.)

(Vers mars 1640.)

La suscription autogr. est : « Monsieur Du Chesne, Géographe du Roy, à Paris ».

(Au milieu de cette lettre se trouve la copie incomplète
(de la main de Besly) d'une donation de biens à l'abb. de
St Etienne en Limosin, par les frères Borel, pour racheter
leurs crimes et leurs dévastations. On y parle du Cte Adelbert. Point de date.) 1 page Ms.

C'est probablement la dernière lettre que Besly ait écrite à André Duchesne, qui mourut peu de temps après, écrasé par une charrette, en
allant de Paris à sa maison de campagne de Verrières.

---

1. *Annales Hirsaugenses.*

CLXXVI. — A MONSIEUR DUPUY, ADVOCAT EN PARLEMENT, RUE DES POICTEVINS, AU LOGIS DU PRÉSIDENT DE THOU, A PARIS.

Monsieur, lorsque dernierement je feis response à vos précédentes, j'oubliay par mesgarde d'y joindre *la table de Philippe-Auguste et d'Ingiburge de Dannemarc*, laquelle je vous envoye maintenant sans desroger à mes premières conditions. Pareil accident vous est arrivé, car au pacquet qui m'est venu cejourdhuy de vostre part, il ne s'y est rien trouvé des appennages et en doibt le memoire estre resté sur le tapis.

Quant au lieu d'Isidore dont j'estime que Cujas abuze pour en tirer *feudum, a fœdere*, si je l'ay cotté *cap.* 1, *lib.* XVII *Origin.* il y â erreur de la plume; car j'ay voulu escrire XVIII, c'est tout à la fin du chapitre. Je ne voy point en tout Isidore aucun autre lieu sur lequel Cujas ayt peu fonder son opinion. Aussi en ses mesmes prefaces sur les *feudos*, il dit que *feudum quidam dixere fœdum*, et à ce propos il allegue une constitution de l'Empereur Guillaume rapportée es Annales de Flandres, où il abuze pareillement du mot Empereur; car Guillaume, comte de Hollande ne fut pas couronné Empereur, mais seulement esleu. Il y ha du fard et du charlatan en cella, et à citer les Annales de Flandres ainsi vaguement pour donner de la peine à verifier s'il dit *vray* ou non et cependant *regner sur les esprits*. Le lieu est sous l'an MCCLII de Mejer [1].

Je ne doute point que l'histoire [2] de M'r de Marca ne soit très digne de son ouvrier, de sa matière et du publiq : et qu'il ne reussisse heureusement en tout ce qu'il entrepren-

---

1. Jac. Meyer. *Annales rerum flandriacarum.* 1561.
2. *Histoire du Béarn.* 1640.

dra, Dieu l'ayant doué de tant de graces particulières qu'on
admire en luy. Je l'honore de tout mon cœur ; et n'oubliray
jamais la faveur qu'il m'a faicte de me *visiter une fois ceans,
ayant pris la peine d'y venir tout exprès du siège de la Rochelle.* Je ne saurois finir sur aucun sujet plus agréable, et
demeure à vous et à luy,

     Monsieur,

         V^{re} très humble et très obligé serviteur.

                    BESLY.

A Fon^{ay} le Comte (vers avril 1640).

M^r, s'il vous plaist me faire l'honneur de m'escrire, je
vous prie faire bailler vos lettres chez Duval à l'arbaleste,
ruhe de la Harpe où logent les Messagers de cette ville ; afin
de descharger Mr de Poictiers de trop d'importunité.

CLXXVII. — A MONSIEUR FRANÇOIS DUCHESNE, FILS D'ANDRÉ.

  Monsieur, M^r v^{re} père m'escrivit peu de tems avant son
décès que les IIIe et IIIIe volumes de ses historiens de France
estoient presque imprimés, dans le dernier desquels il avoit
inséré mon *Tudébodus* aveq la preface que j'y ay faicte, mais
qu'ils ne sortiroient au jour qu'aveq le ve, où je verrois
aussi mon *Nicolaus Braiæ*, qui est un autre Ms. que je luy
avois baillé. Je vous supplie de m'escrire l'estat desd. livres,
mesmement si ce v^e volume est achevé [1], et encores le volume des historiens particuliers et comme il va de tout cela.

  Je luy avois promis un glossaire sur un autheur barbare
qui est derrière l'*Ademarus* : vous verrez si ce point fait à
v^{re} resolution, car en cecy et toutes autres occasions, je pren-

---

1. Le 5e vol. ne parut qu'en 1649.

dray à singulier contentement de vous tesmoigner que comme j'ay esté aud. feu sieur, je suys et desire demeurer toute ma vie,

Monsieur,

V^{re} très humble etc.

BESLY.

De Fontenay, ce 1 octobre 1641.

CLXXVIII. — A MONSIEUR ARNAULD D'OIHENART.

Monsieur, encores que je n'aye point heu l'honneur de sçavoir de vos nouvelles, et ne me suys mis en devoir de vous faire sçavoir des miennes despuys un très long tems, faite moy ce bien de croire, s'il vous plaist, que je vous ay heu continuellement present en mon esprit : et que j'ay communiqué souvent aveq vous par le ministère de vostre notice *utriusque Vasconiæ;* l'un des plus curieux et excellents ouvrages, à mon gré, qui soit sorti en lumière de nos jours. Cette nette et claire assertion des Roys de Navarre, que ne mérite elle point de louange? et ces genealogies et suyttes de tant de comtes, vicomtes, evesques et seigneurs de Gascongne, que ne vous doivent elles point de recommandation pour les avoir retiré de la poussiere et suscité hors des tombeaux ? Seulement nous avez vous laissé une plainte à faire contre vous, que vous avez esté trop brief, ce qu'on dit d'Homère en autre sujet. Car si vous aviez conforté vostre livre de ses preuves, il seroit dix fois plus gros qu'il n'est pas et obligeroit dix fois plus les curieux de l'antiquité. Vous avez vos raisons de vostre part auxquelles je me tiens. Car je ne glose pas volontiers sur le faict d'autruy, assez empesché pour moy mesme à respondre de mes actions. Je le di particulierement pour la tardiveté que j'ay à produire en lumière mes comtes de Poictou et mes ducs de Guyenne, trou-

23

vant de jour à autre des difficultez qui m'arrestent sans pouvoir m'en desgager comme je voudrois bien et qu'il seroit requis. Je me console sur ma devise de Pindare, *les derniers jours sont les tesmoins les plus sages*.

Cependant je vous envoye copie du titre d'Odo de Leomagne dont M' le president de Marca a publié le françois. Je croy que c'est le mesme qui l'an 1245 cedda à Raymon dernier comte de Tholose tout le droict qu'il avoit en la terre et comté de Fezenzac, *in toto comitatu et terrâ Fezenciaci*. L'inventaire des chartes de Tholose, sac 2. letre 69 dit *tout le droit de Leomagne et du Fezenzac*, ce qui n'est pas, *de Leomagne*, en mon extrait du latin : et ne scay si je ne le pourrois avoir oublié. Mais s'il y est, ce seroit un tesmoignage qu'Odo n'estoit pas vicomte et avoit seulement des prétentions au vicomté. Vostre Arnaldus, Odo, Otho ou Atho, vicomte l'an 1249, tenoit Geraud d'Armagnac prisonnier. La quittance de la dot de sa femme en fevrier 1248, verifie qu'elle avoit nom Marie, estoit fille de Pierre Bermunt de Saluces (ou Salves), et niepce dud. comte Raymon dernier, comme vous avez noté : neantmoins Zurita la nomme Marguerite et la fait sœur de Galerande, les deux filles d'Amaurri vicomte de Narbonne. Il dit aussi que Philippe fille d'Arnaud Athon espousa Archambaut comte de Perigort, auquel vous la donnez pour bru. Je ne doute point que n'ayez examiné ces pointes là contre luy. Car il n'est pas inpeccable, et nul homme ne l'est. Il me desplaist que je n'ay des preuves devant l'an 1135 des seigneurs de Mauleon de nostre Poictou, pour vous ayder en vostre recherche de l'origine des vicomtes de vostre Mauleon de Soule; rien ne vous en seroit cellé. Je vous envoye ce que j'en ay, et qui est bien peu, quoy que j'aye mis de la peine à m'en esclaircir, en consideration qu'ils ont esté seigneurs de cette ville de Fontenay. Il y avoit aussi anciennement en Poictou une autre famille, qui se disoit *de Malo Leone* en latin : et en françois de Maulyon, de laquelle est issu par femmes cet excellentissime prelat, Mons. l'Evesque de Poictiers, comme il se veoid en l'histoire des Chasteigners. L'acte de l'hommage rendu au dernier Raymon de Thouloze par *Signe* veuve de Centule, et par Centule que vous qualifiez comte second, de leur comté d'Astarac ; et la prise de possession dud. comté, monstre que la race de vos Mauleons estoit feconde. Car il y en ha trois appellez à tesmoins, Bernard, Adhemar et Arnaud de Mauleon frères, et en la mesme année 1244, il se trouve que Rogier de Mauleon, Abbé de l'Escholle-Dieu, est present à l'acte d'hommage qu'Arnaut Roger comte de Comminges, fait de sa comté aud. comte Raymond. Je m'asseure que vous aurez nettement desmeslé si ce Rogier abbé attouchoit aux autres et comme quoy. Car je voy que chose aucune n'est impenetrable à la pointe de vostre soin et de vostre jugement. Je cuide apprendre de vostre notice que ces Mauleons n'ont possible rien de commun aveq ceux à qui Augerius *Dux belli præstantissimus* à donné origine. J'ay veu letres de 1305 par lesquelles Oger *de Maloleone* chevalier, baille au Roy le chasteau *de Maloleone* estant *in dominio de Solo*, et ce qui en despend : et le Roy luy donne en terre la juste valeur. Nous attendrons de vous ces esclaircissements comme d'infinis autres secrets, outre ceux dont vostre beau livre est composé. Je ne puis me lasser de le lire, non comme curieux, mais pour en faire profit, vous en sçavoir gré et vous en remercier, en attendant que je le die en publiq, je me souscriray icy *ex animo*,

   Monsieur,

     Vostre très humble et très affecté serviteur.

         BESLY.

A Fontenay, ce 1ᵉʳ de décembre 1642.

Monsieur, je viens de me souvenir d'un tiltre d'Uzerche de l'an 1091 par lequel Raymon evesque de Lectoure rapporte que Vivien vicomte de Leomagne estant aud. lieu d'Uzarche, y aumosna terrain *de Gandavilla, ubi constructum monasterium est*, et led. Evesque en accorda l'eglise. La femme dud. vicomte est nommée Beatrix. Il semble aussi par la charte de l'an 1010 de Hugues evesque d'Agen, fils du duc Gombaut, qu'il estoit seigneur de Leomagne, ou de partie, et qu'il en fait donation. Vous me ferez grand faveur d'asseurer M^r le president de Marca que je suys son humble serviteur, et suys derechef le vostre.

B.

FRAGMENT DES SEIGNEURS DE LA VILLE DE MAULÉON EN POICTOU.

(*Autographe* de Besly, joint à la lettre du 1er déc. 1642.)

I. — Raoul Ier, en attendant qu'on remonte plus haut. Il suyvit Guillaume VIII duc de Guyenne au voyage de la terre sainte et fut occis en Bulgarie l'an 1101. *Vir magnæ nobililatis de Sceconge* (leg. Saintonge), *cognatus ipsius principis* (*Ex Alberto Aquensi*). Laissa trois enfants : Savari Ier, Ebles et Raoul.

II. — Savari Ier l'an 1135 confirma la fondation de Bellevaux, *pro salute animæ suæ et patris sui Radulfi*. Tiltre de Guillaume II evesque de Poictiers. Fut père de Savari II et d'Aimeri. Il gist à l'Absie.

Germundus de Forgiis pro salute animæ meæ et Radulfi Mauleonis unam sextariatam terræ juxta Gorfallam concedo; teste Aimerico de Mauleone, Rainerio abbate : qui fut créé 1155. Ce Raoul de Mauleon estoit l'oncle dud. Aimeri.

III. — Savari II. *Ego Savaricus de Maloleone pro salute animæ meæ et patris mei Savarici apud Absiam sepulti, concedo quæcunque Oliverius de Siré dedit.* La donation de cet Oliverius est de 1155, *teste Eblone de Maloleone*. Fut père de

IV. — Raoul II et de Guillaume qui épousa Beatrix de Machecou, dame de la Roche sur Ion, sans enfants ; elle épousa en 2es nopces Aimeri de Thouars. Guillaume mourut en 1214 : fondateur de l'abbaye des Fontenelles.

Raoul II espousa Rivallia (*ex Ch. Angeriacensi*). Il y ha infinis tesmoignages de luy ès livres et chartes. C'est luy à qui la reine Alienor restitua Thalmont sur Jart, et luy donna Benon en eschange de ses droits en la Rochelle. Tiltre de 1203, tiltre de 1199, et récompensa en autres droits Aimeri de Rochefort descendu de Geofroy.—Fut père de

V. — Savari III ; Alix femme de Gui Ier, vicomte de Thouars, dont vint Aimeri VIII, et Eustache vicomtesse de Chastellerault, sans enfans.

Savari III seneschal de Poictou et de Gascogne. Les histoires de France et d'Angleterre sont pleines de son nom. Eut pour femme Amabilis du Boisi, par tiltre de luy mesme au Chartulaire d'Orbestier de 1237, et d'eux vint leur fils unique,

VI. — Raoul III et dernier du nom qui mourut sans enfants l'an 1250, et laissa sa succession à sa sœur Alix vicomtesse de Thouars, dont le fils Aimeri VIII, l'an 1253 se qualifie seigneur de Mauleon, terre qui est encore aujourd'huy en la maison de Thouars. Led. Aimeri vicomte de Thouars, sire de Mauleon etc., par tiltre dud. an pour l'abbaye d'Orbestier, confirme les dons faits par ses prédécesseurs à cette abbaye.

Ebles frère de Savari Ier eut par sa mort la seigneurie de Mauleon à tiltre de viage et retour, suyvant la coustume de Thouars par laquelle de ce tems là, les frères succedoient aux frères et non les enfans, qui recouvroient la succession apres la mort des oncles. C'est pourquoy en un tiltre pour l'Absie Savari dit : *concedo quicquid in terris et in feodis mihi pertinentibus acquirere potuerim ; et si quando evenerit ut paternam terram possideam , vos ut amicos augere fideliter pro-*

mitto. C'est d'Ebles dont parle le tiltre de fondation de S¹ *Berthole* de la Rochelle l'an 1145, où il est dit que luy Elbo ou Elbosius et Goffredus de Rupeforti estoient *de familia Isemberti Dⁿⁱ Castri Lucii* (Chastelaillon), en Aunis près la Rochelle dioceze de Saintes, à quoy bat le lieu d'Albert d'Aix qui dit que Raoul Iᵉʳ estoit de Saintonge. — De luy aussi le tiltre de la Trinité de Vendosme dattée *Roberto abbate*, où Raoul son frère est nommé et Savari II et Aimeri neveux de Ebles. — Cet abbé fut créé en 1143, et mourut en 1153.

Raoul frère de Savari Iᵉʳ et d'Ebles, mourut avant Ebles sans enfans de Mirabilis sa femme qui le survesquit, et epousa en 2ᵉˢ nopces Tibaut fils de Sebrant et père de Tibaut sire de Vouvant.

On trouvait encore à la suite de cette lettre (*Fonds Duchesne, vol.* 108, *pp.* 1, 2 *et* 7) :

La *copie autogr.* d'une lettre d'Alphonse au senechal d'Agen, pour poursuivre Gaston de Bearn qui avait envahi par surprise la terre de Eudes de Leomagne. S. D.

Et les *copies autogr.* de deux chartes relatives au comte de Toulouse.

CLXXIX. — A MESSIEURS MESSIEURS DE Sᵀᴱ MARTHE FRÈRES, HISTORIOGRAPHES DU ROY ET ADVOCATS EN PARLEMENT, LOGEZ RUE DE LA SORBONNE, A PARIS.

MESSIEURS,

Vos letres m'ont apporté un si extresme contentement qu'il me seroit impossible de l'exprimer. Car vous respectant et honorant, comme je fais et que m'y avez obligé, je dois souhaiter vostre santé, comme la mienne propre, et vous m'en avez assuré, vous mesme, qui est bien plus que de le sçavoir par la relation d'autruy. Puys vous tesmoignez aussi de me continuer l'honneur de vostre ancienne amityé, qui m'est un precieux thresor, et un gage que je vaus quelque chose, puys que de si vertueux et signalez personnages daignent fairé cas de moy. Aussi vous prie je de croire que si la fortune me fait ce tort de ne vous avoir jamais fait aucun service, que ce n'ha pas esté le defaut de mon affection qui ne me manquera jusques au tombeau de vous demeurer solidement acquise. Je loue Dieu de ce qu'il vous à fait outre passer l'an septuagenaire, qui sont dix fois sept, nombre fatal comme on veut dire. S'il y ha quelque heur en cette rencontre (et il ne peut nuire de le penser ainsi), j'y prendrois aussi part ; car il ha pleu à ce bon Dieu de me faire franchir... là des le mois d'octobre dernier. Mais il y ha grande différence entre vous et moy : d'autant que vous avez dignement travaillé toute vostre vie, mis au jour un ouvrage immortel, qui vous fait jouyr du fruict de vos labeurs, en gloire, honneur et biens du monde. Au lieu que je suys demeuré comme faineant, sans avoir merité chose aucune, sinon par l'excez de la bienveillance de vous, Messieurs, et quelques autres de mes amys, qui m'avez fait la faveur de me nommer dans vos escrits : esperant que ne changerez point le jugement, et qu'en cette troisiesme edition, qui surpassera les autres comme formée sur les secondes pensées, vous donnez lieu de me faire estimer par les maistres du mestier. A ce propos j'ay dressé un petit memoire touchant Hugues Capet pour monstrer sans contredit qu'il estoit de la maison royale; je n'ose ou ne puis passer plus avant. Car je ne veux me servir que de preuves infallibles, et produire les tesmoins *omni exceptione majores*. Je n'ay point veu les livres de messieurs d'Autueil [1], et de Chantereau [2]; parce qu'on n'apporte icy que

---

1. Charles de Combault, baron d'Autueil. *L'histoire des Ministres de l'Estat qui ont fleury sous les roys de la troisième lignée. Paris*, 1642.
2. Chantereau Le Fèvre (Louis), mort en 1658. *Mémoires sur l'origine des Maisons de Lorraine et de Bar.*

des Almanachs et des abc, Donnats et Catons. J'avois dressé une table de la maison de Lorraine, que Messieurs de Peresc, Du Puy, et feu Duchesne ont veuë, un très laborieux ouvrage, où les autheurs sont tous citez; led. feu sieur du Chesne en ha prevenu une partie. On ne sçauroit nier que m^{rs} de Lorraine ne soient issuz par femme de Charles frere de Lothaire R. de France.

Je vous supplie, que peut on respondre au tombeau dressé par Gerbert à Frederic I duc de Lorraine, *quem proceri fudere Duces à sanguine Regum*, et à Domnizo, qui dit nettement que la fille du duc Ferri II, qui fut mariée en Italie, estoit de la maison de France? On respondra incontinent que c'estoit du costé des femmes, ce qui requiert des preuves. Je ne scay si on â pris l'ordre que j'ay tenu pour convaincre de faux sept ou huict des premieres chartres produittes par des Rosiers[1] Archediacre de Toul. J'ay baillé cette piece à Monsieur le premier President, lorsqu'il estoit Procureur general, et l'original est en ma teste. Quant à ce que me mandez, qu'un ancien autheur qui a escrit l'histoire de Louys le Debonnaire, et de ses successeurs jusques au Roi Robert escrit que la Royne Adelaïs femme de Hugues Capet estoit fille d'un comte de Poictou : et que cet autheur est en l'un des premiers volumes publiez par led. feu du Chesne, je vous assure que je n'y ay point trouvé d'autheur qui ayt escrit l'histoire dud. Louys le Debonnaire jusques à Robert, et moins rencontré ce lieu où cela soit dit de la R. Adelaïs. Vous m'obligerez de me cotter s'il vous plaist le volume et le feuillet. Et quand cella s'y trouveroit, je ne scay point comme il se pourroit soustenir, sinon d'avanture par une chartre que j'ay qui est dattée de l'an 1028, *regnante Roberto Rege in Francia et Willelmo consobrino ejus Duce in Aquitania.* Ce que je trouve foible contre le tesmoignage

---

1. François de Rosières.

d'Helgaud contemporain et familier du Roy Robert, qui se dit tenir de la bouche dud. Roy que sa mere estoit des parties d'Italie. Item d'où viendroit que Guillaume III. Duc de Guyenne seul des princes de France, comme je croy, se seroit montré refractaire à recognoistre Hugues Capet, qui pour ce sujet assiegea Poictiers? Item pourquoi le Prince Louys F. du Roy Charles se retira-il à refuge par devers le mesme duc? Item pourquoi se trouve-il des chartres de Guyenne dattées *regnante Roberto, Lodovico et Karlonio anno VIII?*

J'avois bien sceu vostre dessein touchant l'Histoire de la maison de Monsieur de la Tremouille : et luy mesme m'a fait l'honneur de me faire part d'un exemplaire de la table qui ne contient que les noms, laquelle doibt estre venüe de vostre industrie. Le sujet est fort noble et digne qu'il soit tombé es main de si capables et excellens ouvriers comme vous estes, et prendrez plus de playsir en vos labeurs; d'autant qu'ils redondent en particulier à la gloire et honneur du pays de vostre naissance. Je n'ay à contribuer qui merite, après le memoire des anciens seigneurs vicomtes de Thouars, dont je vous ay y ha long tems donné une copie, et une autre à mondit seigneur de la Tremouille, qui vous l'a envoyé, comme jay sceu. J'envoye un memoire à M. d'Hoihenard touchant les seigneurs de Mauleon dont la maison a aussi fondu par filles en celle de Thouars. Led. sieur pourra vous en ayder, si de fortune vous en avez besoin, comme je croy qu'aurez; vous avez veu le chartulaire de la maison Dieu de Monmorillon, et les inventaires des chartes de France : et seroit inutile à moi de vous charger de nouveaux extraits. Si davanture vous n'aviez veu le martyrologe de Chartres, il y a une fondation d'un seigneur de la Tremouille dont je pourrai vous ayder. Car tout ce qui despendra de moy, vous le pouvez asseurement dire vostre. Monsieur du Chesne laisse trop languir l'entreprise de defunct Mr son pere : et crains bien qu'on en demeure là. Peu devant son decez il m'avoit escrit qu'il y en avoit deux ou trois autres volumes achevez d'imprimer outre les deux premiers et qu'en l'un avoit entré mon Tudebodus *de itinere Hierusalem* avecq la preface que j'y ay faite, et en un autre avoit entré mon Nicolaus Braia des gestes du Roi Louÿs VIII, des quels je luy avois envoyé les manuscriptz, qui ne m'ont esté rendus. Ce seroit un extresme dommage à la France et aux hommes de letres, si cet euvre demeure interrompu, qui estoit capable de nous mettre en parangon aveq les autres nations qui ont heu ce bonheur d'avoir rencontré des esprits curieux de reduire en corps leurs Historiens particuliers. Mais je vous tiens icy trop long tems au prejudice de vos autres milleures occupations; je viens, escrivant cecy, de recevoir letres de Mons. de Poictiers, datte du 28 novembre, par lesquelles il me mande qu'il est retourné depuys quinze jours d'un voyage qu'il devoit en court, et que dans huict jours il se renfermera à Poictiers pour y passer l'hyver. Je prie Dieu qu'il vous conserve heureusement, et demeure en éternité,

Messieurs,

Vostre très humble serviteur.

BESLY.

J'ay remis au prochain voyage mon memoire de France justificatif de ce que j'ay dit en ma genealogie de Guyenne ; à cause d'une charte de Charles le Simple par laquelle il appelle Robert frere d'Eude *consanguineum suum*, et ne l'ay rencontré à propos. Je vous envoyeray aussi une copie de mon Traité de l'origine du Roy Hugues d'Italie contre la Table de Mantouë de Gaspar Sciopius.

A Fontenay, ce 3 décembre 1642.

CLXXX. — A MESSIEURS MESSIEURS DE Ste MARTHE, HISTO-
RIOGRAPHES DU ROY, ADVOCATS EN LA COUR DE PARLEMENT,
RUE DE LA SORBONNE, A PARIS.

Messieurs, pour response aux vostres très agréables du
14 décembre, je vous rends humbles graces de l'extrait de
M. D'an.. (*sic*). Si la généalogie estoit véritable, il s'ensuyvroit
que Pepin I, Roy de Guyenne, auroit espousé une femme en
degré prohibé, contre l'ordre de ce tens-là ; au moins, s'il
est vray qu'il ayt espousé la fille du comte de Matrie, comme
porte la vie de Louys le Débonnaire : aussi que la vie de
S. Genulfe dit qu'il fut marié aveq la fille d'un Robert comte
de Bourges, qui doibt estre le Robert I de cette Table. Mais
d'où ce Robert tire-t-il son nom ? Veu qu'il n'ha aucune
conformité à nul de ses trois devanciers ? Et de quoy deviendra que les descendans de Robert sont dits proches cousins de Charles le Chauve, Louys le Bègue et de Charles le
Simple ?

Je vous remercie aussi de l'extrait du ms. de S. Magloire :
j'en ay trouvé autant parmi mes mémoires, me l'ayant esté
donné par feu Mr du Chesne, qui ne me celloit rien. Mais je
ne m'en souviendrois point, parce que je n'en ay jamais
fait estat pour plusieurs raisons qui seroient longues à des-
duire, et entre autres pour le tesmoignage d'Helgaud [1], con-
tenporain et familier du Roy Robert, qui a mieux sceu l'origine de la Royne Adelaïs que cet Anonyme, qui est moderne
et sans authorité.

Si ledit feu s^r du Chesne eust vescu, il ne m'eust point
tant méprisé qu'il ne m'eust honoré d'un exemplaire, pour
le moins du Tome auquel ha entré mon *Tudebodus.* J'ay

---

1. Helgaudus, *Floriacensis monachus. Epitome Vitæ Roberti regis.*

letres de luy où il me déclare que ces deux tomes estoient parachevez, mais qu'il en différoit le débit jusques à ce que le v° volume fust aussi imprimé. Il n'ha rien publié qu'il ne m'en ayt faict part de sa grace, et témoigné quel estat il faisoit de moy; et certes sa mémoire m'est et me sera chère en éternité.

Je vous envoye l'extrait du calendrier de N^re Dame de Chartres, qui vous servira en deux endroits, comme vous verrez : bien marry qu'il ne s'y trouve rien davantage.

Quant à mon origine de Hugues Capet, je n'ay encores mis la dernière main à ce que j'y pense nécessaire. — Si vous n'avez le tems du mariage de Charles le Simple aveq Friderinne, je ne manqueray de le vous envoyer, vous suppliant me faire l'honneur de me tenir, tel que je suys et seray toute ma vie,

Messieurs,

Vostre très humble et très obligé serviteur.

B*ESLY.*

A Fontenay, ce 14 janv. 1643.

CLXXXI. — A MESSIEURS MESSIEURS DE Ste MARTHE, ADVOCATS EN PARLEMENT ET HISTORIOGRAPHES DU ROY, LOGÉS RUE DE LA SORBONNE, A PARIS.

Messieurs, ce n'est pas de merveille si Mons. le duc de Thouars vous a fait l'honneur de vous visiter, et témoigné d'avoir agréable vostre dessein de la généalogie de sa maison, veu que les biens du monde ne sont rien en comparaison de l'honneur : et qu'il ne se pourroit désirer de plus excellents ouvriers pour faire valoir une si grande et louable entreprise.

Le contract de mariage de Charles le Simple aveq la Royne Friderine, ou des letres de la constitution de dot de lad.

Royne, est datté XIII. kal. *Maius Indictione* x. *anno* xv *re-gnante domno Karolo gloriosiss. Rege, redintegrante* x. *Actum Attiniaco palatio* I. D. N. F. A., qui revient au XVIII d'a-vril DCCCCVIII; d'où il s'ensuyt que led. Roy n'épousa pas sa seconde femme l'an 904, ainsi que l'avez cotté; et s'ensuyt encores que Raoul le Normand, l'an 912, ne peut avoir épousé Gisle qu'on donne pour fille au mesme Roy. Et me semble, sauf vostre milleur advis, que Paul Emil a heu bonne raison de soupçonner que les historiens de Normandie ont mal à propos adapté à leur Rou, le mariage de Gisle, fille de Lothaire Roy de Lorraine, avecq Godefroy R. de Danemarc, confondant Charles le Gras, qui feit ce mariage, aveq Charles le Simple. Les mots de ladite charte dud. R. Charles sont tels : *communi consensu fidelium, Deo, ut credimus, coope-rante, secundùm leges et statuta priorum, nobis nuptiali con-nubio sociavimus, regnique consortem statuimus.*

On m'a dit que le père Odo de Gessey a fait r'imprimer son livre des Evesques de Vellay. J'oserois vous supplier me faire tant de faveur de me mander s'il ha rien changé ou adjouxté à ce qu'il avoit escrit de Guillaume le Dévot, duc d'Aquitaine, et des enfans de la comtesse Adelaïs et de son frère Godefroy, que je conjecture appartenir aux maisons d'Anjou et d'Arles; mais led. père en parle aveq confusion que je ne puis desmesler, si ce n'estoit pas vostre ayde et jugement, vous suppliant m'en vouloir, s'il vous plaist, dé-clarer vostre sentiment, et vous assurer que nul ne fait estat plus que moy de vos vertus et mérites, qui suys et désire demeurer en éternité,

Messieurs,

Vostre très humble et très obligé serviteur.

BESLY.

A Font^ay, ce 9 de février 1643.

JEAN II BESLY, FILS DE JEAN Ier,

A MONSIEUR DUPUY L'AISNÉ, CONSEILLER D'ÉTAT ET GARDE DE
LA BIBLIOTHÈQUE DU ROY, DEMEURANT EN LA RUE DE LA
HARPE, AU DESSUS DE L'ÉGLISE DE Sᵗ COSME, A PARIS.

Monsieur, j'appréhende bien fort d'avoir perdu vos
bonnes grâces pour avoir manqué de vous escrire depuys
mon retour en Poictou, après tant d'obligations dont je
suys redevable à vostre bonté et courtoisie. Mais quand je
considère que vous aymés vos serviteurs avec leurs vices et
que vous estes d'une inclination facile à pardonner, puys
que j'ay l'honneur d'estre l'un d'iceux, j'ose m'asseurer que
j'y auray encore quelque part, que me remettrés ceste faute
et recevrés de bon œil ceste cy pour purgation de mon long
silence. Sur cette espérance je vous dirai touchant l'histoire
de Poictou *qui est vostre ouvrage plustost que celuy de feu
mon père*, qu'il est bien estimé des gens doctes, mais qu'il
n'a cours que parmi eux. Les médiocres en sçavoir le rebu-
tant pour n'y pouvoir rien comprendre, menque d'estre
consommés en l'histoire de France, qu'il s'en vend si peu
que de douze exemplaires qu'un libraire de Poictiers avoit, il
luy en reste cincq à débiter. Je ne puis pourtant croire
que le débit en soit si lent à Paris. Quant aux exemplaires
que j'avois apportés de Paris, je les ai présentés à plusieurs
de mes amys, et passant par Poictiers j'eu l'honneur d'en
donner à Messieurs, l'evesque dudit lieu ², de Villemonté ²
et de Sᵗᵉ Marthe ³ conseiller d'Estat. Pour les autres je les

---

1. Henri-Louis Chasteigner de la Roche-Posay.
2. François de Villemontée, sʳ de Villenauxe, intendant du Poitou.
3. Abel de Sainte-Marthe.

ay distribués en ceste ville de Fontenay à Messieurs de Béthune [1] archevesque de Bourdeaux, Brissons frères, l'un séneschal de ceste ville [2], et l'autre abbé de S. Vincent de
Nioeil [3], Maquin [4] lieutenant-général et autres officiers de
nostre siège. Au reste monsieur l'evesque de Poictiers me
mende qu'il a besoing d'un extraict d'un mémoire tiré des
chartes du Roy des provinces de Poictou, Xaintonge et An-
goulmois qui doit estre entre les recherches de feu mon père
qui le luy a fait veoir, comme il me mande par la sienne, et
qui fait mention de Guy de Montléon chevalier qui cedde et
transporte au Roy Philippe 3 le chasteau et baronnie de Montmorillon, ce qui est ratifié par Luce mère, et Agnès sa femme,
dans lequel mémoire il est fait mention de Sebran Chabot
chevallier. A quoy je luy ay fait response que je ne pouvois
luy envoier à présant pour ce que les papiers de mondit feu
père estoient par devers vous, et que je me donnerois l'honneur de vous en escrire. C'est pourquoy y satisfaisant je vous
supplie humblement si vous rencontrés ledit mémoire de
m'en envoier copie, à fin que je luy envoie aussi signée de
moy, comme il désire pour produire en un procès qui le
concerne et qui est pendant au Parlement. Ce sera augmenter
les obligations que je vous ay, outre que je confesse devoir
beaucoup à vostre indulgence de ne m'avoir demendé la
partie que je vous doibs, à laquelle il m'a esté impossible de
pouvoir satisfaire, tant à cause que j'ay esté longtemps retenu
au lit malade de fièvres continues, que pour autres accidens
qui me sont arrivés où il m'a falu faire quelque despense.
Néantmoins j'espère bien tost m'en acquiter, mais non jamais des autres faveurs et grâces que vous et monsieur de
Saint Sauveur [5] vostre frère m'avez fait, vous suppliant de

1. Henri de Béthune.
2. François II Brisson, sénéchal de Fontenay.
3. Pierre Brisson, abbé de Nioeil.
4. Nicolas Macquin.
5. Jacques Dupuy, prieur de Saint-Sauveur.

croire que si je suis impuissant pour pouvoir assés dignement les reconnoistre et les seconder, je n'en perdrai jamais
la mémoire et demeureray tout le tems de ma vie, monsieur,
vostre très obéissant serviteur.

BESLY.

A Fontenay, ce 13 aoust 1647.

(*P.-S.*) Je vous supplie avoir aggréable que Mr de Saint
Sauveur voie icy que je suis son très obéissant serviteur.

Cette lettre autographe est très-curieuse. Elle prouve que l'*Histoire des
Comtes de Poitou* a été rédigée par Pierre Dupuy, à l'aide des chartes
recueillies par Besly ; que le fils de Besly ne concourut, sans doute, à
cette publication qu'en fournissant la copie des pièces justificatives ; ce
qui expliquerait la déplorable inexactitude des chartes imprimées, et la
suppression d'un grand nombre de titres aussi intéressants que ceux qui
ont été publiés. Elle prouve aussi que tous les manuscrits de Besly avaient
été remis à Pierre Dupuy. Nous croyons que la dette contractée par
Jean II Besly envers Pierre Dupuy résultait d'une part des frais d'impression qu'il devait supporter.

Il paraît que le débit de l'*Histoire des Comtes de Poitou* était fort res-
treint à Poitiers, parce que tous ceux qui n'avaient qu'une connaissance
insuffisante de l'histoire de France, dédaignaient d'acquérir un ouvrage
auquel ils n'auraient rien compris. Telle est au moins l'opinion du fils de
Besly.

LETTRES

ET FRAGMENTS DE LETTRES AUTOGRAPHES

CONCERNANT BESLY

ET SES TRAVAUX HISTORIQUES.

La plupart de ces lettres ont été coupées par les destinataires qui n'ont conservé que les passages relatifs à Besly.

ANTOINE POSSEVIN, MÉDECIN ET HISTORIEN, DE MANTOUE, A PIERRE DUPUY (*fragment*).

Notas tuas in Scoppianam Gonzagorum imposturam, iis quas à clarissimo viro *Besly* accepi, meæ jam confutationi inservi. Rem omnem quadraginta et quinque paginis complexus sum ; . . . .
Clariss : v. *Beslio* inclusas litteras transmittere oro; ne inurbanitate in celeberr : Doctorem, et de me optimè meritum, beneficii accepti silentio peccare videar.

Vale. . . . . . Mantua, 1 Augusti 1620.

(Fonds Dupuy, t. XVI.)

LE MÊME AU MÊME (*fragment*).

. . . . *Beslium,* si per otium potueris, ut meo nomine salutes obnixè precor; . . . . Mantua, 15 octobre 1620.

(Fonds Dupuy, t. XVI.)

LE MÊME AU MÊME *(fragment)*.

Accepi ad indictum pridem Scoppio bellum, ab Illustr :
V.domino Besly nova subsidia,uberiorem commeatum, quan-
tùm ille pro causa insudaverit, quàm strenuè officio defunctus sit, tecum qui ejusdem es particeps gloriæ in præsentiâ
sileo, toti olim Europæ fidem scripto facturus. Si quid è meo
pœna desumptum, expers laudis erit, eò saltem bonorum
omnium studia provocabit, quod in hac palestra, sub alienis
armis, fortiter lacertos exercuerim. . . . .
Tu verò cl : Puteane, si cœptam inter *Beslium* et me amicitiam continueris, dederisque vix natæ caritati incrementum,
pro more tuo ages ; . . . . Vos ego duo Galliæ
lumina, pro Geniali sydere habeo, cujus prospectus et
fovere conatus meos possit, et afflatu benigno promovere.
    Sans date (1621).

(Fonds Dupuy, t. XVI.)

Je suis heureux de trouver l'occasion de corriger une grave
erreur que j'ai commise dans la note imprimée au bas de la
page 113 de cet ouvrage. Je me suis trompé, à la suite de G. Colletet (*Vie de J. Besly. — Ann. de la Soc. d'émulation de la Vendée,*
1877, p. 82-83) : « *Ce docte Jesuiste* d'Italie, dit-il, Antoine
Possevin, avoit sa doctrine (la doctrine de Besly) en grande
vénération, comme je le peux justifier par une lettre que ce
docte et célèbre personnage luy escrivit de Mantoue, le 1ᵉʳ aoust
1620, lettre dont j'ai l'original entre les mains, qui est d'autant
plus considérable qu'en y louant hautement Besly, etc. »
    La note sur ce passage, dans laquelle l'éditeur prétend expliquer
pourquoi le *docte Jésuite* cherchait à venger son neveu, Antoine
Possevin, des attaques de Gaspard Scioppius, est également
erronée.
    Antoine Possevin, de la Soc. de Jésus, né en 1534, mourut le
26 février 1611. Ces trois lettres ont été écrites par son neveu,

Antoine Possevin, médecin et historien, de Mantoue, qui avait publié, en 1617, *Gonzagarum, Mantuæ et Montisferrati ducum, historia;* in-fol. Gaspard Scioppius mit au jour, en 1619, son tableau généalogique de la Maison de Gonzague. C'est alors que Possevin s'adressa à Pierre Dupuy et à Besly, pour lui aider à réfuter l'œuvre de Scioppius. Antoine Possevin fit encore imprimer, en 1621, *de bello Montisferrati historia.* A cette époque, le P. Antoine Possevin, son oncle, aurait été âgé de 97 ans.

L'ÉVÊQUE DE POITIERS (HENRI LOUIS CHASTEIGNER DE LA ROCHE-POSAY), A ANDRÉ DUCHESNE *(fragment).*

Monsieur, j'ai reçu par M. Schilder vostre lettre accompagnée de quelques mémoires touchant ceux de ma maison, de partie desquels j'avois eu cognoissance par M. Besly qui les avoit extraicts des mesmes lieux où vous les avez puisés. . . . . .
25 janvier 1622.

(Fonds Duchesne, t. XXXII.)

JEH. DECORDEZ, CHANOINE DE LIMOGES, A A. DUCHESNE *(fragment).*

Monsieur, etc. . . (suit une dissertation sur l'origine de Robert le Fort et sur la généalogie des ducs d'Aquitaine, dans laquelle se trouvent les phrases suivantes :)
. . . Mais ce qui fauorise plus que toute autre chose ma conjecture est que M. Besly m'a dict d'autres fois avoir veu une charte de Charles le Chauue où il appelle Robert le Fort *consanguineus noster,* ce qui se peut mieux dire d'un cousin germain du costé du père que de quelque autre degré de consanguinité que ce soit. . . . . .
. . . Je serois bien aise de scauoir si M. Besly en sa

table généalogique faict mention de ce Guy. (dans la chronique de Gaufridus, il est dit que Guillaume, duc d'Aquitaine, mari de Philipia fille de Guillaume comte de Tholose, estoit fils de Guy). . . . . . .

. . . Je vous prie me mander si led. s^r Besly met lesd. ducs conformément à ce que j'ay mis cy dessus ou s'il en met plus ou moins depuis Guillaume Ier iusques à Guillaume père d'Alienor et ce à cause que je n'ay pas la généalogie de M. Besly par de ça. . . .

JEH. DECORDEZ.

De Limoges, ce 11 décembre 1623.

(Fonds Duchesne, t. LXVIII.)

LE MÊME AU MÊME *(fragment).*

. . . Pour le regard de la généalogie des comtes de Poictou de M. Besly, ie la trouve conforme aux Ms. et chartres que i'ay de par de ça, si ce n'est qu'aux enfans de Guillaume IV qui eust trois femmes à scauoir Adelmodie, Prisce et Agnès, l'on met Guillaume V du 1er lit. et Guillaume VI auec Guy Geofroy surnommé Guillaume VII du 3e lit, sans donner aucuns enfants à Prisce qui estoit la seconde femme, et cependant ie trouue dans le chartulaire de nostre eglise une chartre de donation en ces termes :

« Ego in Dei nomine Tetbaldus Ducis Aquitanorum Guillelmi fidelissimi (fidelissimus) in memet reversus et cogitans peccatorum meorum enormitatem simulque reproborum acerrimam pœnam et iustorum gloriosam felicitatem, idcircò ut mihi benignus Jesus peccatorum meorum veniam concedere et beati Paradisi requiem tribuere, ac Patri meo Ademaro gloriam sempiternam largire dignetur in beatorum sorte unà pro consensu ac voluntate præfati ducis Guillelmi, atque

uxoris eius vocabulo Priscæ necne gratissimæ et floridæ
iuuentutis Guillelmi supradicti ducis filii, trado ad monasterium S. Stephani Protomartyris et canonicis ibidem Deo
seruientibus etc. . . et in fine : signum Guillelmi ducis
Aquitanorum. Sign. Priscæ uxoris suæ. Sign. Guillelmi filii
sui. regnante Rege Roberto ». . . . . . .

« *Erreur : Guillaume n'étoit pas le fils de Prisce ; il auroit
été trop jeune pour pouvoir signer.* »

. . . Oultre ce ie trouue dans le mesme chartulaire
que l'un de ces deux Guillaume enfans de Guillaume IV, ne
fut iamais marié estant appellé *Celebs,* et comme le père viuoit
du temps de Robert, le filz viuoit du temps de Henri I, et
l'extraict de la généalogie de M. Besly me monstre ou ie dois
placer ce Guillaume qui embrassa le célibat. . . . . .

Jeh. Decordez.

Limoges, le 27 décembre 1623.

(Fonds Duchesne, t. LXVIII.)

L'ÉVÊQUE DE POITIERS A A. DUCHESNE *(fragment).*

. . . On m'a apporté ces jours, de bas Poitou quelques 30 titres anciens venus de Reaumur, entre lesquels il
s'en est trouvé deux bien anciens qui sont entièrement en
langage poitevin que j'ay neantmoins dechiffré presque
tout-à-fait ; attendant le dechiffrement qu'en fera M. Besly
qui n'en perdra pas un mot. . . . . .

(L'un de ces titres était de 1220 et l'autre de 1246 :
transaction de la fam. Chasteigner avec le prieur de Réaumur.)

Le jour de S. Pierre (29 juin) 1627.

(Fonds Duchesne, t. XXXII.)

L'ÉVÊQUE DE POITIERS A A. DUCHESNE.

Monsieur, ayant faict voir à M. Besly les deux titres qu'avez extraicts de ceux de la Sye, il iuge que les alliant auec ces deux venus de Reaumur dont cet esté ie vous envoyay un mémoire, il les fault disposer en la forme suiuante :

Jean Chasteigner, ch^{er}, sire de la Chasteigneraye, 1220 ; avait épousé Arsendis, dame de Réaumur, en 2es noces.

Guillaume Chast., ch^{er}.

Jean Ch. — Gilbert Ch. — Arsendis. — Aynor.
1243 — 1243 — 1243 — 1243

1er LIT.

Thibaud Ch. — Jean Ch.
1246, 50, 67 — 1246

2e LIT.
Gilbert Ch.
1246.

Toute la difficulté de cecy est de voir que presque en mesme temps, Jean et Guillaume frères, ont chacun deux enfans portants le nom de Jean et de Gilbert, ce qui n'est pas impossible.

Quand à ce Guillaume Chasteigner que vostre titre de Chantemerle qualifie sgr de la Chastaigneraye (a quoy ie vous supplie de regarder exactement) M. Besly estime qu'il ne la peult auoir prise que comme tuteur ou curateur de son nepueu Thibaud Chasteigner, ou a droict de retour, ou comme parageur. Il m'a mandé aussy qu'ayant autrefois veu cotter un sac intitulé sac de des Nohiers daté en novembre 1244, contenant une donation des marays de l'Anglée et qu'on y pourroit trouuer quelque esclaircissement de ce Guillaume pour apprendre sa seigneurie et le nom de sa femme, ie ne scay si vous auez rencontré ce sac. Voicy bien des importunités que ie vous donne, dont ie vous supplie de m'excuser et de me tenir,

Monsieur,

· Vre plus humble serviteur

HENRY LOYS, *E. de Poicliers.*

A Dissay, ce 14 décembre 1627.

(Fonds Duchesne, t. LII.)

ANDRÉ DUCHESNE A M. DE PEIRESC, CONSEILLER AU PARLE-
MENT DE PROVENCE *(fragment).*

Monsieur, j'ay eu communication *des généalogies de la Terre Sainte* que vous auez enuoyées de çà à M. du Puy et ay examiné ce qui est de ma cognoissance, notamment les quatre ou cinq premiers chapitres, des roys de Hierus., de Cypre et d'Ermenie, des princes d'Antioche, comtes de Tripoly et autres seigneurs, en quoy j'ai recognu beaucoup de choses ignorées cy-deuant. Car afin de ne m'arrester aux roys de Hierusalem qui sont plus communs, il y a grande différence entre ce que l'autheur raconte des princes d'Antioche et ce que M. *Bely* (sic) en a recueilli des histoires de la Terre Sainte pour sa genealogie de Guyenne, y ayant en vostre manuscrit beaucoup plus de degrez, plus de collateraux et plus d'alliances. Il dit aussi des roys de Chypre et d'Ermenie plusieurs singularitez que nous ne trouuons ailleurs et ainsi du reste, etc. .   .   . l'autheur viuoit eniuron l'an 1300, etc.

A. DUCHESNE.

Paris, le 20 janvier 1628.

(Fonds Dupuy, t. DCLXXXVIII.)

L'ÉVÊQUE DE POITIERS A A. DUCHÊSNE *(fragment).*

..... M. Besly m'a escrit depuis peu, me remerciant du livre de la généalogie que je luy avois envoyé. Il tesmoigne en estre content grandement.

Dissay, le 10 juillet 1634.

(Fonds Duchesne.)

L'ÉVÊQUE DE POITIERS A A. DUCHESNE *(fragment).*

.... M., voilà ce que j'ay appris de M. Besly, qui me mande qu'il y a quelque chose à réformer au discours d'Archiac, dont il me donnera advis.

Dissay, 5 décembre 1634.

(Fonds Duchesne.)

L'ÉVÊQUE DE POITIERS A A. DUCHESNE *(fragment).*

..... Je vous enuoye ce que m'a mandé M. Besly d'Archiac et Rochechouard, avec le mémoire que j'en ay extraict, que vous me renvoyerez s'il vous plaist.

HENRY LOYS, E. de Poictiers.

Poictiers, le 14 janvier 1635.

(Fonds Duchesne, t. VIII.)

LE MÊME AU MÊME.

Monsieur, je vous enuoye un billet que j'ay coupé dans une lettre que M. Besly m'a escrite, et croy que ce qu'il veult dire est que René d'Apelvoisin n'eut point d'enfans de Loyse de Puyguyon, et qu'il estoit frère aisné de François d'Apelvoisin mari de Françoise Tiercelin ; de sorte que ce degré de René d'Apelvoisin est mal , et superflu dans la table de la feuille 51 de nostre généalogie il me semble vous avoir déjà donné cet advis, lorsque M. Besly m'en escrivit une autre fois. C'est, Monsieur,

V^{re} plus humble serviteur.

HENRY LOYS, *Ev. de Poictiers.*

A Dissay ce 19 février 1635.

(Fonds Duchesne, t. XXXII.)

LE MÊME AU MÊME.

Extrait des documents généal. envoyés par Besly audit Ev. de Poitiers, relatifs à la famille Chasteigner, et de rectifications importantes aux travaux déjà faits. La lettre de Besly était du 3 août (sans doute de 1635).

(Fonds Duchesne, t. VIII.)

LE MÊME AU MÊME.

Monsieur, vous trouuerez en la page suiuante quelques Mémoires que j'ay eus de Monsieur Besly, et me croirez tousiours s'il vous plaist,

Monsieur,

V^{re} plus humble serviteur.

HENRY LOYS, *E. de Poictiers.*

A Dissay, ce 2 juin 1636.

(Fonds Duchesne, t. VIII.)

Les Mémoires fournis par Besly à l'évêque de Poitiers, sur la famille Eschalard, offrent tant de confusion et tant de différences dans les premiers degrés, que, même en les comparant avec des généalogies plus récentes, il est impossible de distinguer quelle est la filiation la plus exacte.

Dans l'impossibilité où nous nous trouvons, par suite du défaut de textes, de jeter quelque clarté dans ces notes confuses, et d'autre part des documents authentiques, tels que ceux qui sont rapportés dans l'*Inventaire des Archives de la Barre*, venant contredire sur plusieurs points les assertions de Besly, nous avons jugé à propos de supprimer cette généalogie de la famille Eschalard.

L'ÉVÊQUE DE POITIERS A P. DUPUY *(fragment.)*

..... M. Besly m'auoit bien mandé qu'on auoit imprimé quelque chose du Béarn et qu'il auoit donné de ses Mémoires, mais je ne croyois pas que ce fust de la Gascoigne Iberiq et Aquitanique. Je mande à Paris au nepueu de M. l'abbé de Saint-Cyran qu'il m'en achete, et quant à M. Besly, je perds espérance de le pouuoir faire resouldre à imprimer, combien que je l'en aye fait solliciter ; et depuis peu. S'il meurt, tout son travail sera perdu. Je suis, etc.

HENRY LOYS, *E. de Poictiers.*

Poictiers, ce 14 décembre 1637.

(Fonds Dupuy, t. DCLXXV.)

LE MÊME AU MÊME.

Monsieur, j'appris dernièrement par Monsieur Bonenfant, le soing que vous desiriez que je prisse pour conseruer les trauaux de feu Monsieur Besly, à quoy j'ay trauaillé il y a plus de six ans, et l'affaire est en bon estat, tous ces papiers ayant esté conserués par son fils et par M. Alleaume son beau-fils, lesquels m'en ont aduerty. Ils ont un thrésor qui ne se peult estimer, à sçauoir : *l'Histoire des ducs de Guyenne, l'Histoire des contes de Thoulouze, celle des Euesques de Poictiers, Lusson et Maillezay;* et je croy qu'on pourroit auoir cela à prix raisonnable, veu qu'aucun d'eux ne se plaist à cette sorte d'estude. J'ay prié M. Achard aduocat à Poictiers, seneschal d'une des bannies de mon euesché et beau-père du d. sieur Aleaume de sçauoir d'eux ce qu'ils en desireroient, et que j'escrirois à Paris à quelqu'un des mes amis pour leur faire trouuer marchand. Jamais homme n'entreprendra tel ouurage qui en soit capable comme le defunct; le trauail a esté extreme en la recherche. Outre cela ils ont ceste histoire de l'isle de Maillezay manuscripte, le chartulaire de Maillezay et autres, et un Père Anselme, bénédictin réformé [1], qui a veu son estude depuis un an, m'a dit qu'il y auoit une très grande quantité de titres anciens qui ne serviront à l'histoire de Guyenne, mais qui estoient rares et de considération. J'estime que ces trois histoires cy dessus specifiées valent bien quatre mille francs à très bon marché, si on peult mettre prix à ce qui n'en a point; et souhaiterois que vous peussiez enuoyer à Fontenay quelque personne intelligente qui peust vous faire sçauoir exactement ce qui en est, et je lui donnerois adresse si vous le jugiez à propos. Ces Messieurs les héritiers me tesmoignent beaucoup de bonne volonté, à cause de la grande amitié qui estoit entre M. Besly et moy, et m'ont faist informer qu'ils conserueront le tout soigneusement, auec des ciuilités extraordinaires jusqu'à me vouloir donner la disposition du tout, ce que je n'ay garde de faire; mais je voudrois bien que ce grand trauail ne fust perdu, et que les héritiers y peussent trouuer leur conte. Vous auez *beaucoup* de moyens par la

---

1. Augustin déchaussé.

cour et autres voyes pour remedier à ceste affaire que je n'affectionne pas moins que vous, et sur laquelle j'attendray de vos nouuelles, demeurant tousjours, Monsieur, votre très humble serviteur.

HENRY LOYS, *E. de Poictiers.*

A Dissay, ce 30 août 1644.

(Fonds Dupuy, t. DCLXXV.)

Curieux détails sur les mesures prises par l'évêque de Poitiers pour la conservation des manuscrits de Besly, sur leur valeur historique et vénale, et sur les propositions faites aux héritiers, qui se disposaient à les vendre.

NICOLAS MACQUIN, JUGE (*juridicus*), PUIS LIEUTENANT GÉNÉRAL EN LA SÉNÉCHAUSSÉE DE FONTENAY, A PIERRE DUPUY.

Fidem meam Lutetiæ Parisiorum tibi nuper datam his literis exoluo (vir clarissime) et μαχαριτοῦ Joannis Besly accuratas et sollicitas lucubrationes, integras superesse, consignatis tabulis testor. Illas per laneam et licium quæsitas inueni, plerasque huc illuc sparsas et errantibus foliis exaratas, si excipias catalogum et seriem Episcoporum Pictauensium et comitum et Aquitaniæ ducum qui uno volumine continentur, in quod scintilla tædæ lucentis incidens aliquot syllabarum coagmentationes incendit, quæ te Prætore facilè restituentur. Sicut et innumera ejusdem viri rerum nostrarum peritissimi deprompta et concinnata, in aduersaria retulit, de quibus omnibus finito justitio, faciam te Deo benejuuante certiorem; quæ utinam in mundum digessisset et amicorum votis obsequens in lucem emisisset. Intereà me sponsore credas velim, vel minima fragmenta summâ sedulitate seruatum iri à Joanne Besly Præfecturæ nostræ Regio aduocato et paternæ virtutis herede dignissimo, qui et tuam et Sirmondi et Sam-

marthanorum fratrum et Labbæi amicitiam singulari obser-
uantiâ complectitur quos etiam ut meo salutes nomine
impensiùs rogo. Vale. — E fonte Naiadum septimo cal.
septemb. (26 août) (1645).

(Fonds Dupuy, t. DCLXXV.)

Cette lettre, fort intéressante, fait connaître l'état dans lequel se
trouvaient lès manuscrits de J. Besly après sa mort. — On peut
remarquer l'éloge de Jean Besly, fils de l'historien.

LE MÊME AU MÊME.

Quanta sit humanitas et beneuolentia tua ex literis tuis
cognoui (vir ornatissime) earumque stylus familiæ tuæ datus
et claritatem, insitum scilicet et innatum de literis et literatis
benè merendi studium et amorem. declarauit. Hunc enim
hereditarium fundum assiduè colis et quotidianis officiis
uberiorem reddis : quorum pensationem quandam mandato
literarum tuarum induci valde cuperem. Quod et libenter à
me susceptum et statim impletum est adito *Beslio* nostro et
inspectis Claudii Falceti libris [1] in quorum orâ et margine
multa sunt notata, sunt et in Tilii opera [2] quædam obseruata
separatâ chartâ, quæ singula sana et integra ad te perferentur.
Lucubrationibus quippè tanti viri diligentissimè custodiendis
inuigilamus. Cæterum ne silerent hujus ciuitatis Nayadæ
amisso suo Apolline, elogia scripsimus [3], quorum authoribus

---

1. Nous ignorons le sort de cet exemplaire des *OEuvres* de Claude Fauchet, annotées par Besly. Il existe peut-être dans la Bibliothèque Nationale.

2. Les notes de Besly sur le *Recueil des roys de France*, par J. du
Tillet, écrites sur des feuillets séparés du volume, sont conservées dans le
fonds Dupuy, vol. 34.

3. L'éloge (en lat.) de J. Besly, par Nic. Macquin, est imprimé dans
l'*Hist. des Comtes du Poitou*, après la dédicace.

satis præstabitur si tibi grata et accepta habeantur et Sammarthanis fratribus quibus salutem plurimam..... Vale vir illustris... è fonte Naiadum tertio calendas octobris. (29 sept.) (1645).

(Fonds Dupuy, t. DCLXXV.)

L'ÉVÊQUE DE POICTIERS A P. DUPUY (*fragment*).

..... Le public vous doibt l'impression de l'histoire des ducs de Guyenne, et M. Besly m'a dit qu'il feroit imprimer à la première occasion les fondations de plus de cinq cents bénéfices de Poictou et prouinces voisines que son père auoit extraictes de diuers chartulairès.....

HENRI LOYS, *E. de Poictiers.*

Dissay, le 23 juin 1647.

(Fonds Dupuy, t. DCLXXV.)

NOMS DES SAVANTS

AUXQUELS LES LETTRES DE CE RECUEIL SONT ADRESSÉES.

———————

1. — Chasteigner de la Roche-Pozay (Henri-Louis), né le 6 septembre 1577 ; évêque de Poitiers en 1611 ; mort le 30 juillet 1651.

2. — Duchesne (André), géographe du roi, né à l'Isle-Bouchard, en 1581, mort, écrasé par une charrette, en 1640.

3. — Duchesne (François), fils du précédent, né en 1616, mort en 1693.

4. — Dupuy (Pierre), garde de la bibliothèque du roi, conseiller d'État, né à Paris en 1578, mort en 1651.

5. — Dupuy (Jacques), frère du précédent, prieur de Saint-Sauveur, garde de la bibliothèque du roi, mourut en 1656.

6. — Oihenart (Arnauld d'), né à Mauléon (Basses-Pyrénées), historien et poète.

7. — Peiresc (Nic.-Claude Fabri de), conseiller au parlement d'Aix, né en 1580, mort en 1637.

8. — Sainte-Marthe (Scévole de), sieur d'Estrepiéd, né le 20 décembre 1571, conseiller-historiographe du roi, mort le 7 septembre 1650.

9. — Sainte-Marthe (Louis de), sieur de Grelay, frère jumeau de Scévole; conseiller-historiographe du roi, mort le 29 avril 1656.

10. — Sirmond (Jacques), savant jésuite, né à Riom en 1559, mort en 1651.

TABLE

DES NOMS DE PERSONNES

ET DE LIEUX.

———————◦———————

A

C

D

E

F

G

H

I

J

K

L

M

N

O

P

Q

R

S

U

V

W

Y

Z.

TABLE DES MATIÈRES

CONTENUES DANS CE VOLUME

POITIERS. — TYPOGRAPHIE DE OUDIN FRÈRES.

www.ingramcontent.com/pod-product-compliance
Lightning Source LLC
Chambersburg PA
CBHW061035030726
47504CB00002B/390